中國房地產開發與管理實戰模擬

U0539348

主編 蘭靜、楊小梅
副主編 龍梅、任婷、胡霞、蔡佳含

崧燁文化

序言

房地產在社會經濟生活中佔有重要地位，房地產專業也是熱門專業。編者在教學與從業實踐過程中發現，房地產專業應培養會認知、會做事、會合作、會生存的，適應中國經濟新常態宏觀環境的，具備房地產及相關領域的專業知識和技能，勝任房地產及相關領域工作需要的高素質應用型人才，這使得高校的房地產相關專業的教學面臨新的挑戰與機遇。

本書適用於房地產開發與管理實訓課程以及才進入房地產行業的從業人員，定位於培養其創新精神和動手能力，強調梯度培養、模塊教學，幫助其提升職業素養、整合專業知識、提高就業技能。本書內容緊扣企業實踐，以房地產項目開發過程為主線，詳解房地產開發流程的各環節業務、關鍵操作及相關崗位要求，同時配合大量實例、經驗等內容，以提高內容的可讀性、可學性，也可作為房地產從業者的參考資料。

本書在總結以往教學經驗的基礎上，突出解決問題的思路與技能的配合，理論部分簡明扼要，實踐部分案例豐富，充分體現了以下特點：

(1) 知識的系統化與模塊化。本書以房地產項目開發為主線，將項目開發過程流程化，不僅較全面地涵蓋了房地產開發所需要掌握的各方面知識，還將開發過程分為10大模塊：設立企業、土地招拍掛、開發資金籌措、前期市場調查、項目定位、投資分析、項目規劃與報建、項目管理、營銷推廣策劃和銷售實施。通過主線的系統化，知識與技能的模塊化，一是幫助受訓者系統掌握房地產項目開發經營流程，整合專業知識；二是挖掘受訓者的職業潛能，提升其職業能力，有利於受訓者以后更快地進入工作狀態及提升工作效率。

(2) 內容的實用性與實踐性。本書強調房地產開發工作的實踐性，突出各崗位工作技能的可操作性，緊密結合房地產開發管理工作內容，通過具體的案例分析、實踐練習，使受訓者在項目投融資、市場調查、規劃報建、項目管理、營銷推廣、銷售等專業領域獲得專業知識的基本訓練，並掌握各領域的關鍵技能。同時，本書強調受訓者從實踐中學習與感悟，要求受訓者組建團隊，並在房地產開發過程中扮演不同角色，以鍛煉受訓者良好的溝通協調能力，並提早適應團隊工作。

(3) 教材體系的創新性。本書將實驗實訓原理與企業實際操作過程有機結合，將創新性思想與技法相結合，使理論教學、案例引導、流程管理相協調，文字精練、實例豐富、邏輯性強。教材的章節包括了基礎理論知識、案例引導、實際操作流程及拓展運用，促進受訓者將理論聯繫實際，並在實際操作過程中體會理論的作用。同時，編者還使不同課程相互交叉、融合，形成了全面的教學體系，可以滿足不同類型、不同專業背景的院校和企業開辦房地產項目開發的教學需求。

本書由蘭靜、楊小梅任主編，負責確定本書的框架體系與大綱；重慶工商大學融智學院龍梅、任婷、胡霞、蔡佳含任副主編。具體編寫分工為：

蘭靜（第1章、第7章、第9章部分）、楊小梅（第6章、第8章、第9章部分）、胡霞（第2章）、任婷（第3章）、龍梅（第4章）、蔡佳含（第5章）。全書由蘭靜和楊小梅共同審定、修改和定稿。編寫教材是一項艱鉅的工作，衷心感謝參編教師為此付出的辛勤勞動！

房地產行業是快速發展的行業，雖然編者做了許多努力，希望能將本書做好，但由於能力有限，書中難免存在不足及错誤，敬請各位讀者批評指正，以利我們完善本書。

編者

目錄

1 房地產開發與管理實戰模擬概述

📖本章導讀

- 體會房地產開發實戰模擬的意義，並掌握實戰模擬訓練的流程及內容。
- 瞭解房地產開發實戰模擬訓練的管理規則。

案例導入

萬科的擴張之路

萬科於1988年進入房地產行業，經過近30年的發展，已成為全球最大的專業住宅開發商之一，目前已進入中國大陸66個城市以及舊金山、紐約、倫敦等海外城市，並在2015年實現銷售收入2,614.7億元人民幣。萬科的迅猛擴張得益於其大規模的複製能力，其複製能力的基礎就是萬科的開發模式——合作開發。簡單來說，就是萬科出錢，合作方出地，雙方成立合資公司，萬科先參股后控股，最后收購合資公司。通過合作開發模式，萬科可以將其業務拓展到更多的細分市場，減少了開發的非系統性風險；並且，通過業務規模的擴大，萬科可以增強採購環節的議價能力，實現規模效益。萬科還設立了萬科研究院，專注於產品研發，並將產品定位於中端市場和剛需市場，創造出多條有競爭力的產品線，如金域藍灣、萬科城等，強化了萬科項目的運作能力。此外，萬科從2005年起開始打造「集團總部—區域中心—城市公司」三級管理制度，下放了專業管理職能，並形成了一整套區域管控體系，以適應區域的市場狀況，使萬科的管理水平在行業內首屈一指。

案例來源：根據相關公開資料整理。

1.1 房地產開發與管理實戰模擬課程的實訓理念

房地產開發與管理實戰模擬突出應用型人才的培養，讓學生在學習過程中理論聯繫實際，引導並鍛煉學生的實際操作能力。本實戰模擬的實訓過程最大限度地做到實戰內容與企業實際操作過程的有機結合，創新性思想與技法相結合，能做到理論實訓、案例引導、流程管理相協調，內容翔實，具有較強的理論性、專業性和實用性。教材的章節包括基礎理論知識、案例引導、實際操作流程及拓展運用，從而發揮學生將理論聯繫實際，並在實際操作過程中體會理論的作用。同時，通過引用國內外典型案例進行分析，注重培養學生的綜合素質和解決實際問題的能力。

1.2 房地產開發與管理實戰模擬的目標

房地產開發與管理實戰模擬通過模擬房地產開發現實，培養會認知、會做事、會合作、會生存的，適應中國經濟新常態宏觀環境的，具備房地產開發的專業知識和技能的高素質應用型房地產從業人才。本實戰模擬不僅能幫助受訓者提升專業知識和綜合運用能力，充分瞭解房地產的全程操作方法和關鍵節點的深入內涵，而且還能培養受訓者腳踏實地的從業習慣，協調配合完成工作的良好心態，鍛煉工作中的溝通能力，並能在遇到問題時主動尋求解決方法的創新精神和在成功與失敗的經歷中提升決策力、執行力與抗風險力。

1.3 房地產開發與管理實戰模擬的內容

房地產開發與管理實戰模擬按照房地產開發操作全程進行設計，涉及開發企業設立、土地獲取、開發資金籌備、項目操盤、項目后評價等一系列階段，共包括項目市場前期調查、項目前期定位、項目投資分析、項目規劃與報建、項目管理、項目營銷推廣、項目銷售實施七個環節的實戰模擬演練，對房地產開發全程所涉及的知識點和技能要求均做出對應。房地產開發與管理實戰模擬架構見圖 1-1。

讀者可以根據其實際情況自行選擇開發地塊、確定啓動資金額度，以下僅作示範展示。

(1) 開發企業的設立及資金籌備

本實戰模擬開發企業的啓動資金為人民幣 3 億元。

(2) 土地獲取

本實戰模擬以地塊（模擬開發地塊基本信息見圖 1-2）為載體，進行虛擬開發，項目類別根據市場情況自行確定。

(3) 項目操盤

項目開發週期定為 1 年，分為以下幾個階段：

①房地產市場前期調查。

房地產市場前期調查實戰模擬環節分為前期市場調研方案的制定、市場調研問卷的設計、市場實地調研和市場調查報告的撰寫 4 個實訓環節。

②房地產項目前期定位。

房地產項目前期定位實戰模擬環節分為房地產細分和目標市場的選擇、產品定位分析決策和房地產項目設計建議 3 個實訓環節。

③房地產項目投資分析。

房地產項目投資分析實戰模擬環節分為房地產投資分析指標與步驟和財務數據估

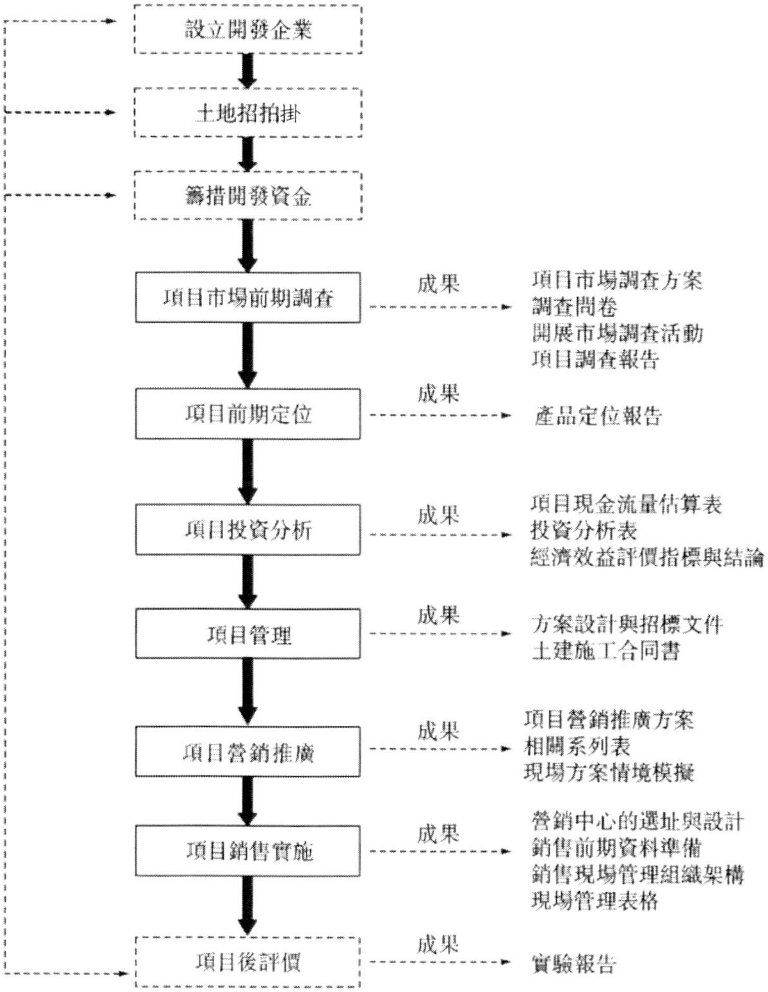

圖 1-1　房地產開發與管理實戰模擬架構

算及財務評價 2 個實訓環節。

④房地產項目管理。

房地產項目管理實戰模擬環節分為房地產項目的招標管理、房地產項目的合同管理和房地產項目的竣工驗收 3 個實訓環節。

⑤房地產項目營銷推廣。

房地產項目營銷推廣實戰模擬環節分為房地產項目銷售階段計劃、房地產項目銷售價格策略、房地產項目入市推廣計劃、房地產項目營銷推廣的 PPT 製作和房地產項目營銷推廣的方案 5 個實訓環節。

⑥房地產項目銷售實施。

房地產項目銷售實施實戰模擬環節分為房地產營銷中心的選址與設計、房地產銷

地理位置：某市大學城某地塊
地塊面積：601,000 平方公尺
地塊使用性質：商業、住宅用地（模擬假設）
容積率：1.5（模擬假設）

圖 1-2 模擬開發地塊基本訊息

售前期準備和房地產銷售現場管理 3 個實訓環節。

（4）項目后評價

項目后評價是指對項目的目的、執行過程以及對項目立項時的各項預期目標的實現程度的系統性、客觀性、綜合性的分析。

1.4 房地產開發與管理實戰模擬的實訓方式與組織

1.4.1 實訓方式

（1）統一指導，受訓者獨立完成模擬訓練

房地產開發與管理實戰模擬環節具有知識面廣、專業知識強等特點，一般先由指導者進行集中指導，然后由受訓者根據實戰模擬教材獨立完成。指導者指導內容包括明確模擬目的、講授模塊涉及的基礎理論知識、實戰模擬要點等內容，以幫助受訓者順利完成模擬訓練。

（2）指導者引導，受訓者獨立完成模擬訓練

房地產開發與管理實戰模擬課程強調受訓者的實際操作能力，而受訓者對於房地產開發模塊的操作具有一定的難度，為了正確引導受訓者鍛煉房地產開發專業技能，一般指導者通過講授與實訓相結合的方式展開典型案例示範，指導受訓者獨立完成模擬訓練。

（3）團隊協作完成模擬訓練

房地產開發與管理實戰模擬採用團隊協作的方式完成模擬內容。實戰模擬過程中各項事務均由小組成員共同決定，協同組織實施，要求小組成員之間形成互相支持的氛圍，提高團隊的工作效率，平衡團隊成員之間的付出得失，實現受訓者既能鍛煉自身的專業技能，又能提高團隊協作的能力。

1.4.2 實訓組織

（1）實訓單位的組建

房地產開發與管理實戰模擬以小組形式開展，每個小組由 6~7 名受訓者組成。一個小組代表一家房地產開發經營企業，由小組成員分別擔任企業的總經理、投資開發部經理、財務部經理、設計部經理、工程部經理、營銷策劃部經理、銷售部經理等職位（企業架構及管理職責見表 1-1）。在實戰模擬課程規定時間內，各小組完成 1 個週期的項目開發經營活動。

表 1-1　企業架構及管理職責

職位	崗位職責	姓名	聯繫方式
總經理	主持公司日常各項管理工作，負責項目開發的全局工作，處理各種突發事件。		
投資開發部經理	負責制訂項目實施前期工作計劃，組織初步意向性的地塊分析、投資測算，負責協助營銷策劃部門開展項目的地塊分析、投資分析、開發思路、可行性分析等工作。		
財務部經理	負責公司財務、會計及稅務事宜；有效地籌劃與運用公司的資金；編制財務報告，提供管理決策依據，按公司經營計劃提出年度財務計劃，作為資金運用的依據；依據稅法規定，處理公司各項稅務事宜。		
設計部經理	在項目市場定位的基礎上，綜合策劃構思，有針對性地提出規劃設計概念設想，參與從項目策劃到竣工驗收的全過程，對項目的規劃、設計進行管理；按照工作程序，領導規劃設計部對工程的設計工作進行管理，使工程設計的進度、品質達到項目策劃的目標。		
工程部經理	負責項目的建設和管理，執行項目工程招標工作，確保工期、安全、品質及成本控製等。		
營銷策劃部經理	組織項目市場調研，編寫調研報告、可行性分析報告、開發建議、定位報告、營銷策劃報告等；制訂項目總體銷售計劃。		
銷售部經理	執行項目銷售計劃，負責組織項目的日常銷售管理工作，建立和完善項目客戶服務體系，建立和維護客戶關係，辦理銷售相關手續等。		

（2）實戰模擬課程的學時及時間安排

房地產開發與管理實戰模擬是一個完整的實驗體系，包括了房地產項目開發的全部流程，實戰模擬課程計劃安排見表 1-2。

表 1-2　實戰模擬課程計劃安排

序號	課程名稱	總學時	起止周	實訓規模
1	房地產開發與管理實戰模擬課程介紹	2	1	無限制
2	房地產項目市場前期調查	21	1~2	不超過 6 小組
3	房地產項目前期定位	12	2	不超過 6 小組
4	房地產項目投資分析	12	3	不超過 6 小組
5	房地產項目管理	9	4~5	不超過 6 小組
6	房地產項目營銷推廣	12	5~6	不超過 6 小組
7	房地產項目銷售實施	12	7	不超過 6 小組
8	項目後評價	6	8	無限制
合計		86	共 8 周	

(3) 指導者的實訓實施

本實戰模擬課程採用「項目引導，任務驅動」的指導方式，強調受訓者通過對項目任務的實施，掌握該實戰模擬的理論知識及實際操作技能。在整個實戰模擬的過程中，指導者是實訓的組織者與實施者。首先，指導者要熟悉教材的全部內容，突出重點，突破難點；其次，由於該教材是實戰模擬類教材，具有現實操作意義，各個環節之間銜接緊密，因此，指導者在各個模塊之間要做到完美銜接，才能達到更好的實訓效果；再次，引導與指導是實驗課程實訓的重點，指導者必須具備熟練的操作技能，為受訓者做好示範工作，同時，能在受訓者操作過程中及時給予指導，讓受訓者在實際操作中學習，鞏固理論知識與實踐動手能力；最后，指導者還可以在實訓課程中採取案例教學法、情境教學法、小組研討法等協作式、探究式的教學方法激發受訓者的學習興趣，提升實訓效果。總之，指導者需要在實訓過程中扮演好策劃者、指導者、幫助者、促進者和監督者的角色，實現實訓目標。

1.5　房地產開發與管理實戰模擬實訓的進度計劃與控製

1.5.1　房地產開發與管理實戰模擬實訓的進度計劃

房地產開發與管理實戰模擬實訓進度計劃是對實訓全過程的整體規劃與安排，明確課程進度安排有利於受訓者掌握實訓全過程並提前做好準備工作，提升實戰模擬課程的實訓效果。房地產開發與管理實戰模擬實訓進度計劃表見表 1-3。

表 1-3　　房地產開發與管理實戰模擬實訓進度計劃表

課程名稱	授課教師	學時分配								參考書目
		實驗 1		實驗 2		實驗 3		實驗 4		
		授課	實訓	授課	實訓	授課	實訓	授課	實訓	
市場調查										
前期定位										
投資分析										
項目管理										
營銷推廣										
銷售實施										
項目後評價										

1.5.2 房地產開發與管理實戰模擬實訓的控製

實訓控製就是對實戰模擬質量的管理監督的過程。有效的實訓控製可以減少各環節可能導致不合格或不滿意的影響因素，從而提升實訓的滿意程度。實訓控製過程管理不是拘泥於實訓全過程的細節管理，而是實戰模擬的現場控製與過程控製。

（1）現場控製

現場控製就是對實戰模擬現場的管理控製，其重點是找準質量控製點。現場控製包括對模擬現場的受訓者的管理，對模擬實施環節的物料及操作環境的管理，對模擬實施的流程、技能、操作規範的管理，以及對實施環節的信息溝通的管理。指導者需要根據各模塊的實訓任務特徵把握各管理環節的關鍵事件，實現對實戰模擬現場的高效管理。

（2）過程控製

過程控製實際是對實戰模擬過程的管理。本實訓課程是由連續的模塊構成的課程系統，而每一個模塊又包含若干個連續的子模塊，每個模塊均涉及大量的理論知識及實際操作技能。指導者即要把握模塊內的可控性，又要保證模塊間的連續性，因此，指導者必須把握全過程的關鍵節點，以實現任務導向下的過程控製，實現實訓目標。同時，由於課程的系統性、連續性、專業性、模塊區隔性的特徵，建議實行統籌管理制，即由 1~2 人統籌管理，各模塊分別負責的管理機制。

1.6 房地產開發與管理實戰模擬的管理規則

1.6.1 實訓前準備

在實戰模擬開始前，指導者與受訓者均應做好充分的準備工作，以提高實訓的效果。

（1）指導者的實訓前準備

①向受訓者全面講解實訓課程的目標、內容、方案以及要求。

②列出參考書目。

③編制指導執行計劃書。

④制定考核方法。

（2）受訓者的實訓前準備

①充分做好實訓前的知識儲備。

②組建實訓小組，分配實訓崗位。

1.6.2 實訓過程

在實訓過程中，指導者要準備充分、認真細緻、作風嚴謹、分工明確、配合密切，並針對實訓環節進行具體知識講解及示範，指導受訓者掌握實訓環節的基礎知識及技能應用方法；同時，指導者要耐心細緻地指導受訓者，及時反饋並糾正受訓者實訓的錯誤操作，引導受訓者發現和分析問題，積極思考解決方案。

1.6.3 實訓結束后的工作

指導者在實訓結束后，應對受訓者在實訓過程中的表現進行評價，並基於公平、公正、合理、科學的標準對受訓者的實訓成果給予考核成績。在對受訓者的實際考核中應做到以下三點：

（1）注重對受訓者參訓過程的評價

對受訓者過程的評價包括參與的積極性、討論的積極性、團隊協作能力、實際操作技能、獨立分析及發現問題的能力、創新性思維能力等方面。

（2）受訓者的理論知識與實際操作技能的綜合評價

本實訓課程強調受訓者的理論知識與實踐結合的能力，注重受訓者解決實際問題的能力，在評價過程中，可以從過程討論的質量、實訓成果的質量、理論知識轉化的能力等方面進行綜合評定，指導者可以根據實訓需求確定兩者間的考核比重。

（3）評價方法的多樣化

在制定評價方法的過程中應注重要素評價與綜合評價的結合，注重目標評價、階段評價、過程評價，強調評價的多元性。

指導者還應在實訓后撰寫實訓總結，不斷總結經驗，提升實訓質量水平。

2 房地產市場調研

📖本章導讀

・掌握房地產前期市場調研的整個流程。

・掌握市場調研計劃書的制訂、市場調研問卷的設計、市場調研數據的收集和分析，以及市場調研報告的撰寫等。

・掌握各個環節的具體操作步驟，並結合理論知識進行實踐操作，最終得到一份完整的市場調研報告。

案例導入

2016 年重慶市××投資有限公司，在重慶市土地使用權公開競標中擊敗眾多對手，成功獲得重慶市沙坪壩區××路口地塊的使用權。該項目占地面積約為 7.2 萬平方米，離沙坪壩區商圈中心三峽廣場步行街 1,890 米，自駕 5 分鐘左右，可坐 228 路、204 路等公交車直達。開發商在拿到這塊地之后，想要在開發建設之前對以下信息進行一個全面的瞭解：①本地區的住宅供給和需求情況；②目前沙坪壩區商圈的住宅價格走勢情況；③潛在的購房者對住房產品的偏好情況。開發商希望在對市場有一個全面的瞭解之后，規劃出受市場所歡迎的住房產品，來實現最大化的投資收益。因此，想要瞭解市場情況，就必須進行一次全面的市場調研，通過客觀理性的分析，為后期項目定位、產品的營銷推廣提供參考。

如何進行一次全面的房地產市場前期調研？其涉及哪些內容？具體操作步驟是怎樣的？本章將在后續的內容中進行詳細闡述（本章后面的示例分析均以此處的案例為分析對象）。

2.1 制訂房地產市場調研計劃書

2.1.1 房地產市場調研計劃書實訓的目的與任務

（1）實訓的目的

①加深對房地產項目市場調研相關的基礎理論知識的理解。

②掌握房地產項目市場調研計劃書的制定步驟。

③提升對所要調研項目及其他相關信息、資料、數據等的收集能力。

(2) 實訓的任務

①根據項目情況確定調研的目的和內容。

②根據市場調研目的準備相關資料的收集方案和計劃。

③根據市場調研的內容收集與市場環境、行業等相關的資料。

④要求制定一份完整的市場調研方案。

2.1.2 房地產市場調研計劃書實訓的知識準備

在進行任何實踐操作之前，都必須具備基礎的理論知識，才能更好地學以致用。因此，在進行市場調研計劃書的制定之前必須掌握以下內容：①房地產市場調研的概念。②房地產市場調研的內容。③房地產市場調研的方法。

2.1.2.1 房地產市場調研的概念

房地產市場調研是指以房地產項目為調研對象，根據既定的目標，運用科學的方法，有目的的對相關的市場信息進行全面、系統的收集、整理和分析，最終為房地產項目的開發、市場的預測和后期的經營管理決策提供依據的客觀過程。

開展房地產市場調研有四個重點：第一，在進行房地產市場調研之前就必須要清楚此次調研的目的；第二，根據調研的目的選擇相應的被調研對象；第三，根據調研的對象選擇適合的調研方法；第四，運用科學方法，對調研收回的信息進行系統的處理，並最終得到一份分析報告，通過分析報告為后期的市場活動提供參考依據。

2.1.2.2 房地產市場調研的內容

2.1.2.2.1 宏觀環境分析

宏觀環境主要是指會對房地產市場產生影響和衝擊，關係到房地產企業的生存和發展，並影響企業營銷戰略的制定和實施的一切不可控製的外部因素和力量的總和。一般來說，宏觀環境調研主要是指對國家層面的政治法律環境、社會文化環境、經濟人口環境、科技自然環境的調查。

(1) 政治法律環境

政治法律環境主要包括國家和地區政府頒布的與房地產行業相關的住房政策、稅收政策、金融政策和土地政策等，這些都會對房地產企業的市場營銷活動產生影響。

①房地產住房政策

房地產住房政策主要是指國家和政府對房地產行業的住房投資、住房價格和住房供應結構等方面的干預和指導。這些都將對房地產行業產生巨大的影響。

示例

2011 年 1 月 26 日國務院辦公廳發布的《關於進一步做好房地產市場調控工作有關問題的通知》中明確指出地方政府有承擔房產市場平穩發展的責任，需合理確定本地區年度新建住房價格控製目標；嚴格制定和執行住房限購措施，對已擁有一套住房的本地戶籍居民、能提供一定年限納稅證明或社保繳納證明的非本地戶籍居民只能買一套住房；對已經擁有兩套住房的本地戶籍居民和已經擁有一套住房的非本地戶籍居民，暫停向其售房；繼續增加土地有效供應，進一步加大普通住房建設力度；進一步遏制投機性購房；加大保障性住房建設力度，調整供給結構。

分析上面的內容可以發現，國家和政府主要從以下幾個方面來對房地產市場進行調控：第一，明確指出地方政府有促進房地產市場健康穩定發展的責任，希望通過這種明確責任的機制來限制房價上漲。第二，地方政府需要制定年度新建住房價格控製目標，一旦價格目標確認，會對新上市的住房產品的價格產生影響，且由於國家的目的是限制房價上漲，那可能就會造成市場預期房價有下降的趨勢，對房地產企業來說是不利的。並且對購房者而言，預期價格下降，就會出現濃重的觀望心態，進一步降低成交意向，使得購房需求放緩，從而進一步影響房地產市場。第三，限購條件更加嚴格，凡是不符合條件的居民家庭即使有錢，政府也要求房地產企業不能向其售房，這會進一步打擊投機購房需求和抑制改善居住條件購房的需求，從而進一步降低市場需求量。第四，希望通過增加土地有效供應、普通性住房和保障性住房的供給等來穩定或者降低房地產價格。可以發現，這些措施對房地產企業會產生不利的影響。

②房地產稅收政策

房地產稅收政策是指政府根據房地產行業發展狀況，以及為了保障房地產市場健康發展而確定的具有指導性的法令制度和開展稅收工作的基本方針和基本準則等。其主要是通過調節與房地產有關的稅率和稅種來對房地產市場進行調控，並且通過房地產財政支出的結構和總量來影響房地產市場的結構和總量。

示例

國家為了房地產市場健康穩定的發展，不斷出抬相應的政策來抑制房價過快上漲。就重慶市政府來說，一方面按照 2016 年 2 月 17 日財政部、國家稅務總局、住房城鄉建設部發布的《關於調整房地產交易環節契稅、營業稅優惠政策的通知》要求，①對個人購買家庭唯一住房的，面積為 90 平方米以上的，減按 1.5% 的稅率徵收契稅。②對個人購買家庭第二套改善性住房，面積為 90 平方米及以下的，減按 1% 的稅率徵收契稅；面積為 90 平方米以上的，減按 2% 的稅率徵收契稅，降低了二套房的稅率。③個人將所購買住房對外銷售的，由原來的限期 5 年改為限期 2 年以上（含 2 年），免徵營業稅。另一方面，重慶市政府辦公廳於 2016 年 1 月 15 日發布的《關於進一步落實涉企政策促進經濟平穩發展的意見》中指出：①降低企業所得稅。對房地產企業預售收入的計稅毛利率由 20% 調整為 15%。②降低土地增值稅。非普通住宅、商業、車庫（位）的土地增值稅預徵率由 3.5% 調整為 2%，普通住宅土地增值稅預徵率執行 1%。③房產稅優惠。對屬於房地產企業的待售開發房產，未納入自有固定資產管理且未使用、未出租的，不徵收房產稅；對投資性房地產房產稅按就低原則選擇從價計徵或從租計徵；對房地產企業納入自有固定資產經營管理的車庫（位），按房產原值從價計徵房產稅。④延長納稅時間。應繳稅款可經稅務部門批准后延期 3 個月繳納。⑤鼓勵金融機構暫停或下調信用良好企業的按揭保證金比例。⑥對全市房地產企業信用綜合排名前 50 名企業給予預售資金首付款免予監管的支持。對上一年未拖欠農民工工資的建築施工民營企業，當年保證金降低 50% 收取，連續兩年未拖欠的再降低 10% 收取，連續三年以上未拖欠的免繳保證金。

從上面的稅收政策可以看出，重慶市政府為了促進房地產行業的發展，一方面降低了房地產企業的稅費支出，通過延長繳稅時間和降低保證金監管比例來減少房地產企業的資金支出。這降低了房地產企業的稅賦和資金的被佔有，讓項目地塊的房地產企業可以更好地利用自身的資金進行經營活動。另一方面，通過減少購房者的成本來刺激需求，提升消費者的購房欲望，進而增加銷量，減少庫存，完成去庫存化的目標。

③房地產金融政策

房地產金融政策主要是指中央銀行通過調節利率來控製銀行對房地產行業的信貸投資規模，進而對房地產市場進行調節的相關政策。利率對房地產市場的影響可以分為對供給方（房地產企業）和需求方（潛在購房者）兩個方面。一方面，貸款利率的提高會造成開發商的資本成本增加，進而使得房地產開發投資金額減少；另一方面，也會造成潛在購房者的住房按揭利率提高，增加購房者貸款利息的支出，進而會降低潛在購房者的購房欲望。

示例

2016 年 2 月 1 日中國人民銀行和中國銀行業監督管理委員會發布的《關於調整個人住房貸款政策有關問題的通知》指出，在不實施「限購」措施的城市，居民家庭首次購買普通住房的商業性個人住房貸款，原則上最低首付款比例為 25%，各地可向下浮動 5 個百分點；對擁有 1 套住房且相應購房貸款未結清的居民家庭，為改善居住條件再次申請商業性個人住房貸款購買普通住房，最低首付款比例調整為不低於 30%。在此基礎之上，各省級市場利率定價自律機制結合當地不同城市實際情況自主確定轄區內商業性個人住房貸款的最低首付款比例。中國人民銀行貨幣政策司於 2015 年 10 月 24 日發布的貸款利率，1 年以內的短期貸款由 4.6%下降到 4.35%，1~5 年的由 5.0%下降到 4.75%，5 年以上的由 5.15%下降到 4.9%。

一方面，居民購房貸款首付比例降低，這降低了購房者的置業成本。激發了潛在購買者的購房欲望，提升了市場需求量，降低了庫存量，對房地產企業來說是非常利好的政策。這使得本不準備買房的人群，很可能提前進入市場；原本打算買小套房的人，可能購買更大面積的住房。另一方面，貸款利率的降低，房地產企業獲得資金的成本降低，購房者的貸款成本減少，對企業和消費者都是利好的消息。

④房地產土地政策

房地產土地政策是指國家對用於房地產的土地資源在分配、開發、利用和管理方面規定的行動準則。它是處理各類房地產在土地配置關係中各種矛盾的重要調節手段，而中國城市房價不斷上漲的原因之一就是因為城市土地資源的稀缺。

從前面關於房地產市場的政治法律環境分析，可以發現每一次有關房地產新政的出抬都會對房地產市場環境產生很大的衝擊和影響，而這些政策的出抬對房地產行業的發展可能是機會也可能是威脅，因此，對房地產政策的分析就顯得尤為重要。

（2）社會文化環境

社會文化環境是指人類在歷史長河中，以及在某種社會生活環境中所形成的特定文化、生活方式、價值觀念、世代相傳的風俗習慣等。社會文化環境主要是通過影響人們的消費觀念和購買方式等，來間接影響企業的市場營銷活動的。

①生活方式

互聯網的興起和發展，極大地改變了人們衣、食、住、行、工作、社交和休閒娛樂等方方面面。比如，傳統的情況下人們的生活和工作是完全獨立分開的，如今在家中也可以辦公，人們要求住房不僅僅用於居住，還可以給人們提供便捷和高效的生活環境。

示例

保利地產為了跟上人們生活方式的變化和追求，推出了將物業服務、居家養老、休閒購物等多樣化需求融合在一起的「若比鄰」O2O社區商業。其設立了一個供業主進行閒聊、聚會等的休閒社交活動場所——比鄰空間，在這裡不僅可以進行家居家具和鮮花藝術等交易，還可以進行打印、複印、禮品包裝等服務。比鄰超市是保利自營的以生鮮產品和便民服務為主打的社區生活超市。保利地產不僅為業主提供線下商品和服務，還提供涵蓋洗衣、家政、美甲、按摩、送藥、半成品菜品和煲湯六大類在線服務交易的平臺——若比鄰APP。保利地產致力於成為引領市場並創造市場的城市開發營運商，並且著力於從單純的房地產開發商轉型為生活模式平臺商，不僅提供住宅產品，還為客戶打造更便利、更完善的生活模式。[1] 而這樣的轉變也是人們生活方式的改變引起的，這也是未來房地產企業發展的方向之一。

②價值觀念

價值觀念是人們在生活和學習的過程中，隨著知識的增長和生活經驗的不斷累積而形成的一種相對穩定的價值取向，但是隨著社會的不斷發展和進步，價值觀念也是不斷發生著變化的。

示例

中國幾千年的傳統，認為一家老小生活在一起才是幸福。以前更多的是三代、四代幾十口人居住在同一個房子裡。但是隨著互聯網時代和全球化的發展，很多傳統觀念受到西方文化的衝擊和影響，人們的觀念也在不斷發生著改變，而在這個時代背景下成長起來的「80后」「90后」這一年輕群體，在他們身上表現得尤為突出。他們更注重個人的私人空間，不願意與老年人一起居住。中國歷代惡劣的婆媳關係，讓更多的年輕人選擇結婚后搬出父母的住處，在外面買房或者租房住。為了避免由於兩代人生活觀念的不同而發生矛盾，有條件的家庭更願意在離父母近的小區或者同城再購買一套住房，一方面能夠避免矛盾的產生，另一方面又有自己的獨立空間，還可以很好地照顧到父母。而這種方式的轉變，就會對未來住房產品產生重大的影響。人們不再是追求多個臥室和大戶型，可能更多地傾向於選擇舒適的一室養老型住房產品（給父母居住）以及兩室或者三室（夫妻和孩子一起居住）住房產品。

---

① 李豔玲，陳文娜. 保利地產的社區O2O新玩法［N］. 南方日報，2016-1-8［FC06］.

③消費觀念

隨著經濟的發展，人們的生活水平不斷提高，越來越注重對品質生活的追求。比如對於住宅產品不再是只追求面積的大小，而更多的是從心理層面出發追求一種居家生活享受，家裡的房子不一定要很大，裝修不一定要很豪華，但一定要很舒適。

(3) 經濟人口環境

①經濟環境

經濟環境是指房地產企業市場營銷活動所面對的外部經濟條件。一般包括國家或地區的經濟發展狀況、居民收入狀況、消費狀況、信貸和儲蓄狀況等。

示例

2013—2015年中國社會消費品零售總額年均增長12.0%，2015年零售總額突破30萬億元，消費品市場規模穩居世界第二位，並且2015年全國居民人均可支配收入為21,966元，比上年增長8.9%。從前面的消費和收入變化說明中國消費市場需求強勁。隨著經濟步入新常態，在商品供應數量不斷增加和品種多樣化的同時，中國居民消費商品由以基本的生活品為主轉變為以發展、享受型消費品為主，消費結構由衣、食消費為主向住、行消費轉移，人們對發展和享受的需求不斷提升。① 因此，房地產企業如果能夠抓住人們的這種消費變化趨勢，才能更好更快的發展。

②人口環境

人口環境是指會對房地產企業的營銷活動和績效產生影響的各種人口因素，包括：人口規模和人口密度、人口的分佈和構成、家庭規模和結構、人口遷移和流動等方面的內容。

示例

從2005年到2014年中國65歲及以上的人口從10,055萬人上升到13,755萬人，在10年間上升了36.8%，且老年撫養比從原來的10.7上升到現在的13.7，上升了3個百分點②。可以看出中國的老齡化越來越嚴重，老年人口越來越多。而國家也在大力支持養老產業的發展。因此，發展養老地產將是房地產企業未來發展的另一個契機。誰先建立養老地產的品牌，探索出新的養老地產模式，樹立起行業標杆，誰就會獲得更長遠的發展。

(4) 科技自然環境

①科技環境

科技環境是指一個國家或地區能夠對房地產企業產生影響的技術水平、新產品研發的能力，以及技術發展的動向等。有的新技術能夠促進產品的更新換代，有的能夠改變人們的生活方式，有的能夠改善企業的經營管理，甚至有的會對一個行業造成毀滅性的衝擊。因此，企業只有及時掌握行業內的新技術，才能夠抓住市場機會，在行

① 中華人民共和國國家統計局。

② 中華人民共和國國家統計局。

業競爭中處於有利地位。智能化、自動化和高新技術的出現，以及節能、環保、綠色等新型建築材料的出現，都將對房地產行業的未來產生顛覆性的影響。這些技術的發展不僅影響著企業，也影響著人們的居住環境。

示例

在房地產行業里朗詩集團是中國領先的綠色科技地產開發和營運企業。自 2004 年開始以綠色科技差異化為發展戰略，專注於打造創新的綠色科技住宅，因地制宜地為客戶創造良好的居住環境。其中，代表作朗詩熙華府是首個採用被動式建築理念打造的住宅項目，對居住健康、環保、舒適、節能各方面進行了全方位的提升。由於朗詩住宅產品具有綠色差異化的特點，使得其產品比周邊競爭項目具有較強的溢價能力，而且項目銷售速度更快，房屋交付后二手房的租金也大幅高於周邊競爭項目。如南京朗詩鐘山綠郡在 2011 年開盤時與周邊競爭項目相比高出 5,000 元／平方米，后期逐步擴大到 6,000~7,500元／平方米，現時兩房租金高出競爭項目租金 1 倍。[①] 因此，人們消費觀念的轉變，會改變人們對生活品質的追求，進而會影響人們對住房產品的需求變化，所以對企業來說只有順應了人們需求的變化，才能占領市場，得到更好的發展。

②自然環境

自然環境是指會對房地產企業的產品開發和營銷活動產生影響的所有自然資源。

示例

隨著人類對自然資源的不斷索取，造成環境污染日益嚴重，人們的生活居住環境日益惡化。因此，政府對自然資源的管理和環境保護的干預也在不斷地加強。而這些變化都要求房地產企業必須開發出綠色環保的產品，以適應環保的潮流。然而，目前中國建材工業資源的現狀是：能源消耗高、污染大，綠色建材發展滯后、生產占比低、應用範圍小。為了促進綠色建材生產和應用，在 2015 年 8 月 31 日工業和信息化部、住房城鄉建設部聯合印發《促進綠色建材生產和應用行動方案》，要求到 2018 年新建建築中綠色建材應用比例達到 30%，綠色建築應用比例達到 50%，試點示範工程應用比例達到 70%，既有建築改造應用比例提高到 80%。綠色建材在行業主營業務收入中占比提高到 20%，品種質量較好滿足綠色建築需要，與 2015 年相比，建材工業單位增加值能耗下降 8%，氮氧化物和粉塵排放總量削減 8%。期望通過政策的支持來拉動綠色消費、引導綠色發展，促進綠色建材和綠色建築產業融合發展，改善人居環境和建設生態文明社會環境。

因此，房地產企業能夠順應人們對綠色、環保的追求潮流，抓住政府對綠色、節能、環保的政策支持的機會，才能取得更好的發展。

2.1.2.2.2 行業環境分析

企業的行業環境是指連接宏觀環境與微觀環境的媒介，它包括兩個方面：企業所涉入的行業狀態和所處的地域條件等外在因素的集合。而房地產行業的中觀分析主要

① 朗詩集團官網. http://www.landsea.cn/News/NewsList.aspx?fid=21.

是分析房地產項目所在城市的房地產行業的供給和需求狀況等。

(1) 項目所在地房地產市場狀況分析 (以本章開篇案例為例)

主要瞭解項目所在城市的房地產供應情況、銷售情況、價格走勢情況等，從而在剖析現狀的基礎之上，對所要開發項目的相關信息進行分析，進而對未來做出預測等。

①供應情況

在房地產行業內通常用房屋新開工建築面積、房屋施工建築面積和房屋竣工建築面積三個指標來衡量房地產市場的供應情況。

示例

2016 年 1-2 月，重慶市房地產開發企業住宅施工面積 15,303.22 萬平方米，同比下降 2.1%。住宅新開工面積 314.98 萬平方米，同比增長 9.9%。住宅竣工面積 414.53 萬平方米，同比增長 28.1%①。可以看出，住宅的新開工面積和竣工面積同比均有所增加，說明去庫存化政策起到了一定的作用。

②銷售情況

銷售是指房地產開發企業在一定時期內出售新建商品房屋的情況，包括合同總面積（即雙方簽署的正式買賣合同中所確認的建築面積）、金額、套數等。

示例

重慶市 2015 年 1-12 月，商品房銷售面積同比增長 5.5%，其中住宅銷售面積同比增長 1.2%，辦公樓銷售面積同比增長 18%，商業營業用房銷售面積同比增長 32.9%。而 2016 年年初住宅銷售面積同比增長 23.9%，辦公樓銷售面積同比下降 68.2%，商業營業用房銷售面積同比增加 27.2%[5]。可以看出，辦公樓的銷售情況不很樂觀。而住宅的市場銷售卻有了很明顯的提升，說明去庫存化政策對住房起到了刺激需求和提升購房者購房信心的作用。

③價格情況

房地產行業價格情況主要分析各類地產類型的房價走勢情況等。

示例

分析重慶市 2015 年 4 月到 2016 年 3 月的住宅價格走勢，如圖 2-1 所示。

① 重慶市統計信息網。

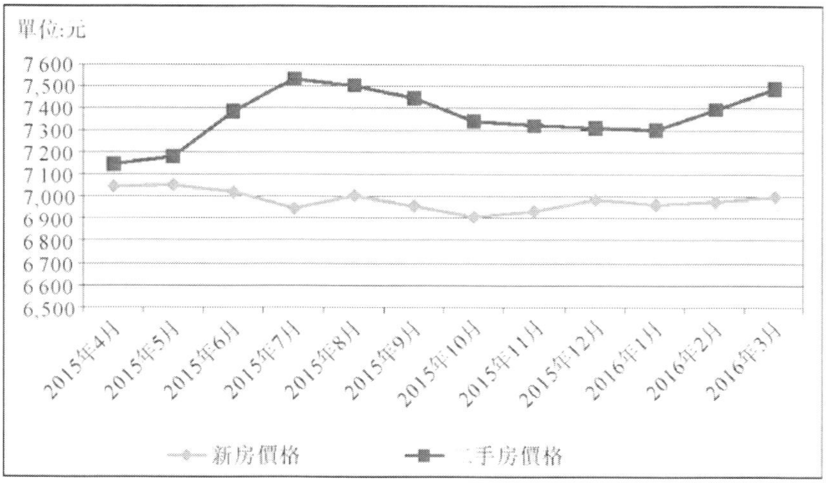

圖 2-1 重慶市房地產住宅價格走勢

資料來源：搜房網。

從圖 2-1 可以看出，重慶市房地產住宅新房價格均價在 7,000 元/平方米左右，走勢相對平穩，而二手房價格均價在 7,400 元/平方米左右。

（2）項目所在地城市的市場分析

項目所在地城市的市場分析主要是指對項目所在地城市總體規劃（主要包括其住宅規劃、配套規劃、道路規劃、綠地規劃等）、城市地塊開發動態（已建、在建和即將開發的項目）都要有全面瞭解。

①城市地塊總體規劃

示例

根據政府規劃，重慶市沙坪壩區是市級科教文化中心。根據重慶市政府的五大功能區規劃，沙坪壩區同時位於都市功能核心區和都市功能拓展區。因此，其經濟必定會長期穩定發展。而為了充分發揮沙坪壩區的傳統教育資源優勢，政府著力推動院校與城市的有機結合。由於沙坪壩區擁有豐富的教育資源，為了子女上學而選擇購房的人將會更多。[①]

②交通規劃

示例

沙坪壩區積極發展軌道交通，目前一號線已開通，正在推進五號線、九號線和軌道環線的建設，加強軌道交通與地面交通的銜接，並且配合建成重慶西站、沙坪壩火車站、西永客運站等綜合交通換乘樞紐。全力配合蘭渝、渝黔、成渝客專等鐵路建設，打造磁

① 重慶市城鄉總體規劃（2007—2020 年）（2011 修訂版）。

器口旅遊碼頭，開通水上巴士。努力完善交通管理設施，提升交通管理水平。全面完成「暢通重慶」在沙坪壩區的建設任務。[①] 而暢通的交通，是經濟發展的基礎，交通通達會促進資金流、人流、物流和信息流的流通，能夠為房地產行業帶來長遠穩定的發展。

2.1.2.2.3　項目地塊分析

房地產市場調研主要集中在項目層，房地產企業需要對項目的基本情況進行瞭解，研究項目自身的優劣勢，以及對項目所在周邊環境（如商業配套、公園、學校、醫院、超市、衛生等）進行調查。

（1）項目地塊特性分析

一方面，主要分析項目地塊的基本情況，主要有地理位置、占地面積、規劃用途、規劃指標（容積率、建築密度、綠化率、建築限高）；另一方面，也要對項目地塊環境進行研究（一般是對項目 1~2 千米範圍內的周邊環境進行分析），主要包括交通狀況、商業網點狀況、休閒設施或場所配套、體育場所、醫療配套、教育設施分佈，以及未來在城市發展中可能的發展地位預測等。

（2）項目地塊優劣勢研究分析

主要從地塊的區位、政策、人口、經濟環境、項目自身條件和外部可利用資源等方面進行分析。

2.1.2.2.4　競爭項目分析

競爭項目分析主要是指對樓盤調研或地塊調研。樓盤調研可細分為對在建項目、在售項目和入住項目的調研（主要包括樓盤的基本信息、售價情況、營銷推廣、銷售情況等）。地塊調研一般是指對還未完全動工的地塊進行調研，主要是對未來規劃建造樓盤的基本信息進行調研，包括建哪類產品、檔次的分類、客戶群體的定位，以及區位情況、產品情況、價格情況、付款方式、廣告促銷情況、銷售情況、物業管理情況、配套設施等。

2.1.2.2.5　潛在目標客戶調查

這主要是對潛在購房者現有房產及居住情況、工作及上班出行情況、對購買房屋的偏好情況（如房屋的地理位置、建築風格、戶型偏好、設施配套、住房價格、支付方式等）、獲得購房信息的渠道、對營銷推廣方式的偏好情況、常去活動的場所和生活觀念、方式等的瞭解。

2.1.2.3　房地產市場調研的方法

按照資料獲取的來源，房地產市場調研的方法可以分為一手資料調查法和二手資料調查法。一手資料調查法是指調研者必須要到實地去考察、訪問或採用問卷等方式獲取原始數據資料的一種方法。這種方法是只針對調研者本次的調研目的而進行的。二手資料調查法是指調研者通過文獻、報刊、圖書、網路等對各種現存的資料進行獲取、收集和整理的一種方法。比如國家和地區的統計年鑒、統計公報、各種相關期刊、圖書、數據庫和報表等。一般獲取一手資料的成本較高，獲取二手資料的成本較低。

---

① 重慶市沙坪壩區國民經濟和社會發展第十二個五年規劃綱要。

（1）一手資料調研法

一手資料調研法是指根據調研者的目的進行收集的，沒有被別人收集過的或者別人已經收集過但是無法獲取的，只能通過調研人員自身實地調查直接進行收集的原始資料。一手資料收集所需的時間一般較長、花費較大，但針對性更強，價值和實用性更高。一般關於潛在購房者的信息必須要經過問卷法、觀察法、訪談法等進行一手資料的收集。其常用的方法有電話調查法、面談法、觀察法、實驗法和問卷調查法五種。而關於房地產行業的消費者調查最普遍採用的是問卷調查法，有時根據需要還要和面談法相結合。本書著重對問卷調查法進行介紹。

問卷調查法是指由調研人員通過提前設計好的統一問卷，對被調查者的情況、意見以及購房偏好等進行瞭解的一種調查方法。其分為兩種：第一種是當面交給被調查人，並說明填寫的方法和要求，由其自行填寫。第二種是通過郵寄或者網上發送的方式發放到被調查者手中，再由調查人員定期收回。其優點是調查的範圍比較廣，簡單易操作，但是回覆率較低。

（2）二手資料調查法

二手資料調查法主要用於涉及房地產項目所在區域的建設及規劃、房地產市場總供應量和總需求量等情況。一般情況下，區域發展規劃可以在政府相關部門查詢；市場信息情況可以在政府的官方網站或者房地產行業的相關網站查詢；項目自身的信息可以從企業內部拿到相關的二手資料。與所調研的項目相關的競爭者的信息可以通過網上收集相關二手資料，還可以與實地考察一手資料調查法相結合。二手資料收集渠道如圖 2-2 所示。

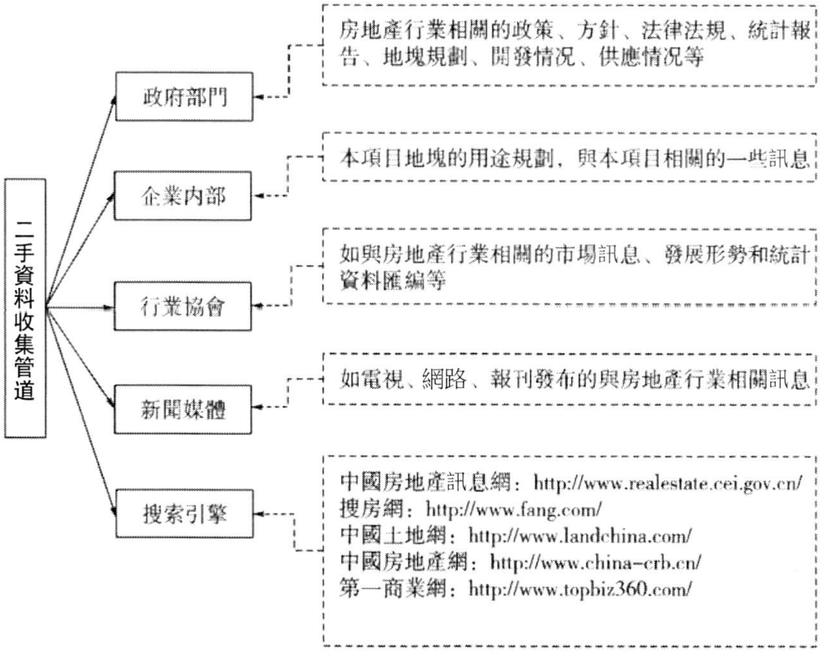
二手資料收集管道
政府部門
房地產行業相關的政策、方針、法律法規、統計報告、地塊規劃、開發情況、供應情況等
企業內部
本項目地塊的用途規劃，與本項目相關的一些訊息
行業協會
如與房地產行業相關的市場訊息、發展形勢和統計資料匯編等
新聞媒體
如電視、網路、報刊發布的與房地產行業相關訊息
搜索引擎
中國房地產訊息網：http://www.realestate.cei.gov.cn/
搜房網：http://www.fang.com/
中國土地網：http://www.landchina.com/
中國房地產網：http://www.china-crb.cn/
第一商業網：http://www.topbiz360.com/

圖 2-2　二手資料收集管道

2.1.3 房地產市場調研計劃書實訓的組織

(1) 指導者工作

①向受訓者介紹房地產市場調研涉及的內容;

②向受訓者介紹房地產市場調研計劃書制定的步驟;

③向受訓者介紹房地產市場調研資料收集的方式。

(2) 受訓者工作

①掌握房地產市場調研基礎知識;

②掌握房地產市場調研計劃書的制定步驟;

③根據房地產市場調研計劃書制定的調研目的、對象、內容等收集相關資料。

2.1.4 房地產市場調研計劃書實訓的步驟

制訂房地產市場調研計劃書的流程如圖 2-3 所示。

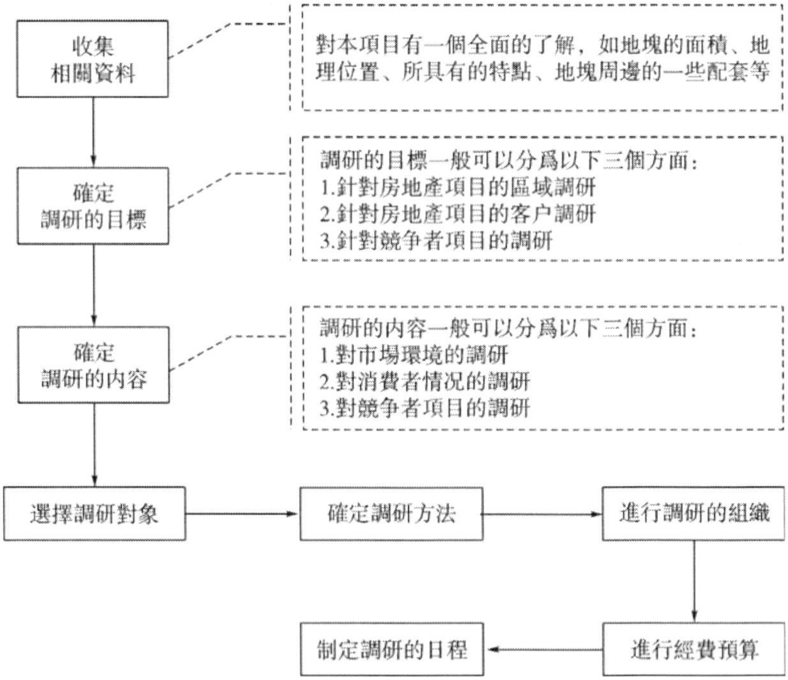

圖 2-3 制訂房地產市場調研計劃書的流程圖

示例：房地產市場調研計劃書參考模版

重慶市××住宅項目的市場調研方案

一、項目的背景

1. 項目簡介

該項目位於重慶市沙坪壩區××路口，北臨站西路，東臨渝長高速，西臨渝懷鐵路和歌樂山，南臨渝遂高速。項目占地面積約72,000平方米。交通方面有地鐵1號線、9號線（規劃中）、環線（建設中）到沙坪壩站，228路、204路、267路等公交線路可直達。該項目地塊周邊有集酒店、商務、教育、休閒、購物、住宅、醫院為一體的綜合體。全景商業面積達6,900平方米，加上其他區商業體量可達到35萬平方米。

2. 調研的背景

2016年，重慶市××投資有限公司在重慶市土地使用權公開競標中擊敗眾多對手，成功獲得重慶市沙坪壩區××路口地塊的使用權。開發商在拿到這塊地之后，想要把該地塊開發為住宅項目，但在建設之前想要對市場情況有一個全面客觀的瞭解。目的是為了使項目在后期的形象定位、檔次定位、產品設計和客戶定位更加準確，讓該項目更加契合潛在購房者的需求。因此，需要進行的一次全面市場調查。

二、調研的目的

通過客觀深入的市場調研，充分瞭解重慶市沙坪壩區房地產市場供給和需求狀況以及價格趨勢等。瞭解潛在購房者對產品價格的取向、心理承受能力等，明確項目的形象定位和檔次定位，為營銷推廣和銷售提供客觀參考依據，開發出為市場所喜愛的住房產品，實現投資收益最大化。

三、調研的內容

1. 市場環境調研

（1）主要瞭解重慶市沙坪壩區的房地產供應情況、銷售情況、價格走勢情況等。

（2）主要瞭解沙坪壩區板塊總體規劃（主要包括其住宅規劃、配套規劃、道路規劃、綠地規劃等）、板塊開發動態（已建、在建和即將開發的項目等）。

（3）主要對沙坪壩區的家庭和人口情況、經濟發展情況進行分析。

2. 項目自身情況調研

（1）對項目的自身基本情況進行調研。

（2）對項目的周邊配套進行調研。

3. 對競爭者項目的調研

主要包括對競爭者項目的地理位置、產品情況、價格情況、付款方式、銷售情況、營銷推廣情況、物業管理情況、周邊配套情況、客戶群體情況等進行調研。

4. 對消費者進行調研

主要對潛在購買者的置業意向、購買偏好（地段、戶型、朝向、面積、景觀、建築風格、檔次、價位、付款方式、配套要求等）、購買決策、購買動機等進行調研。

四、調研的方法

項目調研的方法步驟如圖 2-4 所示。

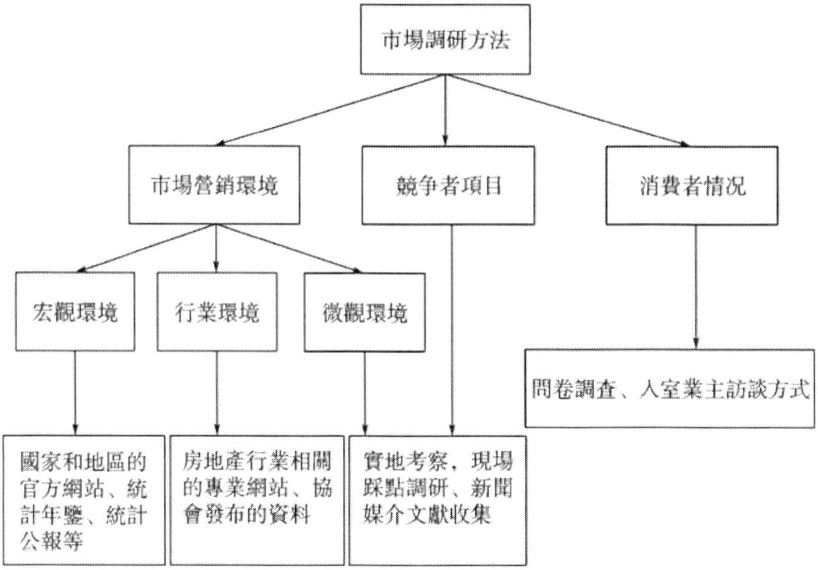

圖 2-4　項目調研的方法步驟

五、調研的組織與實施

調研的時間安排和工作內容如表 2-1 所示。

表 2-1　調研的時間安排和工作內容

時間安排	工作內容
2 天	項目準備、調研小組的成立和成員的培訓
3 天	調查內容的設計，調研問卷的設計、測試和確定
3 天	宏觀調研開始，競爭市場調研開始，對競爭樓盤進行詳細調研
2 天	集中進行調研問卷的發放和收回工作，街頭訪問 250 份問卷、走訪小區入室調研 200 份問卷、專題訪談 100 份問卷
15 天	進行數據統計、整理和分析
15 天	撰寫市場調研報告

六、費用的明細預算

根據項目的現實情況，估算的費用如表 2-2 所示。

表 2-2　調研費用預算表

費用項目	數量	單價	金額
調研人員培訓費	1 場	1,500 元	1,500 元
街頭攔截訪問	10 人	100 元/人	1,000 元

表2-2(續)

費用項目	數量	單價	金額
入室訪問	10 人	110 元/人	1,100 元
專題座談會	2 場	3,000 元	6,000 元
競爭項目調研	5 人	120 元/人	600 元
數據處理、統計分析	1	5,000 元	5,000 元
報告撰寫（專家費）	1	8,000 元	8,000 元
資料費	1	2,000 元	2,000 元
其他費用	1	500 元	500 元
合計			25,700 元

2.2 設計房地產市場調查問卷

問卷是指在開展全面調查之前，事先準備好的調查表或者訪問時事先設計好的提綱，以此作為調查依據的文件。問卷調查法是最簡單、便捷的一種調查方式，因此也是目前採用最為廣泛的一種調查方式。

2.2.1 房地產市場調查問卷設計實訓的目的與任務

（1）實訓的目的

①掌握調研問卷的構成。

②掌握調研問卷設計的注意事項。

③掌握調研問卷設計的步驟。

（2）實訓的任務

①要求學生學習與房地產市場調研問卷設計相關的基本理論知識。

②要求學生設計一份調研問卷。

③要求學生對調研問卷進行預調研。

④要求學生對調研問卷進行修改定稿。

2.2.2 房地產市場調查問卷設計實訓的知識準備

在進行問卷設計之前，必須對問卷的構成、設計技巧、注意事項等要有一個全面的瞭解，才能設計出一份合格的調研問卷。因此，本節對需要掌握的相關理論知識進行介紹。

（1）問卷的構成

問卷一般由開頭語、正文和結束語三部分構成。

①開頭語

開頭語說明此次調研的是什麼，應包括：調研的目的和主要內容、對被調查者的希望和要求、填寫問卷的說明、回覆問卷的方式和時間、調查的匿名和保密原則等。為了能引起被調查者的重視和興趣，爭取他們的合作和支持，卷首語的語氣要誠懇和平易近人，文字要簡潔、通俗易懂。卷首語一般放在問卷第一頁的上面。

例如：

尊敬的女士/先生，您好！我是××公司的調查人員，在進行購房者對住房需求情況的調研，您的真實想法對我們非常重要，希望您能如實反映您的真實情況，我們將會對您的答卷進行嚴格的保密。希望您在百忙之中抽出時間協助我們完成此次調查，非常感謝您的支持與合作，再次表示感謝！

②問卷正文

問卷正文主要是根據此次調研的目的和內容設計相應的調研題項。一般包括以下內容：被調查者的基本特徵，包括性別、年齡、收入、文化程度、職業、婚姻狀況、家庭情況等一般分類信息。對主題的調研，指調研的內容和目的。比如對潛在購房者的態度、偏好、意見的調研。這是問卷最關鍵的部分。

③結束語

問卷最后都應該有結束語，簡單的結束語可以只包括感謝的一句話。雖然在問卷的導語中已經表達了感謝，但在結束時再次感謝能讓被調查者感到調查者是發自內心的感謝。如「十分感謝您的合作！」「謝謝您的參與！」等表示感謝的話。必要時還可以在問卷調查結束語中附上調查者的聯繫方式，如姓名、傳真、電話、電子郵箱、地址等，以便更好的反饋信息。

（2）問卷題項的設計

①單項選擇題

例如：您在近三年內是否有買房的打算？

A. 是　B. 否

這一類型的題，主要用於對被調研者進行分類（如性別、年齡、受教育程度、職業等）或者態度、意見的測量等。

②多項選擇題

例如：您喜歡什麼建築風格的樓盤？（最多選擇3種）

A. 地中海建築風格　B. 西班牙建築風格　C. 義大利建築風格　D. 法式建築風格
E. 英式建築風格　F. 德式建築風格　G. 北美建築風格　H. 新古典主義建築風格
J. 現代主義建築風格　K. 東南亞建築風格　L. 中式建築風格

這類問題不再是簡單地進行歸類，還可以對購房者的喜好程度、具體情況等進行一個詳細的調研。但是注意要窮盡所有可能的答案和避免出現重複等問題。

③排序題

例如：您購房優先考慮的因素，請對下面的選項進行排序＿＿＿＿＿＿。

A. 地理位置　B. 價格　C. 交通　D. 建築風格　E. 開發商　F. 物業管理
G. 建築類型　H. 戶型設計　I. 小區內景觀配套　J. 小區內公共設施配套
K. 小區周邊配套

對上面的建築風格按照您的喜愛程度進行排序，「1」表示最喜歡，「2」表示第二喜歡，以此類推。

這類問題可以看出購房者對每一種情況的具體偏愛程度。

④分值分配型題項

讓被調查者對某些問題進行打分，一般採用5分制或100分制。而最常用的就是李克特的5級量表式，如表2-3所示。

例如：請您對以下題項進行打分，採用數字表示程度，1表示完全不符合，2表示不符合，3表示基本符合，4表示符合，5表示完全符合，進行選擇。

對於以下說法您的觀點是：

表2-3

我比較關心目前市場上的流行信息	1	2	3	4	5
我喜歡嘗試新穎的事物	1	2	3	4	5
我通常比別人更早接受新產品、新品牌	1	2	3	4	5

⑤矩陣式題項

在兩個意義相反的詞之間列上一些標度，由被調查人選擇代表其意願方向和程度的某一點。

例如：請您對××開發商進行評價。

品牌知名度：低……高

產品的質量：差……好

開發的實力：弱……強

⑥開放式題項

一般用於詢問被調查者表達其意見、觀點或想法的題項。

例如：請問您在決定購買住房的過程中，受誰的影響最大？為什麼？

以上是在進行問卷調研時，常用的幾種調研問題類型。

（3）問卷設計的注意事項

①避免使用專業性的術語

如「容積率」「綠化率」「多層」等，如需涉及，需要進行簡要說明。

例如：請問您計劃購買的住宅類型（　　）。

A. 多層　B. 高層　C. 小高層　D. 別墅　E. 其他

很多時候購房者不能很清楚區分什麼是多層和小高層等，可以把具體的層數列出來。根據樓層的高度一般可以分為低層、多層和高層三個檔。但有些開發商為了進一步進行區分，又把高層劃分為小高層、中高層、高層和超高層幾個檔。按照規定：1~3層為低層、4~6層為多層、7~9層為中高層、10層及以上為高層、總高度100米以上為超高層。在現實生活中，通常人們把7~11層的樓房稱為小高層。按規定7層以上必須配電梯，所以小高層屬於配電梯的範圍之內。因此，本題應該把樓層高度標註出，才能更好地方便被調查者填寫。

②避免使用語義模糊的用語

如形容時間和頻率時：有時、經常、偶爾。形容數量時：很少、很多、相當多。這樣的詞，對於不同的人有不同的理解。

例如：請問您最近是否準備買房？被調查者不知道最近是指的一周、一個月、半年，還是一年，應該改為「您最近一年內是否有買房的打算?」。

③避免使用斷定性的問題

例如：「請問您打算買什麼價位的住房?」，對於不打算買房的人，就無法回答，而應該採用過濾性問題，首先「您有買房的打算嗎?」，「有」則繼續，「否」則終止答卷。

④避免使用傾向性的問題

如不能給被調查者暗示性的語言，這容易導致被調查者跟隨調查者的傾向回答問題，會造成結論與實際不符的情況。

例如：「大多數人都認為房屋朝南比朝西更好，您對此有何看法?」而應該改為「您喜歡房屋的朝向是?」

⑤避免使用一問多答的問題

例如：「您家人喜歡什麼樣的建築風格?」這使那些家人有兩人以上的被調查者無法回答。因為有可能每一個人喜歡的建築風格不一樣，或者被調查者自己也不清楚家裡人的喜好等。應該改為「您喜歡什麼樣的建築風格?」並配以相應圖片讓被調查進行選擇。因為建築風格很多，被調查者也不清楚哪一種代表的是什麼風格。

⑥避免使用回憶性的問題

問題要考慮時效性，因為在當今信息爆炸的時代，遺忘和記憶的差錯會導致被調查者無法提供全面和準確的資料。

例如：「您去年家庭生活費支出是多少?」，這種問題由於時間過得太久而使被調查者無法回答，應改成「您上個月的家庭生活費支出是多少?」。

⑦避免使用界限模糊的問題

例如：收入是指稅前還是稅后？是只包含工資還是包括獎金、補貼以及其他收入?是指可支配收入還是總的收入?

⑧避免使用敏感性的問題

例如：「您的年齡是多少歲？您的月收入是多少?」這些問題應該採取區間的形式，使得被調查者不至於產生抵觸情緒而拒絕回答，答案應設置為如「A. 25 歲及以下，B. 25~35 歲，C. 36~45 歲，D. 46 歲及以上」。

⑨注意答題的順序

前面的問題應該是簡單、重要、容易回答且調研者關心的問題，后面的問題是較為複雜、專業、敏感的問題。封閉式問題應在前，開放式問題在后。應該把為達到研究目標所必帶的重要信息問題放在最前面，如對產品的偏好、價格的程度、分銷、促銷信息的調查。其次是被調查者的個人基本信息，如年齡、性別、職業、受教育程度等。目的是防止被調查者不願意回答某些題項或中止答題等，只要前面的問題得到回答，那麼后面的問題如果被調查者不願回答或因事中止也就無關大局了。

在整篇問卷佈局中，通常應該把簡單的、容易引起興趣的和被調查者所熟悉的題項放在前面，把不易回答的、困難的、有關敏感性的，容易引起被調查者緊張或者產生顧慮的題項放在后面，關於被調查者的個人資料和開放性的問題放在問卷的最后。如果問卷一開始就要求被調查者填寫姓名、性別、年齡、婚否、職業等，讓被調查感覺好像在填申請表，而不是做問卷，這樣很容易遭致被調查者的反感和拒絕。

⑩問卷不宜過長

一般來說問卷長度控製在 3 頁以內，一般不宜超過 20 分鐘，太長會造成被調查者不耐煩和敷衍了事，影響問卷的質量。

2.2.3 房地產市場調查問卷設計實訓的組織

（1）指導者工作

①向受訓者介紹調研問卷的實訓內容。

②向受訓者介紹調研問卷的實訓步驟。

③向受訓者介紹調研問卷的相關知識。

（2）受訓者工作

①學習調研問卷設計的相關知識。

②掌握調研問卷設計的技巧。

③設計一份針對某個項目的市場調研問卷（一般是有關潛在購房者信息、偏好、購買行為等的一些信息收集）。

④對設計好的問卷進行預調研，並最終修訂定稿。

2.2.4 房地產市場調查問卷設計實訓的步驟

房地產市場調查問卷設計的流程如圖 2-4 所示。

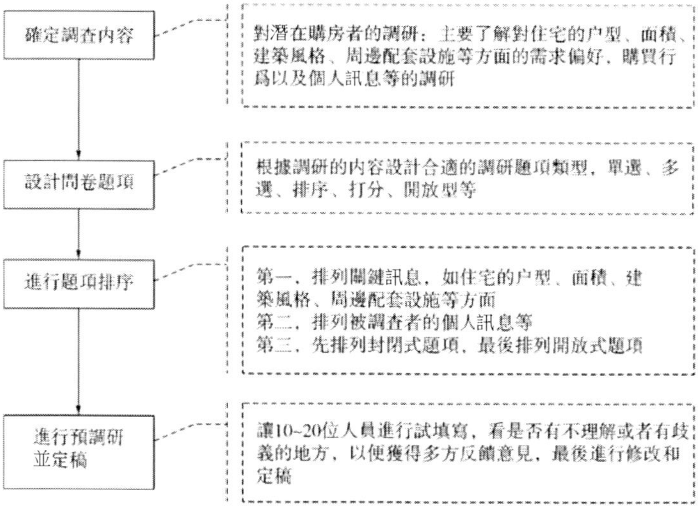

確定調查內容
對潛在購房者的調研：主要了解對住宅的户型、面積、建築風格、周邊配套設施等方面的需求偏好，購買行爲以及個人訊息等的調研
設計問卷題項
根據調研的內容設計合適的調研題項類型，單選、多選、排序、打分、開放型等
進行題項排序
第一，排列關鍵訊息，如住宅的户型、面積、建築風格、周邊配套設施等方面
第二，排列被調查者的個人訊息等
第三，先排列封閉式題項，最後排列開放式題項
進行預調研
並定稿
讓10~20位人員進行試填寫，看是否有不理解或者有歧義的地方，以便獲得多方反饋意見，最後進行修改和定稿

圖 2-4 房地產市場調查問卷設計流程圖

示例：房地產市場調查問卷設計參考模版

關於消費者住房需求的調研問卷表

尊敬的女士/先生：

您好！我是××在建住宅項目的訪問員，為了瞭解消費者的需求以及想法，我們準備進行一些相關的問卷調查。想聽聽您的真實想法，您的意見會對我們有很大幫助。希望您在百忙之中抽出一點時間協助我們完成這次調查。謝謝您的支持和合作！

1. 在最近 3 年內您是否有購房的打算？（單選題）

A. 是　B. 否

選擇「是」則繼續答題，「否」則終止答卷。

2. 您購房優先考慮的因素，請對下面的選項進行排序。（單選題）

A. 地理位置　B. 價格　C. 交通　D. 建築風格

E. 開發商　F. 物業管理　G. 建築類型　H. 戶型設計

I. 小區內景觀配套　J. 小區內公共設施配套　K. 小區周邊配套

3. 您打算購買的建築類型？（單選題）

A. 高層（10 層及以上）　B. 多層（4~6 層）　C. 小高層（7~11 層）

D. 洋房　E. 別墅

4. 您希望小區內的公共設施配套有哪些？（限選 3 項）

A. 體育鍛煉設施　B. 中心花園　C. 幼兒園　D. 餐飲

E. 車庫　F. 醫療保健設施　G. 其他

5. 您喜歡小區內是什麼樣的景觀配置？（限選 3 項）

A. 噴泉　B. 花壇　C. 草坪　D. 座椅　E. 涼亭

F. 假山　G. 特色路燈　H. 兒童樂園　I. 瀑布

6. 您打算購買的住房面積（套內）是多少？（單選題）

A. 40 平方米以下　B. 40~60 平方米　C. 60~80 平方米

D. 80~100 平方米　E. 100 平方米以上

7. 您打算購買什麼戶型的房子？請根據您的喜好在相應的數量下方打「√」。戶型見表 2-4。

表 2-4

類型	數量					
	0	1	2	3	4	5
客廳						
臥室						
陽臺						
衛生間						

8. 您希望的交房標準是什麼？(單選題)

A. 毛坯 B. 簡單裝修 C. 精裝修 D. 部分裝修

9. 您購房的主要目的是什麼？(單選題)

A. 改善居住條件 B. 投資 C. 結婚 D. 為子女上學 E. 其他

10. 您購房的首付預算是多少萬元？(單選題)

A. 10~20 B. 20~30 C. 30~40 D. 40~50 E. 50 以上

11. 您能夠承擔的月供金額為多少元？(單選題)

A. 1,000 以下 B. 1,000~1,500 C. 1,500~2,000 D. 2,000~2,500 E. 2,500 以上

12. 您更傾向於哪種付款方式？(單選題)

A. 一次性付清 B. 分期付款 C. 按揭付款 D. 其他

13. 您認為在未來 3 年內，本區域內的房價將會是什麼走勢？(單選題)

A. 下降 B. 基本不變 C. 上漲

14. 您一般從哪裡獲得樓盤銷售的信息？(可多選)

A. 公交或地鐵廣告 B. 電視上 C. 報紙上 D. 互聯網廣告

E. 房交會 F. 房屋仲介 G. 其他

15. 目前您家裡有幾口人？(單選題)

A. 就自己 B. 2 人 C. 3 人 D. 4 人 E. 5 人 F. 5 人以上

16. 目前您和家裡哪些人住在一起？(單選題)

A. 就自己 B. 和父母一起住 C. 只與老公/妻子/男朋友/女朋友住

D. 和老婆/老公、孩子一起住 E. 和老公/老婆、孩子、父母一起住

17. 您家已購買的住房情況？(單選題)

A. 有一套房，是自己的 B. 有一套房，是父母的

C. 與父母各有一套房，且在臨近小區 D. 與父母各有一套房，但相隔很遠

E. 還沒有購買住房

18. 您是否願意和父母住在一起？(單選題)

A. 不願意 B. 願意

19. 您的性別是？(單選題)

A. 男 B. 女

20. 您的年齡是多少歲？(單選題)

A. 20~30 B. 31~40 C. 41~50 D. 50 以上

21. 您的平均月收入是多少元（包括各種獎勵、津貼、其他收入等）？(單選題)

A. 3,000 以下 B. 3,000~5,000 C. 5,000~8,000 D. 8,000~10,000 E. 10,000 以上

22. 您的家庭平均月收入是多少元（包括各種獎勵、津貼、其他收入等）？(單選題)

A. 5,000 以下 B. 5,000~8,000 C. 8,000~10,000 D. 10,000~15,000 E. 15,000 以上

23. 您的學歷？(單選題)

A. 高中以及下　B. 專科　C. 本科　D. 研究生及以上

24. 您的婚姻狀況？（單選題）

A. 未婚　B. 已婚

25. 您的職位？（單選題）

A. 普通員工　B. 中層人員　C. 高層人員

D. 自由職業者　E. 個體工商戶　F. 其他

26. 您常用的出行交通工具是什麼？（可多選）

A. 私家車　B. 出租車　C. 公交車　D. 地鐵　E. 其他

對於您的積極支持，再次表示由衷的感謝！

2.3　房地產調查的數據統計分析

通過發放問卷收回的數據，都需要採用相應的統計分析工具來進行分析，才能更為直觀的看到調研結果。目前最簡單的分析工具就是 Excel 和 SPSS 統計分析軟件。而在現實生活中由於 SPSS 軟件操作簡單、方便而被廣泛應用，因此本節將介紹房地產市場調研問卷數據在 SPSS 軟件分析中常常會用到的幾種分析方法。

2.3.1　房地產市場調查數據分析實訓的目的與任務

（1）實訓的目的

①掌握在軟件 SPSS17.0 中數據的錄入。

②掌握數據的整理和基本分析方法。

（2）實訓的任務

①要求學生正確安裝 SPSS17.0 軟件。

②要求學生正確錄入問卷回收的數據。

③要求學生進行簡單的頻率和百分比分析。

④要求學生進行簡單的交叉分析。

2.3.2　房地產市場調查數據分析實訓的知識準備

（1）認識 SPSS17.0 軟體

SPSS 軟體界面如圖 2-5 所示。

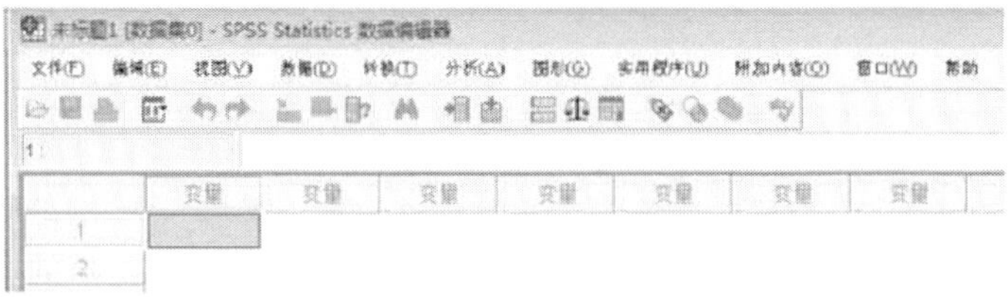

圖 2-5　SPSS 軟體界面截圖

文件：有關文件的新建、調入、保存、打印等功能。

編輯：有關文本內容的撤銷、清除、選擇、複製、粘貼、尋找和替換等。

視圖：有關數據、菜單進行編輯，字體進行調整等。

數據：有關數據變量的定義、格式的選定、觀察對象的選定、排序、個案加權、數據文件的轉換、連接、匯總等。

轉換：有關數值的計算、重新進行編碼、重新進行賦值、缺失值的替代等。

分析：這是 SPSS 軟件中最為核心的部分，幾乎所有的分析功能都是通過這個模塊進行。

圖形：有關各種類型統計圖的繪制，如箱線圖、直方圖、餅圖等。

實用程序：有關命令解釋、字體的選擇、文件信息、定義輸出標題、窗口設計等。

窗口：有關窗口的選擇、顯示、排列等。

幫助：有關幫助文件的調用、查詢、顯示等。

(2) 數據的錄入

SPSS 軟體數據編輯窗口如圖 2-6 所示。

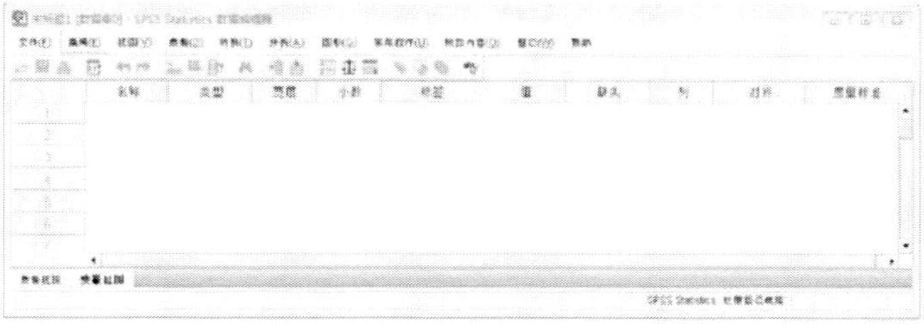

圖 2-6　SPSS 軟體數據編輯窗口：變量視圖

①變量的定義

在輸入數據之前首先需要對變量的名稱、類型、寬度、小數、標籤、值、缺失、對齊方式、度量標準等進行定義。任何變量都需要對其名稱、數據類型和度量標準進行選擇。其他的都可以先默認，在需要時再進行設置。

在名稱欄，可以直接輸入變量的具體名稱，如性別、年齡等。然后再定義數據的類型，如數值、逗號、點、日期等，但是一般只使用數值，因為 SPSS 要進行分析也只能識別數值型數據。「寬度」可以自己調整寬度，「小數」位數可以自己確定，「標籤」和「名稱」基本是重複的，是對名稱更為詳細的描述。「缺失值」分為系統缺失值和用戶缺失值兩類，點擊缺失值按鈕可以自定義 3 個離散的缺失值、定義為一個範圍內的缺失值或者兩者都定義等。「度量標準」有 3 種：名義變量，如職業、性別等區分類別的變量；定序變量，對現象進行分類的結果，但結果是有高低順序的，如人的受教育程度可分為文盲、小學、中學、大學等；數值型變量，如年齡、溫度、重量、次數等，包括連續型變量或離散型變量等。

②數據的錄入

在 SPSS 軟件中，數據錄入方法可以分為兩種，一種是直接手動輸入，另一種是從其他文件中導入。具體的導入方法操作步驟如下：

打開 SPSS→點擊「文件」→打開→數據→選擇所要導入的數據類型（有 SPSS.sav 文件、excel 文件等）→選擇數據文件→打開→確定。這這樣就可以把 Excel 的數據導入 SPSS 中，如圖 2-7 所示。

圖 2-7 SPSS 軟體數據導入截圖

導入完成后，對變量數據進行定義。比如性別，如果輸入中文「男性」、「女性」，這樣的字符串雖然能被 SPSS 識別，但是不能進行分析。因此，SPSS 軟件中如果要進行統計分析，就要進行賦值定義，比如「1 代表男性」「2 代表女性」。另外，如人口統計學的變量（年齡、職位、婚姻狀況、教育情況等）也需要進行數值化，在 SPSS 中都是用數據來代表具體類別的。具體操作步驟如下：

選擇左下角的「變量視圖」→選擇「性別」→點擊「值標籤」→在「值」欄輸入「1」，在「標籤」欄輸入「男性」→選擇添加。女性賦值重複前面的步驟，如圖 2-8 所示。

圖 2-8　變量值標籤的對話框

通過賦值，SPSS 軟件就可以識別出 1、2 分別代表什麼。其他類別變量都可以通過這種方式進行賦值，然后轉換為 SPSS 可識別的文字。對連續變量（如身高、體重等），是不需要進行賦值的。只有類別變量才需要進行賦值。

（3）描述性統計分析

假如現在回收 451 個樣本，數據錄入如圖 2-9 所示。

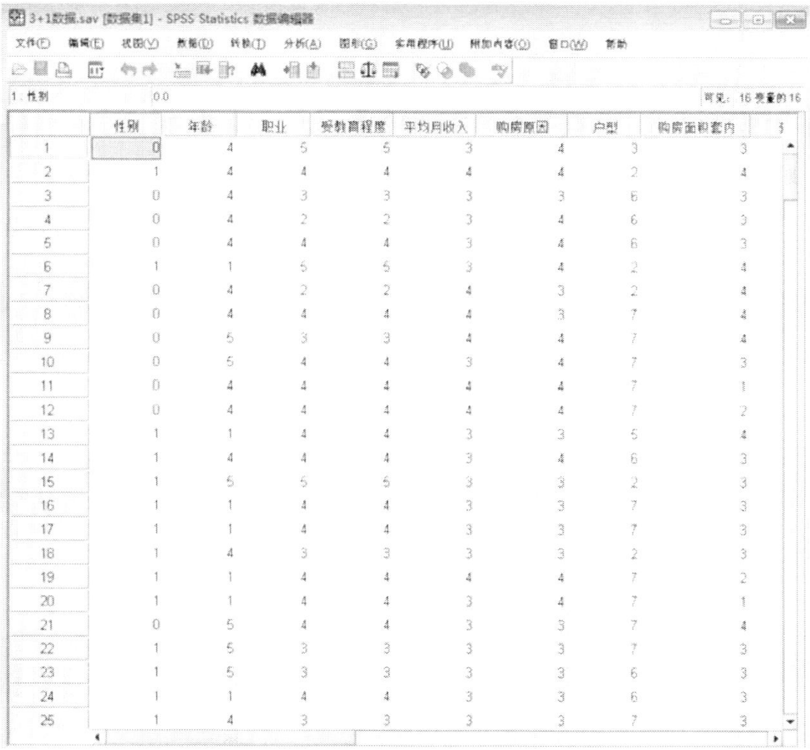

	性别	年龄	职业	受教育程度	平均月收入	购房原因	户型	购房面积套内
1	0	4	5	5	3	4	3	3
2	1	4	4	4	4	4	2	4
3	0	4	3	3	3	3	6	3
4	0	4	2	2	3	4	6	3
5	0	4	4	4	3	4	6	3
6	1	1	5	5	3	4	2	4
7	0	4	2	2	4	3	2	4
8	0	4	4	4	4	3	7	4
9	0	5	3	3	4	4	7	4
10	0	5	4	4	3	4	7	3
11	0	4	4	4	4	4	7	1
12	0	4	4	4	4	4	7	2
13	1	1	4	4	3	3	5	4
14	1	4	4	4	3	4	6	3
15	1	5	5	5	3	3	2	3
16	1	1	4	4	3	3	7	3
17	1	1	4	4	3	3	7	3
18	1	4	3	3	3	3	2	3
19	1	1	4	4	4	4	7	2
20	1	1	4	4	3	4	7	1
21	0	5	4	4	3	3	7	4
22	1	5	3	3	3	3	7	3
23	1	5	3	3	3	3	6	3
24	1	1	4	4	3	3	6	3
25	1	4	3	3	3	3	7	3

圖 2-9　樣本數據圖

①頻數分析

如果想要知道男性和女性的分佈狀況，就需要進行分析，操作步驟如下：

點擊「分析」→描述統計→123 頻率，見圖 2-10。把「性別」選入→統計量→眾數→確定。然后點擊圖表→選擇餅圖（一般兩個類別都選擇餅圖）→頻率→確定。最后，SPSS 就會輸出統計量表格、性別頻率、占比表格和餅圖結果。對於這種類別變量一般都不存在標準差、方差、平均值之類的，它只有眾數。見圖 2-11。社科類的調查，如對人口統計學的類別調查（如性別、年齡、職業、文化背景等個人屬性）的統計時，一般要數據分佈比較平均才更好。如果某一類別的人數特別多，就很有可能造成統計的偏差。

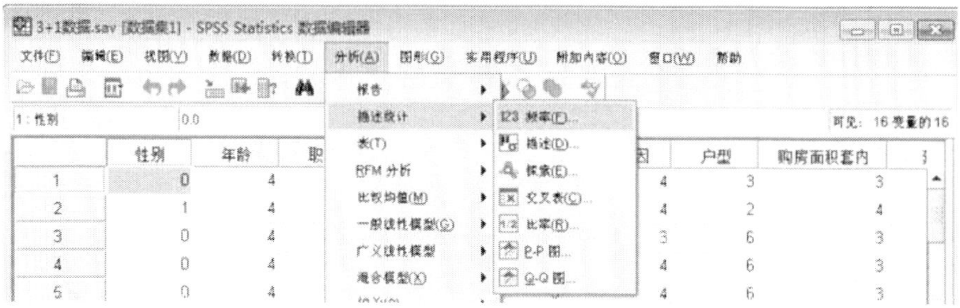

圖 2-10　頻數分析截圖

圖 2-11　性別統計分析

②交叉列聯表分析

如果想知道不同性別的婚姻狀況是怎樣的？比如說男性未婚和已婚各是多少？女性未婚和已婚的各是多少？那就需要採用交叉表，操作步驟如下：

點擊「分析」→描述統計分析→交叉表→把「性別」選入行→把「婚姻狀況」選入列→顯示復式條形圖→選擇「單元格」→計數下面的「觀測值」→選擇百分比下面的「列」→確認。如圖 2-12 所示。

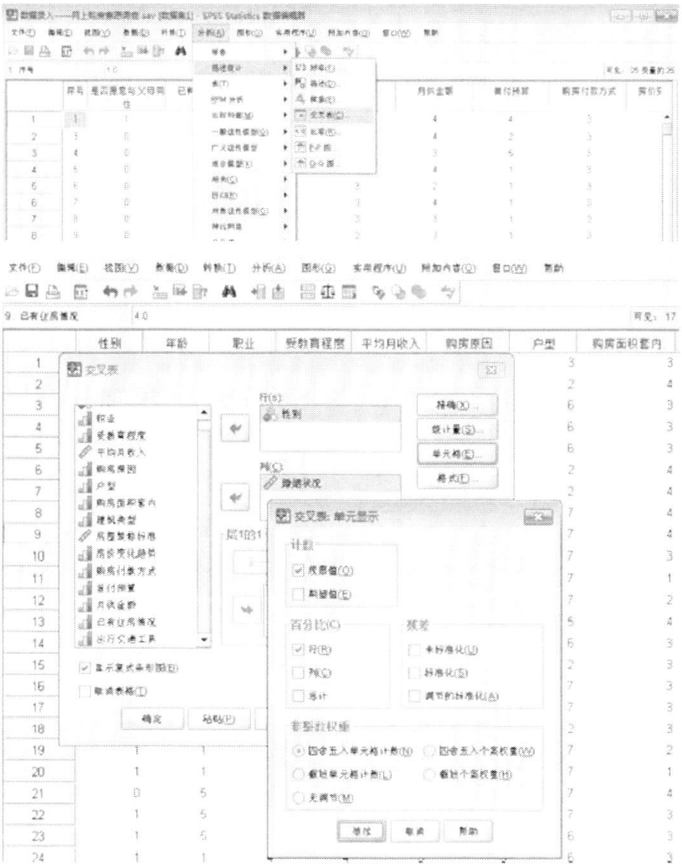

圖 2-12　交叉分析步驟

研究的目標是不同的性別在婚姻上的狀態，性別相當於自變量，年齡相當於因變量，進行分析得到輸出結果。

從輸出的結果可以很清楚的看出，男性中未婚占 66.7%，女性中未婚占 47.4%，這就分析出了性別在婚姻上的不同情況。但是交叉表適用於兩組類別變量的比較，如性別分為男性和女性兩類，婚姻也分為已婚和未婚兩類。

2.3.3 房地產市場調查數據分析實訓的組織

(1) 指導者工作

①向受訓者介紹 SPSS 軟件的安裝。

②向受訓者介紹 SPSS 軟件的界面。

③向受訓者介紹 SPSS 軟件中數據的錄入方法。

④向受訓者介紹數據的描述性統計分析步驟。

⑤向受訓者介紹數據的交叉分析步驟。

⑥向受訓者介紹數據分析結果的解讀。

(2) 受訓者工作

①安裝 SPSS17.0 軟件。

②掌握 SPSS 軟件界面各菜單的功能。

③把問卷回收的數據正確錄入到 SPSS 軟件中。

④對數據進行描述性統計分析。

⑤對數據進行交叉分析。

⑥對數據分析的結果進行客觀的解讀。

2.3.4 房地產市場調查數據分析實訓的步驟

房地產市場調查問卷數據分析流程如圖 2-13 所示。

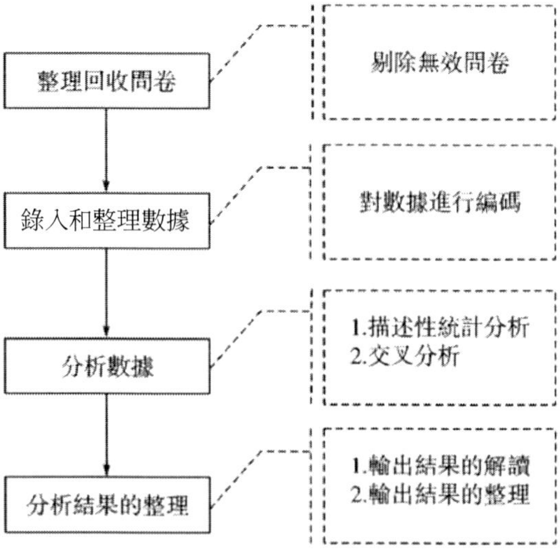

圖 2-13 房地產市場調查問卷數據分析流程圖

示例：數據統計分析成果參考模版

一、樣本數據頻數分析輸出表

1. 性別統計表（表 2-5）

表 2-5 性別統計表

性別	人數	占比
男性	237	52.5%
女性	214	47.5%
合計	451	100%

2. 潛在購房者的基本信息統計分析表（表 2-6）

表 2-6 潛在購房者的基本訊息統計分析表

基本訊息	項目	頻數（人）	百分比	占比排名
年齡	25 歲及以下	48	10.6%	4
	26~35 歲	104	23.1%	2
	36~45 歲	210	46.6%	1
	46~55 歲	77	17.1%	3
	56 歲及以上	12	2.7%	5
受教育程度	高中及以下	13	2.9%	4
	專科	111	24.6%	2
	本科	235	52.1%	1
	研究生及以上	92	20.4%	3
平均月收入	3,000 元以下	23	5.1%	4
	3,000~5,000 元	76	16.9%	2
	5,000~8,000 元	286	63.4%	1
	8,000 元以上	66	14.6%	3
職業	高層人員	17	3.8%	5
	中層人員	47	10.4%	3
	普通員工	139	30.8%	2
	個體工商戶	221	49%	1
	其他	27	6%	4

3. 被調查者目前居住情況統計圖（略）

4. 出行交通工具選擇統計表（表 2-7）

表 2-7　出行交通工具選擇統計表

出行交通工具	人次	占 451 人比例
私家車	172	38.1%
出租車	37	8.2%
公交車	115	25.4%
地鐵	215	47.7%
其他	38	8.4%
合計	577	127.8%

註：多選題百分比之和大於 100%

5. 是否願意與父母一起居住統計分析表（表 2-8）

表 2-8　是否願意與父母一起居住統計分析表

是否願意一起居住	人數	占比
是	53	11.8%
否	398	88.2%
合計	451	100%

6. 購房優先考慮的因素統計分析表（表 2-9）

表 2-9　購房優先考慮的因素統計分析表

考慮因素	頻數	百分比	考慮因素	頻數	百分比
地理位置	81	18%	物業管理	111	24.6%
價格	354	78.5%	建築類型	35	7.8%
交通	219	48.6%	戶型設計	238	52.8%
建築風格	42	9.3%	小區內景觀配套	43	9.5%
開發商	32	7.1%	小區周邊配套	29	6.4%
小區內公共設施配套	107	23.7%	合計	1,291	286.3%

註：多選題百分比之和大於 100%

7. 希望小區的公共設施配套和景觀配置情況統計表（表 2-10）

表 2-10　希望小區的公共設施配套和景觀配置情況統計表

公共設施配套	頻數	百分比	景觀配置	頻數	百分比
體育鍛煉設施	107	23.7%	噴泉	162	35.9%
中心花園	210	46.6%	花壇	58	12.9%

表2-10(續)

公共設施配套	頻數	百分比	景觀配置	頻數	百分比
幼兒園	157	34.8%	草坪	96	21.3%
餐飲	52	11.5%	座椅	180	39.9%
車庫	289	64.1%	涼亭	146	32.4%
醫療保健	32	7.1%	假山	49	10.9%
遊泳池	21	4.7%	瀑布	75	16.6%
金融郵政設施	18	4%	兒童樂園	178	39.5%
公交站點	71	15.7%	特色雕像	13	2.9%
合計	957	212.2%	合計	957	212.3%

註：多選題百分比之和大於 100%

8. 獲取樓盤銷售訊息的管道表 （表 2-11）

表 2-11 獲取樓盤銷售訊息的管道表

管道	頻數	百分比
公交或地鐵廣告	398	88.2%
電視上	50	11.1%
報紙上	38	8.4%
互聯網廣告	435	96.5%
房交會	56	12.4%
房屋仲介	312	69.2%
其他	23	5.1%
合計	1,312	290.9%

註：多選題百分比之和大於 100%

9. 購買動機分析表（表 2-12）

表 2-12 購買動機分析表

基本訊息	項目	頻數（人）	百分比	占比排名
購買動機	投資	10	2.2%	5
	結婚用房	59	13.1%	3
	為子女上學	161	35.7%	2
	改善居住條件	200	44.3%	1
	其他	21	4.7%	4

二、樣本數據的交叉分析輸出表

1. 年齡因素的交叉列聯表分析（表 2-13）

表 2-13　　年齡 * 收入、教育、動機交叉製表

基本訊息	項目訊息	36~45 歲人群		26~35 歲和 46~55 歲人群	
		百分比	占比排名	百分比	占比排名
購房動機	投資	1%	5	3.3%	5
	結婚用房	14.8%	3	11.6%	3
	為子女上學	34.8%	2	34.8%	2
	改善居住條件	46.2%	1	45.3%	1
	其他	3.2%	4	5%	4
月平均收入	3,000 元以下	0	4	9.9%	3
	3,000~5,000 元	2.4%	3	24.9%	2
	5,000~8,000 元	75.7%	1	56.9%	1
	8,000 元以上	21.9%	2	8.3%	4
受教育程度	高中及以下	1.4%	4	3.3%	4
	專科	25.7%	2	22.1%	3
	本科	54.8%	1	51.4%	1
	研究生及以上	18.1%	3	23.2%	2

2. 收入因素的交叉列聯表分析（表 2-14）

表 2-14　　收入 * 教育、動機交叉製表

基本訊息	項目訊息	5,000~8,000 元		8,000 元以上	
		百分比	占比排名	百分比	占比排名
購房動機	投資	1.7%	5	0	5
	結婚用房	12.9%	3	10.6%	3
	為子女上學	40.6%	2	34.8%	2
	改善居住條件	42.3%	1	50%	1
	其他	2.4%	4	4.5%	4
受教育程度	高中及以下	2.4%	4	1.5%	4
	專科	24.5%	2	37.9%	2
	本科	51.4%	1	53%	1
	研究生及以上	21.7%	3	7.6%	3

3. 教育因素的交叉列聯表分析（表 2-15）

表 2-15 教育＊動機交叉製表

基本訊息	項目訊息	專科		本科		碩士及以上	
		占比	排名	占比	排名	占比	排名
購房動機	投資	0	5	0.4%	5	1.1%	5
	結婚用房	7.2%	3	10.6%	3	28.3%	2
	為子女上學	67.6%	1	26%	2	23.9%	3
	改善居住條件	23.4%	2	60%	1	33.7%	1
	其他	1.8%	4	3%	4	13%	4

三、目標客戶群體的產品偏好統計圖

1. 建築類型偏好統計圖（圖 2-14）

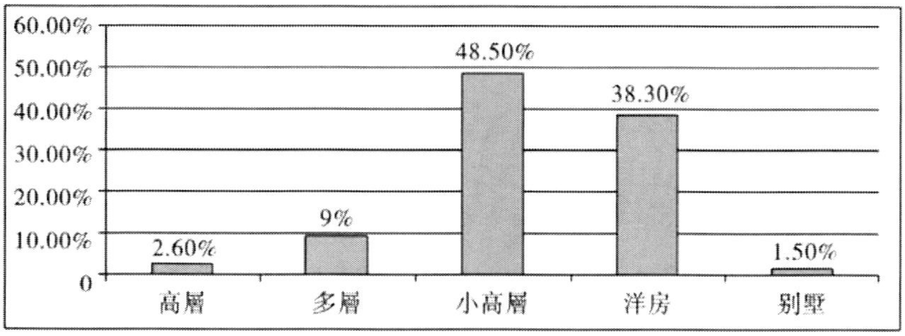

圖 2-14 建築類型偏好統計圖

2. 戶型結構偏好統計圖（圖 2-15）

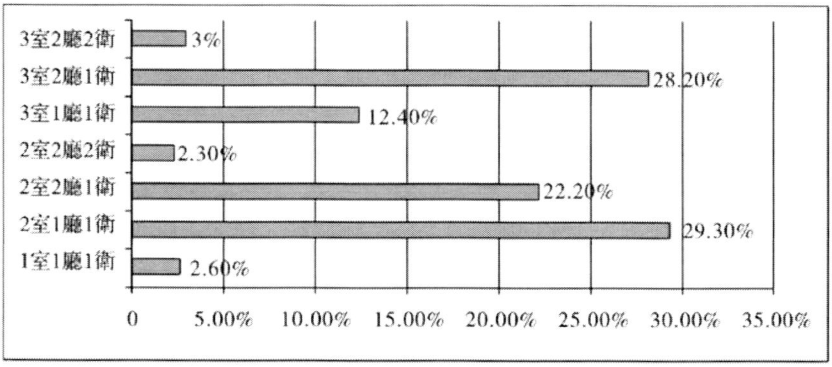

圖 2-15 戶型結構偏好統計圖

3. 購買套內面積偏好統計圖（圖 2-16）

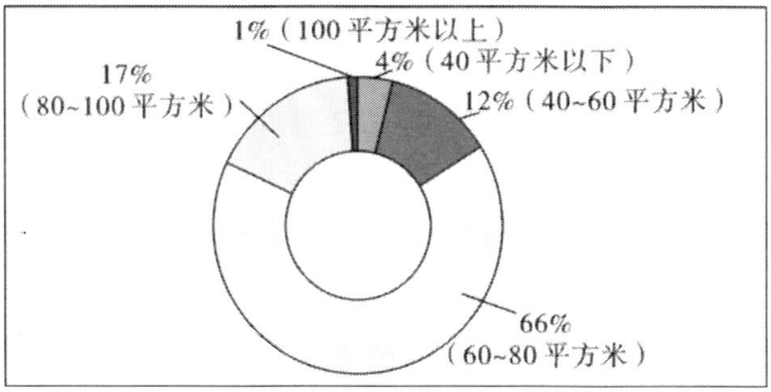

圖 2-16　購買套內面積偏好統計圖

4. 裝修標準偏好統計圖（圖 2-17）

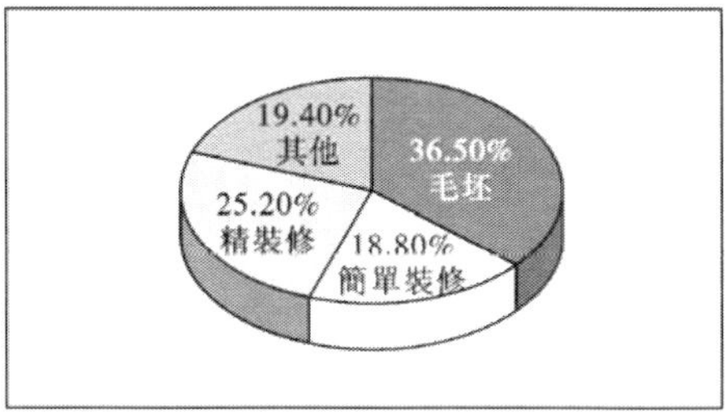

圖 2-17　裝修標準偏好統計圖

四、目標客戶群體的購買行為統計圖

1. 首付款預算偏好統計圖（圖 2-18）

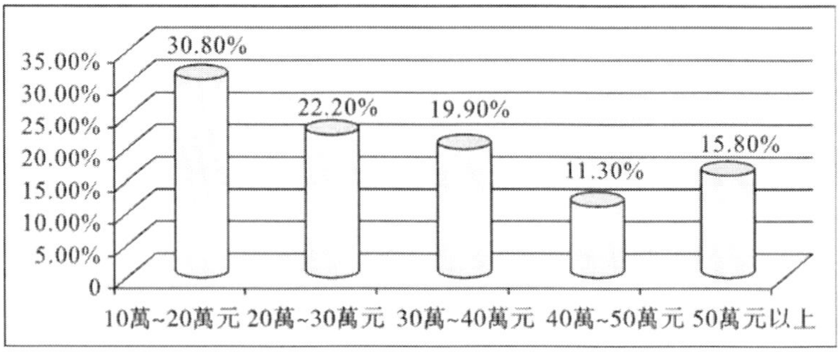

圖 2-18　首付款預算偏好統計圖

2. 付款方式偏好統計圖（圖 2-19）

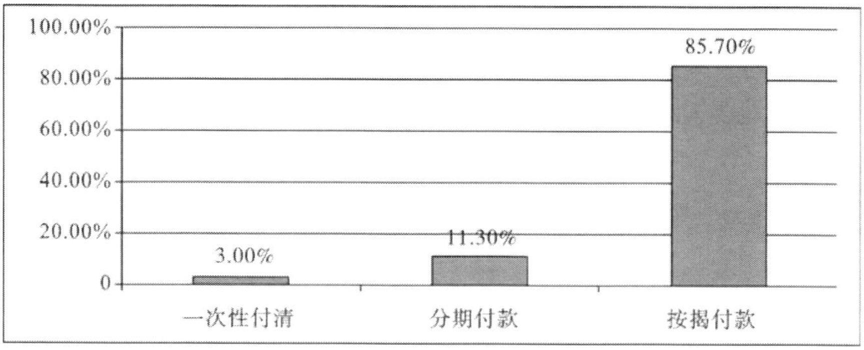

圖 2-19 付款方式偏好統計圖

3. 月供金額統計圖（圖 2-20）

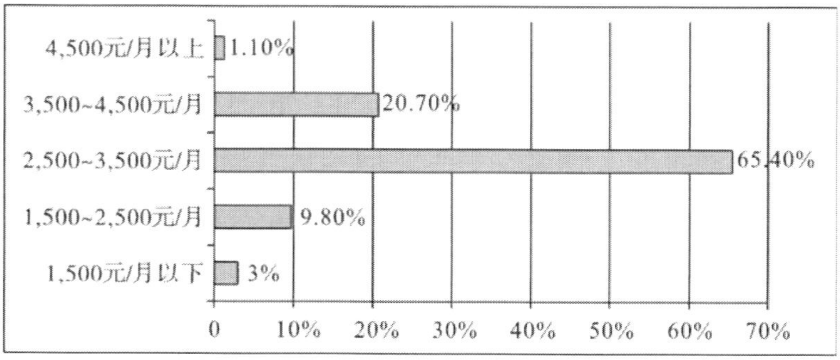

圖 2-20 月供金額統計圖

4. 對房價的預期統計圖（略）

2.4 房地產市場調查報告的撰寫

2.4.1 房地產市場調查報告撰寫實訓的目的與任務

（1）實訓的目的

①讓學生掌握市場調研報告的構成。

②瞭解市場調研報告撰寫注意事項。

（2）實訓的任務

①要求把所學的理論知識與報告撰寫的實踐操作相結合。

②把前面的資料收集和數據分析結果進行整理和分析。

③完成一份完整的房地產市場調研報告。

2.4.2 房地產市場調查報告撰寫實訓的知識準備

2.4.2.1 市場調研報告

市場調研報告是指調研者為了分析某一問題而進行的對資料的收集和實踐調查，然后對這些資料和調查的結果進行系統的分析和研究，進而尋找出規律和本質，最終通過文檔的形式進行呈現的一種書面文件。調研報告是對市場調研前期工作的一個全面系統的總結。

調研報告的核心要求是對收集的信息和數據進行客觀如實的反應。調研報告一般分為兩個部分的內容：一是調查，即對實際情況進行詳細的、準確的、客觀的反映，揭示事物的本來特徵，不能憑主觀想像；二是研究，即通過對客觀事物實際情況的深入分析，進而揭示其本質特徵。在調研報告中可以提出一些建議和看法，但是最終是否被採納，要經過全局的考慮和上級的考量。

2.4.2.2 市場調研報告的主要構成

市場調研報告一般由以下幾個部分組成：

（1）封面

①調查報告的標題（調查內容概括）。

②調查人員的姓名及所屬的單位。

③日期（報告完成的日期）。

（2）目錄

目錄是報告中各章節內容的標題名稱及頁碼。附錄可以有各種表格、圖表說明等，一般放在報告正文之后。

（3）摘要

摘要主要是對調查報告內容的基本概括，對調查活動所獲得的主要結果的概括性說明，用清晰、簡潔的文字簡要說明調查的背景、目的、方法、主要內容和結果、結論等。一般為一頁，字數在500字左右為宜。

（4）正文

①調研背景：對本次調研的由來情況進行簡單說明，以有關的背景資料為依據（比如：項目的基本概況、過去的銷售變化情況、與競爭對手的比較資料、宣傳和營銷推廣策略、市場對本項目的反映資料等）。

②調研目的：對項目所在地的市場營銷環境進行瞭解（如宏觀、中觀和微觀環境等）；瞭解與項目特徵相近的競爭者項目的情況（如價位、銷售情況、物業管理、客戶檔次等）；瞭解潛在購房者的情況（如潛在購房者的信息來源、與媒體的接觸情況、對購房的需求偏好以及購房的原因等）。

③調研內容：根據調研的目的，闡述對市場營銷環境、消費者情況及競爭對手情況的調查等。

④調研方法：根據調研的內容，選擇恰當的調研方法，如二手資料調查法、電話調查法、問卷調查法、面談法、觀察法、實驗法，以及資料處理與分析的方法及工

具等。

⑤調研結果：這一部分內容是整個調研報告的核心，一般採用圖、表、文字形式對前面所收集的調研資料詳細客觀地呈現出來，讓讀者一目了然。

（5）結論和建議

根據調研結果進行合理的推理，得出符合邏輯的推斷，這些結論應該是對前期調研內容的總結，能夠給后續的有關行動提出有價值的建議或參考。

（6）附錄

一般包括參考文獻、二手資料來源索引、收集資料所使用的調查問卷、有關會議記錄、書籍等，以及其他有必要列入的參考資料等。

2.4.2.3 撰寫市場調研報告的注意事項

（1）避免使用單一的文字進行闡述

關於數據分析部分，不能只是採用文字進行長篇大論的闡述，而應結合圖、表等形式。通常情況下，使用圖、表能夠把複雜的數據非常清晰、直觀地展現出來，能夠讓人一目了然的知道數據所要表達的含義。在實際操作中，以下幾種圖表形式是最常用的：條形圖、柱狀圖、折線圖、餅圖和表格等。雖然圖、表能非常直觀地呈現調查數據，但是使用之前一定要謹記，這些圖和表只是傳遞信息的一種工具，要遵循簡單、直接、清晰、明了的原則，每一個圖、表通常只包含一個信息。一個圖、表中呈現的信息越多，傳遞的效果就會越差。

（2）避免只使用一種圖形或表格

由於市場調研報告一般包含的信息較多，因此會出現數據需要多種方式進行呈現的情況，但是有時不能根據個人的喜好，整篇報告只採用一種圖或表格，這會造成讀者的審美疲勞。通常情況下，應該根據數據的特點，選擇相適應的圖、表。在大多數情況下，表格、條形圖和柱狀圖的使用最為廣泛，這三種圖、表基本占據整個報告中的圖表的半數以上，而餅圖和折線圖的使用則相對較少。

（3）避免出現邏輯混亂和偏好性意見

一份合格的報告應該有非常清晰和嚴密的邏輯結構。數據分析的結果應該結合項目本身的特徵和調研的目的進行一定的分析和判斷，用簡潔的語言對數據所要表達的含義進行闡述。在這個過程中，一定要謹記保持中立的態度，不要加入報告編寫者的主觀意見。

（4）避免資料的不可靠性

調研報告所使用的資料必須符合實際。資料來源於兩個方面：一方面來自於一手資料調查法的收集，另一方面來自於二手資料調查法的獲取。在這個知識爆炸的時代，獲得二手資料相對比較容易，而獲取一手資料相對比較困難。這就需要掌握大量的符合實際的一手資料，才能寫好調研報告。有一手資料作為基礎寫出的市場調研報告才更具有針對性和實際價值意義。調研報告撰寫過程中切忌面面俱到，在一手資料中，篩選出最典型、最能說明問題的數據，對其進行分析，從中找出事物的內在規律或事物的本質，得出正確的結論，總結出有價值的東西，這是寫調研報告時應特別注意的事項。

2.4.3 房地產市場調查報告撰寫實訓的組織

(1) 指導者工作

①向受訓者介紹市場調研報告環節的實訓內容。

②向受訓者介紹市場調研報告的構成。

③向受訓者介紹市場調研報告撰寫的注意事項。

(2) 受訓者工作

①掌握市場調研報告撰寫應包含的內容。

②掌握市場調研報告撰寫的注意事項。

③根據前期收集的項目資料、房地產項目市場環境資料、問卷回收分析的數據結果資料等，進行綜合整理分析。

④完成一份完整的房地產市場調研報告。

2.4.4 房地產市場調查報告撰寫實訓的步驟

房地產市場調查報告撰寫流程見圖 2-21。

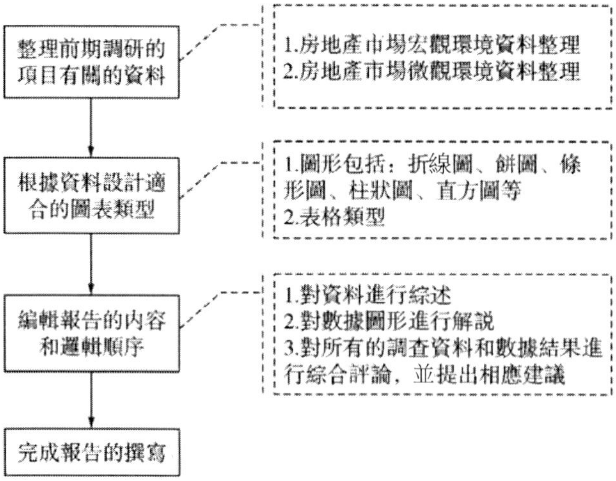

圖 2-21　房地產市場調研報告撰寫流程

示例：房地產市場調查報告參考模版

第一部分　項目的調研資料整理和數據分析

一、宏觀環境分析

沙坪壩區地處重慶市西部，是重慶市對外開放的重要窗口，是西南地區人流、物流、信息流的重要通道。區內交通暢達，有全國鐵路集裝箱網路重慶中心站、西南地區最大鐵路編組站和國家二級火車站等七個火車客貨站；有成渝、渝長、渝遂、上界、繞城高速公路等；地鐵1號線已投入使用，5號線、9號線和軌道環線在規劃建設中。而三峽廣場中心區屬於規劃的優化准入環境功能區和重點發展商務服務、商貿流通、要素市場，以及屬於區域CBD之一①。同時，沙坪壩區為重慶市的科教文化中心。本項目周邊具有平頂山公園、小龍坎廣場、三峽廣場、火車站、沙坪公園等高端商貿走廊及城市景觀帶；擁有歌樂山、磁器口古鎮、烈士陵園、歷史文化名人故居、梨樹灣溫泉、西部校園等旅遊資源②。本項目地處沙坪壩區東部城區，離三峽廣場中心區僅1,890米，緊挨麗笙酒店、溫泉中心、溫泉樂園以及溫泉商業步行街。項目地塊周邊擁有良好的交通資源，擁有非常豐富的自然資源以及完善的商業配套。這對本項目的開發銷售是非常有利的。

2015年，沙坪壩區實現地區生產總值（GDP）714.3億元，同比增長8%，人均GDP突破1萬美元；社會消費品零售總額320.4億元，同比增長10.8%，比2014年提高2.3個百分點，從社會消費品零銷總額增速看，全年社會消費品零售總額增速均保持兩位數增長，並呈逐步攀升態勢；城鎮常住居民人均可支配收入30,384元，同比增長7.5%；農村常住居民人均可支配收入15,264元，同比增長10.1%。③ 全區的市場消費需求強勁，購銷活躍，呈現出持續、穩定增長的態勢，對於本項目的銷售來說是有利的。

2014年沙坪壩區平均約為2.72人/戶。2015年全區城鎮化率達94.3%，全區常住人口中65歲及其以上老年人占比13.11%，比全市12.71%高出0.4個百分點。全區60歲及以上老年人占比20.89%，50~59歲占比14.55%，40~49歲占比19.05%，30~39歲占比15.40%。隨著社會事業的發展，醫療衛生條件的改善，人民生活物質水平的提高，全區60歲及以上老年人增長速度較快。④ 按平均每戶3人計算，說明全區對小戶型的住房需求較大。全區50歲以上人群占比高達35.44%，60歲以上老人就占比20%以上，老齡化嚴重且人口數量大，因此發展老年地產具有一定的市場。進一步分析發現，30~50歲的人群在全區總常住人口中占比高達34.45%，因此發展以改善居住條件的人群為客戶群體也具有一定的市場。

二、房地產市場現狀分析

2015年沙坪壩區房屋建築施工面積1,584.7萬平方米，同比下降2.3%；竣工面積425.9萬平方米，同比增長4.1%。⑤ 在不斷利好的樓市政策刺激下，沙坪壩區房地產開發投資增速總體平穩，而本項目所處的東部城區完成房地產開發投資額113.4億元，同比增長26.7%，比2014年同期提高7.8個百分點。全年房地產新開工面積中，住宅新開工面積141.2萬平方米，同比下降0.9%；住宅竣工面積158.2萬平方米，同比下降21.3%。2015年9月調查顯示，沙坪壩區可銷售的商品房庫存面積100.3萬平方米，

---

① 重慶市城鄉總體規劃（2007—2020年）。

② 沙坪壩區人民政府網站. http://spb.cq.gov.cn/SPB_ShowArticle.asp?ArticleID=201508.

③ 沙坪壩區2015年統計公報。

④ 重慶市沙坪壩區人民政府網統計分析. http://spb.cq.gov.cn/SPB_ShowArticle.asp?ArticleID=239744.

⑤ 重慶市沙坪壩區人民政府網站。

庫存仍然較大[14]。

沙坪壩區的房價走勢為4,000~6,000元/平方米占比36%，6,000~8,000元/平方米占比32%，8,000~1,000元/平方米占比27%，10,000元/平方米以上的占比5%。從2015年11月到2016年4月，半年內沙坪壩區的樓盤最低價為6,931元/平方米，最高價為7,064元/平方米，而在三峽廣場商圈附近的樓盤房價近半年內的最低價為7,988元/平方米，最高價為8,135元/平方米。

三、項目的整體特徵分析

1. 項目地塊的基本特徵分析

交通狀況：地鐵1號線沙坪壩站，9號線（規劃中）沙坪壩站，環線（建設中）沙坪壩站。公交228路、204路、267路等直達。項目北鄰站西路，東鄰內環高速，西臨渝懷鐵路和歌樂山，南臨渝遂高速。

周邊銀行：民生銀行、工商銀行、招商銀行、建設銀行、農業銀行、交通銀行、中國銀行等。

商業配套：緊鄰三峽廣場，大型百貨如立洋、王府井、新世紀等；娛樂場所如歡樂迪、好樂迪、音樂龍等；大型超市如重百超市、新世紀超市、家樂福超市、王府井超市、好又多超市、中百倉促超市、火車北站農貿市場；餐飲如陶然居、大千食府、尋常故事、德莊火鍋等；通信如郵政廳、移動、聯通、電信營業廳。

醫院配套：沙坪壩區人民醫院、婦幼保健醫院、愛德華醫院、西南醫院、新橋醫院、腫瘤醫院等多個醫院。

教育配套：教育資源豐富。中小學：重慶一中、重慶三中、重慶七中、重慶八中、沙坪壩小學、天星橋中學、南開小學、重慶68中。大學：重慶師範大學、重慶大學、重慶廣播電視大學沙坪壩區分校、重慶第三軍醫大學、西南政法大學、四川外語學院等。

休閒配套：沙坪公園、平頂山文化公園、模範村社區公園、楊公橋生態林、天星橋街道文體廣場、沙坪公園網球場、沙區體育館等。

2. 項目地塊優劣勢研究分析

項目地塊優劣勢研究分析見表2-16。

小結：本項目雖然不具有商圈內樓盤的地理優勢，且周邊的房源供應也較多。但是本項目具有自有的教育資源和特有的溫泉旅遊自然資源和溫泉商業街等商業配套，這是其他項目不具有的特有資源。雖然本項目居民必須乘車出行，但是坐車到三峽廣場商圈只有10分鐘左右的路程，自駕只需5分鐘左右。良好的自然資源已經能很好的彌補地理位置的不足。因此，本項目的發展前景應該是不錯的。

四、競爭者項目調研（此處略）

五、消費者需求調研（此處的所有數據分析圖表參考前面2.3章節的示例裡面的圖表）

表 2-16

優勢	1. 區位優勢：項目地塊位於沙坪壩區商圈中心附近，離三峽廣場坐車約 10 分鐘路程，並且離本項目 5 分鐘的路程有融匯沙坪壩小學、融匯南坪實驗幼兒園等教育資源，離南開中學、重慶大學等都非常近。
	2. 周邊的地鐵、公交、醫療、餐飲、教育、購物等配套設施都已經非常完善。
	3. 除了三峽廣場本身具有的各種商業配套外，還有本項目所特有的緊鄰歌樂山名山旅遊、梨樹灣溫泉旅遊、融匯國際溫泉城商業中心、高星級酒店——麗笙酒店、溫泉中心、溫泉樂園以及溫泉商業步行街等。這是其他地產項目所不具備的天然地理位置優勢。
	4. 項目設計邀請國內某知名建築設計研究院進行規劃設計，在國內具有較高知名度，且設計師所設計的風格具有引領時代潮流的趨勢。
	5. 該項目的營銷策劃聘請的是行業內具有豐富經驗的機構來進行全程策劃，具有先進的營銷服務理念，能更加有效地促進項目的營銷推廣。
	6. 項目邀請國際知名的物業管理公司來擔任物業管理顧問，為小區業主提供標準化的、先進的物業服務。
劣勢	1. 現在已經開盤的樓盤有 16 個，供應房源（包括二手房）約有 2 萬多套。但現在市場的房價略高出市民的承受能力，且二手房的房價高於新房的價格。
	2. 市民對媒介的關注度不高，使項目在宣傳過程中受一定影響。
	3. 停車位太少，不足以滿足住戶的需求。
	4. 在三峽廣場商圈內的樓盤已經較多，更接近商業中心，而本項目居民到三峽廣場必須要坐車或者自駕，沒有在商圈內的競爭樓盤的地理優勢。

調研小組採用街頭隨訪、小區入室主題問卷調研等方式，共收集回問卷 534 份，剔除無效問卷和在 3 年內不打算買房的被調者的問卷后，還剩下有效問卷 451 份。運用 6W1H 來設計問卷，包括針對消費者最為關心的，也是對后期規劃會產生影響的各類購房因素（包括對消費者的個人信息、購買行為、購買動機、對產品偏好等）進行了調查。對回收的數據進行統計和整理分析。

1. 消費者的基本資料分析

（1）性別統計

2005—2014 年的 10 年間，重慶市戶籍人口占比，女性為 48%左右，男性為 52%左右，而本次調查的男性占比為 52.5%，女性為 47.5%，說明所選擇的樣本符合近十年人口性別占比情況，不會出現因為某一性別的人占比太大而可能出現統計偏差。因此，本次樣本選擇合適，根據該樣本進行的數據分析結果可靠。

（2）潛在購房者的基本信息統計分析

根據數據分析，在潛在購房者中，36~45 歲的人占比 46.6%，位列第一。其次是 26~35歲和 46~55 歲的人群，分別占比 23.1%和 17.1%。從受教育的程度上看，本科人群占比最大，超過一半，為 52.1%，其次是專科人群，為 24.6%，第三位的是研究生及以上人群，為 20.4%。從平均月收入統計分析來看，收入在 5,000~8,000 元/月占比最大，高達 63.4%，其次是 8,000 元/月以上，占比 14.6%，第三位的是 3,000~5,000 元/月，為 16.9%。通過對職業的分析發現，潛在購房者中占比最高的是個體工商戶，占比為49%，其次是普通員工，占比為30.8%，這兩部分人群占比將近80%。進一步分析潛在購房者的購買動機，發現有44.3%的人是為了改善居住條件，占比位居第一；其次是為了子女上學，占比35.7%，這兩部分人群占比高達80%；結婚用房的占13.1%，位居第三位。

通過上面的分析，對潛在購房者的每項信息進行排名，發現排名前3位的比例總和都高達80%以上。因此，通過上面的比例排名來選擇本項目的目標客戶群體，應以36~45歲的人群為主要客戶群體，26~35歲和46~55歲的人群為輔助客戶群體；以本科學歷的人群為主要客戶群體，專科和研究生人群為輔助客戶群體；從收入上選擇以平均5,000~8,000元/月的人群為主要客戶群體，8,000元/月以上為輔助客戶群體；從購買動機上以改善居住條件的人群為主要客戶群體，以為子女上學而買房的人群為輔助客戶群體。

(3) 居住情況

調查發現三口之家和兩口之家的占比近80%，也符合沙坪壩區的家庭人口結構情況，說明中、小戶型住房產品更符合家庭人數結構。

(4) 出行交通工具

被調查者常用出行交通工具中，私家車占比38.1%，選擇公共交通工具（地鐵、公交、出租車）的占比53.5%，其他的占比8.4%，說明在被調查者中，大部分人還是選擇乘坐公共交通工具的出行方式。從調研可以看出，自駕出行和坐公共交通出行的占比高達91.6%，而本項目出行雖然只能坐車或自駕，但是本項目周邊的交通設施配套已經非常完善，能滿足人們的出行需求。這說明本項目的地理位置不會造成后期項目銷售的阻礙。

(5) 是否願意與父母一起居住

通過調查發現，有高達88.2%的人是不願意與父母住在一起的，只有11.8%的人願意和父母同住。說明在經濟條件允許的情況下，這88.2%的人都會選擇購買至少兩套房，和父母分開住，再加上本項目具有天然的自然資源優勢，適合養老。因此，如果能夠讓購房者把自己的住房和父母的住房均購買在本項目小區內，那將是一個非常大的市場。

2. 房屋配套偏好

(1) 購房優先考慮的因素

分析發現，購房者首先關注的是價格，其次是戶型設計，再次是交通狀況，最后是物業管理和小區內公共設施配套等。因此，本項目在開發時，應該重點打造戶型設計，在后期營銷推廣中突出項目本身所具有的交通暢達和優質的物業管理服務。

(2) 希望小區的公共設施配套和景觀配置情況

通過統計發現，在公共設施配套中，人們首先關注的是車庫的配套，高達64.1%，其次是中心花園，再次是幼兒園和體育鍛煉設施。在景觀配置中，首先希望配套有座椅和兒童樂園，其次是噴泉和涼亭，再次是草坪。本項目在后期建設規劃時就應該考慮到居民的停車問題，配套數量足夠的車庫，由於本項目地處溫泉旅遊區和溫泉商業街附近，因此應該定位為中高端。另外，選擇需要配套幼兒園的占比為34.8%，所以小區如果有教育資源的配套，將會是吸引為子女上學而買房的人群的關鍵條件。

(3) 獲取樓盤銷售訊息的管道

獲取樓盤銷售訊息的管道見表2-17。

表2-17

管道	公交或地鐵廣告	電視上	報紙上	互聯網廣告	房交會	房屋仲介	其他
頻數	398	50	38	435	56	312	23
百分比	88.2%	11.1%	8.4%	96.5%	12.4%	69.2%	5.1%

分析發現，有96.5%的人是通過互聯網獲取樓盤信息的，有88.2%的人是從公共交通上獲取信息的，接近70%的人是從房屋仲介處獲得信息的。因此，在后期房屋銷售和營銷推廣時，主要採用這3種信息傳播的途徑。

3. 目標客戶群體的選擇

為了進一步驗證本項目選擇目標客戶群體的正確性，進行了下面的交叉連列表分析。

(1) 年齡因素的交叉列聯表分析

為了驗證在目標客戶群體裡面，36~45歲主要客戶群體及26~35歲和46~55歲輔助客戶群體的購房動機、月平均收入和受教育程度的分佈情況，進行了年齡的交叉列聯表分析（見表2-13）。通過分析發現，在主要客戶群體（36~45歲年齡層次的人）中，購房以改善居住條件為目的的占比最大，其次是為了子女上學；月收入在5,000~8,000元的占比高達75.7%，其次是8,000元以上占比21.9%；在受教育層次分析中，本科層次學歷的占比最多為54.8%，其次是專科和研究生及以上學歷合計為43.8%。在輔助客戶群體（26~35歲和46~55歲人群）中，改善居住條件的人占比最大，為了子女上學的占比第二位；受教育程度中本科占比最大為51.4%，其次是專科和研究生及以上學歷合計為45.3%；月收入在5,000~8,000元占比最高為56.9%，但占比第二位的與前面的不同，是月收入3,000~5,000元，因此，在輔助客戶群體中只考慮月收入5,000~8,000元群體的人。

(2) 收入因素的交叉列聯表分析

分析教育層次、購房動機在目標客戶群體收入上的分佈情況，進行了交叉分析（見表2-14）。發現月收入在5,000~8,000元的主要客戶群體中，為了改善居住條件的占比42.3%，為了子女上學的占比40.6%；受教育程度中，本科占比51.4%，專科和研究生及以上群體合計占比46.2%。月收入在8,000元以上目標客戶群體中，為了改善居住條件的占比50%，為了子女上學的占比34.8%；學歷層次分析發現，本科占比最大為53%，其次是專科為37.9%。

(3) 教育因素的交叉列聯表分析

分析購買動機在不同的教育層次上的分佈情況如何，進行了購買動機和教育程度的交叉分析（見表2-15）。發現在本科層次中為了改善居住條件而購房的占比60%，其次是為了子女上學。在專科層次中為了子女上學的占比高達 67.6%，其次是改善居住條件而買房。在碩士及以上學歷中為了改善居住條件而買房的占比 33.7%，其次是為了結婚而購房的占比 28.3%，與其他兩個學歷層次的購買動機有點差別，因此在碩士及以上學歷的人群裡只選擇為改善居住條件而購房的人群作為目標客戶。

綜上所述，通過分析發現，本項目的目標客戶群體定位為：①年齡層次上：選擇 36~45 歲的人群為主要客戶群體，以 26~35 歲和 46~55 歲的人群為輔助客戶群體；②收入層次上：以平均 5,000~8,000 元/月的人群為主要客戶群體，8,000 元/月以上為輔助客戶群體；③受教育程度上：以本科層次為主要客戶群體，以專科和碩士及以上為輔助客戶群體；④在購買動機上：以改善居住條件的人群為主要客戶群體，以為子女上學而購房的群體為輔助客戶群體。

4. 目標客戶群體對產品的偏好分析

(1) 建築類型偏好

通過分析發現，目標客戶群體選擇小高層和洋房的人占比高達 86.8%（見圖 2-14），因此，建議后期建設開發項目以小高層和洋房為主。

(2) 戶型結構偏好

2 室 1 廳 1 衛的占比最大為 29.3%，其次是 3 室 2 廳 1 衛的占比為 28.2%，再次是 2 室 2 廳 1 衛的占比 22%（見圖 2-15），因此，建議在后期戶型設計時，以這 3 個戶型為主力戶型。

(3) 購買套內面積偏好

有高達 66%的人都選擇套內面積為 60~80 平方米，其次是 80~100 平方米（見圖 2-16），因此把這兩個面積的戶型作為主力戶型。

(4) 裝修標準偏好

選擇交房標準為毛坯的占比最大，為 36.5%，其次是精裝修的為 25.2%，再次是簡單裝修的為 18.8%（見圖 2-17）。因此，具體交房標準最終以規劃設計為準。

5. 目標客戶群體的購買行為分析

(1) 首付款預算偏好分析

購房付款首付在 10 萬~20 萬元的占比 30.8%，20 萬~30 萬元和 30 萬~40 萬元的占比都在 20%左右，而 50 萬元以上的占比 15.8%，比 40 萬~50 萬元的要高（見圖 2-18）。因此，首付在 20 萬~40 萬元比較合適。

(2) 付款方式偏好分析

有高達 85.7%的人選擇按揭付款方式，只有 11.3%的人選擇分期付款（見圖2-19）。因此，在后期的營銷推廣中，以可以按揭付款的方式來吸引目標客戶群體的關注。

(3) 月供金額分析

願意承擔的月供金額有近三分之二的人選擇金額區間為 2,500~3,500 元/月，其次是 3,500~4,500 元/月（見圖 2-20）。因此，說明目標客戶群體的信貸承受能力較強。

(4) 對房價的預期

分析發現，目標客戶群體認為房價維持不變和上漲的各占 41%和 41.4%，下降的只占 17.7%，說明絕大部分的人對市場的預期是樂觀的。

第二部分 項目開發的建議

一、目標客戶選擇建議

1. 年齡層次上

選擇 36~45 歲的人群為主要客戶群體，以 26~25 歲和 46~55 歲的人群為輔助客戶群體。

2. 收入層次上

以平均 5,000~8,000 元/月為主要客戶群體，8,000 元/月以上為輔助客戶群體。

3. 受教育程度上

以本科層次為主要客戶群體，以專科和碩士及以上為輔助客戶群體。

4. 在購買動機上

以改善居住條件的人群為主要客戶群體，以為子女上學而購房的群體為輔助客戶群體。

二、產品開發建議

1. 建築類型上

以小高層和洋房相結合進行開發。

2. 戶型結構和面積上

以 2 室 1 廳 1 衛、3 室 2 廳 1 衛、2 室 2 廳 1 衛為主力戶型。套內面積在 60~100 平方米區間為主。

3. 交房標準

毛坯房。

4. 公共設施配套上

配套足夠數量的車庫，小區設置中心花園和體育鍛煉設施，並配套小區內部幼兒園。

5. 在景觀配置中

配置噴泉、涼亭、座椅和兒童樂園，在有條件的情況下種植小塊草坪。

三、營銷推廣

主要採用互聯網、公交和地鐵公共交通、房屋仲介這 3 種信息渠道來宣傳樓盤的銷售信息。

2.5 房地產市場調查的實驗成果

在完成整個房地產前期市場調研實踐操作學習后，將會形成以下幾個實驗成果：

（1）房地產項目的市場調研計劃書。

（2）房地產項目所在地的宏觀環境、行業環境和項目的微觀環境調研資料。

（3）房地產項目的潛在購房者需求調研問卷。

（4）房地產項目的潛在購房者的調研數據分析結果。

(5) 房地產項目的整個市場調研報告。

根據受訓者業務水平，實訓的實驗成果產出又分為高級階段、中級階段、初級階段、入門級成果。以下成果為入門級成果示例（說明：示例為某應用型高校學生實訓成果，部分內容尚待推敲、修改和完善）：

重慶××學院改建住宅項目的市場調研計劃書

一、研究背景

1. 項目簡介

(1) 地理位置

項目所在地為重慶市沙坪壩區井口鎮，位於沙坪壩區與北碚區之間，毗鄰嘉陵江，水資源豐富，西鄰井口工業園區。

(2) 自然環境

項目的地塊呈8字型，地塊屬於坡度較大的山坡，地勢綿延起伏。本項目位於嘉陵江畔，其中一面倚靠著一座小山，各面均有不錯的風景。由於本項目有的地方起伏較大，所以在地勢較高處都擁有較好的江景資源。

(3) 交通狀況

項目距沙坪壩區主城區12千米，212國道縱貫園區南北，距江北國際機場約50分鐘車程，建設中的渝懷、渝遂鐵路貫穿工業園區中部，並設有客貨站，渝合、渝遂高速公路、嘉陵江二塘碼頭緊鄰園區，規劃並即將建設的禮嘉大橋、井口大橋、雙碑大橋橫貫井口鎮北、中、南部，東聯重慶市北部新區，西接重慶市大學城。但平時人們出行只能選擇坐221路公交車再轉乘248路公交車到沙坪壩城區，否則只能開車出行，所以對於生活來說，出行並不是特別方便。

(4) 周邊配套

項目位於沙坪壩區規劃工業園區，周邊建有新星幼兒園、二塘小學、二塘中學、地質儀器廠、各類工廠、小型超市和特色餐飲服務。

2. 調研背景

首先，雖然本項目出行只有一路公交車，出行並不是很方便，但是到沙坪壩城區乘坐公交車在40分鐘左右可到達，且這一路段幾乎不會出現堵車現象，如果居住在本項目，早上去上班不會擔心堵車而遲到的情況。且公交車是早上5點30分開班，每15分鐘一班，晚上24點才收班，因此，如果在此居住，出行並不會成為很大阻礙。其次，本項目的房價將會低於沙坪壩城區的住房價格。

經過我們組的探討后，均對將××學院改建成中低端住宅達成了一致意見。因此為使住宅能夠迎合消費者的需求並且有良好的銷售市場，最終實現開發商盈利且消費者滿意的局面，開展一次有關消費者住房需求的市場調研勢在必行。

二、調研目的

1. 分析目標消費群體的消費心理及承受能力。

2. 通過調研，明確后期項目定位及銷售針對的是哪個層次的目標客戶群體。

3. 調研與前期宣傳、銷售模擬互動，為項目推廣累積經驗與信心。

三、調研內容

1. 對地塊的瞭解

對××學院這個地塊的全面瞭解，比如地理位置，周邊情況，交通條件等。

2. 對消費者情況的把握

運用6W1H來設計問卷，包括針對消費者背景資料的調查、消費者購買行為的調查、消費者對產品需求的調查，實地調查后進行分析其購買的動機，最后確定該項目的定位。

3. 對競爭者情況的把握

針對競爭項目的分析，選取的是沙坪壩區大學城龍湖睿城和富力城這兩個項目。因為重慶大學城仍處於進一步開發中，從交通角度看，主要交通工具為公交車和私人經營麵包車，交通網路以及綜合配套仍不完善；從商業消費者角度看，大學城整體商業處在一個相對落后的狀態，跟本項目的情況相似，以此選擇其中所建的兩個樓盤作為競爭項目的比較。

四、調研方法

1. 調研方法概述

研究方法包含定量和定性研究兩個方式，按照設定的研究內容，將定性研究與定量研究結合開展。

整合調研：成立5人小組，分工合作，互相協調，走整合調研之路。

以定量調研為主，開展問卷調查，進行統計結果后再進行分析研究。

2. 具體研究方法（表2-18）

表2-18

調研內容	調研方法
宏觀環境調查	統計局查閱資料，詢問相關人士
消費者背景資料	問卷調查
消費者購買行為	問卷調查
消費者產品需求	問卷調查
競爭項目	搜房網網站查閱相關資料，實地考察
消費者情況分析	SPSS

五、調研的實施組織

1. 調查對象與規模

在沙坪壩商圈對終端消費群體進行問卷調查，預計能收集到100份回饋問卷資料。

分析方法：採用SPSS軟件進行統計分析。

2. 工作分工（略）

3. 日程安排

根據該調研項目執行的過程，設立如表2-19所示的工作時間表，可以根據實際情況進行調整。

表 2-19　　工作時間表

9月 10~11 日	項目準備並提交市場調查方案
9月 12~13 日	收集整理資料並設計問卷
9月 15 日	進行實地調研
9月 16 日	調研結果分析統計並編寫市場調查報告
9月 17 日	提交市場調查報告
9月 18 日	成果展示

4. 費用明細

根據項目的現實情況，估算調研費用如表 2-20 所示。

表 2-20　　調研費用表

	數量	單價（元）	金額（元）
打印費	150	0.2	30
車費	5	6	30
市調報告製作	1	5	5
總計			65

問卷編號：

××房地產消費者需求調查問卷

先生/女士：

您好！我是重慶××學院在建住宅項目的訪問員，為了瞭解房地產行業現在消費者的需求以及想法，我們準備進行一些相關的問卷調查。想聽聽您的真實想法，您的意見會對我們有很大幫助。希望您在百忙之中抽出一點時間協助我們完成這次調查。謝謝您的支持和合作！

1. 您目前是否擁有房產？

A. 是　　B. 否

2. 您的房源獲取渠道？

A. 電視　　B. 報紙雜誌

C. 互聯網　　D. 朋友介紹

E. 其他

3. 您打算何時購房？

A. 三個月內　　B. 半年內

C. 1~2 年內　　D. 5 年內

E. 不確定

4. 您希望買的住房裝修標準是？

A. 全毛坯　　B. 一般裝修
C. 精裝修

5. 您購房希望採用的付款方式為?
A. 一次性付清　　B. 分期付款
C. 銀行按揭　　D. 還沒考慮
E. 其他

6. 您購房的主要目的是?
A. 日常居住　　B. 身分認同
C. 保值　　D. 投資
E. 其他

7. 您購房主要考慮以下哪個因素?
A. 地段　　B. 價格
C. 戶型　　D. 環境
E. 配套設施　　F. 物業服務
G. 距相關點近(單位、親人)

8. 您喜歡的建築風格?
A. 西洋古典風格　　B. 歐陸現代風格
C. 中國民國風格　　D. 上海裡弄風格
E. 其他

9. 如果您購買商品房,準備購買什麼戶型?
A. 2室1廳　　B. 2室2廳
C. 3室1廳　　D. 3室2廳
E. 其他

10. 您對所購房面積要求為?
A. 60~89平方米　　B. 90~120平方米
C. 121~150平方米　　D. 151~180平方米

11. 您購房需要小區具備哪些配套服務設施(可多選)?
A. 超市　　B. 餐廳
C. 洗衣房　　D. 診所
E. 其他

12. 您購房需要小區具備哪些鍛煉設施(可多選)?
A. 網球場　　B. 游泳池
C. 健身房　　D. 高爾夫球場
E. 籃球場　　F. 其他

13. 您購房需要小區具備哪些文化娛樂設施(可多選)?
A. 圖書室　　B. 棋牌室
D. 影視廳　　E. 其他

14. 您購房需要小區具備哪些教育設施(可多選)?

A. 幼兒園　　B. 小學
C. 中學　　D. 家政培訓
E. 其他

15. 您對車位的選擇（雙重選擇）?
A. 露天停放　　B. 地下停放
C. 租賃　　D. 購買

16. 您購房希望小區引進哪些安保系統?
A. 24 小時保安值勤　　B. 周界防範系統（用於防盜）
C. 門禁系統　　D. 每戶設可視對講系統
E. 其他

17. 您購房希望小區採取的物業管理方式為?
A. 開發商物業管理公司管理
B. 聘請或招標境內專業物業管理公司管理
C. 聘請或招標境外專業物業管理公司管理
D. 其他

二、個人信息

1. 您的性別?
A. 男　　B. 女

2. 您的年齡?
A. 25 歲以下　　B. 25~35 歲
C. 36~45 歲　　D. 46~55 歲
E. 56 歲以上

3. 您的職業?
A. 事業單位負責人　　B. 專業技術人員
C. 公司白領　　D. 公務員
E. 其他

4. 您目前的家庭月總收入?
A. 3,000 元以下　　B. 3,000~5,000 元
C. 5,000~8,000 元　　D. 8,000 元以上

5. 請問您一般的出行交通工具是?
A. 步行　　B. 自行車
C. 公交車　　D. 出租車
E. 私家車　　F. 其他

對您的任何資料，我們向您承若一定保守秘密，再次感謝您的合作。祝您愉快!

年　月　日

重慶××學院改建住宅項目的市場調研報告

一、研究背景（略）

1. 項目簡介

2. 調研背景

二、調研目的和調研內容（略）

1. 調研目標概述

2. 調研的內容

（1）對消費者情況的把握

（2）對競爭者情況的把握

三、調研方法和調研的實施（略）

1. 調研方法概述

2. 具體研究方法

3. 調查對象與規模

4. 分析方法

5. 調研工作分配

6. 日程安排

四、調研問卷數據分析

運用 6W1H 來設計問卷，包括針對消費者背景資料的調查、消費者購買行為的調查、消費者對產品需求的調查，實地調查后進行分析。在針對消費者的產品需求調查問卷的調查結果進行探究的基礎上，對其進行分析。

1. 消費者的背景資料分析

（1）年齡比例統計（表 2-21）

表 2-21　　年齡比例統計表

年齡	頻數	所占百分比
25 歲以下	37	37%
25~35 歲	50	50%
36~45 歲	13	13%

（2）家庭月收入比例統計（表 2-22）

表 2-22　　家庭月收入比例統計表

家庭月收入（元）	頻數	所占百分比
3,000 元以下	10	10%
3,000~5,000 元	43	43%
5,000~8,000 元	30	30%
8,000 元以上	17	17%

(3) 職業比例統計 (表 2-23)

表 2-23　　職業比例統計表

職業	頻數	所占百分比
事業單位負責人	7	7%
專業技術人員	17	17%
公司白領	23	23%
公務員	3	3%
其他	50	50%

消費者背景資料結果分析：根據調查問卷的個人信息數據錄入 SPSS 中得出的以上結果，我們可以看到調查的對象大多集中在 25~35 歲；從他們的職業以及家庭月收入來看，他們的收入大多為 3,000~5,000 元，都較為穩定；從職業來看，調查對象一半的人數都有穩定的工作。由此可見對住房的需求量較大。

2. 消費者購買需求分析

(1) why：為什麼買

調查問卷的數據顯示 (見表 2-24)，消費者購房用於日常居住的占 83%，用於投資的占 3%，為了身分認同的占 7%，為了讓其房產保值的占 7%。總的來說，消費者購房的主要目的是自己居住。

表 2-24　　購房目的比例統計表

購房目的	頻數	所占百分比
日常居住	83	83%
身分認同	7	7%
保值	7	7%
投資	3	3%

(2) when：什麼時間買

調查問卷的數據顯示 (見表 2-25)，消費者準備半年內購房的有 10%，準備1~2年內購房的有 30%，準備 5 年內購房的有 13%，不確定的消費者有 47%。看來，大多數的購房者都還沒有一個明確的購房時間計劃。不過，除開不確定者，準備 1~2 年內購房的消費者居多，這便於房地產企業選擇推樓時機。

表 2-25　　何時購房比例統計表

何時購房	頻數	所占百分比
半年內	10	10%
1~2 年內	30	30%
5 年內	13	13%
不確定	47	47%

(3) where：哪裡買

調查問卷的數據顯示（見表 2-26），在消費者房源獲取渠道中，電視占 17%，報紙占 13%，雜誌 27%，互聯網占 27%，朋友介紹占 16%。

那麼，雜誌與互聯網所占比例是相同的且占比最大，在房地產企業制定銷售渠道策略和促銷策略時應重點考慮雜誌與互聯網這兩個載體。

表 2-26　　房源獲取管道比例統計表

房源獲取管道	頻數	所占百分比
電視	17	17%
報紙	13	13%
雜誌	27	27%
互聯網	27	27%
朋友介紹	16	16%

(4) what：買什麼樣的房產

在隨機抽查的 100 份問卷中，選擇全毛坯的有 40%，選擇一般裝修的有 33%，選擇精裝修的有 27%（見表 2-27）。大部分的人都是選擇全毛坯房，據分析有兩方面的因素：一是價格相對比其他兩個低；二是可以根據自己的喜好裝修。

表 2-27　　裝修裝修情況分析統計表

裝修標準	頻數	所占百分比
全毛坯	40	40%
一般裝修	33	33%
精裝修	27	27%

在隨機抽查的 100 份問卷中，消費者考慮的購房因素中，地段因素占 30%，價格因素占 33%，戶型因素占 13%，環境因素占 24%（見表 2-28）。總的來說，消費者考慮購房會較多地考慮價格因素。

表 2-28　　購房因素分析比例統計表

購房因素	頻數	所占百分比
地段	30	30%
價格	33	33%
戶型	13	13%
環境	24	24%

在隨機抽查的 100 份問卷中，消費者選擇西洋建築風格的人有 10%，選擇歐陸現代風格的有 38%，選擇中國民國風格的有 26%（見表 2-29）。從數據中可看出，該項目所確定的中國民國風格還是有銷售前景的。

表 2-29　　建築風格偏好分析比例統計表

建築風格	頻數	所占百分比
西洋建築	10	10%
歐陸現代	38	38%
中國民國	26	26%
其他	26	26%

100 份問卷調查的數據顯示：在戶型中，消費者選擇 2 室 1 廳的有 20%，選擇 2 室 2 廳的有 17%，選擇 3 室 1 廳的有 43%，選擇 3 室 2 廳的 10%（見表 2-30）。在面積中，消費者選擇 60~89 平方米的有 33%，選擇 90~120 平方米的有 43%，選擇121~150 平方米的有 23%（見表 2-31）。那麼，綜合來看，選擇面積為 90~120 平方米、戶型為 3 室 1 廳的消費者是比較多的。

表 2-30　　購房戶型比例統計表

購房戶型	頻數	所占百分比
2 室 1 廳	20	20%
2 室 2 廳	17	17%
3 室 1 廳	43	43%
3 室 2 廳	10	10%
其他	10	10%

表 2-31　　購房面積比例統計表

購房面積	頻數	所占百分比
60~89 平方米	33	33%
90~120 平方米	43	43%
121~150 平方米	24	24%

經過以上數據分析，可將該項目的目標客戶群體確定為 25~35 歲、收入穩定的公司白領；且修建的房屋應以面積 90~120 平方米、戶型 3 室 1 廳、全毛坯的為主；建築風格可保留中國民國風格；還可在后期項目銷售推廣階段選用雜誌與互聯網這兩個載體。

五、對競爭者情況的分析

目前，重慶大學城仍處於進一步開發中，開發規模和質量都有待提高。從交通角度看，主要交通工具為公交車和私人經營麵包車，交通工具單調、安全系數不高，代表城市特徵的出租車和輕軌、鐵路等目前都仍未在大學城實現開通和廣泛經營，交通網路以及綜合配套仍不完善；從商業角度看，大學城整體商業處在一個相對落后的狀態，虎溪鎮拆遷后，大學城商業中心集中於熙街地段，其消費品質及產品定位都較低，商業主要集中於餐飲，定價和商品品質、價格主要針對大學生。因此，考慮到重慶大學城所處的狀況與本項目研究的重慶工商大學融智學院再建住宅項目情況相似，以此選擇其中所建的兩個樓盤作為競爭項目的比較。

1. 競爭項目——龍湖睿城

(1) 樓盤概況

樓盤位置位於大學城，正對重慶大學東大門，虎溪河從社區流淌而過。

占地面積：110,005 平方米

總建築面積：1,120,000 平方米

開發商：重慶龍湖地產發展有限公司

竣工日期：2010-12-10

容積率：1.0

綠化率：60%

類別：多層、高層、聯排

停車位：1,300 個

總戶數：1,280 戶

交通狀況：輕軌 7 號線（西彭——北碚）；內外環高速、渝遂高速、巴士及公交；社區豪華巴士、大學城 4 號線公交環城貫通，內部交通往來暢達，為人們的出行、購物提供了方便。

物業公司：龍湖物業管理分公司

(2) 戶型、面積種類（表 2-32）

表 2-32 戶型、面積統計表

戶型	面積				
2 室 2 廳	71.03 平方米	61.56 平方米	66.86 平方米	51.07 平方米	71.62 平方米
3 室 2 廳	88.68 平方米	66.63 平方米	106.37 平方米	104.29 平方米	92.87 平方米
4 室 2 廳	132.56 平方米	153.02 平方米	124.10 平方米	152.57 平方米	154.00 平方米
別墅	224 平方米	225 平方米	226 平方米	227 平方米	228 平方米

房型特點：以中小型房型為主，市場廣闊，易被大眾接受；別墅高檔豪華，競爭力強。

(3) 價格分析（表 2-33）

表 2-33 價格分析統計表

記錄時間	均價	價格描述
2009-10-09	7,200 元/平方米	洋房均價 7,200 元/平方米
2009-08-13	6,300 元/平方米	花園洋房底 TOWN 實得面積均價
2009-06-25	6,400 元/平方米	

(4) 銷售狀況

現房基本銷售完，一房難求。據瞭解，龍湖睿城學院派2號樓小戶目前剩50餘套，戶型面積30~60平方米，精裝修，均價6,000元/平方米，首付3萬元起。龍湖睿城花園洋房底TOWN戶型，實得面積6,300元/平方米。

(5) 樓盤配套

教育配套：高校有重慶大學、重慶師範大學等；中學有重慶市一中、八中等；小學有重慶市人民小學；幼兒園為項目自配知名幼兒園。

安保系統：採用了智能化管理系統，主要有：樓宇可視對講與防盜門控製系統、出入口管理及周界防範報警系統、閉路電視監控系統、保安巡更管理系統、住戶報警系統。

智能化設施：防盜單元門；每個單元住宅樓底設對講機，每戶內設對講分機。

電梯品牌：品牌電梯。

供熱系統：燃氣，小區設燃氣管網到戶。

供水系統：單元樓每戶電表設在一層或地下室，統一抄表。

車庫配置：車輛出入及停車場管理系統。

2. 競爭項目——富力城

(1) 樓盤概況

樓盤位置位於大學城，被四大高校片區環抱，北邊是木魚石公園，西邊是縉雲山脈，南鄰輕軌站。

占地面積：718,000平方米

總建築面積：918,000平方米

開發商：重慶富力城房地產發展有限公司

竣工日期：2009年

容積率：1.9

綠化率：30%

類別：塔樓、高層、洋房

停車位：1,039個

交通狀況：地鐵1號線，沙坪壩十幾分鐘即達。

物業公司：廣州天力物業管理有限公司重慶分公司

(2) 戶型、面積種類（表2-34）

表2-34　戶型、面積統計表

戶型	面積				銷售情況
1室1廳	45平方米	42平方米			60%
2室2廳	69.63平方米	67.09平方米	66.22平方米	65平方米	65%
3室2廳	102.41平方米	101.25平方米	100.15平方米	98.76平方米	54%
4室2廳	137.5平方米				59.5%

特點分析：2室2廳房型比較受歡迎，適於普通的三口之家居住，而三口之家正是消費主流。

(3) 價格分析

富力城房價基本隨著重慶市整體房價的增長而穩步走高。富力城的房價目前較為實惠，此后樓盤房價應該會隨著大學城的發展、周邊設施的完善和重慶市的整體房價一起穩步增長，具有較大增長潛力。

(4) 銷售狀況

因富力城既得的優勢，其樓盤所受歡迎度一直較高。高品質的住房，優雅的風格，總能吸引顧客的光臨，所以富力城每期的銷售狀況都有不错的成績，前幾期均銷售一空，銷售量仍在節節攀升。目前均價為7,000元/平方米。

(5) 樓盤配套

富力城260萬平方米商業體量相當於三個觀音橋商圈，規劃包括商務公寓、星級酒店、甲級寫字樓等各類型商業以及商業步行街、主題商場、大型超市、購物中心等。

自然配套：生態大盤；背靠縉雲山，東望歌樂山，兩大綠脈自然無暇。

教育配套：高校有重慶大學、重慶師範大學等；中學有重慶市一中、八中等；小學有重慶市人民小學；幼兒園為項目自配知名幼兒園。

供水系統：市政供水加二次供水。

智能化設施：閉路電視監控系統，可視對講系統。

電梯品牌：品牌電梯。

安保系統：24小時保安巡邏。

六、總結

(1) 消費者購買行為分析。總的來說，消費者購房的主要目的是自己居住。大多數的購房者都還沒有一個明確的購房時間計劃。不過，除開不確定者，準備1~2年內購房的消費者居多，這便於房地產企業選擇推樓時機。在消費者房源獲取渠道中最多的渠道是雜誌與互聯網，因此，在房地產企業制定銷售渠道策略和促銷策略時應考慮雜誌與互聯網這兩個載體。

(2) 消費者的產品需求分析。①裝修標準：大部分人都是選擇全毛坯房，據分析有兩方面的因素：一是價格相對比其他兩個低；二是可以根據自己的喜好裝修。②消費者考慮的購房因素中會較多地考慮價格因素。③建築風格：從數據中可看出，該項目所確定的中國民國風格是有銷售前景的。④購房戶型與面積：根據調查的數據顯示，戶型中選擇最多的是3室1廳，其次是2室1廳和2室2廳；在面積中，選擇最多是90~120平方米，其次是60~89平方米和121~150平方米。

(3) 競爭對手的項目，以中小型戶型為主，均價在7,000元/平方米左右，且其中銷售最好的是65~98平方米，2室2廳和1室1廳的住房。而本項目由於不如競爭項目地理位置優越，因此，定價較低。戶型避開競爭對手的競爭優勢中小型戶型，本項目主推以3室為主和90平方米以上的戶型。

因此，本項目開發建議：把年齡在25~35歲的公司白領，家庭月收入為3,000~5,000元，購買商品房用於日常居住的人群選定為主要目標客戶群體；選擇的裝修標準和戶型多為全毛坯，以3室1廳戶型為主，2室2廳和2室1廳的戶型為輔；力推面積為90~120平方米的房屋。

2.6 房地產市場調查的考核方法

在實訓教學過程中，正確有效的考核方式是把控實訓過程和實訓成果質量的重要保障。因此，為了保證公平公正和有據可依，制定了以下考核標準：

2.6.1 考核内容

(1) 對房地產前期市場調研知識的掌握和理解程度。

(2) 實踐操作能力。

(3) 團隊合作情況。

(4) 學習和實訓的態度及參與度。

2.6.2 考核的方式

(1) 課程考核

課程考核是對實訓課程的過程考核，主要從受訓者的出勤率、實訓參與情況、課堂表現三個方面評定學生的實訓成績。

(2) 過程考核

過程考核是根據房地產前期市場調研的四個實訓內容，在每個實訓版塊結束后，對學生階段實訓成績進行評定，由於四個版塊在實際調研過程中的重要程度不相同，建議實訓指導教師可參照以下比例進行評分：

①市場調研計劃書：占比20%。

②市場調研問卷：占比20%。

③數據分析情況：占比20%。

④市場調研報告：占比40%。

(3) 實訓報告考核

房地產前期市場調研實訓環節完成后，需要由受訓者提交本實訓過程的計劃書、問卷和報告，實訓指導教師根據其實訓報告體現的學習態度、規範性、創新性、邏輯性等進行綜合評分。參考評分標準如下：

①優秀（90分以上）

√文理通順，結構嚴謹，條理清楚，邏輯性強。

√對實訓資料的分析詳細、透徹、規範、全面。

√獨立完成，無抄襲。

√對實際問題有很強的分析能力和概括能力，有獨特見解，有一定實用價值。

√提出的建議緊跟市場的發展趨勢，具有一定的理論意義和現實意義。

√問卷設計格式規範，所問問題和備選答案用詞準確，符合被調查對象；問題排列具有內在邏輯性等。

√學習態度認真，規定時間內圓滿完成報告。

②良好（80~90分）

√文理通順，結構嚴謹，條理清楚，邏輯性較強。

√對實訓資料的分析較為詳細、透徹、規範、全面。

√能夠獨立完成，無抄襲。

√對實際問題有一定的分析能力和概括能力，有一定的見解，有一定實用價值。

√問卷設計格式規範，所問問題和備選答案用詞準確，符合被調查對象；問題排列具有內在邏輯性等。

√學習態度認真，規定時間內圓滿完成報告。

③中等（70~80分）

√文理較為通順，結構一般，條理較為清楚。

√對實訓資料的分析基本詳細、規範。

√對實際問題有一定的分析能力和概括能力。

√獨立完成，無抄襲。

√對實訓的心得體會深刻，有理有據，能提出並解決問題。

√問卷設計格式較為規範，所問問題和備選答案用詞較為準確，符合被調查對象；問題排列具有一定的內在邏輯性等。

√學習態度較為認真，能在規定時間內完成報告。

④及格（60~70分）

√文理基本通順，條理基本清楚。

√對實訓資料的分析簡單。

√基本能夠獨立完成，無抄襲。

√對實際問題有簡單的分析和概括，有簡單淺顯的見解，不具實用價值。

√問卷設計格式基本規範，所問問題和備選答案用詞基本準確，符合被調查對象；問題排列具有一定的內在邏輯性等。

√學習態度一般，在規定時間內基本能完成報告。

⑤不及格（60分以下，或具備下面一項者）

√不提交報告。

√內容太簡單、太空泛。

√基本上是抄襲的。

2.6.3 考核成績的計算

指導者對受訓者的成績評定可以參考表2-35。

表 2-35　　房地產銷售實施的考核成績計算方式

考核點名稱	課程考核	階段考核	實訓報告考核
考核點占比	30%	30%	40%
考核內容	出勤、實訓參與情況、課堂表現	技能操作水平	見實訓報告評分標準
備註：各考核內容需加入團隊核分，即由參訓小組組長根據小組成員的貢獻情況對各成員進行梯度評分，該評分將作為指導者對個人成績評分的一個參考標準。			

問題與思考

1. 房地產市場調研計劃書應包含哪些主要內容？設計步驟是怎樣的？
2. 介紹房地產市場調研的一般流程。
3. 房地產市場調研問卷設計的注意事項是什麼？
4. 房地產市場調研的目的、對象、內容是怎麼確定的？

拓展訓練

2010 年 12 月××房地產開發商在××市××區成功投標獲得了一塊占地面積約 28 萬平方米的地塊，2011 年 3 月開工，2013 年 12 月開盤，該項目沿××山山勢而建，保證了整個山體的原生態。項目分為四期開發，一共有三種物業形態，一期高層嶺峰組團，二期疊拼別墅哲園組團，三期高層嶺峰組團，四期聯排別墅頤府組團。三期嶺峰占據××山山巔，緊鄰×××森林公園，整個組團由 10 棟高層错落合圍。社區配套約 2.5 萬平方米的山景商業街和各種生活配套設施。高層在售户型含 65～112 平方米 2 室、3 室、4 室，產品均是裝修交房。該項目推出的城市裝修高層，以中小户型為主，主要面向青年置業群體。因户型結構合理，提升了空間利用率和增加了居住的舒適性，2 室約 60 平方米，3 室約 80 平方米，從而使總價更低。2016 年 1 月竣工，從開盤以來已有 4 年多時間，但是銷售情況卻不是很理想。開發商想要弄清楚究竟是什麼原因致使該項目銷量低？想要進行一次全面的房地產市場調研。

請結合前面所學的知識，進行一次全面的房地產市場調研計劃。列出所要調研的內容、目的、對象、方法等，並進行一次包括所有環節的房地產市場調研的實踐操作。

參考文獻

[1] 張永岳. 房地產市場調研 [M]. 北京：中國水利水電出版社，2006.

[2] 余源鵬. 房地產市場調研與優秀案例 [M]. 北京：冶金工業出版社，2006.

[3] 楊成賢. 房地產市場調研推廣與定價策略 [M]. 北京：經濟科學出版社，2008.

[4] 陳港. 房地產營銷概論 [M]. 2 版. 北京：北京理工大學出版社，2011.

[5] 錢燕，夏先玉，陳雨，袁笑一. 房地產市場調研與實務 [M]. 北京：北京理工大學出版社，2013.

[6] 崔發強，臧煒彤. 房地產市場調查與預測 [M]. 2 版. 北京：化學工業出版社，2015.

[7] 胡介塤，周國紅，周麗梅. 市場營銷調研 [M]. 3 版. 大連：東北財經大學出版社，2015.

[8] 歐陽卓飛. 市場營銷調研 [M]. 2 版. 北京：清華大學出版社，2012.

[9] 郝淵曉. 市場營銷調研 [M]. 北京：科學出版社，2010.

[10] 蔡繼榮，等. M 市場營銷調研學 [M]. 廣州：中山大學出版社，2009.

[11] 景奉杰，曾伏娥. 市場營銷調研 [M]. 2 版. 北京：高等教育出版社，2010.

3 房地產項目前期定位

本章導讀

· 掌握並運用房地產項目前期定位的思維邏輯和理論方法。
· 瞭解房地產前期定位的內容。
· 掌握並運用房地產市場細分及目標市場選擇的內容、依據和方法。
· 掌握房地產項目產品定位分析的內容和方法。
· 瞭解給房地產項目設計、項目開發或者營銷策劃提出前期建議的方法。

案例導入

某房地產項目的前期定位

一、項目背景

1. 房地產開發商簡介

該開發商是中國頗具實力和影響力的房地產開發商之一，主要從事大型綜合性社區的開發，同時廣泛涉足酒店營運、物業管理及物業投資等多個領域。該開發商一直堅守「共建未來」的經營理念，致力於為居住者打造「心靈歸宿」的幸福家園。該開發商開發第一個項目迄今已二十餘年，在全國40多個城市擁有項目或土地儲備。

2. 項目預期

該開發商計劃在重慶市主城區之一的南岸區開發一個大型綜合社區項目，南岸區的產業資源、教育資源、人口資源及旅遊開發等都處於快速增長時期。該項目計劃做成一個涵蓋住宅社區、社區商業、學校（幼兒園到高中）等領域的綜合性大型社區。

二、思考：如何對該項目進行前期定位

項目主要針對哪些客戶群？項目應該開發成什麼檔次？項目價格初步定在多少合適？項目怎樣規劃佈局？項目應該配備哪些配套設施？項目初步計劃的開發進度是怎樣的？項目的園林設計、營銷方式等怎樣定位與規劃？這一章，我們將就項目的前期定位進行分析。

3.1　房地產市場細分和目標市場選擇

3.1.1　房地產市場細分與選擇實訓的目的及任務

（1）實訓的目的

①使受訓者掌握房地產市場細分的概念、作用、原則、依據、方法、程序。

②使受訓者掌握房地產目標市場選擇的知識與策略。

（2）實訓的任務

①運用市場細分與選擇的知識和方法鎖定項目的目標市場（即目標客戶群）。

②對目標客戶群特徵進行描述。

3.1.2　房地產市場細分與選擇實訓的知識準備

3.1.2.1　房地產項目前期定位的概念、思維邏輯及涉及的理論方法

由於房地產項目投資占用資金較大，因此在房地產項目開發建設前必須通過科學分析和決策，選擇市場需求的產品，才能獲得成功。

（1）房地產項目前期定位的概念

房地產項目（包括住宅項目、商業項目、寫字樓項目、工業項目等）前期定位是指在項目所屬國家和地區相關的法律法規和規劃的指導下，根據本項目所在地域的政治、經濟、市場、自然、人文和風俗習慣等，結合開發商自身的能力和開發理念，依據項目本身的特點及特有的其他制約因素，結合對市場未來發展趨勢的判斷，尋找與本項目相適合的客戶群體，在客戶群體特徵的基礎上，進一步進行產品定位及項目開發、營銷等的初步建議。

（2）房地產項目前期定位的思維邏輯

進行房地產項目前期定位首先要明白需要定位哪些內容，既然項目的最終目的是銷售盈利（或其他社會性目的），那定位就主要是圍繞市場及客戶進行的。由於房地產項目前期定位階段產品尚未定型，那麼思考的方向就是如何選擇目標市場，針對選擇的目標客戶制定具有競爭力的產品策略。具體步驟包括：

第一，對可能進入的細分市場和競爭方向進行分析和描述，並運用限定條件進行選擇目標市場。

第二，從區域、經濟收入、價值觀念、生活方式、生命週期、購買心理等維度對目標市場客戶精研及判斷。

第三，選擇最有價值的目標客戶。

第四，基於價值客戶的需求選擇產品組合及規劃、營銷等建議。

（3）房地產項目前期定位涉及的理論方法

①SWOT 分析法

SWOT 是四個英文單詞的首字母縮寫，即：S（Strengths，優勢）、W（Weaknesses，

劣勢)、O(Opportunities，機會)、T(Threats，威脅)。所謂 SWOT 分析，就是基於研究對象內、外部競爭環境和競爭條件的形勢分析。具體做法就是首先對與研究對象密切相關的各種內、外部因素做調查，將各種主要內部優勢、劣勢和外部的機會和威脅等列舉出來，並依照矩陣形式匹配排列；其次用系統分析的思維和方法進行分析，從中得出帶有一定決策性的結論。

房地產項目的 SWOT 分析中的優勢主要集中在項目所在區位、交通、周邊配套以及開發商實力和經驗、產品設計等方面。比如，某項目的房地產開發商優勢：開發商是國內知名的企業，具有品牌優勢；開發商的聲譽比較高，容易獲得政府的支持；開發商為香港上市公司，集資比較容易；開發商有多年的開發經驗和雄厚的資本實力，能夠承擔項目劣勢和挑戰可能帶來的風險。

房地產項目的 SWOT 分析中的劣勢分析主要就項目存在的包括項目位置、規模等自身限制條件、周邊配套等不利因素進行分析。比如，某房地產項目的劣勢分析：項目地理交通劣勢，項目位於城鄉結合部，高速公路網點尚未形成；周邊配套設施不完備，醫療和教育受限；項目規模較小，不能形成綜合性大社區的效應；項目開發商為本土開發商，缺乏項目開發經驗。這些劣勢如果不能很好的處理和消解，都會給項目的銷售帶來挑戰。

房地產項目的 SWOT 分析中的機會分析就是對一些有利的政府稅收、土地政策、市場機會等可利用因素進行分析。比如，隨著某城市政府發文停止別墅用地的審批，該城市的別墅將出現價格上升的情況，對於擁有可建別墅用地的開發企業來說是非常大的機會。

房地產項目的 SWOT 分析中的威脅即對項目的市場競爭環境、土地獲取難度及客戶購買力水平等進行分析。比如，某景區內房地產別墅項目，由於該區域內項目都主要從規劃設計、環境景觀、商業配套等方面入手，導致競爭項目的同質化嚴重；該項目所在區域及輻射範圍人均 GDP 較低，有效購買力不足，市場難以突破。

SWOT 分析表可以將項目的優勢、劣勢、機會和威脅清晰地表現出來，便於進一步的研究分析，做出科學合理的決策。

示例

某房地產項目的 SWOT 分析表

根據住宅市場供需情況分析及問卷結果，可以將該項目的優劣勢和機會威脅因素總結為表 3-1 所示：

表 3-1　某房地產項目 SWOT 分析表

優勢(S)	劣勢(W)	機會(O)	威脅(T)
景觀優勢：背靠雲篆山，景色優美、空氣清新。 政策支持：政府城鄉一體化進程下土地審批政策的寬鬆。	項目周邊生活配套不完善；項目交通不便，距離主幹道位置較遠。	區域內在售樓盤不多；隨著該區域經濟的發展，該項目前景看好。	高層抗性給項目的營銷推廣增加難度；宏觀調控政策對房地產的影響。

②STP 戰略

STP 是三個英文單詞的首字母縮寫，即：S（Segmentation，市場細分）、T（Targeting，目標市場選擇）、P（Positioning，產品定位）。美國市場學家溫德爾·施密斯早在20世紀50年代就提出了市場細分概念，20世紀90年代，享有「營銷學之父」美譽的菲利浦·科特勒（PhilipKilter）教授系統地提出了STP戰略。STP戰略是房地產營銷中的重要理論，房地產營銷貫穿於房地產環節的始終。房地產中的STP戰略：市場細分就是房地產開發商按照客戶需求的差異把市場劃分為若干不同購買群體的過程。目標市場選擇就是房地產開發商根據戰略分析及自身條件選擇一個或幾個本企業準備進入的細分市場。產品定位就是房地產開發商根據目標客戶群體的需求特點，使產品在目標客戶心目中建立購買意向和公認形象的活動過程。

在市場經濟中，由於房地產開發具有投資大、風險高、週期長等特點，每一個房地產項目不大可能滿足全體客戶的需求。因為需求市場體量是巨大的，而客戶群體的組成又是繁多的，不同的客戶群體又有著不同的需求。房地產開發商為了能夠在市場競爭中獲勝，就需要在項目開發前確定能夠集中自己的優勢資源提供最有效服務的目標市場，根據選定的目標市場的需求有針對性地提供產品。

3.1.2.2　房地產市場細分的概念、作用、原則、方法

供給與需求是市場運行的機制，它們決定了物品的產量和價格。房地產開發企業作為項目的供給方，必須瞭解市場需求，遵循市場規律。房地產開發項目要在競爭中取得優勢並獲利，就需要在項目開發建設之前，識別最具有吸引力的開發空間和能夠與項目開發企業的能力和理念相匹配的目標市場，瞭解目標客戶的需求，針對客戶需求提供產品及服務。

（1）房地產市場細分的概念

房地產市場細分就是根據客戶需求和消費行為的差異性及同質性將整個房地產市場細分為若干個具有相同或類似需求的客戶群，並選擇目標市場的過程。具體是指以客戶的區位因素、人口特徵、需要類別、購買意願、消費行為等因素為依據，以相同或類似需求為標準，將客戶劃分為若干個群體，其中每個客戶群就是一個細分市場，每兩個細分市場之間有明顯的客戶需求差異。

房地產企業要在競爭中獲得優勢，就要識別極具吸引力並且自己有能力提供有效服務的細分市場，為項目的目標市場做一個形象的描述，瞭解目標客戶群的需求。

（2）房地產市場細分的作用

①房地產市場細分有利於房地產企業更清晰地瞭解市場，發現新的市場空間或機遇。在競爭市場上針對目標客戶的需求尋找新的空間及機遇是房地產開發企業常用的方法。另外，對於新成立的或者中小房地產企業，實力不足以與大的房地產開發企業相抗衡時，做好市場細分，另闢蹊徑，開拓新市場也是成功的道路之一。

②房地產市場細分有利於房地產企業集中有限的人力、財力、物力資源，針對市場需求特徵進行投資和服務，更好地滿足消費者的現實需求和潛在需求，能夠不斷地開拓市場，並且可以提高市場競爭力。

③房地產市場細分有利於房地產企業制定或者調整營銷策略，取得良好的經濟效益。營銷需要抓住客戶的需求敏感點，而完善的市場細分可以幫助房地產企業抓住客戶的需求，刺激客戶的消費心理。

④從整個房地產市場來看，市場細分可以使得眾多房地產開發企業根據不同區域的政策和自身實力進行分散投資，有效地避免價格競爭。

（3）房地產市場細分的原則

①市場細分必須是清晰的，易於識別的，避免市場重合或者遺漏，導致決策失誤。

例如：以被調查者收入劃分的市場，最好是以具體的收入範圍為依據，如市場一，8,000~10,000 元/月；市場二，5,000~7,999 元/月，而不能籠統地描述為白領市場、藍領市場。

②細分市場的範圍必須足夠大，即客戶群大，以保障房地產企業選擇了目標市場后有利可圖。

③細分市場應該是可持續不斷增長的。

例如：可以出現 50~60 歲年齡階段的市場，而不能僅僅針對於這個年齡階段的人單獨劃分市場（因為隨著時間的延續，這個市場會越來越小）。

（4）房地產市場細分的方法

根據計算分析時對於不確定性影響因素每次變動數目的多少，可以將市場細分的方法劃分為以下三種：

①單因素法。所謂單因素法，是指就單個影響客戶需求的因素的變動來對消費市場進行細分的方法。

②綜合因素法。綜合因素法就是用兩種或兩種以上影響消費需求的因素來對消費者市場進行綜合細分，如同時用消費方式、收入水平、現居住區域三個因素可將某地區的消費者市場劃分為不同的細分市場。

③系列因素法。系列因素法是指按影響需求市場多樣化的因素，由廣到窄、由粗入精按一定的順序逐步細分需求市場的方法。在這種方法下，目標市場將會變得越來越清晰，越來越具體。如某區域的需求市場可以作如圖 3-1 所示的細分：

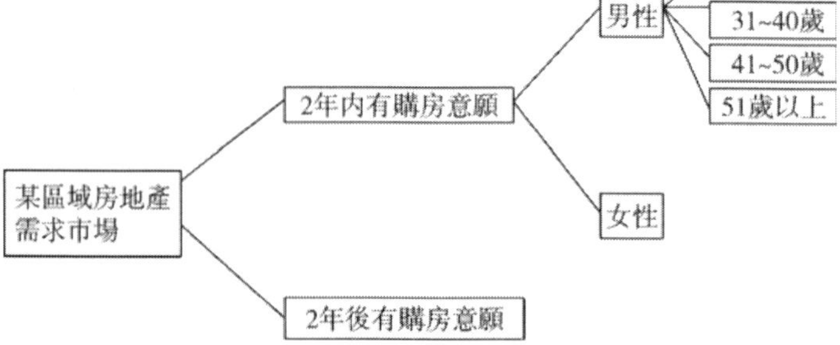

圖 3-1　系列因素法細分某區域的需求市場

3.1.2.3 房地產市場細分的標準（依據）

（1）區域地理位置

由於房地產產品的固定性和土地的稀缺性造成房地產市場的需求具有明顯的地域性特徵，不同城市及每個城市的不同區域，有著不同的政治、經濟、文化、風俗、居民文化素質、收入水平等，因此當地居民的購房需求有很大的差異。

市場細分的地理因素依據有：國界、方位（東部、西部、中部、南部、北部等）；行政規劃區（省、市、縣等）；城市規模（特大城市、一線城市、二三線城市、小城鎮等）；地形特徵（平原、高原、山地、盆地等）；氣候條件（熱帶、溫帶、寒帶等）。如某大型房地產公司通過認真分析研究，將國內的房地產市場分為北部、東部、南部、中部四大片區，並制定了通過北京、上海、廣州、深圳、重慶、成都等核心城市的房地產項目開發，帶動周邊中等城市業務發展的企業發展戰略。

一般來說，城市越大，經濟越發達，或者屬於旅遊城市的旅遊資源越豐富，生活配套設施越齊全，城市對人們的吸引力就越大，房地產項目客戶群的輻射範圍就越大。

例如：對於以旅遊資源聞名海內外的海南省三亞市來說，某個房地產項目進行市場細分的時候，可以劃分為以下市場：①海南省內意向購買者市場；②中國國內其他省份意向購買者市場；③中國境外意向購買者市場。境外意向購買者市場還可以按照不同的大洲或者是否已經在中國居住或者進行了投資進行進一步細分。

需要注意的是：房地產市場地域範圍越廣，市場研究的深度就越淺，研究成果對房地產投資者的實際意義就越小。

（2）客戶特徵

①客戶人口特徵及基本資料

房地產項目的客戶定位就是對目標客戶一些人口特徵進行分析，如目標客戶的年齡、性別、職業、受教育水平、收入等，以此來瞭解和推測目標客戶的消費能力和購房需求，並可以將其按照消費能力進行分類。

一般來講，客戶年齡與對房地產項目的建築風格的需求以及購買能力直接相關。例如：20~30歲的年輕人的需求為舒適簡約的小戶型，並且也有支付小戶型的能力；30~45歲的中年人的需求為中等或者大戶型，有利於居住環境的改善或者方便子女就讀；而50歲以上的或者老年人的需求為小戶型，主要利於就醫及方便購物、鍛煉等日常生活。

客戶群體的生活習慣和個人素質等也會影響客戶需求。海南某房地產項目將內地企事業單位退休人員作為目標客戶，客戶對社區文化、社區環境及社區內部設施等有較高要求。但該項目在安置被拆遷人員的策略上出現了失誤，項目將樓盤內每棟樓的最下面七層作為回遷房分配給該區域原住漁民、果農，其他的作為商品房出售，結果出現了滯銷的局面。經過大量調查取證，結果表明由於生活習慣和個人素質等因素影響，社區內衛生、公共設施、環境常遭破壞，目標客戶不願意與當地回遷居民共同生活在一個社區。該項目企業又花費大量財力、物力與當地政府一起重新安置回遷居民才得以渡過本次危機。

客戶收入水平直接影響購買能力，不同收入水平的群體有著不同的消費觀及生活價值觀，進而影響對房地產項目本身及其環境的需求。例如：收入水平較低的生存型客戶主要滿足家居的需要，對戶型的經濟性和項目周邊公共交通等要求高；收入水平相對較高的客戶對多方位家居環境（包括戶型大小、舒適度、小區環境、物業服務等）要求高；而收入水平高的消費群體對項目的全方位要求都非常高，比如項目環境，物業服務，房屋質量、面積、戶型等。某房地產企業以收入作為細分變量，將廣州的房地產市場細分為高收入、中等收入和低收入三個細分市場，通過大量的市場調查和科學的數據分析，並結合企業所擁有的資源優勢，最終選擇了體量比較大的低收入群體作為自己的目標市場，並有針對性地開發了某房地產項目。

示例

某房地產項目的客戶收入定位

根據本公司開發經驗和公司戰略目標，將×××項目的主要推廣對象定位為本市中高收入階層，該階層包括以下人群：

一、本市主城區中高收入階層。其主要從事職業為：企事業單位高級主管、專業技術人員、高校和研究機構的高級知識分子及自由職業者。這個群體年收入在15萬元以上，有私家車，能夠方便解決交通問題。這個群體對居住環境和生活品質要求較高，消費觀念比較超前。本項目將這部分群體列為主要目標客戶。

二、本市開發區企業中的高級管理人員。本市開發區創辦以來，已有幾十家國內外大型企業入駐，這些企業的部分高級管理人員是公司內部晉升上去的，屬於新成長起來的高收入階層。有些是企業在本市外的其他分公司或者總公司調派到本市，要在本市長期扎根下去的，也是屬於高收入階層。他們同樣對住宅有著較高的要求，本項目的高品質定位將成為他們理想的選擇。

三、本市內需要改善居住條件或者投資置業的高收入階層。隨著城市商業、交通的發展及家庭人口數量的變化，這個群體原來住所因為環境嘈雜、空間擁擠或者物業服務等局限已經不能滿足他們的需求，他們需要良好的環境休息及放鬆身心，需要寬敞的住所保持家庭成員足夠的生活空間，需要貼心和完善的物業服務滿足居住的舒適度，本項目將最大限度滿足這些需求。另外，本項目將以較低的價位出售一流的社區環境和建築質量，增值空間非常大，將吸引一批高收入群體進行投資置業。

案例點評：本案例清楚地將目標客戶定位為高收入群體，並結合其職業、購買目的及需求進行了詳細的分析。

某房地產項目的目標客戶特徵定位

根據房地產市場競爭分析，該項目性質定位為住宅市場。根據住宅市場供需情況分析及問卷結果，可以將本項目的目標客戶特徵總結為如表3-2所示：

表 3-2 目標客戶特徵表

客戶主要特徵		所占比例
性別	男	68.6%
年齡	35~50 歲	67.1%
戶籍	重慶	55.9%
受教育水平	大專及以上學歷	56.7%
職業	高級管理人員	15.6%
	專業技術人員	23.5%
	公司行政職員	17.5%
家庭收入水平	10,000 元/月及以上	23.4%
	8,000~9,999 元/月	45.4%
購房目的	二次置業	77.8%
目前居住區域	沙坪壩區、九龍坡區、渝中區	68.8%

案例點評：本案例利用表格和數據清晰明了地展示出了目標客戶的情況。本項目將目標客戶鎖定為具有中高等學歷、在企事業從事行政或技術工作、中高等家庭收入、居住在重慶沙坪壩區、九龍坡區、渝中區三個主城區的男性二次置業者。

②客戶家庭規模、類型及家庭代際數量

家庭規模主要是指家庭中人口數量的多少以及家庭組織範圍的大小。家庭規模對房地產住宅項目的戶型和單元數量都有直接影響。家庭規模是隨著社會經濟發展和國家人口政策的變化而不斷變化的。一般來講，社會經濟發展水平越高，家庭規模越小，而家庭規模越小，對小戶型的要求就越多。同時，家庭規模縮小意味著家庭戶數的增加，家庭戶數增加意味著對住宅單元需求的增加。

家庭類型是指家庭成員之間的關係。一般情況，家庭類型影響房地產住宅項目的戶型。一般家庭類型有：單身獨居家庭、夫妻二人家庭、核心家庭、主幹家庭、聯合家庭。每一種家庭類型對住宅項目的戶型要求不同。

家庭代際數量是指家庭成員由幾代人構成。由於二代及二代以上的各個家庭由不同的代際人員組成，鑒於代際成員之間不同的生活習慣及思想觀念，一般選擇分開居住，從而增加了對住宅數量的需求。

③客戶目前的居住狀況

客戶目前的居住狀況包括客戶目前的居住位置、住房性質（商品房、公共宿舍、保障房或其他類型住房）、戶型結構、建築面積、居住滿意情況等，這些可以間接體現客戶的購房原因、購買意願和真正需求。

（3）客戶消費動機

客戶購房動機推動了客戶購房行為。客戶對房地產項目的認知、態度、使用意圖、購買目的、品牌忠誠度等是創建房地產項目市場細分的切入點。如成都某花園項目的開發公司通過大量市場調研分析出了中高收入群體對開發商品牌的忠誠度高並追求高性價比的行為特徵，把成都高收入群體的住房需求市場細分為連體別墅式社區、花園洋房式社區和高層精品社區，開發商在綜合分析國家宏觀環境、區域微觀環境、市場競爭情況、企業資源和地塊的特點后，最終選擇了花園洋房式社區市場，並在產品定位時引入國家小康示範工程的概念和標準，通過對住宅產品的精致規劃設計、智能設施等方面的不懈追求，最大限度地滿足了目標客戶的消費行為偏好。

一般來講，房地產項目的客戶按照消費動機可以分為：自住型客戶和投資置業型客戶。自住型客戶根據購買動機又分為生存型客戶和改善型客戶，投資置業型客戶根據投資的不同物業功能又可以分為投資住宅、商鋪或寫字樓等。消費動機不同的客戶，對房地產項目的要求也不一樣。比如自住型客戶對生活配套設施要求高，房地產開發企業應該及時抓住客戶對住宅的使用時間期限的時機，提供與其需求相一致的住宅及管理服務，有效占領市場。而投資置業型客戶則主要追求項目未來的增值空間，他們對項目的關注點不同，有的客戶注重生活、交通、商業方便的臨街鬧市，有的客戶注重優雅開闊、賞心悅目的環境，有的客戶注重商住兩用的臨街鋪面，有的客戶注重良好的物業管理，等等。針對投資置業型的客戶，房地產開發公司還需要根據他們的關注點進行進一步的市場細分，選定某一個或者多個細分市場，讓自己的項目突出某些吸引人的特性，並做好廣告宣傳，以最大限度地吸引某個或若干個消費群體。

客戶需求定位分析就是將客戶的消費目的、消費意向及其影響因素等要素進行分析，準確確定客戶的需求特徵，有利於項目有的放矢地提供滿足客戶需求的條件來吸引客戶。

示例

某房地產項目的客戶需求定位

本項目的主要目標客戶及其需求特徵定位：

一、核心客戶群：重慶市主城區的中等收入家庭（家庭收入 15,000～30,000 元/月）。其特徵：

(1) 年齡 30~45 歲的中青年為主。

(2) 主要在主城區的企事業單位從事管理、技術工作。

(3) 主要為了結婚或者由於家庭人口的增加而改善住房。

(4) 住房需求：套內面積在 80～120 平方米，戶型需求以 2 室 2 廳、3 室 2 廳為主。

(5) 購房主要關注點：最關心性價比及居住環境（戶型、面積、小區環境、硬件設施、物業服務），其次是所在地段及周邊交通、商業佈局，最后是小區產品檔次和環境氛圍等。

需求分析：此類客戶對本項目區域比較瞭解，購房過程比較謹慎，本項目的價格與主城區同等項目比較將成為吸引這類客戶的主要優勢。另外，由於這類人群的收入水平及購房意向，本項目需要在硬件和服務上體現出與其他主城區同等品質項目的差異性。

二、重要目標客戶群：投資者。其特徵：

(1) 年齡特徵並不明顯。

(2) 居住區域：全市範圍內，具有較強經濟實力和投資意識。

(3) 購房動機：看好教育區域內住宅的發展，純粹屬於購房投資。

(4) 購房意向：區域內差異化的小區和房型。

(5) 影響購房的因素：開發商品牌、物業公司品牌、經典房型。

需求分析：此類客戶範圍較廣，具有強烈的投資意願。隨著各高校的建成和投入使用，投資價值和增值空間日益明確。

案例點評：本案例清楚地將核心及重要目標客戶的購房動機和意向以及需求等因素一一進行了分析。

3.1.2.4 房地產市場細分的程序

(1) 市場調查階段

房地產開發商在做出項目定位前需要分析房地產市場總的供求關係。這就需要調查目前市場上消費需求的滿足狀況和市場供給狀況以及預測未來房地產市場將要發生的情況。調查內容包括：目前或者未來某一時期該區域現有家庭中有多少已經解決了住房問題，有多少即將要購買房子，分析未來幾年的發展趨勢；有購房需求的家庭需要什麼戶型結構和多大面積的房屋，他們的收入水平和實際購買力怎樣、受教育程度如何；該區域已建、在建和未來將要建設的項目的具體區位、房屋戶型結構和面積、房屋單價、配套設施等情況；該區域房地產開發企業的數量、實力、占據的市場份額、營銷策略和銷售情況等；該區域近幾年及未來幾年的土地供給情況、城市基礎設施配套情況、金融類服務情況等。

在市場供求狀況清晰后，擬投資項目的性質和具體地理位置就可以確定了。

(2) 市場分析階段

房地產開發公司的專業分析人員（或者委託諮詢公司）借助科學的定性和定量的分析手段和方法（如因子分析法、多元迴歸分析法等），劃分出一些差異最大的細分市場。

(3) 市場細分階段

房地產開發商根據客戶不同的購房心理、消費行為、人口變量和一般需求劃分出每一個細分群體。如通過單價這個細分變量可將某城市的房地產市場分為高端、中高端、中端和低端，通過面積和功能細分變量可將住宅分成經濟型、小康型、富裕型、豪華享受型。一般針對房地產項目進行市場細分時採用的方法有主導因素排列法、多因素排列法、多因素矩陣排列法、市場因素分析法等。

這個階段的關注點是顧客的消費偏好、消費行為、家庭結構及其他個性特徵。在這一程序中，需要根據調查結果，列舉出顧客的共同和不同需求及偏好，進一步識別各細分市場的特點，估算各細分市場的大小。

3.1.2.5 進行市場細分時應注意的問題

(1) 市場細分的標準是靈活的，房地產企業在選擇市場細分的標準和依據時，應根據行業特點及客戶需求特徵進行切合實際的選擇，不能生搬硬套。

(2) 一般來講，影響消費需求的因素是多方面的，這些因素又有著內部的關聯關係，所以在進行細分市場的方法選擇時，為了避免單因素法帶來的片面性，我們在進行實際市場細分時往往採用綜合因素法或系列因素法。

3.1.2.6 *房地產目標市場選擇*

市場細分后，房地產開發商就要選擇一個或幾個細分市場作為準備進入的目標市場。

可供房地產開發商選擇目標市場的策略有五種：

(1) 單一市場策略

單一市場策略是指房地產開發商只選擇一個細分市場作為目標市場進行集中營銷。如重慶某房地產開發公司 2011 年在巴南區開發了一個高檔別墅項目。該項目的前期階段，開發商通過市場細分后鎖定了南岸區、九龍坡區等周邊地區擁有千萬資產人士的目標市場。儘管這一目標市場狹小，客戶群體容量也是有限的，但這部分群體存在有效需求，開發商通過調研精準把握了他們的產品需求，及時開發出滿足他們所需求的物業產品，引起較好的市場反應。

(2) 專業化市場策略

專業化市場策略是指房地產開發商選擇若干個目標市場，每個目標市場在客觀上具有鮮明需求特徵和吸引力，且符合開發商自身的目標和掌握的資源。如某房地產開發商在某旅遊景區附近準備開發休閒度假式項目，通過市場細分，選擇了兩個目標市場，為企業家人士組成的目標市場開發了高檔海景別墅，為企事業單位退休養老人士組成的目標市場開發了高層公寓。

(3) 複合產品模式策略

複合產品模式策略是指房地產開發商面對多個目標市場的不同客戶群體集中開發一種類型的物業產品。如成都某房地產開發公司精心打造某大型高層住宅項目，該項目戶型豐富，涵蓋了 1 室 1 廳、2 室 1 廳、3 室 2 廳、4 室 2 廳等多種規格，戶型面積從 70 平方米到 200 平方米。開發商力圖通過該物業的開發建設來滿足不同目標市場的需求。需要注意的是，將不同的目標客戶群體安排在同一物業內就無法滿足這些目標群體的個性化需求，在選用此模式時要慎重做決策。

(4) 複合市場策略

複合市場策略是指房地產開發商專門為了滿足某個目標客戶群體的各種主要需求而開發物業。如重慶某項目目標客戶群體定位為白領階層，該項目開發商通過在一個樓盤中開發不同類型的物業，較好地滿足了目標客戶購物、餐飲娛樂、辦公、居住等各種需求。

(5) 完全市場覆蓋策略

完全市場覆蓋策略是指房地產開發商通過投資開發各種類型的物業來滿足各種目標市場的需求。這種策略對房地產開發商的經驗、資金等實力要求高。如萬達、萬科等大型房地產開發企業就是借助自身核心競爭能力開發各種物業形態來滿足不同客戶群體的需求。

3.1.2.7 房地產項目目標客戶需求描述（即目標客戶定位）

房地產項目目標客戶需求描述是對目標客戶的一些基本要素進行分析，比如客戶的性別、年齡、職業、收入、消費行為等，並對這些特徵進行綜合闡述，總結共性與差異。對目標客戶進行描述時包括以下五方面：

（1）目標客戶的個體特徵：性別、年齡、職業、家庭結構、目標客戶的年均收入、家庭年均收入、日常交通出行習慣、有無私車、私車的價位等。

（2）目標客戶目前的居住狀況：現工作位置、現居住位置、現居住房屋的性質（租賃房、商品房、公司宿舍等）、現居住房的戶型結構和建築面積、對目前經常居住的住宅滿意及不滿意的地方等。

（3）目標客戶購房的消費行為和習慣：意向購買住宅的位置、欲購新房打算幾個人居住、購房目的、能夠承受的最高單價及總價、對裝修的要求、購房的關注要素、購房的信息來源等。

（4）目標客戶購房的情感及功能需求：希望購買的住宅帶來的心理感受、對於建築風格、社區環境、小區和周邊的配套、景觀和小區物業等方面的服務和配套的要求等。

（5）目標客戶業餘生活方式和價值觀：現日常的生活和休閒方式、理想中的生活和休閒方式等。

示例

某房地產公司深圳項目目標客戶定位

一、項目背景及目標客戶定位的依據

深圳市作為一個與香港特別行政區一水之隔、中國改革開放建立的第一個經濟特區，已經成長為一個具有世界影響力的城市，每年吸引了大批優秀人才的到來，是一個人口平均年齡低、人口年齡結構最具有競爭力的城市之一。

該項目選址擬定為深圳南山區，這裡環境優美，擁有著名的歡樂谷、海上世界等遊樂場所，錦綉中華、野生動物園等生態主題公園，新安古城、南頭古城等歷史景點，是一個市政府著力打造的旅遊基地。

項目目標客戶可以輻射到全市範圍內。根據項目初步設想，項目選擇具有持續穩定甚至持續上升購買力的人群，這個人群經濟基礎較好，思想比較開放，消費觀念比較超前。目標客戶大致定位為「深圳新一代高素質移民」。所以，在市場調查的結果分析中，排除了個人月收入在 6,000 元以下的被調查者問卷。

二、目標客戶定位

根據調查問卷結果，進行市場細分研究后，本項目的核心目標客戶定位如表 3-3 所示：

表 3-3　　某房地產公司深圳項目目標客戶定位

職業	人群特徵	需求
公務員、事業單位人員	1. 年齡 35~45 歲； 2. 收入穩定，有較多的積蓄； 3. 有較高文化素質，思想觀念開放，易於接受新事物； 4. 置業需求明顯。	1. 完善的配套，安全舒適的社區居住環境； 2. 良好社區文化、完善的物業服務； 3. 要求周邊教育配套完善； 4. 以三房戶型為主，注重朝向。
中小民營企業老板	1. 年齡在 40~55 歲，數目龐大； 2. 經濟實力雄厚，收入高，購買能力強； 3. 屬二次及多次置業者； 4. 思維活躍，消費觀念超前； 5. 人員結構主要是外地人，置業在地域上沒有明確的要求。	1. 注重子女教育，要求教育配套完善； 2. 要求舒適優美的居住環境，完善的硬體軟體配套設施，能滿足社交的需求； 3. 對產品質量和物業服務要求比較高； 4. 以大戶型為主。
大中型企業中高級管理人員	1. 年齡在 30~40 歲； 2. 伴隨著城市經濟的發展成長起來的新興群體，屬於消費能力增長最快的人群； 3. 積蓄有限，收入穩定且較高； 4. 外地人為主，文化素質高，融合各區域文化特徵明顯； 5. 生活節奏快，時間觀念強，生活注重品位和細節； 6. 置業在地域上沒有太多的約束，比較理性，講求最高性價比，多屬首次置業。	1. 生活配套完善； 2. 交通便利； 3. 較高的性價比，有戶口的要求； 4. 以 60~90 平方米中小戶型為主，多注重朝向。
客戶延伸：從長遠看，在深圳寸土寸金的土地上，南山區屬於新的行政區域，伴隨著一大批房地產項目開發的深入及旅遊資源的開發，居住人氣逐漸形成，各類配套設施完善，必然帶動南山區整體區位價值的提升，將吸引更多更高檔次的目標客戶。		

3.1.3　房地產市場細分與選擇實訓的組織

（1）指導者工作

①通過舉例說明的方式向受訓者介紹房地產項目前期定位的概念、思維邏輯及涉及的理論方法。

②介紹房地產市場細分的概念、作用、原則、依據、程序，並舉案例。

③要求受訓者結合企業內外部環境及項目和開發商自身實力進行 SWOT 分析。

④要求受訓者對市場調研數據進行整理分析並做出目標市場選擇及對目標市場需求進行描述。

（2）受訓者工作

①對市場調研的資料進行整理，對調查問卷的數據進行分析。

②結合企業內外環境及項目和開發商自身條件，進行 SWOT 分析。

③對項目所在區域市場進行細分，並明確各細分市場的不同特徵。

④對不同細分市場進行需求分析。

⑤選擇目標市場，對目標市場的需求進行描述。

3.1.4 房地產市場細分與選擇實訓的步驟

房地產市場細分與選擇的步驟如圖 3-2 所示。

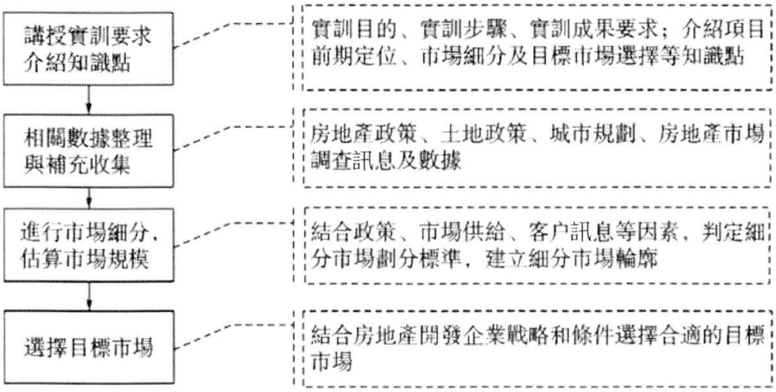
講授實訓要求
介紹知識點
實訓目的、實訓步驟、實訓成果要求；介紹項目前期定位、市場細分及目標市場選擇等知識點
相關數據整理
與補充收集
房地產政策、土地政策、城市規劃、房地產市場調查訊息及數據
進行市場細分，
估算市場規模
結合政策、市場供給、客户訊息等因素，判定細分市場劃分標準，建立細分市場輪廓
選擇目標市場
結合房地產開發企業戰略和條件選擇合適的目標市場

圖 3-2 房地產市場細分與選擇的步驟

示例：房地產市場細分與目標市場選擇參考模板

××項目市場定位報告

一、項目內外部環境

1. 外部環境（略）

（1）中央或者項目所在區域的地方政府已經或者即將頒布重大政策、城市發展規劃對項目開發的影響，如城市功能規劃與佈局、城市交通系統的規劃與建設、項目所在地局部區域規劃和開發重點地段或者重點項目等。

（2）項目所屬地域在城市的戰略發展及歷史上的政治、經濟、文化等領域的地位。

（3）項目特性，主要指項目特殊的來源，如棚戶區改造、城市保障性住房、政府重點工程等。

2. 內部因素（略）

（1）項目開發公司簡介，主要介紹公司理念、戰略及實力。

（2）項目在公司發展中的地位，項目啓動對公司發展戰略或發展規劃的意義。

二、項目地塊及周邊配套環境分析

1. 地塊位置（略）

項目所處城市、行政區域地理位置及在行政、文化教育或商業上的影響和地位（定性描述，可附圖片說明。）

2. 地塊現狀（略）

（1）面積、地勢、地表現狀和特性。

(2) 地塊地表其他有可能涉及項目開發進度的因素（如涉及居民拆遷安置、土地初級開發等說明)。

3. 項目周邊配套（略)

(1) 交通出行狀況（公共交通、主線路等)。

(2) 項目周邊可輻射範圍（3千米）內的生活配套：如教育資源、醫療資源、購物（超市、商業街、菜市場等)、休閒娛樂設施（運動場、公園等）以及其他配套設施。

三、市場分析

1. 宏觀市場（略)

城市經濟現狀（GDP、增長率等)、人口現狀（人口數量及增長率等)、人均可支配收入及支出、城市中長期規劃發展目標。

2. 房地產市場（略)

(1) 房地產市場總體市場供需。

(2) 房地產市場價格水平。

(3) 房地產市場發展趨勢預測。

3. 區域房地產市場（略)

(1) 區域房地產現狀（特徵)：區域內房地產的市場供需狀況、價格水平以及在城市房地產市場的地位等基本狀況。

(2) 區域房地產市場特徵：重點描述區域內不同房地產市場的產品特徵及走勢、主力客戶群體及消費分析。

(3) 區域房地產市場競爭情況：區域房地產市場產品（戶型配比、面積區間、戶型結構)、價格、營銷方式等方面的競爭描述與分析。

(4) 預測區域房地產市場價格水平和趨勢。

四、項目SWOT分析（略)

1. 項目優勢分析

2. 項目劣勢分析

3. 項目機會分析

4. 項目威脅分析

五、市場細分（根據所模擬項目的市場調研報告分析)

如某項目以客戶意向購買的戶型進行市場細分，如表3-4所示。

表3-4　以客戶購買意向細分市場

意向戶型	年齡特徵	特徵	偏好	占比（估算)
2室2廳、2室1廳	一般在20~35歲	年輕夫婦或者單身、有穩定收入、自用居多	規模社區、交通便利、整體景觀規劃好	45%

表3-4(續)

意向戶型	年齡特徵	特徵	偏好	占比（估算）
3室2廳、3室1廳	一般在36~45歲	一般中年夫婦、有入學子女、事業有一定成就、經濟條件較好、二次置業為主	交通便利、規模高尚社區、整體規劃好、教育資源優越、休閒娛樂設施齊全	35%
四房及四房以上	客戶來源較為複雜	客戶來源較為複雜、客戶群體狹小、經濟實力比較雄厚、二次或多次置業、自用為主	以休閒享受和實用為主、追求優美的景觀環境和齊全的社區內外配套設施	20%

按職業來分，一般來說有以下幾種，如表3-5所示。

表3-5　　以客戶職業細分市場

職業	購房意向	占比（估算）
本市範圍內及周邊市、縣事業有成者或私營企業主	三房、四房、復式單位、別墅	10%
外地來投資的私營企業主、外資企業高級管理人員	三房、四房、復式單位	15%
市區高收入人群：如律師、金融、保險以及高科技人士	三房、四房	30%
本市區企事業單位中、高層領導和主管	兩房、三房	15%
本市區政府部門公務員、企事業單位普通員工	兩房、三房	30%

六、項目市場定位分析

1. 定位的基本原則、戰略設想（略）。

2. 項目整體定位：根據對項目內外環境、市場供需及SWOT分析對項目藍圖做出總體描述（略）。

3. 市場地位定位：市場領先者、市場挑戰者、市場創新者（略）。

七、目標市場選擇（結合項目內外部環境）（略）

目標市場選擇原則：產品價格在目標客戶經濟能力能夠承擔範圍之內的；項目的規劃設計、生活配套等要符合目標客戶的一般要求；項目所蘊含的文化理念要符合目標客戶的價值觀。

3.2 產品定位分析決策

3.2.1 產品定位分析實訓的目的與任務

(1) 實訓的目的

①使受訓者掌握房地產項目產品定位分析的內容和策略。

②使受訓者掌握和運用房地產項目主題定位、類型定位、檔次定位、價格定位的方法。

(2) 實訓的任務

①結合產品情況與市場競爭情況等，找出產品定位的關鍵因素。

②運用所學房地產項目產品定位的方法，對所模擬的項目進行產品定位，包括項目開發主題定位、產品類型定位、產品檔次定位、產品價格定位等。

3.2.2 產品定位分析實訓的知識準備

3.2.2.1 房地產項目產品定位

房地產項目產品定位是指房地產開發企業根據選定的一個或幾個目標市場的需求特徵，並結合企業戰略和優勢以及其他因素，通過有針對性的設計，使得項目在目標客戶群體心目中佔有優選的特定位置的過程。房地產項目產品定位就是回答即將把項目開發成為一個什麼樣子並賦予它什麼精神理念的問題。房地產項目的產品定位的內容包括規劃設計、功能設施、價格等方面。

3.2.2.2 房地產項目產品定位的策略

(1) 追求差異化的項目特色定位法

房地產開發企業將項目定位在某一方面的領先者。如重慶某項目，將項目定位於「森林、人文、安居」為主題的大型生態住宅社區，該社區內有大型的生態公園、位於照母山內的優越自然環境以及區域內幾所大學營造的文化氛圍，為目標市場的客戶群提供了其他項目無法比擬的生態環境和人文精神方面的體驗。

(2) 性價比定位法

房地產開發企業把為目標市場提供性價比更高的項目作為自己樓盤的定位。如濟南某項目周邊樓盤均價在8,000元/平方米以上，但該項目以高於周邊樓盤的規劃設計水準和工程質量並以7,800元/平方米的價格銷售，為目標客戶群提供了較高的讓渡價值，爭取到了更多的客戶。

(3) 目標客戶需求定位法

房地產開發企業在項目產品定位時，根據所選定的目標市場的實際需求特徵，開發出能夠滿足目標客戶個性化需求的產品。如成都某項目將外籍人員定為目標客戶之一。該企業經過市場調研發現這個客戶群體有一個迫切需要解決的問題就是子女的教育問題，這類客戶期望自己的子女能夠在雙語學校就讀，但該區域內並沒有外語學校或者雙語學校，於是，該項目就走了「教育先行」的道路，創辦了寄宿制的雙語學校。這一舉措吸引了該市及周邊地區大量外籍人員的熱烈反響。

（4）參照競爭者定位法

房地產開發企業直接以競爭對手為參照物，將自己的產品定位於在某一方面或者若干方面比競爭對手更好一些，來爭奪同一目標市場。如武漢長江邊先后出現了兩個高檔樓盤××花園和××江園，××江園在開發建設過程中以××花園為參照，力圖在項目定位、規劃設計、工程質量、社區物業等方面超越××花園，以使同一目標市場的客戶群體在對比中優先選擇××江園。

（5）綜合定位法

房地產開發企業在對項目進行定位時，將房地產領域內、外的各種技術手段進行綜合，通過嫁接賦予項目多功能及附加值來滿足目標客戶群的潛在需求。如某城市奧體花園項目突出「運動養生，健康生活」的理念和生活方式，吸引了目標客戶廣泛關注和購買興趣。

3.2.2.3 房地產項目開發主題定位

（1）房地產項目主題及主題定位的概念

房地產項目主題就是房地產開發商本身所追求和倡導的獨特的開發思路及開發理念、居住模式及居住文化，以及生活習慣及生活方式，是房地產項目區別於其他項目的特殊優勢，是項目的營銷推廣的切入點，是貫穿於房地產項目產品及價格定位、項目規劃設計、營銷推廣等環節的總體指導思想。

房地產項目主題定位又稱為主題策劃、主題設計，是房地產項目策劃師根據房地產市場競爭狀況及目標客戶的特徵和需求情況並融入房地產開發企業的經營理念及該項目本身的特色來提煉並確定該項目的主題的過程。主題一般用廣告語、項目概念等來表達，項目概念或者廣告語應該體現開發商獨特的開發理念和項目特色，並能準確地傳達給客戶，樹立起項目特定的市場形象。如表 3-6 所示。

表 3-6　　**項目主題定位**

項目名稱	項目主題	廣告語
重慶龍湖時代天街一期	大坪的國際時尚購物中心	這是一個最好的時代
海南雅居樂清水灣	國際旅遊島	你的國度，你的第二人生
廣東順德碧桂園	給你一個五星級的家	高質量的社區生活

（2）房地產項目主題及主題定位的作用

①項目主題通過理念統領項目開發的各個環節，保證項目圍繞既定的目標前進。項目主題是項目整個開發過程的指導思想，通過思想理念層面進行指導，來統領房地產項目開發的各個環節，保證房地產項目的各個定位、規劃設計、營銷推廣、物業管理和社區文化建設等環節始終圍繞著既定的目標和方向進行。

示例

某房地產開發公司中國博鰲藍色海岸主題策劃

某房地產公司的定位是為注重生活品味的人群提供創新且高品質的工作、生活和消費空間以及時尚的生活方式，主要在北京和上海繁華的城市中心開發高檔商業、住宅地產。該公司項目都是與國際知名建築師合作，並結合本土客戶的需求，把創新的設計理念轉化成引領潮流的物業。博鰲藍色海岸項目的主題是「現代、前衛」，其后續開發環節均圍繞這一項目主題展開。比如，項目選址與博鰲亞洲論壇會址為鄰，體現其走在時代前列的理念。規劃設計中該項目是由風格獨特的現代別墅群組成，沿水而居，體現了其高端、現代、前衛的理念。2003 年 3 月，該項目香港設計師嚴迅奇先生因博鰲藍色海岸「建築與自然的完美結合」的前衛建築理念獲得香港建築師學會頒發的 2002 年建築大獎「境外作品獎」。

②項目主題能突出項目的特色，在市場上爭取競爭優勢。在激烈競爭的房地產市場上，每個項目都應該在區域位置、性價比、設計理念或者物業服務等一方面或者多方面具有自己的獨特優勢，這些優勢通過主題定位表現出來，吸引市場上的客戶。

示例

某公司香樟林項目主題定位

香樟林優勢是擁有 2,000 多棵三十年樹齡的香樟樹，小區充滿著香樟樹的淡雅清香。該項目的主題是「香樟林，合家歡」。該主題突出了項目高綠化和注重家庭和睦的特點與競爭優勢，滿足了重慶市民的香樟樹情節，是一個非常成功的房地產項目主題定位。

③明確的項目主題定位可以展示項目的獨特個性。房地產主題定位能夠賦予項目鮮明的特色與個性，加深客戶對房地產項目的印象，更具吸引目標客戶的能力。另外，主題所體現的個性，無論在內容、氣質、形式還是手段上均應獨具一格。

示例

某公司「名仕公館」項目主題定位

某公司充分倡導和引領綠色生活的居住理念，在產品設計、開發過程中廣泛採用綠色領先技術和節能環保材料。該公司在成都開發了「××公館」項目，項目以「厚重、綠色、優越」為主題，承襲了千年古蜀深厚的歷史文化底蘊。在規劃設計上××公館呈現給客戶優雅挺拔的建築體態、浪漫典雅的景觀設計、高標準的精裝修。該項目被當地較高收入的中產階級客戶所青睞。

④主題定位可以滿足客戶精神需求。主題定位可賦予房地產項目以理念或者文化等精神層面的內涵，使房地產項目具有生命與靈魂，使居住者獲得精神上的滿足與享

受，甚至可以通過滿足客戶的精神需求提高產品的附加值，來掩蓋產品本身的缺陷。

示例

某公司海南某項目的主題定位

該項目位於海南省某縣海岸線，某公司重金打造了這個在過去極度貧困荒涼的海岸線，項目主題明顯突出綠色環保及優雅愜意生活的特色。項目規劃設計上，外部有海陸空立體的、全方位的交通網路，內部有椰林大道等便利的交通路線和酒店、醫院、超市等生活配套，是集別墅、小高層及高層等住宅形式、酒店、高爾夫休閒度假模式於一體的建築群落。公司充分洞察了現代人在生活壓力下對自然與休閒的需求，用世界級頂尖設計團隊和超前的度假理念，將這個項目打造成一個沒有壓力，只有碧海藍天、椰風海韻的第二人生度假勝地，吸引了海內外大批的客戶。

⑤穩定的或者發展的項目主題定位能塑造項目的品牌形象。主題策劃能夠展現項目及其開發商獨特的競爭優勢，有助於加深客戶對房地產項目的印象，長期以往便能塑造房地產項目和企業的品牌形象。例如萬達廣場、佳兆業廣場等的主題定位，這些以廣場直接命名的項目突出了項目集居住、商業和辦公於一體的商圈定位。

⑥主題定位可以提升項目的市場價值。建築物除了所在的區域差別外，從物質形態上看是鋼筋水泥等合成的，差別不大，而主題定位通過賦予沒有生命的建築以個性鮮明、富有文化以及鮮活生命力的內涵與形象，從而增加房地產產品的附加值，最終實現提升項目經濟價值的終極目標。

（3）房地產項目主題定位的步驟

①嚴謹、廣泛地進行市場調查。

②深入地對客戶進行分析，準確定位客戶的需求。主題策劃必須要契合客戶特別是目標客戶的需求狀況，以便達到良好的銷售效果。因此，在項目前期的市場調研中一定要全面、充分瞭解客戶。

③發掘與提煉項目主題。

a）從客戶的需求中去發掘。例如海南某項目的主題定位，該項目抓住了現代人在生活壓力下對自然與休閒的需求，極力打造一個休假勝地。

b）從項目所在區域的歷史文化積澱中發掘。例如成都某項目主題定位，項目位於成都金沙遺址東側，建立在深厚的蜀歷史文化博物館附近，項目以「高貴優雅的生活方式」為主題。

c）從與競爭性項目的對比中去發掘。

形成類比：採取挑戰性策略，跟競爭對手迎面而上，開發主題相似或相近的項目，爭奪同一目標市場。如海南西線項目棕櫚園與同一海岸線上的項目椰林園形成類比競爭。

形成補充：抓住競爭對手空白的地方去發掘、發揮。比如，在同一區域內，抓住競爭對手的空白目標市場，競爭對手開發主題適合年輕人，該項目就可以抓住中老年人喜歡的居住方式。

d) 從項目自身的資源優勢及經營經驗中去發掘。比如，綠城購買了西雙版納景區附近的一塊土地，開發以度假為主題的項目。萬科擅長規模化建設緊湊型住宅和營造社區商業文化。萬達擅長先建立商圈，提升周邊區域的價值，再拓展住宅以創造商業中心。

e) 從社會、經濟及房地產市場發展變化中去發掘。比如，隨著社會老齡化的加劇，可以開發適合老年人生活模式的項目。

(4) 項目主題的提煉需要注意的問題

首先，避免主題定位模糊不清、定位超前、定位陳舊或流於形式。主題的立意要新穎、獨特，充分展示項目的個性特徵。比如，國內很多開發商特別是二三線城市為了追求時髦，常取一些「洋名」，諸如曼哈頓社區、加州水岸、納帕、普羅旺斯、格拉斯等，而項目的規劃建設並不匹配。如在貴州某二線城市，一開發商追求與其競爭對手的差異性，開發了主題為奢侈莊園的項目，而項目遠超出當地人的收入水平，定位超前導致項目銷售失敗。又如，深圳保稅區沿岸的歐洲風情項目系列，定位模糊而失敗。

其次，避免定位過火或者混淆。項目主題內涵要深刻，外延要寬廣，有利於項目規劃設計及銷售等環節的發掘。主題定位不能過於強調某一個特點而使客戶忽視了其他的優點。比如，有的項目過分強調其園林設計，而使客戶忽視了其建築、物業等方面的優勢。有的項目主題設計過多，強調的優點過多，使客戶找不到其主要賣點。廣東順德某項目「給你一個五星級的家」，即給了客戶一個清晰的舒適的居住環境和生活方式的概念，又給了開發商一個無限發展發掘主題的廣闊空間。

最后，定位主題的表達形式要避免冗繁和雷同，要簡潔、流暢，廣告語要易於傳播推廣。比如，海南三亞灣某項目，主題「世界灣區，三亞中軸的黃花梨社區」，既強調了其地處三亞灣及三亞交通商業中心的優越地理位置，又突出了其如花梨木的頂級的建築質量和園區內以黃花梨這種名貴樹種綠化的特色。

3.2.2.4 房地產項目產品檔次定位

項目產品檔次定位就是把房地產項目開發成什麼檔次的樓盤。傳統概念上的檔次主要是指建築物的質量和配套設施硬件水平，而現在說的項目檔次不僅包括傳統意義上的硬件設施的檔次，還包括項目所在區域的教育、醫療、交通等生活配套、園區規劃設計、園林景觀以及物業服務的水平檔次。

示例

成都高新區某樓盤

該項目地塊規則、區域較大，且項目處於成都高新區，潛在消費群體受教育水平較高、收入水平較高，對項目綜合品質要求高——配套設施完善、園林生態環境良好、社區功能豐富、物業服務完善。該項目調查該區域內其他樓盤大都屬於五年前修建，硬件設施稍顯落后。該項目採用差別定位法，走中高端路線，又融入該開發商在其他項目中成功的文化元素，有力地促進了項目的推廣。

案例點評：本案例開發商瞭解客戶需求及競爭對手的不足，利用差別定位法，以及該公司的成功經驗，將項目產品檔次定為中高端，增強了項目的競爭優勢。

3.2.2.5 房地產項目產品類型定位

項目產品類型定位就是把房地產項目開發成什麼類型的樓盤，即對建築形態及所占比例進行定位。

示例

重慶某房地產住宅項目產品類型定位

根據市場分析、地塊形狀、容積率規劃、地塊面積以及項目初步的設想，本項目的產品類型定位如表 3-7 所示：

表 3-7　重慶某房地產住宅項目產品類型定位

物業形態	戶型面積（平方米）	數量（套）	占總戶數比例（%）
獨棟別墅	300～350	10	2.5
聯排別墅	200～250	50	12.5
高層 3 室 2 廳	120～150	140	35
高層 3 室 1 廳	100～120	200	50
小計	—	400	100
商鋪	5×16	8	40
	10×16	12	60
小計	—	20	100

案例點評：該項目對於住宅的物業形態及容積率給出了精確定位。該項目容積率 1.8，以 6 棟高層，每棟 18 層、戶型面積在 100～150 平方米的大戶型為主導產品，以獨棟別墅及聯排別墅提升項目檔次，商鋪主要分佈在高層建築的底樓，進深 16 米，適合投資經營各類社區商業。

海南某酒店項目產品類型定位

由於本項目地塊所在的海南三亞擁有得天獨厚的氣候資源、海洋資源及熱帶雨林資源，隨著現代人們對於休閒、度假需求的激增及生活水平的不斷提高，國內遊客、國內企事業會議需求等將成為主流客戶。另外，項目所在地的優越資源也吸引著俄羅斯、美國等海外遊客的逐年增加。本酒店項目市場前景良好。

同時，隨著東南亞同類型旅遊資源的國家對市場的爭奪以及整個海岸線世界知名的星級酒店繁多，本項目面臨著巨大的市場挑戰和風險。

根據前一年度其他星級酒店的接待情況及盈利狀況來選擇本項目的定位。項目所在區域上一年度其他星級酒店的接待情況及盈利狀況如表 3-8 所示。

表 3-8　　項目所在區域上一年度其他星級酒店的接待情況及盈利狀況

酒店星級	年度最大接待人數（萬）	平均費用成本（萬元/套/年）	區域酒店收入（萬元/套/年）	區域酒店利潤（萬元/套/年）	利潤率（%）
五星級	505	25	39	14	35.9
四星級	650	16	28	12	42.8
三星級	1,100	13	88	75	85.2
二星級	580	8	15	7	46.7
一星級	420	5	12	7	58.3

從表 3-8 中可以看出，處於中檔水平的三星級酒店不管是在接待量上還是在盈利水平上都佔有絕對優勢，其實這也與現在人們的收入水平占中等收入的人群居多具有正相關性，這些人多在節假日選擇自助遊到該市旅遊，由於該區域的消費水平及旅遊資源較本市其他地區具有優勢，吸引著大批客戶。所以，該酒店項目擬建為適合中等收入者的三星級酒店。

3.2.2.6　房地產項目產品價格定位

房地產價格是房地產所占用土地的價格與附著在土地上的建築物的價格的統一體。

本節中所談到的房地產項目價格定位只是項目前期的價格初探。由於房地產項目開發週期長，成本構成複雜且多變，所以在后期項目開盤銷售前還會有縝密的計算及科學的定價。作為項目前期定位中的價格定位，主要是根據預估成本加利潤的方法，參照市場上類似項目價格，並綜合考慮開發商品牌及項目本身特點進行。具體主要採取以下三種定價方法（如表 3-9 所示）：

表 3-9　　房地產項目前期定位中的價格定位方法

價格定位方法名稱	價格定位方法	項目特徵	開發商特徵
市場參照定價法	選取類似項目進行參照，制定相似的價格	市場上可以參照的類似項目很多	開發商處於平穩發展階段，且沒有影響市場價格的實力
成本加利潤定價法	估算該項目的成本並加上估算利潤	項目與其他競爭性項目相比沒有突出的特徵	營運機制傳統，競爭意識不強
品牌引導法	根據市場情況和品牌價值制定產品價格	開發商已有品牌效應，有引領客戶的能力	實力比較強，可以引導市場價格，具有強烈競爭意識

（1）市場參照定價法

市場參照定價法就是選取市場上與本項目類似的參照項目進行比較，根據本項目初步定位，預測本項目與參照項目的差異（本項目規劃中體現出的優勢、劣勢），並根據調研中客戶對差異化因素的需求程度及願意為之支付的價格，用類比項目價格加（減）差異化價格來制定本項目價格的方法。

市場參照定價法的思路是：相同或相似的項目價格相同或相近，優質項目優等價格。選取相對比的樣本應該具有參考價值，要選取與本項目相類似的樣本，定位出的價格才更合理。樣本選取需遵循以下原則：

①地段相近或者區域規劃類似原則。地段相近才會有更多的氣候環境、外部環境等相近因素。區域規劃類似才具有借鑑意義，比如給重慶南岸區南坪商業中心的某一樓盤定價，可以選取附近樓盤進行相近地段樣本比較，也可以選取渝北區商業中心的某一樓盤進行類比。

②選取的樣本必須是成功的個案原則。成功的樣本才具有參考意義。

③選取的樣本項目必須有本案相同的功能原則。功能相同的才具有參考價值，不能用住宅物業形態的樓盤與商業物業形態的樓盤對比。

④選取的樣本與本案的市場情況相近，如果存在市場因素，需要進行修正。比如，交易時間不能是過去兩年及以上很長時間，如果存在時間間隔久的樣本，需要根據市場通貨膨脹率等依據進行修正。又如，選取不同區域的類似樣本，如果存在兩個區域消費水平的差異，也需要根據差異進行修正。

示例

某房地產高層住宅項目價格定位：市場參照定價法

根據本項目的初步定位目標，本項目選取了地段相近、功能相同的三個樣本進行參照，如表 3-10 所示：

表 3-10　　某房地產住宅高層項目價格定位：市場參照結果　　單位：元/平方米

樓盤一			樓盤二			樓盤三		
均價	差異化	差異化價格	均價	差異化	差異化價格	均價	差異化	差異化價格
7,000	區域位置	200	6,800	項目主題	100	7,100	園林景觀	100
	外部環境、周邊配套	300		建築規模	200		硬體配套	200

以項目一為參考的定價：7,000+200+300=7,500 元/平方米

以項目二為參考的定價：6,800+100+200=7,100 元/平方米

以項目三為參考的定價：7,100+100+200=7,400 元/平方米

本項目價格可以定位在 7,100~7,500 元/平方米。

（2）成本加利潤定價法

成本加利潤定價法就是將項目的成本加上企業預期的利潤的基本定價方法。而該環節的定價均為項目價格初探階段，項目成本即為根據以往項目經驗進行的估算。

示例

某項目價格定位：成本加利潤定價法

根據本項目的初步定位目標，本項目選取成本加利潤定價法，見表 3-11。

表 3-11　　單位面積價格測算表　　單位：元/平方米

序號	名稱	小高層	高層	商鋪
1	建築面積分攤土地費用	550	550	550
2	各種規費	76	55	76
3	基礎水電路政分攤	60	60	60
4	建築安裝成本	1, 000	800	900
5	園林綠化分攤	80	80	80
6	廣告營銷分攤	65	65	65
7	設計、監理費分攤	85	85	85
8	財務、管理費用分攤	50	50	50
9	各種稅費	98	96	545
10	小計	2, 064	1, 841	2, 311
11	預期利潤	25%	20%	100%
12	合計	2, 476	2, 209	4, 622

(3) 品牌引導法

品牌引導定價法是根據消費者所理解的某種商品的價值，或者說是消費者對產品價值的認識程度來確定產品價格的一種定價方法。一般實力比較強、知名度比較高、品牌價值含量高、可以引導市場價格的房地產開發企業可以運用這種定價法。

注意：本階段的房地產價格定位為粗略核算，在沒有項目精確數據的情況下，為提高核算價格的準確度，需綜合運用以上各種方法。

3.2.3 產品定位分析實訓的組織

(1) 指導者的工作

①通過案例，向受訓者講授關於房地產項目產品定位的知識和方法，主要包括主題定位、產品類型定位和價格定位。

②指導受訓者鎖定主要競爭樓盤，並收集競爭樓盤的開發主題、產品類型、均價、競爭優勢和劣勢等信息。

③指導受訓者利用所學知識和收集到的信息對模擬項目進行主題、類型、價格定位。

(2) 受訓者的工作

①收集競爭樓盤開發主題、產品類型、均價、競爭優勢和劣勢等信息。

②發掘模擬項目的優勢資源，並結合企業的理念，利用所學方法給項目主題定位，並創作體現項目主題的廣告語。

③根據競爭樓盤分析和市場供求分析，對項目產品類型進行定位。

④根據收集到的競爭樓盤的價格信息分別採用市場參照定價法和成本加利潤定價法估算模擬項目價格，並根據定價策略對價格進行定位。

3.2.4 產品定位分析實訓的步驟

項目產品定位分析實訓步驟見圖 3-3。

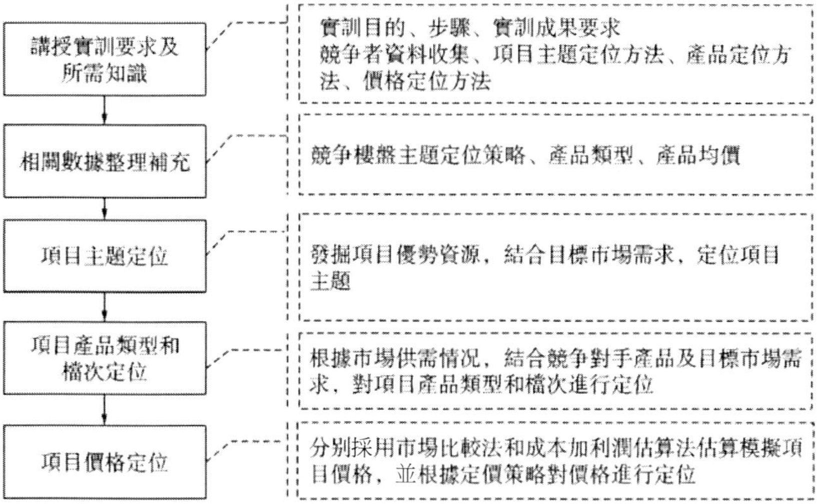

講授實訓要求及所需知識
實訓目的、步驟、實訓成果要求
競爭者資料收集、項目主題定位方法、產品定位方法、價格定位方法
相關數據整理補充
競爭樓盤主題定位策略、產品類型、產品均價
項目主題定位
發掘項目優勢資源，結合目標市場需求，定位項目主題
項目產品類型和檔次定位
根據市場供需情況，結合競爭對手產品及目標市場需求，對項目產品類型和檔次進行定位
項目價格定位
分別採用市場比較法和成本加利潤估算法估算模擬項目價格，並根據定價策略對價格進行定位

圖 3-3 項目產品定位分析實訓步驟

示例：房地產產品定位分析決策參考模版

深圳某項目的產品定位

一、項目檔次定位

根據前期目標客戶群的特徵及需求，本項目開發前期應該走中檔價格、中檔成本、中高檔形象的路線，建立「中檔高質的精品社區」。所謂中檔，主要是指控製造價成本，以至於未來的銷售價格不要過高。項目雖以中檔成本價格定位，但在產品形象上應走中高端路線，在項目形象上加深精細化設計，通過項目的性價比吸引更多中端客戶。隨著項目的深入開發，各類基礎設施和配套設施的逐步完善，居住人氣的提升，以及整個區域的整體區位價值的上漲，本項目價格也會隨之提高。那時，我們將著重吸引更高檔次的目標客戶，將整個樓盤檔次做更高提升，比如在建築業態及商業配套上進行進一步提升。

二、項目主題形象定位

項目主題形象要以市場和客戶需求為導向，結合開發商自身的價值導向和市場戰略來定位。首先，研究已經確定的目標客戶群的生活特徵和向往的生活方式。本案中目標客戶群為公務員、事業單位人員、中小民營企業老板、大中型企業中高層管理者，他們是生活、消費水平處於中上階層，追求清靜、質樸、舒適、方便的生活方式，向往配套齊全、教育資源優越、環境良好的高品質社區。其次，研究項目所在區域及項目本身獨特之處。本項目區域具有得天獨厚的清新優雅的自然環境與四季溫暖的氣候環境，並且在地理位置上，與城市中心的距離在一小時車程，比較遠離了城市喧囂與擁堵，但又不至於造成在市中心工作的人員花費太長時間在路途上。該區域的市政及其他科教文衛設施也是非常先進的，已經可以在客觀條件上滿足目標客戶的需求。而本項目也主要是以開發宜居的社區為宗旨。最后，研究開發企業品牌內涵和企業理念。本企業一直堅守「遠見、心建、共建未來」的開發理念，致力於為居住者提供可安享「心的歸屬」的幸福家園。綜合以上三個有利條件，本案可以樹立「自然、健康、悠閒、現代、高品質」的形象，帶給居住者輕鬆又便捷的生活方式。項目主題形象提煉見表 3-12。

表 3-12　　深圳某項目主題形象提煉過程

核心客戶需求	舒適的居住環境、豐富的文化生活、完善的配套設施、成熟的教育配套
延伸客戶需求	享受、安寧、質樸、品質
產品自身特色	自然、現代、安逸、離塵不離市的區位
企業品牌形象	健康、發展、人性化、高素質
項目主題形象	高品質、齊配套、自然、健康、悠閒、現代
主題形象概述	「享受優雅的現代生活」

三、項目產品類型定位

本案整個項目容積率 1.6，以每棟 18 層、戶型面積 80~100 平方米的 2 室 2 廳的 30 棟小高層為主導產品；以每棟 6 層、戶型面積 90~130 平方米的 3 室 2 廳的 40 棟多層為輔助產品。為滿足目標客戶的不同層次需求，本項目還規劃建設 30 棟戶型面積 150~160平方米、每棟四層的洋房，並以 120 套聯排別墅提升項目檔次。項目物業形態定位見表 3-13，項目戶型、面積定位見表 3-14。

表 3-13　　深圳某項目物業形態定位

物業形態	所占比例	建築面積（平方米）	備註
小高層	55%	307, 398. 9	層數十八層 三梯六戶
多層	25%	139, 726. 8	層數六層 一梯四戶

表3-13(續)

物業形態	所占比例	建築面積（平方米）	備註
洋房	15%	83, 836. 05	層數四層 一梯兩戶
聯排別墅	5%	27, 945. 35	單位面積 220 平方米
合計	100%	558, 907	

表 3-14　　深圳某項目戶型、面積定位

戶型	單位戶型建築面積（平方米）	數量（套）	占總建面比例（%）
2 室 2 廳	80~90	3, 500	53%
3 室 2 廳	90~110	600	13%
	110~130	550	14%
洋房	150~160	550	15%
聯排別墅	220	120	5%

四、項目產品價格定位

1. 小高層價格定位

擬定本案小高層價格時，選取該區域內規模及物業形態相近的熱銷樓盤××雅居、××谷地及××花園作為參照項目，運用市場參照定價法來計算本案的預估價格，見表3-15。

表 3-15　　深圳某項目小高層價格定位　　單位：元/平方米

××雅居			××谷地			××花園		
均價	差異化	差異化價格	均價	差異化	差異化價格	均價	差異化	差異化價格
8, 000	區域位置	-300	7, 600	交通	300	7, 700	物業服務	200
	品牌形象	100		建築規模	100		社區內硬體配套	200

以××雅居為參考的定價：8, 000-300+100=7, 800 元/平方米

以××谷地為參考的定價：7, 600+300+100=8, 000 元/平方米

以××花園為參考的定價：7, 700+200+200=8, 100 元/平方米

同時，由於客戶對本開發企業的認知度比較高，另外考慮到本項目開盤時間為一年半后，結合目前房地產市場供需狀況和未來價格走勢預測，本案小高層價格在開盤時初步定價為 7, 900~8, 400 元/平方米。

2. 別墅價格定位

別墅採取成本加利潤定價法，見表 3-16。

表 3-16　深圳某項目別墅價格定位　單位：元/平方米

序號	名稱	別墅成本估算
1	建築面積分攤土地費用	5, 500
2	各種規費	800
3	基礎水電路政分攤	200
4	建築安裝成本	3, 000
5	園林綠化分攤	260
6	廣告營銷分攤	200
7	設計、監理費分攤	560
8	財務、管理費用分攤	240
9	各種稅費	350
10	小計	11, 110
11	預期利潤	50%
12	合計	16, 665

暫定別墅預期利潤為 50%，根據成本估算，得出別墅價格為 16, 665 元/平方米。同時考慮本開發商的知名品牌效應及該地段無后續別墅項目退出，本項目面市時無其他競爭產品等因素，可以將本項目別墅價格定為 16, 665~20, 000 元/平方米。

3. 洋房價格定位

由於洋房可比項目比較少，根據該項目中對洋房的檔次和形象定位，洋房的價格應該位於多層與別墅之間。市場上某在售項目擁有小高層、多層與別墅，其多層與本案洋房有一定的可比性，其多層與別墅的價格比例為 50%，本案參照該比例，可以將洋房價格定為 8, 300~10, 000 元/平方米。

3.3 房地產項目設計建議

3.3.1 房地產項目設計建議實訓的目的及任務

（1）實訓的目的

①掌握房地產項目設計建議的基礎知識與分析方法。

②運用房地產項目設計建議的基礎知識與分析方法，對所模擬的項目進行容積率、園林設計、開發週期等建議。

（2）實訓的任務

①熟悉項目設計關鍵指標，掌握設計指引撰寫所達到的深度。

②利用所學知識對模擬項目的容積率、規劃設計、開發週期等給出合理建議。

3.3.2 房地產項目設計實訓的知識準備

房地產項目設計建議與進度分析主要包括項目規劃設計及項目營銷設計，具體包含但不僅僅包含以下內容：一是項目整體容積率建議；二是分期開發次序建議；三是首期開發形態、戶型、面積建議；四是外立面建議；五是園林設計建議；六是配套設施建議（包括商業街、商場、酒店、會所、學校、醫院等）；七是營銷推廣建議。

在房地產項目前期定位環節，房地產項目的規劃設計與進度建議都只是大致的分析，具體的決策還需在項目工程部門進行專業性論證。

3.3.2.1 房地產項目容積率建議

（1）容積率概念

房地產容積率是指一個項目的總建築面積與用地面積的比率。容積率計算公式：

容積率＝地面建築面積（若地下建築有經營性用地也要計入建築面積）/規劃用地面積

（2）容積率理論基礎

土地成本在房地產項目成本中屬於固定成本，在建築密度等項目其他條件不變的前提下，建築物的層數越多，容積率越高，土地成本及基礎工程、地基處理費等分攤下來就越少，單位面積造價就會降低。當建築物層數達到一定程度時，就需要加固基礎、加強抗震、增加電梯及其他公共設施，單位面積造價就會開始上升。所以，開發商需要計算利潤最大化的層高值。

（3）容積率的運用

對於房地產開發商來說，容積率決定地價成本在房屋總價中占的比例，而對於住戶來說，容積率直接影響居住的舒適度。綠化率也是直接影響住戶居住舒適度的指標。一般而言，對於一個項目，容積率越高，綠化率越低，建築密度越高，開發商可用於回收資金的面積就越多，但對於住戶而言舒適度就越差。房地產開發商設計容積率主要是考慮該項目是為了賺更多的錢還是更適合人的居住需求。當然，容積率低的社區，房屋單價也要高一些。

中國房地產項目的容積率、建築密度和限高、綠化率等一般是由國家規定了的（見表3-17），在土地拍賣的時候就已經確定了，開發商需要做的就是選擇什麼產品適合哪種容積率的問題，開發商一般在開發項目的時候會選擇物業形態組合的方式再中和容積率與舒適度的問題。

表 3-17　各種建築形態容積率參考

建築形態	容積率	備註
獨棟別墅	0.5	低於 0.3 屬於高檔獨棟別墅；穿插聯排別墅或者雙拼別墅容積率會緩解獨棟別墅密集的問題。
聯排別墅、雙拼別墅	0.5~0.8	可以組合 3~5 層的低層樓房。
多層	0.8~1.2	如果全部是多層屬於環境非常高檔的社區；可以組合聯排別墅就屬於環境一般的項目；若可以組合小高層是一大賣點。
	1.2~1.5	如果全是多層，環境一般；可以組合小高層來改善環境。
多層與小高層組合	1.5~2.0	正常
小高層	2.0~2.5	正常
小高層與高層（18 層以下）組合	2.5~3.0	正常
高層（高度 100 米以內）	3.0~6.0	一般

對於住戶而言，一個舒適的住宅小區，高層容積率應不超過 5，多層應不超過 3，綠化率應不低於 0.3。對於開發商而言，在法律法規範圍內，其以節約成本、追求利潤為目標，所以，受成本限制，有些項目是沒有達到舒適度的容積率水平的。

(4) 項目容積率的選擇

在規劃局給定的地塊容積率範圍內，開發商可以通過容積率公式來選擇物業形態。如果物業形態已經確定的情況下，可以選擇周邊具有競爭性及可比性項目的容積率做參照，根據項目本身的特徵及盈利需求來確定自己項目的容積率。

示例

深圳某項目容積率建議

項目總建築面積為 558,907 平方米，根據《深圳市城市規劃標準與準則》的指導條款及本項目的物業形態配比，利用市場比較法，建議項目的整體容積率為 1.8。

本案周邊可競爭項目南山居、半島城邦、美地花園、陽光谷地四個項目容積率為 1.8~2.2，本案產品形態豐富，通過合理的配比，降低整個項目的容積率，使得環境優勢表現得更加明顯，從而提高項目的競爭力。同時，低容積率也比較符合本項目的中高端的檔次定位。另外，在產品形態符合目標客戶選擇的前提下，選擇 1.8 這樣合理的容積率也基於盈利的考慮。

3.3.2.2　房地產項目分期開發次序建議

不同於其他商品，房地產項目工程量大、開發週期比較長。因此，在項目初期應該對項目總開發週期、項目分期開發批次、每一批次開發多少面積、每一批次的入市時間及哪種物業形態要有大致規劃。

示例

深圳某項目開發週期建議

本案計劃開發週期為10年，分期開發情況見表3-18。

表3-18 深圳某項目開發週期建議

項目期數	開發面積（平方米）	產品類型	所占比例
一期	60,000	小高層、多層	10.91%
二期	70,000	多層、小高層、洋房	12.73%
三期	100,000	多層、小高層、洋房	18.18%
四期	110,000	小高層	20.00%
五期	100,000	洋房、多層	18.18%
六期	80,000	洋房、多層	14.55%
七期	30,000	聯排別墅	5.45%
合計	550,000		100.00%

3.3.2.3 首期形態、戶型、面積建議

首期開發形象直接影響營銷效果。因此，首期開發應該直接面對核心目標客戶，以取得良好的營銷效應。

示例

深圳某項目首期開發建議

本項目擬建的位置是一個未經過土地開發的一級土地，整體環境欠佳，周邊配套暫時也是不完善的，但自然景觀尚可以利用。首期開發針對本案核心客戶——中端客戶，客戶房屋面積需求為70~130平方米。項目首期開發建議如表3-19所示。

表3-19 深圳某項目首期開發建議

產品類型	比例	備註	戶型、面積	購房總價
小高層	70%	每棟層數18層、3梯6戶	2室2廳、80~90平方米	70萬~85萬元
多層	30%	每棟層數6層、1梯4戶	3室2廳、90~130平方米	110萬~130萬元

另外，建議首期項目修建學校及商業配套，以滿足客戶的硬性需要，樹立教育先行的形象，並滿足前期住戶對基本生活配套的需要。

3.3.2.4 建築立面建議

建築立面建議是在項目建築立面設計完成前提出的。建築立面應該符合項目的主

體形象定位。

示例

深圳某項目建築立面建議

本案建築可採用簡單典雅的造型，結合本案建築形態豐富的特點，以高低錯落的起伏感及韻律感來體現輕快、精致的現代化風格。

建築外牆色彩以淺黃色與乳白色來體現寧靜素雅的風格。建築用錯落有致的弧形陽臺來體現技術的精致之美。

3.3.2.5 園林景觀設計建議

園林景觀設計建議是結合項目開發的主體形象，創造特色景觀園林的建議，該建議是在項目景觀設計完成之前提出的。

示例

深圳某項目園林景觀設計建議

園林景觀設計必須結合建築的平面佈局並充分利用地形特徵，使建築與戶外景觀有機融合。結合本案走中高端路線的規劃，園林景觀設計做如下建議：

(1) 由於項目開發週期長，分期組團開發的特點，本案的園林景觀設計中各組團應形成一個小的園林空間主題，並配備與主題相關的諸如雕塑、噴泉、花架、座椅等設施。

(2) 植物的佈局設計需要強調色彩的差異、高低層次的差異及季節的變化，營造繽紛燦爛的環境，並充分利用植物的布置來減少噪音及遮擋不良視野。

(3) 充分利用涼亭、景牆、花壇、奇石、假山等人文景觀對植物景觀進行細節的調配。通過山石、樹木、花草、水路、風車等元素相互搭配色彩的組合，演繹現代園林的精髓。

(4) 兒童遊樂場的布置盡量適合不同年齡兒童的需求。另外，為適合目標客戶群社交的需要，還需提供繩網、木梯、石質象棋等集體活動、戶外運動及娛樂活動等場所。

3.3.2.6 配套設施建議

配套設施包括商業街、商場、酒店、會所、學校、醫院等各類商業、娛樂、教育、醫療設施，這是為了滿足居住者日常生活的需要，能給居住者帶來便捷的生活保障，也是客戶購買住房的主要考慮因素之一。

示例

深圳某項目配套設施建議

由於本案所在區域配套設施並未成熟，將在一段時間內生活配套無法全部落實，客戶對社區內配套有較強的依賴。為了解決目標客戶的后顧之憂，需要社區內部及周邊提供完善的配套設施。

項目配套設施建議見表 3-20。

表 3-20　　深圳某項目配套設施建議

設施名稱	數量（個、家）	面積（平方米）
超市	1～2	500～1,000
銀行	3～4	200～400
菜市場	2～3	2,000
公共交通站臺	2～3	300
酒店、飯店	4～5	2,000～3,000
24 小時便利店	2～3	150～250
診所	2	200～400
藥店	2～3	200～400
美容美發店	2～3	150～250
書店	1～2	200～400
雜貨店	1	100

項目娛樂設施建議見表 3-21。

表 3-21　　深圳某項目娛樂設施建議

設施名稱	數量（個、家）	面積（平方米）
會所	1	1,500～2,000
健身房	1	150～200
棋牌、乒乓球室	5	100～200
電影院	1	100
籃球場、排球場	4	2,000
網球場	4	2,500
遊泳池	2	1,800

項目教育設施建議見表 3-22。

表 3-22　　深圳某項目教育設施建議

設施名稱	數量（個、家）	占地面積（平方米）
幼兒園	1	2,000
引進外國語學校（中小學）	1	4,000

另外，建議配置一條集娛樂休閒與商業於一體的商業街，既可以突出項目配套的完善性，還可以較好地挖掘項目潛在的商業價值。

3.3.2.7　營銷推廣建議

房地產項目前期定位中的營銷推廣建議主要是針對前期項目定位中的項目特色及項目營銷推廣的困難點提出建議。其包括預測項目營銷推廣可能遇到的困難、提出營銷中應該突出的項目特色、首期營銷的著重點、項目分期營銷的進度等方面。

示例

深圳某項目營銷推廣建議

一、項目營銷推廣可能遇到的困難預測

1. 項目所在區域屬於未開發區域，形象不佳。

2. 由於項目體積龐大，開發週期長帶來的銷售速度的壓力。

二、營銷推廣思路

抓住品牌優勢，突出項目形象，營造項目品牌，走特色營銷道路。根據本項目的定位，配套與教育先行是本項目的兩大賣點。配套可以重塑客戶對於這一區域的形象，教育可以滿足核心客戶的需求，教育宣傳可以突出引進著名的蒙氏教育機構下屬幼兒園及著名的私立學校。

三、首期營銷建議

1. 關於售樓部、沙盤與樣板間

售樓部、沙盤與樣板間的建設和服務應該體現作為一個品牌開發商應有的綜合實力和精神，精致而不浮誇，體現出本項目現代、純美、優雅向上的生活形態。

2. 營銷現場

在銷售現場及參觀區域，突出本項目的細緻化與人性化。比如，參觀區域播放立體的大自然聲音的音樂，讓客戶體會到仿佛置身花鳥叢中的感受；給客戶提供舒適的休息場所及點心，讓客戶體會到被關心的感受，等等。

3. 不同營銷階段策略（表 3-23）

表 3-23　深圳某項目不同營銷階段策略

階段	目的	營銷關鍵點
企業品牌導入	推廣企業品牌，展示企業實力，突出品牌特色，增強客戶購買信心	緊緊圍繞「遠見、心建、共建未來」的開發理念
項目導入階段	借助開發商品牌，樹立項目品牌形象	項目未動，配套先行
項目持續銷售階段	吸引目標客戶及進行延伸客戶的開發	性價比高，品質優秀

3.3.3　房地產項目設計建議實訓的組織

（1）指導者工作

①通過案例，向受訓者講授關於房地產項目規劃設計及開發、營銷進度的知識和方法。

②指導受訓者根據產品定位信息及市場信息對所模擬項目的規劃設計和建設、營銷進度給予建議。

（2）受訓者工作

①學習關於房地產項目規劃設計及開發、營銷進度的知識和方法。

②根據產品定位信息及市場信息對所模擬項目的規劃設計和建設、營銷進度給予建議。

③撰寫一份房地產項目前期定位報告。

3.3.4　房地產項目設計實訓的步驟

房地產項目設計實訓的步驟見圖 3-4。

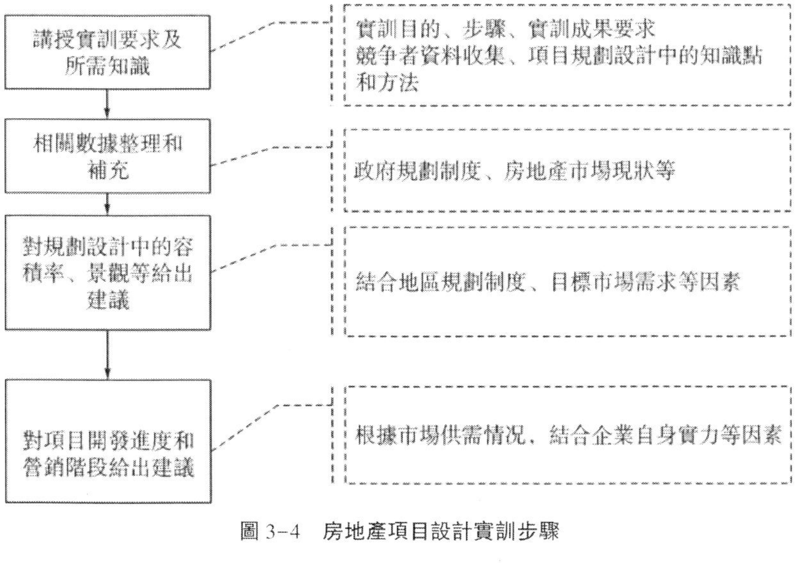
講授實訓要求及所需知識
實訓目的、步驟、實訓成果要求
競爭者資料收集、項目規劃設計中的知識點和方法
相關數據整理和補充
政府規劃制度、房地產市場現狀等
對規劃設計中的容積率、景觀等給出建議
結合地區規劃制度、目標市場需求等因素
對項目開發進度和營銷階段給出建議
根據市場供需情況，結合企業自身實力等因素

圖 3-4　房地產項目設計實訓步驟

3.4 房地產項目前期定位的實驗成果

房地產項目前期定位包括三個實訓階段，受訓者以小組為單位提交每個階段的實訓成果。實訓成果包括報告封面、內容以及附件（附件包括調研計劃、調研大綱或者問卷、調研分析報告、照片、音頻及視頻資料）。

根據受訓者業務水平，實訓的實驗成果產出分為高級階段、中級階段、初級階段、入門級成果。以下成果為某應用型高校學生入門級成果示例（備註：三個實驗並非同一組，不具有銜接性）。

某高校學生實訓階段成果一

實驗題目

實驗（訓）項目名稱	房地產項目市場細分及目標市場選擇	指導教師	
實驗（訓）日期		所在分組	

實驗概述

【實驗（訓）目的及要求】

1. 熟悉並運用房地產市場細分及目標市場選擇的程序及方法。

2. 實驗分組，5~6 名成員，分工合作，對市場進行細分，並逐一對細分市場進行研究，確定目標市場，共同完成本階段實訓任務。

【實驗（訓）原理】

1. STP 戰略

STP 是三個英文單詞的首字母縮寫，即：S（Segmentation，市場細分）、T（Targeting，目標市場選擇）、P（Positioning，產品定位）。

2. SWOT 分析法

SWOT 是四個英文單詞的首字母縮寫，即：S（Strengths，優勢）、W（Weaknesses，劣勢）、O（Opportunities，機會）、T（Threats，威脅）。所謂 SWOT 分析，就是基於研究對象內、外部競爭環境和競爭條件的形勢分析。

實驗內容

【實驗（訓）方案設計】

1. 實驗任務目標

針對重慶市房地產市場的特定環境，通過細分市場基礎的判定、各個細分市場輪廓的建立、有吸引力的細分市場的確認、目標市場的選擇、目標市場定位策略的建立等步驟來對模擬項目所在區域進行市場細分，並結合模擬開發商自身實際情況來選定目標市場。

2. 實驗要點及流程

(1) 要點：市場細分、目標市場選擇。

(2) 流程：相關數據整理與補充收集→進行市場細分→估算市場規模→選擇目標市場→目標市場（客戶）描述。

3. 儀器設備

投影儀、電腦。

【實驗（訓）過程】(實驗（訓）步驟、記錄、數據、分析)

一、政策環境分析

1. 中國房地產業發展的政策導向

(1) 2014 年土地政策導向

2014 年是全面貫徹落實黨的十八屆三中全會精神、全面深化改革的第一年，改革任務重大而艱鉅。中央經濟工作會議和城鎮化工作會議又對 2015 年經濟工作的主要任務和今后城鎮化發展方向提出了明確要求，我們判斷，2014 年國土資源部重點關注的政策領域為：①繼續堅持最嚴格的耕地和基本農田保護制度；②全面推進節約集約用地政策；③推進不動產統一登記制度；④繼續深化徵地制度改革；⑤保障農戶宅基地用益物權；⑥繼續深入推進土地有償使用制度改革。

(2) 2015 年金融政策導向

就總體而言，2014 年房產稅徵收會漸行漸近，高端樓市或將受到房產稅的強力衝擊。中國地產在房地產領域更注重於用市場化手段或規律來調整 2015 年發展思路，把握經濟運行的發展脈絡做出準確的投資。

2014 年，房地產形勢總體會呈現先熱后平，升溫后穩的趨勢，市場分化的距離會逐漸拉平。

2015 年，擴容房產稅將成為樓市調控的主要手段。2015 年房地產市場應該注意，在政府的強力維穩下，樓市出現階段性的波動與調整不可避免。

2015 年，房地產長效機制建設有望取得實質進展。在 2014 年的房地產調控中，諸多信號表明，房地產政策正處於調整進行時，市場化發展將成導向，政策訴求將由短期化趨向長期化，地方調控的自主權將增加，終將重塑房地產新格局。

2. 中國房地產發展的趨勢展望

2014 年，中國房地產市場政策走勢趨向於穩的基調，局部出現微調與收緊現象。2015 年的樓市表現可能形式多變、錯綜複雜，在政府的強力維穩下，樓市短期的小幅調整或不可避免。但總體保持平穩微調，市場分化背離延續，房價穩中有升。

3. 重慶市房地產運行的基本情況及發展趨勢展望

供應量預測：延續 2014 年高供應量現狀。領域機構預測，在存量充足的情況下，2015 年供應量仍將維持高供應現狀，保守估計約 2,400 萬平方米，與 2014 年一致。

需求量預測：剛性需求還是主流，需求量有所回落。預計未來 5 年，重慶依然以剛需客戶為主。今年市場需求或將有所回落，但仍然保持高位，保守估計約 2,200 萬平方米，供求關係依然趨於平衡。

政策預測：以優化政策為主。據預測，2014 年國家不會有大的新政策出現，更多的是讓政策落地，得到優化。

房價走勢預測：整體平穩，會出現「合情合理」上揚。從 2012 年開始，重慶的供求關係一直趨於平衡，這一現象短期會持續下去。因此，房價的漲幅在「情理之中」。

二、宗地現狀分析

1. 本地塊所在區域的性質和功能特徵

本區域為大眾樓盤最為集中的片區，其定位為平實的日常生活區。區域內設施主要是為滿足居民日常生活的小型購物場所及小型娛樂場所。

2. 項目地理位置、概況

項目位於重慶市沙坪壩區井口工業園區（原「渝州大學」老校區，具有50多年的歷史，積澱了深厚的人文氣息）。該項目面積約17萬平方米，毗鄰嘉陵江，地勢綿延起伏，北邊有縉雲山及北溫泉度假村。遠離市區，環境幽雅、清靜，綠化率好，樹木茂盛。

本案處在沙坪壩區近郊，隨著城市的發展這裡將慢慢成為人們迴歸自然的場所。其自然環境優美，交通設施較為方便，沒有主城區的喧嘩吵鬧，擁有靜謐和平實的生活氣息。隨著城市基礎設施建設力度的不斷加大、城市經濟實力不斷提高，這裡將有巨大的發展前景。該項目目前還處在待開發中，基本配套等設施還不健全。

總的來說，本案位於主城區近郊，環境清幽、風景宜人，適合建造住宅項目。

3. 項目周邊環境分析（略）

4. 項目SWOT分析（略）

三、判定細分市場的基礎

通過對重慶市房地產市場的細分，研究和發現企業的目標市場，瞭解和掌握該項目區域內消費者的需求，確定企業的市場定位，準確制定細分市場的相應策略，為下一階段針對目標市場內特定消費者的需求組織生產和銷售，並運用營銷組合來滿足目標市場消費者的需求等各項工作打下紮實的基礎。

1. 居民對購房因素的關注程度

抽樣調查結果見表3-24、表3-25。

表3-24 重慶市購房者對樓價的選擇

商品住宅售價（元/平方米）	5,000以下	5,001~6,000	6,001~7,000	7,001~8,000	8,001~9,000
被訪者比例	8.8%	57.1%	22.2%	7.7%	4%

表3-25 重慶市居民購房因素的重視程度

因素（按重要性排序）	比例
價格	81.23%
地段	66.52%
樓宇素質	56.00%
交通	57.62%
配套設施	51.30%

表3-25(續)

因素(按重要性排序)	比例
小區環境	41.20%
付款方式	25.80%
樓層	22.00%
物業管理費	13.66%
發展商知名度	12.90%

以上調查資料表明：重慶市居民購房考慮的主要因素還是價格，而可以承受的房價是5,000~7,000元/平方米。這些都是與居民的收入水平密切相關的，2015年重慶全體居民人均可支配收入20,110元，其中，城鎮常住居民人均可支配收入27,239元，與房價之間的矛盾還是很大的。

2. 職業變量

人們的工資收入水平主要取決於他們所從事的職業，以職業區別作為市場細分的一個變量，對於我們研究和分析消費者的市場分佈情況是很有幫助的。抽樣調查結果表明：重慶市欲購房者中在國有企業和私營企業工作的居多，占67%，而且大多數是屬於白領階層，以中高層管理者和專業技術人員為主。其次是個體經營者，占22%。(各職業占比圖略)

3. 年齡變量

目前，重慶市購房者呈年輕化趨勢。對欲購房者的年齡狀況進行分析和研究，有助於瞭解重慶市居民購房消費的這一新動向，這對市場的細分是很有幫助的。抽樣調查顯示：重慶市欲購房者主要是中青年人，年齡為20~40歲，占80%。(各年齡階段占比圖略)

4. 用途變量

不同的消費群體購房的目的不同，其中改善居住條件和環境是主要因素之一，但並不是唯一因素。有些消費者購房是為了投資、保值增值；有些是為了饋贈親友。而投資者中有些是為了資產保值，有些是為了炒房（資產增值），有些是為了出租。抽樣調查顯示：重慶市購房者購房目的是自住和投資（保值、增值）。(購房目的占比圖略)

通過對以上四個變量的界定和分析，採用綜合的方法加以整合，力求使重慶房地產市場的細分更加明確和準確，同時對目標市場的界定也更加明確和準確。

四、建立各個細分市場的輪廓

在重慶房地產市場中建立各個細分市場的輪廓，即運用人口特徵、購房心理、購房行為特徵等變量，對各個細分市場進行深入分析，並運用不同的細分市場方法對目標市場進行描述。

1. 多變量市場細分（年齡、收入）

表 3-26　　重慶住宅細分市場的輪廓

收入水平 / 年齡	低收入 3,500 元/月以下	中等收入 3,501~6,000 元/月	高收入 6,001 元/月以上
青年（35 歲以下）	50%	30%	20%
中年（35~55 歲）	20%	60%	20%
老年（55 歲以上）	70%	20%	10%

從表 3-26 這組細分市場並結合重慶市房價來看，以上 9 個細分市場中具有購房能力的人集中在高中收入的階層，具體分析如下：

（1）年輕的中等收入者：一般月收入在 3,501~6,000 元，他們往往受過良好的教育，思想新潮，興趣廣泛，喜愛新鮮事物，但經濟能力不強，卻因結婚安家等因素購買欲望強烈。

（2）中年的中等收入者：是一個比較廣闊的市場，上有老下有小，具有迫切的購房需求，但經濟能力有限。

（3）老年的中等收入者：隨著社會人口的老齡化，這個階層的消費群體將日益變大，他們大都已無后顧之憂，也願意將自己多年的積蓄用於購房置業，改善住房環境和條件。但由於這裡面大部分人都有節儉習慣，他們的購買行為趨於保守。

（4）年輕的高收入者：這個層面的人數很少，一般為成功的創業者、民營或者外資企業的中高級管理人員、律師、醫生、高校高級知識分子等，他們往往具有很強的購房能力，但一般卻已具有良好的居住環境和條件，購房置業的欲望並不強烈。

（5）中年的高收入者：企業家、企事業單位高級管理人員、金融家等。這些人已成為社會的中堅階層，他們的收入高、地位高，但人數少，購房需求有限。

（6）老年的高收入者：這些人也是極為少數的，只有一些退休的企業家、老作家、老藝人、老畫家等，他們也大都已經擁有居所，一般情況下是無需添購新房的。

2. 態度、興趣、用途及生活風格的比較

表 3-27　　重慶市白領與藍領購房消費特點比較

職業 / 項目	白領階層	藍領階層
用途	置業自住、投資、出租、炒賣	改善居住條件、購房入戶
戶型	3 室 1 廳以上的大單位、復式結構	3 室 1 廳以下的中、小單位
面積	90~200 平方米/套或以上	90 平方米/套或以下
銷售價格	6,000~10,000 元/平方米或以上	6,000 元/平方米或以下
個人愛好	時髦、簡約或豪華	簡單、實用、樸實、耐用
區位	市區高檔住宅、郊野花園、山景或江景別墅	城鄉結合部、發展起步較晚的區及舊城區裡平民社區

從表 3-27 我們可以看到，重慶市的白領與藍領在購房上的態度、興趣、選擇和用途等方面都是極不相同的，因此必須要區別對待，生產不同的產品來適應和滿足他們的不同需求。

五、確認有吸引力的細分市場

從前面的分析我們可以看到：中等收入的中青年占欲購房的人數比例最高。最具吸引力的細分市場是集中在中高收入和中青年這兩組共 4 個細分市場上。見表 3-28。

表 3-28　　重慶市最具吸引力的房地產細分市場

收入水平 / 年齡	中等收入 3,501~6,000 元/月	高收入 6,001 元/月以上
青年（35 歲以下）	青年中等收入	青年高收入
中年（35~55 歲）	中年中等收入	中年高收入

表 3-28 所列的這四個細分市場，也是重慶市多家房地產開發企業的目標市場。但高收入群體絕對量小，市場供應大，故排除在本項目目標市場之外，本項目集中力量開發針對中等收入階層的市場。

六、選擇目標市場

1. 企業發展目標

目標市場的選擇要結合企業發展的戰略目標和策略來進行。企業的戰略目標是力求為社會提供高品質的商品住宅。

2. 目標市場定位策略

如果我們將重慶市的樓盤按質量高低和價格高低劃分為高質高價、高質低價、低質高價、低質低價四個類型，就會發現市場上大量存在的是雙高或雙低的樓盤，甚至低質高價的樓盤也有，而高質低價的樓盤卻很少，這是一個市場空缺。

3. 目標市場定位

根據前面的分析，本項目的目標市場定位在中等收入階層，這一目標市場包括兩個細分市場：青年中等收入階層、中年中等收入階層。中等收入階層所需的商品住宅要求為戶型設計實用、佈局合理、採光通風良好、建造質量符合要求，價格在可以承受的幅度即可。

4. 目標市場的特點

這兩個細分市場的特點分析見表 3-29。

表 3-29　　目標市場購房消費特點

細分市場 / 項目	青年中等收入	中年中等收入
用途	自住居多	自住或投資
家庭規模	2~3 人	3~5 人
受教育程度	接受過高等教育居多	接受過中等教育居多
住宅戶型	1 室 1 廳、2 室 1 廳、2 室 2 廳	3 室 1 廳、3 室 2 廳

表3-29(續)

細分市場 項目	青年中等收入	中年中等收入
住宅面積	50~80 平方米	80~100 平方米
銷售價格	5,000~6,000 元/平方米	5,000~8,000 元/平方米
家庭月收入	5,000~8,000 元	6,000~10,000 元
喜好	新潮、簡約	實用、簡單
區位	城區內住宅、公寓小區、交通便利	生活配套設施齊全的開發新區或舊城區改造的新住宅
購買方式	按揭居多	按揭或一次性付款

從上述的分析，我們可以看到這兩個細分市場在房屋用途、喜好、家庭收入等方面存在共性；戶型和面積以中、小戶型居多；青年人的住宅可以多樣化一些，環境設計、結構也不必過於呆板，間隔最好是具有可塑性的；中年人則傾向於實用、合理、耐用等性能方面。

【結論】

項目定性（即項目的物業形態）：根據前面的分析，本項目的目標市場定位在青年中等收入階層、中年中等收入階層。本項目將致力於為這兩個細分市場提供高質低價、滿足其實用、舒適、高投資回報率等需求的商品住宅。

某高校學生實訓階段成果二

實驗題目

實驗（訓）項目名稱	房地產項目產品定位	指導教師	
實驗（訓）日期		所在分組	

實驗概述

【實驗（訓）目的及要求】

1. 熟悉並運用房地產項目產品定位的程序及方法。

2. 實驗分組，5~6 名成員，分工合作，共同完成本階段實訓任務。

【實驗（訓）原理】

STP 戰略

STP 是三個英文單詞的首字母縮寫，即：S（Segmentation，市場細分）、T（Targeting，目標市場選擇）、P（Positioning，產品定位）。

實驗內容

【實驗（訓）方案設計】

1. 實驗任務目標

運用所學房地產項目產品定位的方法，對所模擬的項目進行定位，包括項目開發主題定位、產品類型定位、產品檔次定位、產品價格定位。

2. 實驗要點及流程

(1) 要點：分析客戶需求及市場切入點，完成本項目產品的初步定位。

(2) 流程：相關數據整理和補充→項目主題定位→項目產品類型和檔次定位→項目價格定位→其他因素定位。

3. 儀器設備

投影儀、電腦。

【實驗（訓）過程】（實驗（訓）步驟、記錄、數據、分析）

一、區域個案調查（見表 3-30）（僅列一例，其他略）

表 3-30 競爭對手情況一覽表

<table>
<tr><td>樓盤名稱</td><td colspan="3">仙山流雲</td><td rowspan="3">附樓盤照片或者效果圖</td></tr>
<tr><td>位置</td><td colspan="3">重慶市沙坪壩區井口鎮先鋒街 67 號</td></tr>
<tr><td>開發商</td><td colspan="3">重慶欣美房地產開發有限公司</td></tr>
<tr><td rowspan="6">項目概況</td><td>占地面積</td><td>166,667 平方米</td><td>建築面積</td><td>94,000 平方米</td></tr>
<tr><td>容積率</td><td>高層：3.8
洋房：0.9</td><td>綠化率</td><td>45%</td></tr>
<tr><td>規劃戶數</td><td>600 套</td><td>建築結構</td><td>框架</td></tr>
<tr><td>建築外觀</td><td>青灰色為主</td><td>建築風格</td><td>中國民國復古風格</td></tr>
<tr><td>主要戶型</td><td>3 室 1 廳</td><td>戶型面積</td><td>70~120 平方米</td></tr>
<tr><td>項目整體規劃</td><td colspan="3">高層項目由 5 棟 20 層的電梯組成，洋房項目由 5 棟 8 層的電梯組成，分兩年開發完成，第一年開發，第二年銷售</td></tr>
<tr><td rowspan="3">周邊配套</td><td>學校</td><td>二塘小學、蓮光小學</td><td>娛樂</td><td>溜冰場、先鋒街旁眾多小型娛樂場所</td></tr>
<tr><td>商業</td><td>聯華超市、瀚文超市、莘莘超市</td><td>交通</td><td>公交路線：248、221、566、501、502、505</td></tr>
<tr><td>醫院</td><td>沙坪壩廖勇診所、東華醫院、嘉陵醫院</td><td>銀行</td><td>中國工商銀行</td></tr>
<tr><td rowspan="2">物業</td><td>物業類型</td><td colspan="3">帶電梯的高層中檔住宅以及帶電梯的江景洋房高檔住宅</td></tr>
<tr><td>物業檔次</td><td>中高檔</td><td>物業管理費用</td><td>2 元/平方米</td></tr>
<tr><td>分攤率</td><td>21%</td><td>工程狀況</td><td colspan="2">現房</td></tr>
<tr><td>裝修標準</td><td>毛坯</td><td>交樓日期</td><td colspan="2">2015 年 9 月 28 日</td></tr>
<tr><td>內部商業業態</td><td>較為齊全的基本配套設施，如：超市、商鋪、診所等</td><td>商業面積</td><td colspan="2">30,000 平方米</td></tr>
</table>

表3-30(續)

<table>
<tr><td rowspan="3">價格</td><td rowspan="3">住宅</td><td>起價</td><td>6,000 元</td><td rowspan="3">商鋪</td><td>起價</td><td>80 萬元</td><td rowspan="3">車位</td><td>個數</td><td>500 個</td></tr>
<tr><td>均價</td><td>7,000 元</td><td>均價</td><td>120 萬元</td><td>價格</td><td>15 萬元</td></tr>
<tr><td>層價差</td><td>800 元</td><td>租金</td><td>6,000~
8,000 元</td><td>租金</td><td>450~
500 元</td></tr>
<tr><td>銷售率</td><td colspan="2">100%</td><td colspan="2">綜合點評</td><td colspan="5">優點：較為齊全的配套、優美的小區環境、開發商有實力值得信賴。房價價位適中，且依山傍水，動靜分區，是一個綜合性的中高檔小區。
不足：周邊商業氣氛不濃烈，附近只有兩家超市，且規模不大，只能滿足日常需求，距大型商圈又太遠。交通狀況令人堪憂，通過該地塊的公交線路較少，形勢較單一。</td></tr>
</table>

二、項目定位

結合競爭對手情況和上一實驗中分析出的客戶需求情況，對本項目產品做以下定位：

1. 項目開發主題定位

縱觀整個板塊，本項目要如何避免同質性，提高項目綜合能力是我們最需要關注的方面，既然已經有了較好的地理優勢以及市場空白點，就應該抓住此點來進行深度挖掘。據調查，該項目周邊並無較為規範化的小區，我們選擇集綠化、配套、物業為一體來進行訴求，以此來增強項目的綜合競爭力，不僅可以避免產品同質化，而且還迎合了當今的消費潮流，提升項目品質，一舉三得。根據板塊內其他情況來看，本項目定位於中高檔為佳，主要消費群體為 25~35 歲的年輕公司白領，戶型以 90~100 平方米的 3 室 1 廳為主來進行開發建設。

2. 項目產品檔次定位

本項目總體定位為中高檔樓盤，鑒於我們所比較的競爭項目價格均價 7,000 元/平方米左右，我們建議採用低開高走的方式，上市價格定位在 6,500 元/平方米左右，均價也控製在 7,000 元/平方米。具體均價可根據屆時實際情況來進行調整，低開高走的方式有利於適應市場上揚的趨勢。

3. 項目產品類型定位（見表 3-31）

表 3-31　　**本項目產品類型**

物業形態	占地面積（平方米）	占總地塊面積比率	總體體量	戶型配比	容積率
高層	2,600	0.02	1,040 人	80%（3 室）為主	3.8
洋房	1,500	0.01	160 人	3 室	0.9
商業	30,000	0.18	1,800 人		

由於戶型設計要講究方正、實用，減少無謂的空間浪費；每種戶型盡量留有自行組合空間的餘地；每戶均有良好朝向及景觀，通風及採光良好，平面佈局緊湊；各房

間大小適度，動靜分區、潔污分區合理，空間比例適中；廚衛設計充分考慮人體尺度及行為習慣，廚房及衛生間有良好的採光及通風，充分考慮業主的儲藏、更衣、洗衣、晾衣等生活需求。所以，通過實地調研、問卷調查的結果分析及我們小組討論得出：高層建築在設計上建議可以適當採用「品字」結構或者「蝶式」結構，這樣就能在保證總項目面積的同時降低了單戶的面積，通過單戶面積的降低減少了顧客購買總款的壓力，並且在通風、視野、陽光這三個方面加以注意，使得項目的正南正北的房型能夠得到完美的體現，從而為銷售提供有利的支持。

項目戶型面積及房間面積分配見表 3-32。

表 3-32　　項目戶型面積及房間面積分配表　　單位：平方米

面積、戶型	120	100	90	80	70
	3室1廳2衛	3室1廳2衛	3室1廳1衛	2室1廳1衛	1室1廳1衛
客廳	30	30	29	25	25
大臥室	24	20	20	18	18
小臥室	15	12	12	12	
書房	10	9.5	8	—	—
大衛	7.5	6.5	7	7	8
小衛	6	5			
廚房	13.3	10	7	10	10
陽臺	14.2	7	7	8	9

4. 項目價格定位（見表 3-33）

表 3-33　　項目價格初步定位　　單位：元

物業類型 價格區間	高層	洋房	商業
6,000~10,000（住宅） 6,000~150萬（商鋪）	6,000~8,000	8,500~10,000	6,000~8,000（出租） 80萬~150萬（出售）

【結論】

概括本項目產品定位為：價位適中，依山傍水，動靜分區，是一個綜合性的中高檔小區。

某高校學生實訓階段成果三

實驗題目

實驗（訓）項目名稱	房地產項目設計建議	指導教師	
實驗（訓）日期		所在分組	

實驗概述

【實驗（訓）目的及要求】

1. 掌握和運用房地產項目設計建議的基礎知識與分析方法。

2. 實驗分組，每組5名同學，共同完成本階段任務。

【實驗（訓）原理】

STP 戰略

STP 是三個英文單詞的首字母縮寫，即：S（Segmentation，市場細分）、T（Targeting，目標市場選擇）、P（Positioning，產品定位）。

實驗內容

【實驗（訓）方案設計】

1. 實驗任務目標

運用房地產項目設計建議的基礎知識與分析方法，對所模擬項目的容積率、園林設計、開發週期等進行建議。

2. 實驗要點及流程

（1）要點：結合目標客戶需求，完成本項目的規劃建議。

（2）流程：相關數據整理和補充→項目容積率建議→項目規劃設計建議→項目開發週期建議→項目營銷建議→項目園林規劃建議→其他因素定位。

3. 儀器設備

投影儀、電腦。

【實驗（訓）過程】（實驗（訓）步驟、記錄、數據、分析）

一、項目容積率建議

區域內可競爭項目的容積率基本為1.8~2.0，本案產品形態豐富，通過合理的配比，可降低整個項目的容積率，從而使環境優勢表現得更加明顯，提高項目的競爭力。另外，在產品形態符合目標客戶選擇的前提下，選擇合理的容積率也基於盈利的考慮。項目總建築面積為55萬平方米，根據《重慶市城市規劃標準與準則》的指導條款及本項目的物業形態配比，利用市場比較法，建議項目的整體容積率為1.8。

二、項目開發進度、開發次序建議

本項目開發週期為兩期，開發時間為6年，項目產品總量及開發建議、開發進度見表3-34、表3-35、表3-36、表3-37、表3-38。

表3-34　　**產品總量表**

產品類型	建築面積（平方米）	所占總建築面積的比例	備註
高層	149,850	60%	平均每幢層數28層，2梯6戶
小高層	99,900	40%	平均每幢層數12層，1梯4戶

表 3-35 一期開發建議表

	開發產品類型	戶型	面積（平方米）	數量（套）	總面積（平方米）	占開發總建面比例	占地面積（平方米）	占總占地面積比例
一期	高層	3 室 2 廳 2 衛	100～120	560	61,600	41.1%	220	24.6%
		2 室 2 廳 1 衛	90～100	560	53,200	35.5%	190	21.3%
		2 室 2 廳 1 衛	70～90	560	44,800	29.8%	160	17.9%

表 3-36 一期開發進度計劃表

進度計劃＼時間	第一階段	第二階段	第三階段	第四階段
商業區	場地基土方	平整場地，修建配套	完善配套	通水通電
公建、綠化	平整場地	鋪綠化，購置公建設備	安置公建設備	
娛樂設施	平整場地	修建	安置娛樂設備	
高層	平整場地，挖地基土方	修建	修建	通水通電

表 3-37 二期開發建議表

	開發產品類型	戶型	面積（平方米）	數量（套）	總面積（平方米）	占開發總建面比例	占地面積（平方米）	占總占地面積比例
（二期）	小高層	3 室 2 廳 2 衛	100～120	240	26,400	26.4%	100～120	10.5%
		3 室 2 廳 2 衛	80～100	240	21,600	21.6%	80～100	8.6%
		2 室 2 廳 2 衛	80～100	240	22,320	22.3%	80～100	8.9%
		2 室 2 廳 2 衛	70～85	240	18,720	18.7%	70～80	7.4%

表 3-38 二期開發進度計劃表

進度計劃＼時間	第一階段	第二階段	第三階段	第四階段
商業區	場地基土方	平整場地，修建配套	完善配套	通水通電
公建、綠化	平整場地	鋪綠化，購置公建設備	安置公建設備	
娛樂設施	平整場地	修建	安置娛樂設備	

表3-38(續)

時間 進度計劃	第一階段	第二階段	第三階段	第四階段
小高層	平整場地, 挖地基土方	修建	修建	通水通電

三、首期形態、戶型、面積建議(略)
四、建築立面建議(略)
五、園林景觀設計建議(略)
六、配套設施建議(略)
七、營銷推廣建議(略)
【結論】(略)

3.5 房地產項目前期定位的考核方法

在實訓教學過程中,正確有效的考核方式是促進、鞏固教學效果的重要內容,是提高實訓質量的重要方法。本實驗過程的考核方式如下:

3.5.1 考核內容

(1)受訓者對房地產項目前期定位環節的基本知識、操作技能、技巧運用的理解掌握程度。

(2)受訓者運用所學知識解決房地產項目前期定位遇到問題的綜合能力。

(3)受訓者遵守實訓紀律要求、實訓態度等職業道德的情況。

(4)受訓者團隊意識、團隊合作等職業配合技能。

3.5.2 考核原則

(1)考核標準是客觀的、統一的,須防止主觀的、隨意的判定。

(2)成績的評定能夠真實反映受訓者的知識、技能、技巧的實際水平。

(3)成績的評定要體現受訓者的工作態度。

(4)成績的評定須加入對團隊合作的考核。

(5)考核評分標準做到公開透明,使學生明白考核的重點和要點。

3.5.3 房地產項目前期定位考核方式

(1)課程考核

課程考核是對實訓課程的過程考核,主要從受訓者的出勤率、實訓參與情況、課堂表現三個方面評定受訓者的實訓成績。

(2) 階段考核

階段考核是根據項目定位三個實訓內容，在每個實訓版塊結束后，對受訓者階段實訓成績進行評定，由於三個版塊重要程度不相同，建議實訓指導者可參照以下比例進行評分：

①項目市場細分與目標市場選擇：占比 45%。

②項目產品定位：占比 35%。

③項目規劃設計建議：占比 20%。

(3) 實訓報告考核

項目前期定位實訓環節完成后，需要由受訓者提交本實訓過程的實訓報告，實訓指導者根據其實訓報告體現的學習態度、規範性、創新性、邏輯性等進行綜合評分。參考評分標準如下：

①優秀（90 分以上）

√敘述詳細，概念正確，文理通順，結構嚴謹，條理清楚，邏輯性強。

√對實訓問題的分析詳細、透徹、規範、全面。

√所開發項目的針對性強。

√獨立完成，無抄襲。

√對實訓的心得體會深刻、有創意，有理有據，能提出並解決問題。

√學習態度認真，規定時間內圓滿完成報告。

②良好（80~90 分）

√敘述詳細，概念正確，文理通順，結構嚴謹，條理清楚，邏輯性強。

√對實訓問題的分析詳細、透徹、規範、全面。

√所開發項目有針對性。

√獨立完成，無抄襲。

√對實訓的心得體會深刻、有創意，有理有據，能提出並解決問題。

√學習態度認真，規定時間內圓滿完成報告。

③中等（70~80 分）

√敘述詳細，概念正確，文理通順。

√對實訓問題的分析詳細、規範。

√所開發項目有針對性。

√獨立完成，無抄襲。

√對實訓的心得體會深刻，有理有據，能提出並解決問題。

√學習態度認真，規定時間內圓滿完成報告。

④及格（60~70 分）

√敘述簡單，沒有抄襲。

√對實訓問題有簡單的分析和描述。

√所開發項目有針對性。

√對實訓的心得體會不深刻，論述不充分。

√學習態度比較認真，規定時間內完成報告。

⑤不及格（60 分以下，或具備下面一項者）

√不提交報告。

√內容太簡單、太空泛。

√基本上是抄襲的。

3.5.4 考核成績的計算

實訓指導者對受訓者的成績評定可以參考表 3-39。

表 3-39　房地產項目前期定位的考核成績計算方式

考核點名稱	課程考核	階段考核	實訓報告考核
考核點占比	30%	30%	40%
考核內容	出勤率、實訓參與情況、課堂表現	技能操作水平	見實訓報告評分標準
備註：各考核內容需加入團隊核分，即由受訓小組組長根據小組成員的貢獻情況對各成員進行梯度評分，該評分將作為實訓指導者對個人成績評分的一個參考標準。			

問題與思考

1. 什麼是房地產市場細分？
2. 房地產市場細分有哪些意義？
3. 房地產市場細分的依據有哪些？
4. 如何做出房地產目標市場的選擇（即客户定位）？
5. 房地產項目產品定位包括哪些基本內容？
6. 如何對房地產項目產品定位裡的各因素進行定位？
7. 房地產項目設計建議包括哪些主要內容？
8. 什麼是容積率？怎樣計算項目容積率？
9. 房地產項目的配套設施設計應該考慮哪些因素？
10. 在什麼情況下房地產項目定位可以走低端路線又不影響企業品牌形象？

拓展訓練

組織房地產項目前期定位答辯

任務：不同小組兩兩組合，模擬房地產企業策劃部與設計管理部分別對兩組項目前期定位進行答辯。

步驟：

1. 一組模擬公司策劃部成員作為答辯方，另一組模擬設計管理部組成答辯委員會（交換進行）。

2. 答辯方將市場定位結論制成 PPT 並向答辯委員會宣講。

3. 答辯委員會在認真研讀策劃部的市場定位報告后，對報告中的問題進行提問並提出建議。

4. 答辯方對於答辯過程中答辯委員會提出的問題進行論證，對提出的建議進行修改。

5. 通過答辯完善實訓報告。

參考文獻

[1] 余源鵬. 房地產項目可行性研究實操一本通［M］. 北京：機械工業出版社，2007.

[2] 王勇. 投資項目可行性分析——理論精要與案例解析［M］. 2 版. 北京：電子工業出版社，2014.

[3] 章鴻雁. 房地產策劃與開發模擬實訓教程［M］. 北京：電子工業出版社，2010.

[4] 王涯茜，雷曉瑩. 房地產開發與經營［M］. 西安：西安交通大學出版社，2014.

[5] 劉亞臣. 房地產經營管理［M］. 大連：大連理工大學出版社，2014.

[6] 陳倍麟. 商業地產項目定位與建築設計［M］. 大連：大連理工大學出版社，2013.

[7] 徐霞，等. 建設項目可行性研究與申請報告案例與分析［M］. 北京：化學工業出版社，2010.

[8] 王勇. 淺議建設項目前期可行性研究改造的項目化管理［J］. 建築經濟，2010（9）.

[9] 註冊諮詢工程師（投資）考試教材編審委員會. 項目決策分析與評價［M］. 北京：中國計劃出版社，2007.

[10] 王鵬. 房地產項目定位分析模型設計［J］. 商業時代，2007（2）：96-97.

[11] 湯立. 房地產項目目標市場定位研究［D］. 長沙：中南大學，2007.

[12] 曾新雲. 房地產項目整體定位與經濟評價［J］. 運籌與管理，2009（5）：158-162.

[13] 張國安，程慶輝. 基於市場比較法的房地產項目定價研究［J］. 科技進步與對策，2009（21）：39-42.

[14] 張宏生. 基於 STP 戰略理論的商業地產營銷應用研究［D］. 西安：西安建築科技大學，2006.

4 房地產開發項目投資分析

本章導讀

- 掌握房地產開發項目投資分析的步驟。
- 掌握房地產開發項目基礎財務數據估算的內容。
- 掌握房地產開發項目基礎財務數據估算的步驟、方法及依據。
- 掌握房地產開發項目投資分析基本財務報表的匯編。
- 掌握房地產開發項目投資分析基本指標的計算及其評判標準。

案例導入

AF 房地產開發項目概況

一、項目規劃設計要點

某房地產公司擬在老城區開發一樓盤，根據規劃局關於該地塊規劃設計方案的批覆，其規劃設計要點如下：

(1) 建築用地：占地面積為 5,200 平方米。

(2) 建築面積：規劃地上總建築面積為 23,900 平方米，其中商鋪 2,100 平方米，高層住宅 13,300 平方米，多層住宅 8,500 平方米；項目計劃居住 207 戶，每戶約 3.5 人。地下建築面積 5,500 平方米，約 125 個車庫。

(3) 建築密度：≤50%。

(4) 容積率：6.8。

(5) 綠化率：綠地面積約 1,400 平方米，綠化率≥25%。

(6) 道路面積：約 1,040 平方米。

(7) 規劃用途：商住綜合樓。

二、項目拆遷情況及還建安置情況

根據規劃要求及實際調查情況，本項目拆遷總建築面積為 4,800 平方米，就地安置拆遷戶，根據測算，還建總建築面積為 6,240 平方米。項目計劃將規劃建設的多層住宅用於安置拆遷戶，則還建后，多層住宅面積還剩 2,260 平方米可供銷售。

本項目涉及拆遷戶 117 戶，根據協議，給予每戶搬遷費 400 元；給予每戶 20 元/平方米的過渡補償費，共補償 18 個月；給予每戶 30 元/平方米的拆房費；舊房收購費 120 元/平方米。

三、項目有關建設進度計劃及銷售計劃

項目總工期為 36 個月（2016 年 1 月至 2019 年 1 月），計劃第一年完成總工程量的

50%，第二年完成總工程量的43%，第三年完成總工程量的7%。項目從第二年開始預售，預計第二年預售可供銷售面積的60%，第三年售完剩餘面積。項目價格預計高層6,300元/平方米，多層7,000元/平方米，商鋪16,000元/平方米，車位18萬元/個。

四、項目籌資計劃

項目投資所需資金主要由資本金、借款和預售收入再投入三部分組成，項目現擁有資本金4,200萬元。

問：該房地產開發項目總投資約為多少？項目盈利能力、清償能力、財務生存能力怎麼樣？項目風險如何？

4.1　房地產開發項目投資分析基礎財務數據估算

4.1.1　房地產開發項目投資分析基礎財務數據估算實訓的目的與任務

(1) 實訓的目的

①掌握房地產開發項目基礎財務數據構成。

②掌握各項目基礎財務數據的估算方法及依據。

③掌握項目基礎財務數據估算的步驟。

④熟悉房地產項目開發相關政策法規。

(2) 實訓的任務

①根據項目經濟技術參數收集類似項目資料、項目所在地市場經濟資料、項目所在地與房地產項目開發相關政策法規，為估算基礎財務數據做準備。

②整理篩選出有效資料后，選用適用的方法估算基礎財務數據，並編制輔助財務報表。

4.1.2　房地產開發項目投資分析基礎財務數據估算實訓的知識儲備

項目基礎財務數據估算是分析房地產開發項目經濟效益的基礎和前提，基礎財務數據估算的完整性、合理性、準確性將直接影響項目經濟評價指標的計算結果，從而對項目投資決策產生影響。因此，科學、合法、實事求是地估算項目的基礎財務數據尤為重要。房地產開發項目涉及的基礎財務數據有投資與費用、經營成本、收入、增值稅金及附加、利潤、所得稅等。

4.1.2.1　投資與費用

房地產項目開發活動中的投資與費用，與一般工業生產活動有較大差異。對於開發銷售模式的房地產開發項目而言，開發企業所投入的開發建設資金具有流動資金的性質，投資的大部分形成建築物或構築物等房地產商品，並通過項目建設過程中預出售或建成后的出售活動，轉讓這些資產的所有權以收回投資。開發過程中開發企業所形成的固定資產大多數情況下很少甚至是零。所以，在開發銷售模式的房地產開發項目中，基本上所有的投資均一次性地轉移到房地產產品成本中並通過售價收回。因此，計算開發銷售模式的房地產開發項目的利潤時，損益表中的「成本費用」指的就是項目建設期的投資與費用。

對於開發經營或出租模式的房地產開發項目，其投資與費用的概念與一般工業項目相同，房地產開發企業在項目建設期的建設投資形成企業的固定資產，並在項目經營期計提折舊。所以，計算開發經營或出租模式的房地產開發項目的利潤時，損益表中的「成本費用」指的就是項目經營期的經營成本。

(1) 投資

房地產開發項目建設總投資由建設投資、建設期利息和流動資金投資構成。建設投資是指房地產開發項目從籌建開始到全部竣工為止所發生的全部資金投入。房地產開發項目建設投資一般包括土地費、前期工程費、建築安裝工程費、基礎設施建設費、公共配套設施建設費、開發期稅費、管理費、基本預備費、漲價預備費、銷售費等。建設期利息是指項目建設期內用於建設投資的借款利息。流動資金投資是指開發經營或出租模式的房地產開發項目在項目建成后投入營運前為啓動項目而墊支的用於經營期週轉使用的營運資金投資。項目建設總投資構成如圖 4-1 所示。

- 項目建設總投資
  - 建設投資
    - 土地費
    - 前期工程費
    - 建築安裝工程費
    - 基礎設施建設費
    - 公共配套設施建設費
    - 開發期稅費
    - 基本預備費
    - 漲價預備費
    - 管理費
    - 銷售費用
  - 建設期利息
  - 流動資金投資

圖 4-1　項目建設總投資構成

①土地費

土地費是建設項目取得其所需土地的使用權，必須支付的徵地補償費、土地使用權出讓金（轉讓金）或租用土地使用權的費用。

徵地補償費是指建設徵用土地時，依據《中華人民共和國土地管理法》等規定，按照被徵用土地的原用途給予被徵用土地的單位的各項費用，包括土地補償費、安置補助費、地上附著物和青苗補償費以及其他補償費。土地使用權出讓金（轉讓金）是指政府將土地使用權出讓給土地使用者，並向受讓人收取的政府放棄若干年土地使用權的全部貨幣或其他物品及權利折合成貨幣的補償。租用土地使用權費用是指在建設期支付的租地費用以及建設期間的臨時用地補償費。

②前期工程費

前期工程費主要指取得土地開發權之后，項目開發前期發生的規劃設計費、可行性研究費、水文地質勘測費、「三通一平」費、臨時設施建設費等費用。

規劃設計費是指項目立項后的總體規劃設計費、單體設計費、管線設計費、改造設計費、制圖費、曬圖費、規劃設計模型製作費、方案評審費等。一般情況，規劃及設計費按建築安裝工程費的3%估算。

水文地質勘測費是指水文、地質、文物和地基勘察費，沉降觀測費，日照測試費，撥地釘樁驗線費，復線費，定線費，放線費，建築面積丈量費等。水文地質勘測費可根據所需工作量結合有關收費標準估算。

可行性研究費是指項目前期對項目的技術、經濟合理性進行研究而發生的費用，一般按總投資的0.5%~1%估算。

「三通一平」費主要包括地上原有建築物、構築物拆除費用，場地平整費，接通紅線外施工用臨時給排水（含地下排水管、溝開挖鋪設費用）、供電、道路（含按規定應交的占道費、道路挖掘費）等設施的設計、建造、裝飾費等。這些費用可以根據實際工作量，參照有關計費標準估算。

臨時設施建設費主要包括工地甲方臨時辦公室、臨時場地占用費，臨時借用空地租費，以及沿紅線周圍設置的臨時圍牆、圍欄等設施的設計、建造、裝飾等費用。這些費用可以根據實際工作量，參照有關計費標準估算。注意，臨時設施內的資產，如空調、電腦、辦公桌等不屬於臨時設施費。

③建築安裝工程費

建築安裝工程費是指直接用於建築安裝工程建設的總成本費用，主要包括建築工程費（建築、特殊裝修工程費）、設備及安裝工程費（給排水、電氣照明、電梯、空調、燃氣管道、消防、防雷、弱電等設備及安裝費）以及室內裝修工程費等。在可行性研究階段，建築安裝工程費可採用單位指標估算法（建築面積×單位面積造價）估算。

④基礎設施建設費

基礎設施建設費是指開發項目在開發過程中所發生的各項基礎設施支出，主要包括開發項目內道路、供水、供電、供氣、排污、排洪、通信、照明等社區管網工程費和環境衛生、園林綠化等園林環境工程費，通常採用單位指標估算法來計算。

⑤公共配套設施費

公共配套設施費主要指開發項目在開發過程中所發生的各項公共配套設施支出，主要包括居委會、派出所、幼兒園、公廁、物管用房、停車場等工程費，其費用可參照建築安裝工程費的估算方法。

⑥開發期稅費

開發期稅費是指開發期間政府或有關部門收取的費用，又稱規費。在一些大中城市，這部分費用在開發建設項目投資構成中占較大比重。開發期稅費一般包括：建築工程招投標管理費、建築工程標底編制費、建築工程標底審核費、建築工程決算審計費、城市道路占用費、城市道路挖掘費、建築工程質量監督管理費、市容環保費、建築工程規劃許可證費、施工許可證費、牆改基金、人防工程建設費、白蟻防治費、防雷檢測費、散裝水泥專項基金、工程定額測定編制費等。但應注意，不同項目、不同地方的開發期稅費及其收費依據是有差別的，且某些項目是變化的。

⑦基本預備費

基本預備費是指在項目投資估算和設計概算內難以預料的費用。基本預備費包括：在批准的初步設計範圍內，技術設計、施工圖設計及施工過程中所增加的工程費用；設計變更、局部地基處理等增加的費用；一般自然災害所造成的損失和預防自然災害所採取措施的費用，購買工程保險的項目此費用應適當降低；竣工驗收時為鑒定工程質量，對隱蔽工程進行必要的挖掘和修復費用；超長、超寬、超重引起的運輸增加費用等。可行性研究階段，基本預備費計算公式為：

基本預備費=（土地使用費+前期工程費+建築安裝工程費+基礎設施建設費+公共配套設施建設費）×基本預備費費率

⑧漲價預備費

漲價預備費是指對於建設工期較長的項目，由於在建設期內可能發生材料、設備、人工等價格上漲而引起投資增加。可行性研究階段，漲價預備費計算公式為：

漲價預備費=（土地使用費+前期工程費+建築安裝工程費+基礎設施建設費+公共配套設施建設費）×漲價預備費費率

⑨管理費

管理費是指企業行政管理部門為組織和管理生產經營活動而發生的費用。管理費可按建設項目規模、建設週期和定員標準合理確定人均開支額，以費用金額計算；也可按不同投資規定，分別制定不同的管理費率，以投資額為基數計算。

⑩銷售費用

銷售費用是指為銷售、出租、轉讓開發產品而發生的費用，主要包括廣告宣傳及市場推廣費、銷售代理費和其他銷售費用。一般按銷售收入的3%~6%計算。

（2）建設期利息

建設期利息是指在項目建設期內用於建設投資的借款利息。為了簡化計算，在編制投資估算時通常假定借款均在每年年中支用，借款當年按半年計息，其餘各年份按全年計息。各年利息計算公式為：

各年應計利息=（年初借款本息累計+當年借款額/2）×年利率

（3）流動資金投資

流動資金投資是指開發經營或出租模式的房地產開發項目在項目建設期末、營運期初，為啓動項目、維持項目正常生產營運而墊支的用於經營期週轉使用的營運資金。其一般在項目正式營運前開始籌措，在項目營運期初投入，項目壽命期末收回，期初投入額與期末投入額相等。項目流動資金的需要量可根據項目特點按建設投資的比列、經營成本的比列、年營業收入的比列或單位產量占用流動資金的比列來估算。

4.1.2.2　經營成本

對於開發經營或出租模式的房地產開發項目，還需估算其經營期的總成本費用。會計學上將總成本費用按部門歸納為生產成本和期間費用兩部分，生產成本包括直接材料費、工資和其他直接費用，期間費用包括管理費用、財務費用和營業費用。總成本費用構成如圖所4-2所示。

- 總成本費用
  - 生產成本
    - 直接材料費、工資、其他直接費用
    - 製造費用
  - 期間費用
    - 管理費用
    - 財務費用
    - 營業費用

圖4-2 總成本費用構成

房地產開發項目投資分析中按照費用的經濟性質將營運期內的成本費用分為外購材料成本、外購燃料動力成本、工資及福利費用、折舊費用、修理費用、維簡費用、攤銷費用、利息和其他費用幾大類。在填列現金流量表時，現金流量表中的經營成本與會計核算中的總成本費用的關係為：

經營成本=總成本費用-折舊費-維簡費-攤銷費-利息支出

項目投資分析中，現金流量表中的經營成本之所以要剔除折舊費、維簡費、攤銷費和利息支出，是因為：①現金流量表中現金收支在何時發生就在何時計入，不作分攤。由於固定資產投資已在其發生時作為一次性支出被計為現金流出，所以不能再以折舊和攤銷的方式計為現金流出，否則會發生重複計算。因此，作為經常性支出的經營成本中不包括折舊費和攤銷費，同理也不包括維簡費。②全部投資現金流量表是以全部投資作為計算基礎，不分投資資金來源，利息支出不作為現金流出；資本金現金流量表雖然考察的是資本金的盈利能力，需分析借款對資本金盈利能力的影響，但資本金現金流量表中已將利息支出單列，因此，經營成本中不應再包括利息支出。

4.1.2.3 收入

收入是項目建成后收回投資、補償成本、上繳稅金、償還債務、保證企業正常經營活動的前提，同時也是估算增值稅稅金及附加、土地增值稅、利潤總額和所得稅的基礎數據。房地產開發項目的收入包括銷售收入、出租收入和自營收入。收入是按市場價格計算的，房地產開發投資企業的產品只有在市場上被出售、出租或自我經營，才能稱為給企業或社會帶來收益的勞動成果。因此，收入比企業完成的開發工作量更能反映房地產開發投資項目的真實經濟效果。

銷售收入=銷售房屋面積×房屋銷售單價

出租收入=出租房屋建築面積×房屋租金單價

自營收入=營業額-營業成本-自營中的商業經營風險回報

4.1.2.4 增值稅稅金及附加

增值稅稅金是根據商品或勞務的流轉額徵收的稅金，屬於流轉稅的範疇。房地產開發企業涉及的增值稅稅金及附加主要有增值稅、土地增值稅、城市維護建設稅、教育附加費等，增值稅稅金及附加也屬於項目現金流出項目。

（1）增值稅

增值稅是對商品生產、流通、勞務服務中多個環節的新增價值或商品的附加值徵收的一種流轉稅，有增值才徵稅，沒有增值不徵稅。在房地產項目投資分析中，增值稅可作為價外稅不出現在現金流量表中，也可作為價內稅出現在現金流量表中。當現金流量表中不包括增值稅時，產出物的價格不含增值稅中的銷項稅額，投入物的價格中也不含增值稅中的進項稅額。房地產開發企業增值稅計算方法有一般計算法和簡易計算法兩種。老項目（《建築工程施工許可證》註明的合同開工日期在 2016 年 4 月 30 號前的房地產項目）計算增值稅時可選擇一般計算方法，也可選擇簡易計算方法。新項目（《建築工程施工許可證》註明的合同開工日期在 2016 年 4 月 30 號后的房地產項目）計算增值稅時，只能選擇一般計算方法。

簡易計算方法計算增值稅的公式為：

增值稅應納稅額=營業收入（含稅銷售額）÷（1+5%）×5%

一般計算方法計算增值稅的公式為：

增值稅應納稅額=銷項稅額-進項稅額

銷項稅額=［營業收入（含稅銷售額）-可抵扣費用］÷（1+增值稅率）×增值稅稅率

計算式中的可抵扣費用為房地產開發企業受讓土地時向政府部門支付的土地出讓金，但只能憑省級以上（含省級）財政部門監（印）制的財政票據抵扣。另外，計算式中的增值稅稅率指房地產開發企業適用稅率為 11%。

進項稅額=投入物（含稅額）÷（1+增值稅稅率）×增值稅稅率

計算式中的增值稅稅率與企業所購買的產品或服務所屬行業有關，其中建築施工企業適用的增值稅稅率為 11%，廣告公司等生活服務類企業適用的增值稅稅率為 6%，其他企業適用的增值稅稅率為 17%。在進行房地產開發項目投資分析時，為簡化計算，可用簡易計算方法求增值稅應納稅額。

（2）土地增值稅

土地增值稅是指轉讓國有土地使用權、地上的建築物及其附著物並取得收入的單位和個人，以轉讓所取得的收入包括貨幣收入、實物收入和其他收入減除法定扣除項目金額后的增值額為計稅依據向國家繳納的一種稅賦，不包括以繼承、贈與方式無償轉讓房地產的行為。納稅人為轉讓國有土地使用權及地上建築物和其他附著物產權、並取得收入的單位和個人。課稅對象是指有償轉讓國有土地使用權、地上建築物及其附著物所取得的增值額。土地價格增值額是指轉讓房地產取得的收入減除規定的房地產開發成本、費用等支出后的餘額。計算土地增值額時允許扣除的項目包括：取得土地使用權所支付的金額，包括納稅人為取得土地使用權所支付的地價款和按國家統一規定繳納的有關費用；開發土地和新建房及配套設施的成本，包括土地徵用及拆遷補償費、前期工程費、建築安裝工程費、基礎設施費、公共配套設施費、開發間接費；舊房及建築物的評估價格；與轉讓房地產有關的稅金等。

當前中國的土地增值稅實行四級超率累進稅率，對土地增值率高的多徵，增值率低的少徵，無增值的不徵。土地增值稅的稅率取值如表 4-1 所示。

表 4-1 土地增值稅稅率取值表

級數	計稅依據	適用稅率
1	增值額小於扣除項目金額 50%的部分	30%
2	增值額大於扣除項目金額 50%、小於扣除項目金額 100%的部分	40%
3	增值額大於扣除項目金額 100%、小於扣除項目金額 200%的部分	50%
4	增值額大於扣除項目金額 200%的部分	60%

（3）城市維護建設稅

城市維護建設稅是中國為了加強城市的維護建設，擴大和穩定城市維護建設資金的來源，對有經營收入的單位和個人徵收的一個稅種。一般來說，城鎮規模越大，所需要的建設與維護資金越多。與此相適應，城市維護建設稅規定，納稅人所在地為城市市區的，稅率為 7%；納稅人所在地為縣城、建制鎮的，稅率為 5%；納稅人所在地不在城市市區、縣城或建制鎮的，稅率為 1%。城市維護建設費計算公式為：

城市維護建設稅應納稅額＝增值稅應納稅額×適用稅率

（4）教育附加費

教育附加費是對繳納增值稅、消費稅的單位和個人徵收的一種附加費。其作用是發展地方性教育事業，擴大地方教育經費的資金來源。教育費附加的徵收率為 3%，其計算公式為：

應納教育費附加＝增值稅應納稅額×3%

4.1.3 房地產開發項目投資分析基礎財務數據估算實訓的組織

（1）指導者工作

①向受訓者介紹房地產開發項目投資分析基礎財務數據估算的實訓內容。

②向受訓者介紹房地產開發項目投資分析基礎財務數據估算的實訓步驟。

③向受訓者介紹房地產開發項目投資分析基礎財務數據估算的相關知識。

④要求受訓者根據市場情況、政策法規、項目定位、工程進度、銷售計劃估算基礎財務數據。

（2）受訓者工作

①掌握房地產開發項目投資分析基礎財務數據估算的相關知識。

②根據市場情況、政策法規、項目規劃設計要點、工程進度、銷售計劃、籌資計劃估算基礎財務數據，並匯編項目投資分析輔助財務報表。

4.1.4 房地產開發項目投資分析基礎財務數據估算實訓的步驟

房地產開發項目投資分析基礎財務數據估算實訓步驟見圖 4-3。

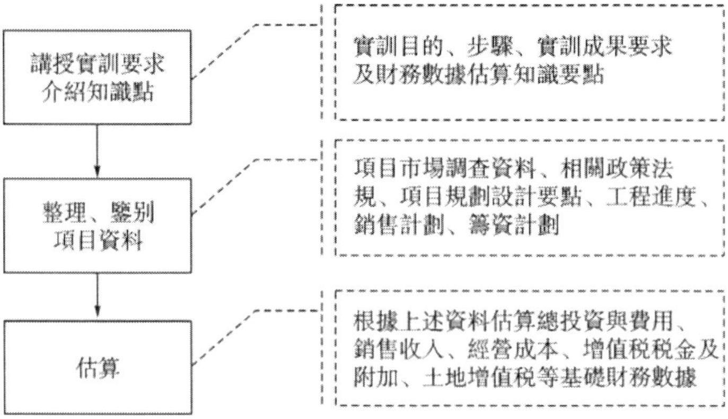

圖 4-3 基礎財務數據估算實訓步驟

示例：AF 房地產開發項目投資分析基礎財務數據估算

AF 房地產開發項目

(數據資料接本章導入案例)

一、投資與總成本費用估算

1. 土地費用估算

本項目土地費用包括土地使用權出讓金和拆遷安置補償費兩部分。

土地每平方米出讓金為 5,000 元，土地面積為 5,200 平方米，土地使用權出讓金共為：

5,000×5,200＝2,600 萬元

拆遷安置補償費估算如表 4-2 所示。

表 4-2 拆遷安置補償費估算表

項目	金額	計算依據
1. 拆遷戶過渡補償費	20×18×4,800＝172.8 萬元	拆遷協議
2. 搬遷費	400×117＝4.68 萬元	拆遷協議
3. 拆房費	30×4,800＝14.4 萬元	拆遷協議
4. 舊房收購費	120×4,800＝57.6 萬元	拆遷協議
5. 水電拆遷費	6 萬元	
6. 清除垃圾障礙費	7 萬元	
7. 不可預見費	13.124 萬元	1~6 項之和的 5%
合計	275.6 萬元	

所以土地費用合計為：

2,600+275.6＝2,875.6 萬元

2. 前期工程費估算

本項目前期工程費估算如表 4-3 所示。

表 4-3　　前期工程費估算表

序號	項目	金額	計算依據
1	規劃設計費	123.48 萬元	建安工程費×3%
2	水文、地質勘測費	20.58 萬元	建安工程費×0.5%
3	可行性研究費	61.74 萬元	建安工程費×1.5%
4	「三通一平」費	102.9 萬元	建安工程費×2.5%
5	場地平整費	31.2 萬元	60 元/平方米
總計		339.9 萬元	

3. 建築安裝工程費估算

參照類似工程的投資費用，用單位指標估算法得到該項目的建築安裝工程費，估算結果如表 4-4 所示。

表 4-4　　建築安裝工程費估算表

序號	項目	建築面積	單價	金額
1	多層住宅建設費	8,500 平方米	1,400 元/平方米	1,190 萬元
2	商場及高層住宅建設費	15,400 平方米	1,900 元/平方米	2,926 萬元
	合計			4,116 萬元

4. 基礎設施費估算

本項目基礎建設費估算結果如表 4-5 所示。

表 4-5　　基礎設施費估算表

序號	項目	計價數量	單價	金額
1	供電工程	23,900 平方米	65 元/平方米	155.35 萬元
2	供水工程	23,900 平方米	15 元/平方米	35.85 萬元
3	道路工程	1,040 平方米	42 元/平方米	4.368 萬元
4	綠化工程	1,400 平方米	5.4 元/平方米	0.756 萬元
5	其他工程	4,116 萬元	建築安裝工程費×2%	82.32 萬元
合計				278.64 萬元

5. 開發期稅費估算（行政事業性收費估算）

房地產項目開發過中涉及一些政府或其他有關部門收取的費用，俗稱「規費」，估算結果如表 4-6 所示。

表 4-6　開發期稅費估算表

序號	項目	金額	估算說明（估算依據）
1	分散建設市政公用設施建設費	4,932.3 萬元	建築安裝工程費×12%
2	供水管網補償費	10.87 萬元 12.6 萬元	住宅：0.3 噸/人，600 元/噸 商鋪：0.1 噸/人，600 元/噸
3	供電用電負荷費	39.74 萬元 8.4 萬元	住宅：4kVA/戶，480 元/ kVA 商鋪：4kVA/百平方米，1,000 元/kVA
4	其他	82.32 萬元	建安工程費×2%
合計		650.03 萬元	

6. 不可預見費估算

不可預見費一般按工程費用（即土地費、前期工程費、建築安裝工程費和基礎設施費之和）的一定比例（3%~5%）估算，本項目按工程費用的3%估算不可預見費，其費用為：

(2,875.6 萬元+339.9 萬元+4,116 萬元+278.644 萬元）×3%＝228.3 萬元

7. 管理費估算

管理費為土地費、前期工程費、建築安裝工程費、基礎設施費之和的3%，則管理費為：

(2,875.6 萬元+339.9 萬元+4,116 萬元+278.644 萬元）×3%＝228.3 萬元

8. 銷售費用估算

銷售費用主要包括：廣告宣傳及市場推廣費，占銷售收入的2%；銷售代理費，占銷售收入的2%；其他銷售費用，占銷售收入的1%。銷售費用合計為銷售收入的5%，共778.55 萬元。銷售收入估算見表 4-8。

9. 建設期利息估算

本項目的貸款方案為第 1 年貸款 4,000 萬元，貸款利率為 6.5%，建設期內只還利息，建設期末即第 3 年年末還清本息。建設期借款利息計算如下：

第 1 年應計利息：(0+4,000÷2）×6.5%＝130 萬元

第 2 年應計利息：(4,000+0÷2）×6.5%＝260 萬元

第 3 年應計利息：(4,000+0÷2）×6.5%＝260 萬元

因此，財務費用合計為 650 萬元。

10. 投資與總成本費用匯總表

投資與總成本費用匯總如表 4-7 所示。

表 4-7　投資與總成本費用匯總表

序號	項目	估算金額
1	土地費用	2,875.6 萬元
2	前期工程費用	339.9 萬元

表4-7(續)

序號	項目	估算金額
3	建築安裝工程費用	4,116 萬元
4	基礎設施建設費	278.64 萬元
5	開發期稅費	650.03 萬元
6	不可預見費	228.3 萬元
7	管理費	228.3 萬元
8	銷售費用	778.55 萬元
9	建設期利息	650 萬元
總計		10,145.32 萬元

二、收入估算

根據市場調查，該項目各部分的銷售單價為：多層 7,000 元/平方米，高層 6,300 元/平方米，商鋪 16,000 元/平方米，車位 18 萬元/個。

本項目銷售計劃為建設期第 2 年銷售 60%，第 3 年銷售 40%。另因多層住宅中有 6,240平方米用於還建，所以多層住宅可供銷售面積為 2,260 平方米。

銷售收入估算結果如表 4-8 所示。

表 4-8　銷售收入估算表

<table>
<tr><th>年份</th><th colspan="2">銷售比例</th><th>銷售數量</th><th>銷售單價</th><th>銷售額</th><th>合計</th></tr>
<tr><td>第 1 年</td><td colspan="2"></td><td></td><td></td><td></td><td></td></tr>
<tr><td rowspan="4">第 2 年</td><td rowspan="2">住宅</td><td>高層：60%</td><td>7,980 平方米</td><td>0.63 萬元</td><td>5,027.4 萬元</td><td rowspan="4">9,342.6 萬元</td></tr>
<tr><td>多層：60%</td><td>1,356 平方米</td><td>0.7 萬元</td><td>949.2 萬元</td></tr>
<tr><td colspan="2">商鋪：60%</td><td>1,260 平方米</td><td>1.6 萬元</td><td>2,016 萬元</td></tr>
<tr><td colspan="2">車位：60%</td><td>75 個</td><td>18 萬元</td><td>1,350 萬元</td></tr>
<tr><td rowspan="4">第 3 年</td><td rowspan="2">住宅</td><td>高層：40%</td><td>5,320 平方米</td><td>0.63 萬元</td><td>3,351.6 萬元</td><td rowspan="4">6,228.4 萬元</td></tr>
<tr><td>多層：40%</td><td>904 平方米</td><td>0.7 萬元</td><td>632.8 萬元</td></tr>
<tr><td colspan="2">商鋪：40%</td><td>840 平方米</td><td>1.6 萬元</td><td>1,344 萬元</td></tr>
<tr><td colspan="2">車位：40%</td><td>50 個</td><td>18 萬元</td><td>900 萬元</td></tr>
<tr><td colspan="6">合計</td><td>15,571 萬元</td></tr>
</table>

三、增值稅稅金及附加估算

增值稅稅金及附加估算如表 4-9 所示。

表 4-9 增值稅稅金及附加估算表

序號	類別	計算依據	計算期（年）		
			1	2	3
1	增值稅	簡化計算		444.89 萬元	296.59 萬元
2	城市維護建設稅	增值稅×7%		31.14 萬元	20.76 萬元
3	教育附加費	增值稅×3%		13.35 萬元	8.9 萬元
合計				489.37 萬元	326.25 萬元

四、土地增值稅估算

土地增值稅估算如表 4-10 所示。

表 4-10 土地增值稅估算表

序號	項目	計算依據	估算金額
1	銷售收入		15,571 萬元
2	扣除項目金額	（2.1）至（2.2）之和	11,975.47 萬元
2.1	投資與總成本費用		10,145.32 萬元
2.2	增值稅稅金及附加		815.62 萬元
2.3	其他扣除項目	取（2.1）項的 10%	1,014.53 萬元
3	增值額	（1）－（2）	3,595.53 萬元
4	增值率	（3）÷（2）×100%	33.39%
5	增值稅率	（4）≤50%	30%
6	土地增值稅		1,078.66 萬元

4.2 房地產開發項目投資分析經濟評價

4.2.1 房地產開發項目投資分析經濟評價實訓的目的與任務

（1）實訓的目的

①掌握衡量項目盈利能力、清償能力的指標計算及其評判項目可行性的準則。

②掌握基本財務報表的編制。

③掌握項目資金平衡能力分析的方法。

④掌握項目風險分析的方法。

（2）實訓的任務

①編制現金流量表和利潤表，計算衡量項目盈利能力和清償能力的指標，評價項

目的盈利能力和清償能力。

②編制項目資金來源與運用表，分析項目的資金平衡能力。

③對項目進行風險分析，評價項目的抗風險能力。

4.2.2 房地產開發項目投資分析經濟評價實訓的知識儲備

房地產開發項目投資分析的目的是對項目進行經濟評價，衡量項目的盈利能力、清償能力、資金平衡能力和風險大小，進而為項目投資決策提供依據。估算出項目基礎財務數據后，應編制財務報表並根據財務報表計算評價指標，從而對項目進行經濟評價。房地產開發項目投資決策的科學性、準確性，不僅與基礎數據的完整性和可靠性有關，還與選取的評價指標體系是否合理有關。衡量項目經濟效益的指標具有多樣性，每一個指標都只能反映項目某一方面的經濟特徵，只有選取正確的評價指標體系，才能全面、科學地評價項目的經濟效益。在項目投資分析時，根據指標性質，可將評價指標分為盈利能力評價指標、清償能力評價指標和資金平衡能力評價指標，如表4-11所示。

表 4-11　　項目經濟評價指標

評價指標	具體指標
盈利能力評價指標	總投資收益率、資本金淨利潤率、靜態（動態）投資回收期、內部收益率、淨現值、淨現值率、淨年值
清償能力評價指標	利息備付率、償債備付率、資產負債率
資金平衡能力評價指標	累計盈餘資金

計算上述指標時按是否考慮資金的時間價值，可將評價指標分為靜態評價指標和動態評價指標。靜態評價指標是指在不考慮資金的時間價值的情況下直接用項目的現金流量計算的評價指標。靜態評價指標具有計算簡單的優點，但因沒有考慮時間對資金價值的影響，有時用靜態評價指標評價項目可能會做出錯誤的決策。因此，靜態評價指標一般只適用於評價計算期較短的項目或對項目進行初步可行性分析。與計算靜態評價指標不同，計算動態評價指標前要對發生在不同時點的現金流進行等值化處理，計算出不同時點現金流量在同一時點的價值。動態評價指標能較全面地反映項目在整個計算期的經濟效果，適用於評價計算期較長的項目或對項目進行詳細可行性分析。

4.2.2.1 經濟評價指標計算

（1）盈利能力分析指標

①靜態投資回收期（P_t）

靜態投資回收期是指在不考慮資金時間價值的情況下，從項目投資建設之日起，用項目各年的淨收入抵償項目全部投資所需要的時間，是反映項目盈利水平的靜態指標。用 P_t 表示靜態投資回收期，則其計算公式為：

$$\sum_{t=0}^{P_t}(CI-CO)_t=0$$

式中：P_t——靜態投資回收期

CI——項目現金流入

CO——項目現金流出

由計算公式可知，靜態投資回收期就是累計淨現金流量等於零的時點，但在實際項目評價中累計淨現金流量等於零時點往往不出現在自然年份。這時可通過現金流量表用下式計算靜態投資回收期：

P_t=（T−1）+（T−1）年累計淨現金流量的絕對值/T 年的淨現金流量

式中：T——累計淨現金流量首次出現正值的年份

另外，若項目投產后各年的淨現金流量均相同，則可用下式計算靜態投資回收期：

P_t=建設期+I/A

式中：I——項目投資

A——項目建成后各年的淨現金流量

項目投資決策都面臨著未來不確定性因素的影響，且這種不確定因素帶來的風險會隨時間的推移而增加，項目投資者必然希望能盡早收回投資，所以用靜態投資回收期評價項目可行性的判別準則為：設基準靜態投資回收期為 Pc，若 $Pt \leq Pc$，說明項目投資能在規定的時間內收回，項目可行；若 $Pt>Pc$，則項目不可行。

靜態投資回收期具有計算簡單、方便的優點，但因計算該指標時未考慮資金時間價值和項目投資回收期后各年的現金流量情況，所以用靜態投資回收期評選方案時可能會做出錯誤的決策。一般情況，靜態投資回收期只作為評價方案可行性的輔助指標。

②動態投資回收期（P_t'）

動態投資回收期是在考慮了資金時間價值的情況下，從建設之日起用項目各年的折現淨現金流量回收項目投資現值所需要的時間，是反映項目盈利水平的動態指標。若用 P_t' 表示動態投資回收期，則其計算公式為：

$$\sum_{t=0}^{P_t'}(CI-CO)_t(1+i_c)^{-t}=0$$

式中：P_t'——動態投資回收期

i_c——基準收益率或折現率

從公式可知，動態投資回收期就是累計折現淨現金流量等於零的時點。與靜態投資回收期的計算方法相同，可通過現金流量表用下式計算動態投資回收期：

$P_t'=(T-1)+(T-1)$ 年累計折現淨現金流量絕對值/ T 年折現淨現金流量

式中：T——累計折現淨現金流量首次出現正值的年份

用動態投資回收期評價方案可行性時的判別準則為：設基準動態投資回收期為 P_t'，若 $P_t' \leq P_c'$，說明項目投資能在規定的時間內收回，項目可行；若 $P_t' > P_c'$，則項目不可行。

③總投資收益率（ROI）

總投資收益率（Return on Investment，ROI）是指項目在達到設計生產能力投產后正常年份的年息稅前利潤或項目營運期內年均息稅前利潤與項目總投資之比，是表示項目總投資盈利水平的靜態指標。其計算公式為：

$$ROI = \frac{EBIT}{TI} \times 100\%$$

式中：ROI——項目總投資收益率

$EBIT$——項目投產后正常年份的年息稅前利潤或營運期內年均息稅前利潤

TI——項目總投資，包括建設投資、建設期利息和流動資金投資

計算式中息稅前利潤中的「息」指的是項目經營期的利息支出，「稅」指的是所得稅。所以：

$EBIT$=利潤總額+利息支出

或　$EBIT$=年營業收入-總成本費用-經營稅金及附加+利息支出

計算式中之所以要加上利息支出是因為總成本費用中已包含利息支出。當計算出的總投資收益率高於行業總投資收益率參考值時，說明項目盈利能力滿足要求，項目可行。

④資本金淨利潤率（ROE）

資本金淨利潤率（Return on Equity，ROE）是指項目在達到設計生產能力投產后正常年份的年淨利潤或營運期內年均淨利潤與項目資本金之比，是表示項目資本金盈利水平的靜態指標。其計算公式為：

$$ROE = \frac{NP}{EC} \times 100\%$$

式中：ROE——項目資本金淨利潤

NP——項目投產后正常年份的年淨利潤或營運期內年均淨利潤

EC——項目資本金

當計算出的資本金淨利潤率高於行業資本金淨利潤率參考值時，說明項目盈利能力滿足要求，項目可行。

⑤淨現值（NPV）

淨現值（Net Present Value，NPV）是指在考慮資金時間價值的情況下，以基準折現率 i_c 求得的項目各年淨現金流量現值之和，是反映項目在壽命期內盈利能力的動態評價指標。其計算公式為：

$$NPV = \sum_{t=0}^{n} (CI - CO)_t (1 + i_c)^{-t}$$

式中：NPV——項目淨現值

$(CI-CO)_t$——項目 t 時點的淨現金流量，淨流入帶正號，淨流出帶負號

$(1+i_c)^{-t}$——t 時點的折現系數

n——項目壽命期

NPV 指標的優點：NPV 指標計算考慮了資金的時間價值，且全面考慮了項目在整個壽命期內的現金流量情況。NPV 指標能夠直接以貨幣額表示項目的盈利水平，是反映項目盈利能力的絕對評價指標，其經濟意義明確，容易判斷項目的可行性。

NPV 指標的缺點：不能說明項目單位投資的獲利能力；用於現值的基準收益率較難確定；評價壽命期不同的兩個互斥項目時較難做出選擇。

用 NPV 指標評價項目可行性的判別準則為：$NPV>0$，說明項目的盈利水平大於基準收益率，項目可行；$NPV=0$，說明項目的盈利水平等於基準收益率，可考慮勉強接受項目；$NPV<0$，說明項目的盈利水平小於基準收益率，項目不可行。

⑥內部收益率（IRR）

內部收益率（Internal Rate of Return，IRR）是使項目在壽命期內各年淨現金流量現值之和等於零時的折現率，即使項目壽命期內現金流入折現值之和等於現金流出折現值之和的折現率。其計算公式為：

$$NPV(IRR) = \sum_{t=0}^{n} (CI - CO)_t (1 + IRR)^{-t} = 0$$

式中：IRR——項目內部收益率

由 NPV 計算式可知，對於在壽命期內淨現金流量正負號只變換一次的常規項目來說，NPV 是折現率的一元 n 次遞減函數，如圖 4-4 所示。

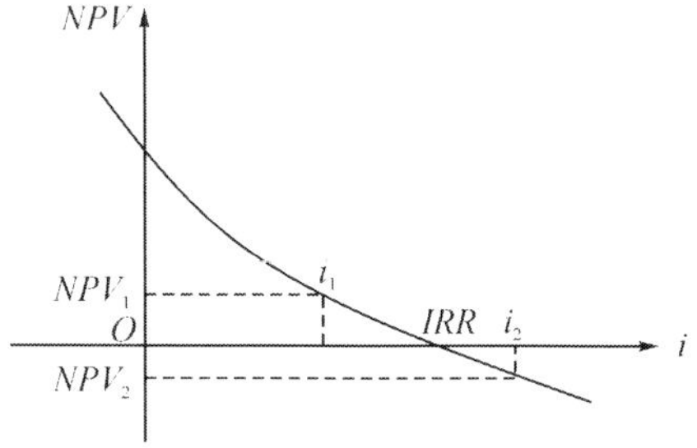

圖 4-4　NPV 與折現率關係圖

常規項目的 NPV 隨折現率 i 增大而減小，且只存在唯一的折現率 i 使得 NPV 等於零，這個折現率即為內部收益率 IRR。但是由公式可知，要求項目的 IRR，需要解一元多次方程，不易求解。在實際工作中，可以用線性內插法求解 IRR。計算方法如下：

通過試算找到兩個折現率 i_1 和 i_2，$i_1<i_2$，且以 i_1 為折現率計算的 NPV_1 略大於 0，以 i_2 為折現率計算的 NPV_2 略小於 0。那麼使得 $NPV=0$ 的 IRR 一定在 i_1 與 i_2 之間，如圖 4-4 所示。此時 IRR 的計算式為：

$$IRR=i_1+\frac{NPV_1}{NPV_1+|NPV_2|}(i_2-i_1)$$

對於在壽命期內淨現金流量正負號多次變換的非常規項目，解一元多次方程時可能不止一個解，經研究證明若非常規項目存在唯一的折現率使 NPV 等於零，則該折現率為 IRR；若非常規項目存在多個折現率使 NPV 等於零，則這些折現率都不是 IRR，即非常規項目不存在 IRR。

用 IRR 評價項目可行性時的評判準則為：若 $IRR>i_C$，項目可行；若 $IRR=i_C$，項目勉強可行；若 $IRR<i_C$，項目不可行。

IRR 的經濟意義表示的是項目占用的尚未回收投資的獲利能力，而非項目初始投資的獲利能力。如某項目現金流量表如表 4-12 所示，用線性內插法求得該項目的內部收益率為 20.53%。

表 4-12　　某項目現金流量表

年	0	1	2	3	4	5
淨現金流量	-100	25	30	35	40	50

用此項目的內部收益率 20.53%計算複利條件下該項目的投資回收過程如表 4-13 及圖 4-5 所示。由計算過程可知，該項目在整個壽命期內及內部收益率為 13.5%的複利條件下始終存在尚未回收的投資，而在壽命期期末，投資剛好回收完。所以 *IRR* 表示的是複利條件下項目尚未回收投資的獲利能力。

表 4-13　　項目投資回收表

年	0	1	2	3	4	5
t 時點淨現金流量	-100	25	30	35	40	50
t 期期初未收回投資	—	100	95.53	85.14	67.62	41.5
t 期應計利息	—	20.53	19.61	17.48	13.88	8.5
t 期期末未收回投資	—	95.53	85.14	67.62	41.5	0

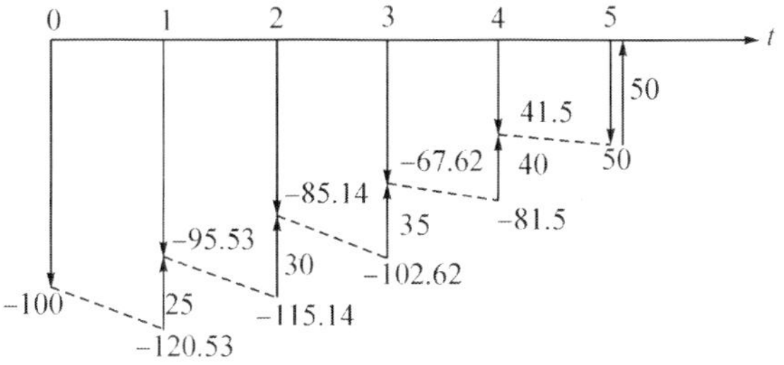

圖 4-5　項目投資回收圖

⑦淨現值率（*NPVR*）

淨現值率（Net Present Value Rate，NPVR）是指項目淨現值與項目投資現值之比，是衡量項目單位投資獲利能力的指標。有時兩個項目的投資額相差較大，直接用 *NPV* 指標評價兩個項目的優劣較難做出選擇，這時可用 *NPVR* 指標來輔助評價項目的優劣。*NPVR* 表示單位投資能帶來的淨現值，若 *NPVR* 較大，說明項目單位投資能帶來較多的淨現值，項目較優。*NPVR* 的計算式為：

$$NPVR = \frac{NPV}{\sum_{t=0}^{m} I_t(P/F,\ i_c,\ t)}$$

式中：I_t——t 時點的投資

　　m——建設期

用 *NPVR* 評價項目可行性的評判準則為：$NPVR \geq 0$，項目可行；$NPVR<0$，項目不可行。

⑧淨年值（NAV）

淨年值（Net Annual Value，NAV）又稱等額年金，是指在複利條件下用基準折現率將項目壽命期內各年不等的淨現金流量等值換算成各年年末相等的等額年值。其計算式為：

$$NAV = \left[\sum_{t=0}^{n} (CI - CO)_t (1 + i_c)^{-t} \right] (A/P,\ i_c,\ n)$$

或 $$NAV = NPV(A/P,\ i_c,\ n)$$

式中：$(A/P,\ iC,\ n)$——資本回收系數

NAV 指標可直接用於評價壽命期不同的互斥方案，克服了 NPV 指標不能評價壽命期不同的互斥項目這一缺點。從 NAV 指標的計算式可知，NAV 與 NPV 始終同號，所以用 NAV 指標評價項目可行性的判別準則為：$NAV \geq 0$，項目可行；$NAV<0$，項目不可行。

（2）清償能力分析指標

①利息備付率（ICR）

利息備付率（Interest Coverage Ratio，ICR）是指項目在借款償還期內各年可用於支付利息的息稅前利潤與當期應付利息的比值，是項目債權人較為關心的一個指標。其計算式為：

$$ICR = \frac{EBIT}{PI}$$

式中：ICR——利息備付率

EBIT——項目息稅前利潤

PI——應付利息

利息備付率越高，表明項目可用於償還利息的資金越充足。一般利息備付率應大於 1，且滿足項目債權人的要求。

②償債備付率（DSCR）

償債備付率（Debt Service Coverage Ratio，DSCR）是指項目在借款償還期其內各年可用於還本付息的資金與當期應還本付息金額的比值，是項目債權人較為關心的一個指標。項目各年可用於還本付息的資金有稅后利潤和總成本費用中列支的折舊費用、攤銷費用和利息費用。項目各年應還本付息額包括根據貸款合同當年應換本金及總成本費用中列支的利息費用。償債備付率的計算式為：

$$DSCR = \frac{EBITDA - T_{AX}}{FD}$$

式中：DSCR——償債備付率

EBITD——息稅前利潤加折舊和攤銷

TAX——企業所得稅

FD——應還本付息額

根據項目損益表，有：

EBITDA＝稅后利潤＋利息費用＋折舊＋攤銷

償債備付率越高，表明項目可用於償還本息的資金越充足。一般償債備付率應大

於 1，且滿足項目債權人的要求。

（3）項目資金平衡能力分析指標

項目資金平衡能力分析主要考察項目在整個計算期內的資金充裕程度，分析項目的財務可持續性和生存能力，可通過以下兩個方面分析項目的財務生存能力。

①項目在經營期是否有足夠的淨現金流量維持正常營運

項目營運期間各項經濟活動擁有足夠的經營淨現金流量是項目財務可持續的基本條件。一般應特別注意分析項目營運前期的財務淨現金流量，因為項目營運前期還本付息壓力較大。通常通過現金流量表分析項目的淨現金流量。

②項目各年累計盈餘資金是否大於等於零

項目在整個壽命期內各年累計盈餘資金大於等於零是項目財務生存的必要條件。一般允許項目營運期個別年份的淨現金流量出現負值，但不允許項目壽命期內任一年份的累計盈餘資金出現負值。因為項目累計盈餘資金出現負值意味著項目現金流斷裂，無法維持正常生產營運活動，這時必須快速適時地進行短期融資，但是較大或較頻繁的短期融資，可能導致項目后期累計盈餘資金無法實現正值，使項目難以持續營運。一般通過項目資金來源與運用表分析項目各年的累計盈餘資金。

4.2.2.2　財務報表編制

（1）輔助財務報表

①投資與總成本費用估算表

投資與總成本費用估算表用於估算房地產開發項目的各項投資與成本金額。投資與總成本費用估算表如表 4-14 所示。

表 4-14　投資與總成本費用估算表

序號	項目	估算金額
1	開發建設投資	
1.1	土地費用	
1.2	前期工程費用	
1.3	建築安裝工程費用	
1.4	基礎設施建設費	
1.5	公共配套設施建設費	
1.6	開發期稅費	
1.7	不可預見費	
1.8	管理費用	
1.9	銷售費用	
1.10	建設期利息	
2	流動資金	
3	項目總投資	

②投資計劃與資金籌措表

投資計劃與資金籌措表用於估算各期投資額及計劃資金籌措額和渠道，每期籌措的資金應滿足每期投資所需。投資計劃與資金籌措表如表 4-15 所示。

表 4-15　　投資計劃與資金籌措表

序號	項目	合計	1	2	3	…	n
1	總投資						
1.1	建設投資						
1.2	建設期利息						
1.3	流動資金						
2	資金籌措						
2.1	項目資本金						
2.1.1	用於建設投資						
2.1.2	用於流動資金						
2.1.3	用於建設期利息						
2.2	債務資金						
2.2.1	用於建設投資						
2.2.2	用於流動資金投資						
2.2.3	用於建設期利息						
2.3	收入再投入						
2.3.1	用於建設投資						
2.3.2	用於流動資金投資						
2.3.3	用於建設期利息						

（2）基本財務報表

①損益表

損益表用於估算項目利潤總額、所得稅及淨利潤，並計算總投資收益率、資本金淨利潤率等盈利能力分析指標。

利潤是房地產開發企業進行項目開發與投資的最終目標，一般企業的利潤總額等於營業利潤加上投資淨收益、補貼收益和營業外收支的代數和。其中：

營業利潤=主營業務利潤+其他業務利潤-（管理費用+營業費用+財務費用）

主營業務利潤=主營業務收入-（主營業務成本+主營業務稅金及估價）

在對房地產開發項目進行經濟分析時，為簡化計算，假定不發生其他利潤，也不考慮投資淨收益、補貼收益和營業外收支淨額，本期發生的總成本等於主營業務成本、管理費用、營業費用、財務費用之和，項目的主營業務收入為本期的銷售（營業收入），主營業務稅金及附加為本期的增值稅稅金及附加。則利潤總額的計算式為：

利潤總額=銷售收入-增值稅稅金及附加-總成本費用

或　　利潤總額=營業收入-增值稅稅金及附加-土地增值稅-總成本費用

根據稅法規定，國家會以所得稅的形式無償徵收利潤總額中的一部分作為國家或地方政府的財政收入。一般情況下，納稅人每一納稅年度的所得稅等於應納稅額乘以所得稅稅率；其中，應納稅額等於利潤總額減去納稅人前五年的虧損。在對房地產開發項目進行經濟分析時，為簡化計算，可以利潤總額作為所得稅的計稅基礎。所得稅的計算式為：

所得稅應納稅額=利潤總額×所得稅稅率

所得稅是項目的現金流出項，提取所得稅后的利潤稱為淨利潤。淨利潤計算式為：

淨利潤=利潤總額-所得稅

開發出售模式房地產開發項目損益表見表4-16。

表4-16　　開發出售模式房地產開發項目損益表

序號	項目	合計	1	2	3	…	n
1	銷售收入						
2	總成本費用						
3	增值稅稅金及附加						
4	土地增值稅						
5	利潤總額						
6	所得稅						
7	稅后利潤						
7.1	盈餘公積金						
7.2	應付利潤						
7.3	未分配利潤						
計算指標：1. 總投資收益率（%） 2. 資本金淨利潤率（%）							

表中：利潤總額=銷售收入-總成本費用-增值稅稅金及附加-土地增值稅

開發經營或出租模式房地產開發項目損益表見表4-17。

表4-17　　開發經營或出租模式房地產開發項目損益表

序號	項目	合計	1	2	3	…	n
1	出租收入（營業收入）						
2	經營成本						
3	增值稅稅金及附加						
4	利潤總額						
5	所得稅						
6	稅后利潤						
6.1	盈餘公積金						

表4-17(續)

序號	項目	合計	1	2	3	…	n
6.2	應付利潤						
6.3	未分配利潤						
計算指標：1. 總投資收益率（%） 2. 資本金淨利潤率（%）							

表中：利潤總額=出租收入（營業收入）−經營成本−增值稅稅金與附加

②現金流量表

按照投資計算的基礎不同，現金流量表分為全部投資現金流量表和資本金現金流量表。兩種現金流量表中的增值稅稅金及附加是增值稅額、城市維護建設稅額、教育附加費之和，其中增值稅額是否出現在現金流量表中與現金流量表中投入物和產出物的價格是否為含稅價格有關。若現金流量表中投入物和產出物的價格是含稅價格，則增值稅額應出現在現金流量表中；若現金流量表中投入物和產出物的價格是不含稅價格，則增值稅額不應出現在現金流量表中。

流動資金一般在項目正式營運前開始籌措，在項目營運期初投入，項目壽命期末收回，期初投入額與期末收回額相等。項目流動資金的需要量可根據項目特點按建設投資的比列、經營成本的比列、年營業收入的比列或單位產量占用流動資金的比列來估算。

填寫現金流量時應注意：按照項目投資分析的習慣，投資發生在建設期每個計息週期的期初，營運期內經常性收益和費用發生在營運期每個計息週期的期末；現金流量表中的現金流表示的是項目在每一計息週期實際發生的現金流出量和現金流入量，所以兩種現金流量表中的營運成本都不應包括折舊、攤銷、維簡等費用。另外，不管是全部投資現金流量表中的營運成本還是資本金現金流量表中的營運成本，都不包括利息費用。因為全部投資現金流量表考察的是項目全部投資的盈利能力，不分投資資金來源，所以利息費用不作為現金流出；資本金現金流量表雖然考察的是資本金的盈利能力，要考慮借款對資本金盈利能力的影響，但是資本金現金流量表中已將利息費用單列，所以營運期營運費用中不應再包含利息費用。全部投資現金流量表見表4-18，資本現金流量表見表4-19。

表4-18　　**全部投資現金流量表**

序號	項目	合計	1	2	3	…	n
1	現金收入						
1.1	銷售收入						
1.2	出租收入						
1.3	自營收入						
1.4	其他收入						
1.5	回收固定資產餘值						

表4-18(續)

序號	項目	合計	1	2	3	…	n
1.6	回收流動資金						
2	現金流出						
2.1	開發建設投資						
2.2	流動資金投資						
2.3	營運成本						
2.4	增值稅稅金及附加						
2.5	土地增值稅						
2.6	所得稅						
3	淨現金流量						
4	累計淨現金流量						
計算指標：1. 財務內部收益率（%） 2. 財務淨現值（$i_c=10\%$） 3. 投資回收期（年）							

填寫全部投資現金流量表時應注意，全部投資現金流量分析是不分投資資金來源，以全部投資作為計算基礎（即假定全部投資均為自有資金），用以計算全部投資財務內部收益率、財務淨現值及投資回收期等評價指標，其目的是考察方案設計本身的盈利能力，為各個方案進行比較建立共同基礎，所以全部投資現金流量表中「所得稅＝息稅前利潤×所得稅稅率」。

表 4-19　　資本金現金流量表

序號	項目	合計	1	2	3	…	n
1	現金收入						
1.1	銷售收入						
1.2	出租收入						
1.3	自營收入						
1.4	其他收入						
1.5	回收固定資產餘值						
1.6	回收流動資金						
2	現金流出						
2.1	資本金						
2.2	流動資金						
2.3	營運成本						
2.4	增值稅稅金及附加						

表4-19(續)

序號	項目	合計	1	2	3	…	n
2.5	土地增值稅						
2.6	所得稅						
2.7	借款本金償還						
2.8	借款利息支付						
3	淨現金流量						
4	累計淨現金流量						
計算指標：1. 資本金財務內部收益率（%） 2. 資本金財務淨現值（i_c=10%）							

資本金是項目投資者自己擁有的資金。資本金現金流量表從投資者整體的角度出發，以投資者的出資額作為計算基礎，把借款本金償還和利息支付作為現金流出，用以計算資本金財務內部收益率、財務淨現值等評價指標，考察項目資本金的盈利能力，此時應考慮利息支出對資本金盈利能力的影響，所以資本金現金流量表中「所得稅=淨利潤×所得稅稅率」。

資本金現金流量表主要考察資本金的盈利能力和向外部借款是否有利。在對擬建項目進行投資分析時，要分別對兩種現金流量表進行審查和分析，並根據分析人員所估算的基礎數據編制兩種現金流量表，然后計算相應的分析指標。資本金現金流量表中的借款本金償還、借款利息支付來自於借款還本付息表。

③借款還本付息表

借款還本付息表是估算每期借款及借款累計、每期應計利息、每期還本付息額和還本付息資金來源，並計算利息備付率和償債備付率等清償能力分析指標。借款還本付息表見表4-20。

表4-20　　借款還本付息表

序號	項目	合計	1	2	3	…	n
1	借款						
1.1	期初借款累計						
1.2	本期借款						
1.3	本期應計利息						
1.4	期末借款本息累計						
2	還本付息						
2.1	還本						
2.2	付息						
3	還本付息資金來源						

表4-20(續)

序號	項目	合計	1	2	3	…	n
3.1	淨利潤						
3.2	折舊						
3.3	攤銷						
計算指標：1. 利息備付率 2. 償債備付率							

④資金來源與運用表

資金來源與運用表是反映房地產投資項目在計算期內各年的資金盈餘或短缺情況，以及項目的資金籌措方案和貸款償還計劃的財務報表，它為項目資產負債表的編制及資金平衡分析提供了重要的財務信息。資金來源與運用表見表 4-21。

表 4-21 資金來源與運用表

序號	項目	合計	1	2	3	…	n
1	資金來源						
1.1	銷售收入						
1.2	出租收入						
1.3	自營收入						
1.4	資本金						
1.5	長期借款						
1.6	短期借款						
1.7	回收固定資產餘值						
1.8	回收流動資金						
1.9	淨轉售收入						
2	資金運用						
2.1	開發建設投資						
2.2	建設期利息						
2.3	流動資金						
2.4	營運成本						
2.5	增值稅稅金及附加						
2.5	土地增值稅						
2.7	所得稅						
2.8	應付利潤						
2.9	借款本金償還						

表4-21(續)

序號	項目	合計	1	2	3	…	n
2.10	借款利息支付						
3	盈餘資金（1）-（2）						
4	累計盈餘資金						

資金來源與運用表給出的盈餘資金表示當年資金來源（現金流入）多於資金運用(現金流出）的數額。當盈餘資金為負值時，表示該年的資金短缺數。資金平衡分析時，一般不強求每年的盈餘資金大於等於零，但要求從投資開始至項目壽命期末項目每一年的累計盈餘資金必須大於零或等於零。每期的盈餘資金不小於零是項目投資實施的必要條件，因而，房地產投資項目資金平衡分析關注的重點是資金來源與運用表的累計盈餘欄目。

(3）財務報表之間的關係

財務報表是財務分析體系中重要的組成部分。各種財務報表之間有著密切的聯繫。

投資與費用估算表為其他報表的編制提供基礎數據。損益表與現金流量表都是為進行項目盈利能力分析提供基礎數據的報表，不同的是，通過利潤表計算的是衡量項目盈利能力的靜態指標；通過現金流量表計算的是衡量項目盈利能力的動態指標。同時，利潤表也為現金流量表的填列提供了一些基礎數據。借款還本付息表、投資計劃與資金籌措表、資金來源與運用表都是為進行項目清償能力分析提供基礎數據的報表。根據借款還本付息表或資金來源與運用表可以計算清償能力分析指標。另外，通過資金來源與運用表可以進行項目的資金平衡能力的分析。

4.2.3 房地產開發項目投資分析經濟評價實訓的組織

(1）指導者的工作

①向受訓者介紹房地產開發項目投資分析經濟評價的實訓內容；

②向受訓者介紹房地產開發項目投資分析經濟評價的實訓步驟；

③向受訓者介紹房地產開發項目投資分析經濟評價的相關知識；

④要求受訓者根據基礎財務數據匯編基本財務報表，並計算經濟評價指標，分析項目的盈利能力、清償能力、財務生存能力和風險大小。

(2）受訓者的工作

①掌握房地產開發項目投資分析經濟評價的相關知識；

②根據基礎財務數據匯編基本財務報表，並計算經濟評價指標，分析項目的盈利能力、清償能力、財務生存能力和風險大小。

4.2.4 房地產開發項目投資分析經濟評價實訓的步驟

房地產開發項目投資分析經濟評價實訓步驟見圖4-6。

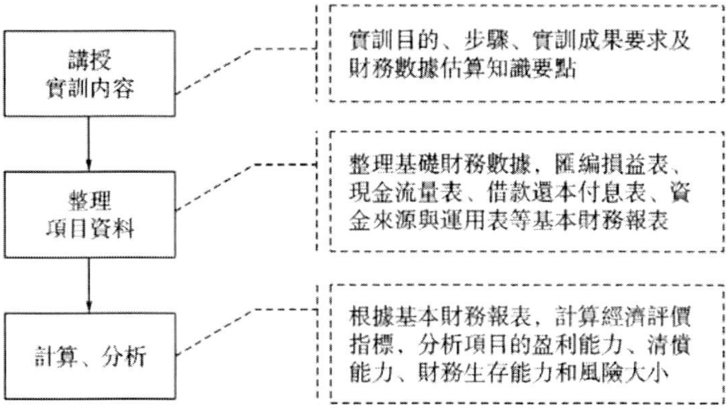

講授
實訓內容
實訓目的、步驟、實訓成果要求及財務數據估算知識要點
整理
項目資料
整理基礎財務數據，匯編損益表、現金流量表、借款還本付息表、資金來源與運用表等基本財務報表
計算、分析
根據基本財務報表，計算經濟評價指標、分析項目的盈利能力、清償能力、財務生存能力和風險大小

圖 4-6　房地產開發項目投資分析經濟評價實訓步驟

示例

AF 房地產開發項目投資分析經濟評價
(數據資料接 4.1 節示例)

一、編制損益表及盈利能力分析（表 4-22）

表 4-22　**投資損益表**　單位：萬元

序號	項目	合計	計算依據	計算期		
				1	2	3
1	銷售收入	15,571		0	9,342.60	6,228.40
2	投資及總成本費用	10,145.32		0	6,087.19	4,058.13
3	增值稅稅金及附加	815.62		0	489.37	326.25
4	土地增值稅	1,078.66		0	647.2	431.46
5	利潤總額	3,531.4		0	2,118.84	1,412.56
6	所得稅	882.85	(5)×0.25	0	529.71	353.14
7	稅後利潤	2,648.55		0	1,589.13	1,059.42

總投資收益率=3,531.4÷3÷10,145.32×100%=8.7%

資本金淨利潤率=2,648.55÷3÷4,200×100%=21.02%

二、編制現金流量表及盈利能力分析

1. 全部投資現金流量表（表 4-23）

表 4-23　**全部投資現金流量表**　單位：萬元

序號	項目名稱	計算期			
		0	1	2	3
1	現金流入	0	0	9,342.6	6,228.4

表4-23(續)

序號	項目名稱	計算期			
		0	1	2	3
1.1	銷售收入	0	0	9, 342. 60	6, 228. 40
2	現金流出	6, 087. 19	1, 826. 16	3, 995. 75	1, 175. 85
2.1	投資及總成本費用	6, 087. 19	1, 826. 16	2, 231. 97	
2.2	增值稅稅金及附加			489. 37	326. 25
2.3	土地增值稅			647. 2	431. 46
2.4	所得稅			627. 21	431. 46
3	淨現金流量 (1) − (2)	−6, 087. 19	−1, 826. 1	5, 346. 85	5, 052. 55
4	折現系數	1. 00	0. 91	0. 83	0. 75
5	折現淨現金流量	−6, 087. 19	−1, 661. 81	4, 437. 89	3, 789. 41
6	累計折現淨現金流量	−6, 087. 19	−7, 749	−3, 311. 11	478. 3

註：表中的所得稅＝*EBIT*×所得稅稅率

NPV＝478. 3 萬元

IRR＝12. 91%

靜態投資回收期＝ (3−1) +2, 566. 5/5. 52. 55＝2. 51 年

動態投資回收期＝ (3−1) +3, 311. 11/3, 789. 41＝2. 87 年

2. 資本金現金流量表 (表 4−24)

表 4−24　　**資本金現金流量表**　　單位：萬元

序號	項目名稱	計算期			
		0	1	2	3
1	現金流入	0	0	9, 342. 60	6, 228. 40
1.1	銷售收入		0	9, 342. 60	6, 228. 40
2	現金流出	2, 087. 19	1, 956. 16	4, 063. 19	5, 307. 48
2.1	資本金	2, 087. 19	1, 826. 16	286. 65	
2.2	預售收入再投入			1, 945. 32	
2.3	貸款本金償還				4, 000
2.4	貸款利息償還		130	260	260
2.4	增值稅稅金及附加			489. 37	326. 25
2.5	土地增值稅			647. 2	431. 46
2.6	所得稅			529. 71	353. 14
3	淨現金流量	−2, 087. 19	−1, 956. 16	5, 184. 35	857. 55
4	折現系數	1. 00	0. 91	0. 83	0. 75

表4-24(續)

序號	項目名稱	計算期			
		0	1	2	3
5	折現值	-2, 087. 19	-1, 778. 33	4, 284. 59	644. 29
6	累計折現值	-2, 087. 19	-3, 865. 52	419. 07	1, 063. 36

註：*NPV*=1, 063. 36 萬元

IRR=27. 11%

靜態投資回收期=（2-1）+4, 043. 35/5, 184. 35=1. 78 年

動態投資回收期=（2-1）+3, 865. 52/4, 284. 59=1. 9 年

三、項目清償能力及資金平衡能力分析

1. 投資計劃與資金籌措

本項目總計需要 10, 145. 32 萬元。所需資金來源共有三個渠道：①企業自有資本金；②銀行貸款；③預售收入用於再投資部分。

本項目開發商投資資本金 4, 200 萬元作為啓動資金，其中第一年投入約 50%，第二年投入約 44%，第三年投入約 6%；從銀行貸款 4, 000 萬元，全部於第一年投入；不足款項根據實際情況通過銷售收入解決。具體投資計劃與資金籌措表如表 4-25 所示。表 4-25 中每年建設投資所需資金由建設進度計劃根據投資與總成本費用估算表中的總投資成本費用合計計算得到。

表 4-25　　**投資計劃與資金籌措表**　　單位：萬元

序號	項目	合計	計算期			
			0	1	2	3
1	建設投資	10, 145. 32	6, 087. 19	1, 826. 16	2, 231. 97	
2	資金籌措	10, 145. 32				
2. 1	自有資金	4, 200	2, 087. 19	1, 826. 16	286. 65	
2. 2	借貸資金	4, 000	4, 000	0	0	
2. 3	預售收入再投入	1, 945. 32	0		1, 945. 32	

2. 借款還本付息估算

本項目長期借款 4, 000 萬元，建設期內只還利息，建設期末還清本息，貸款利率為 6. 5%。借款還本付息表如表 4-26 所示。

表 4-26　　**借款還本付息表**　　單位：萬元

序號	項目	合計	計算期		
			1	2	3
1	借款還本付息				
1. 1	年初借款累計		0	4, 000	4, 000

表4-26(續)

序號	項目	合計	計算期		
			1	2	3
1.2	本年借款	4,000	4,000		
1.3	本年應計利息	650	130	260	260
1.4	年末借款累計		4,000	4,000	0
2	當期還本付息				
2.1	還本	4,000			4,000
2.2	付息	650	130	260	260
3	還本付息資金來源				
3.1	投資回收	4,000			4,000

3. 資金來源與運用分析（表 4-27）

表 4-27　資金來源與運用表　單位：萬元

序號	項目名稱	計算期			
		0	1	2	3
1	資金來源	6,087.19	1,826.16	9,629.25	6,228.40
1.1	銷售收入	0	0	9,342.60	6,228.40
1.2	資本金	2,087.19	1,826.16	286.65	
1.3	銀行借款	4,000			
2	資金的運用	6,087.19	1,826.16	3,803.19	5,047.48
2.1	建設投資	6,087.19	1,826.16	2,231.97	
2.2	借款還本				4,000
2.3	增值稅稅金及附加			489.37	326.25
2.4	土地增值稅			647.2	431.46
2.5	所得稅			529.71	353.14
3	盈餘資金（1）-（2）			5,731	1,117.55
4	累計盈餘資金	0	0	5,731	6,848.55

表 4-27 中「資本金」一項的數據及「建設投資」一項的數據來源於表 4-25、「借款還本」一項的數據來源於表 4-26。

從表 4-27 可以看出，本項目每年累計盈餘資金均大於零或等於零，即在項目營運過程中，不會出現資金斷裂的情況，故從資金平衡角度分析，該項目是可行的。

四、風險分析

本項目的風險主要來自於建設投資、銷售價格（即銷售收入）、建設進度、銷售進度、貸款利率等因素的影響，其中建設投資、銷售收入對項目風險影響較大。對項目進行單因素敏感性分析，分別計算收入、投資在±20%範圍內變化對 *IRR* 和 *NPV* 的影響，如表 4-28、表 4-29 所示。

表 4-28　　建設投資、銷售收入對 *IRR* 的影響分析

變化幅度＼變化項目	銷售收入	建設投資
20%	27.88%	2.82%
15%	24.49%	5.28%
10%	21%	7.9%
5%	17.41%	10.7%
0%	13.7%	13.7%
-5%	9.85%	16.92%
-10%	5.87%	20.39%
-15%	1.72%	24.15%
-20%	-2.61%	28.24%

根據表 4-28，採用線性內插法計算出收入變化幅度臨界點為-4.81%，建設投資變化幅度臨界點為 6.25%。也就是說，當銷售收入下降幅度超過 4.81%，或建設投資上漲幅度超過 6.25%時，本房地產開發項目的 *IRR* 小於基準收益率 10%，項目將由可行變為不可行。

表 4-29　　建設投資、銷售收入對 *NPV* 的影響分析　　單位：萬元

變化幅度＼變化項目	銷售收入	建設投資
20%	3,077.15	-1,321.37
15%	2,457.12	-841.77
10%	1,837.08	-362.18
5%	1,217.05	117.42
0%	607.98	607.98
-5%	-23.01	1,076.62
-10%	-643.05	1,556.21
-15%	-1,263.08	2,035.81
-20%	-1,883.11	2,515.41

根據表 4-29，採用線性內插法計算出收入變化幅度臨界點為-4.82%，建設投資變化幅度臨界點為 6.23%。也就是說，當銷售收入下降幅度超過 4.82%，或建設投資上漲幅度超過 6.23%時，本房地產開發項目的 *NPV* 小於 0，項目將由可行變為不可行。

銷售收入和建設投資對 *IRR* 和 *NPV* 的敏感性分析圖如圖 4-7、圖 4-8 所示，兩圖中兩條直線的斜率相差不大，說明本項目投資效果對銷售收入和建設投資兩個因素變化的敏感度是一樣的。

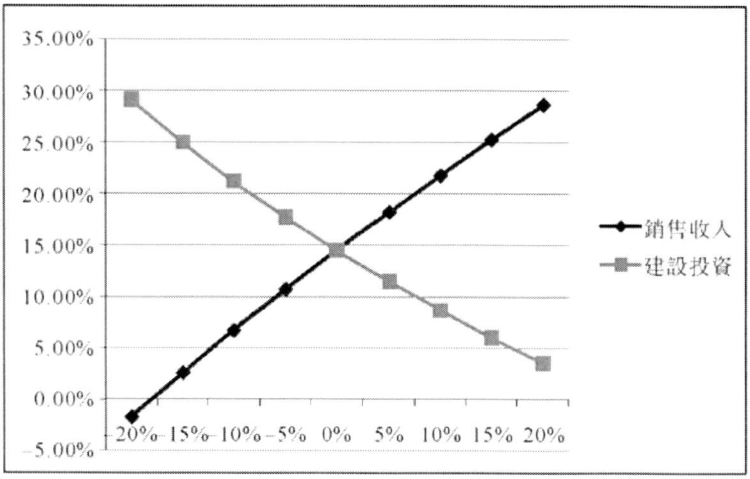

圖 4-7　銷售收入與建設投資對 *IRR* 的影響

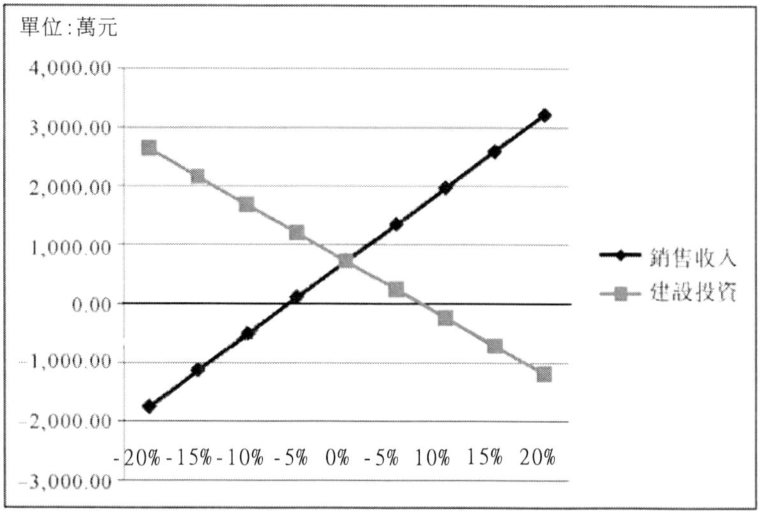

圖 4-8　銷售收入與建設投資對 *NPV* 的影響

五、結論

通過上述分析，項目的盈利能力高於行業基準要求，清償能力較好，但項目允許銷售收入和建設投資變動的範圍較小，所以項目基本可行，但需改進。

4.3 房地產開發項目投資分析的實訓成果

根據受訓者業務水平，實訓的實驗成果產出分為高級階段、中級階段、初級階段、入門級成果。以下成果為入門級成果示例（說明：示例為某應用型高校學生實訓成果，部分內容尚待推敲、修改和完善）。

某高校學生房地產投資分析入門級實訓模板

實驗（訓）項目名稱	房地產開發項目投資分析	指導教師	
實訓日期		所在分組	

實驗概述

【實驗（訓）目的及要求】

1. 掌握房地產開發項目基礎財務數據構、估算步驟、估算方法及依據。

2. 掌握衡量項目盈利能力、清償能力的指標計算及其評判項目可行性的準則。

3. 掌握財務報表的編制。

4. 掌握項目資金平衡能力分析方法、風險分析方法。

【實驗（訓）原理】

資金的時間價值，資源的稀缺性，效益最大化原則。

實驗內容

【實驗（訓）方案設計】

1. 實驗任務

掌握財務數據估算、財務評價的流程以及財務報表的編制，並針對指標計算結果對項目可行性進行綜合評價。

2. 實驗要點及流程

投資與費用估算→投資與總成本費用估算匯總→銷售收入、稅金估算→投資計劃與資金籌措估算→借款還本付息估算→利潤估算→現金流量分析→資金來源與運用分析→風險分析→項目綜合評價。

3. 儀器設備

投影儀、電腦。

【實驗（訓）過程】（實驗（訓）步驟、記錄、數據、分析）

一、項目基礎財務數據估算

1. 投資與總成本費用估算

(1) 土地費用估算

土地每平方米出讓金為__________元，土地面積__________平方米，土地使用權出讓金共為__________元。

(2) 前期工程費估算

本項目前期工程費估算表如表 4-30 所示。

表 4-30　前期工程費估算表

序號	項目	金額（萬元）	計算依據
1	規劃設計費		建築安裝工程費×3%
2	水文、地質勘測費		建築安裝工程費×0.5%
3	可行性研究費		建築安裝工程費×1.5%
4	「三通一平」費用		建築安裝工程費×2.5%
5	場地平整費		
	總計		

(3) 建築安裝工程費估算

參照類似工程的投資費用，用單位建築工程投資估算法得到該項目的建築安裝工程費估算表，如表 4-31 所示。

表 4-31　建安工程費估算表

序號	項目	建築面積（平方米）	單價：元/平方米	金額（萬元）
1	多層住宅建設費			
2	商場及高層住宅建設費			
	合計			

(4) 基礎設施費估算（表 4-32）

表 4-32　基礎設施費估算表

序號	項目	計價數量	單價：元/平方米	金額
1	供電工程			
2	供水工程			35.85 萬元
3	道路工程			4.368 萬元
4	綠化工程			0.756 萬元
5	其他工程		建築安裝工程費的 2%	82.32 萬元
	合計			278.64 萬元

(5) 開發期稅費估算（行政事業性收費估算）

房地產項目開發過中涉及一些政府或其他有關部門收取的費用，俗稱「規費」，其估算表如表 4-33 所示。

表 4-33 開發期稅費估算表

序號	項目	金額（萬元）	估算說明（估算依據）
1			
2			
3			
4			
	合計		

（6）不可預見費估算

（7）管理費用估算

取上述（1）～（4）項之和的3%。

（8）銷售費用估算

（9）建設期利息估算

（10）投資與費用匯總表（表 4-34）

表 4-34 投資與費用匯總表

序號	項目	估算金額（萬元）
1	土地費用	
2	前期工程費用	
3	建築安裝工程費用	
4	基礎設施建設費	
5	開發期稅費	
6	不可預見費	
7	管理費	
8	銷售費用	
9	建設期利息	
	總計	

2. 收入、利潤、稅金估算

(1) 收入估算（表 4-35）

表 4-35　　**銷售收入估算表**

年份	銷售比例		銷售數量	銷售單價	銷售額	合計
第 1 年						
第 2 年	住宅	高層：				
		多層：				
	商鋪：					
	車位：					
第 3 年	住宅	高層：				
		多層：				
	商鋪：					
	車位：					
合計						

(2) 增值稅稅金及附加估算（表 4-36）

表 4-36　　**增值稅稅金及附加估算表**

序號	類別	計算依據	計算期（年）		
			1	2	3
1	增值稅				
2	城市維護建設稅	增值稅×7%			
3	教育附加費	增值稅×3%			
	合計				

(3) 土地增值稅估算（表 4-37）

表 4-37　　**土地增值稅估算表**

序號	項目	計算依據	計算過程
1	銷售收入		
2	扣除項目金額	(2.1) 至 (2.3) 之和	
2.1	投資與總成本費用		
2.2	增值稅稅金及附加		
2.3	其他扣除項目	取 (2.1) 項的 10%	
3	增值額	(1) － (2)	

表4-37(續)

序號	項目	計算依據	計算過程
4	增值率	(3) ÷ (2) ×100%	
5	增值稅率		
6	土地增值稅		

3. 投資計劃與資金籌措

本房地產開發項目所需資金來源共有三個渠道：①企業自有資本金；②銀行貸款；③預售收入用於再投資部分。投資計劃與資金籌措見表 4-38。

表 4-38　投資計劃與資金籌措表

序號	項目	合計	計算期			
			0	1	2	3
1	建設投資					
2	資金籌措					
2.1	自有資金					
2.2	借貸資金					
2.3	預售收入再投入					

4. 借款還本付息估算

本項目長期借款__________萬元，借款利率__________，借款還本付息計為__________，借款還本付息表如表 4-39 所示。

表 4-39　借款還本付息表

序號	項目	合計	計算期		
			1	2	3
1	借款還本付息				
1.1	期初借款累計				
1.2	本期借款				
1.3	本期應計利息				
1.4	期末借款累計				
2	當期還本付息				
2.1	還本				
2.2	付息				
3	還本付息資金來源				
3.1	投資回收				

二、項目經濟評價

1. 損益表與靜態盈利能力分析（表 4-40）

表 4-40　　投資利潤表

序號	項目	合計	計算依據	計算期		
				1	2	3
1	銷售收入					
2	投資及費用					
3	增值稅稅金及附加					
4	土地增值稅					
5	利潤總額					
6	所得稅		（5）×0.25			
7	稅后利潤					

總投資收益率＝

資本金淨利潤率＝

2. 現金流量表與動態能力分析

（1）全部投資現金流量表（$i_c=10\%$）（表 4-41）

表 4-41　　全部投資現金流量表

序號	項目名稱	計算期			
		0	1	2	3
1	現金流入				
1.1	銷售收入				
2	現金流出				
2.1	投資及總成本費用				
2.2	增值稅稅金及附加				
2.3	土地增值稅				
2.4	所得稅				
3	淨現金流量（1）－（2）				
4	折現淨現金流量				
5	累計折現淨現金流量				

$NPV=$

$IRR=$

靜態投資回收期＝

動態投資回收期＝

（2）資本金現金流量表（表 4-42）

表 4-42 資本金現金流量表

序號	項目名稱	計算期			
		0	1	2	3
1	現金流入				
1.1	銷售收入				
2	現金流出				
2.1	資本金				
2.2	預售收入再投入				
2.3	貸款本金償還				
2.4	貸款利息償還				
2.4	增值稅稅金及附加				
2.5	土地增值稅				
2.6	所得稅				
3	淨現金流量				
4	折現值				
5	累計折現值				

NPV=

IRR=

靜態投資回收期=

動態投資回收期=

3. 資金來源與運用分析（表 4-43）

表 4-43 資金來源與運用分析

序號	項目名稱	計算期			
		0	1	2	3
1	資金來源				
1.1	銷售收入				
1.2	資本金				
1.3	銀行借款				
2	資金的運用				
2.1	建設投資				
2.2	借款還本				
2.3	增值稅稅金及附加				
2.4	土地增值稅				

表4-43(續)

序號	項目名稱	計算期			
		0	1	2	3
2.5	所得稅				
3	盈餘資金 (1) - (2)				
4	累計盈餘資金				

4. 風險分析

5. 分析結論

4.4 房地產開發項目投資分析實訓的考核方法

開發銷售模式房地產開發項目投資分析考核方法如表 4-44 所示，開發經營或出租模式的房地產開發項目投資分析考核方法可類比此方法並適當調整比例。

表 4-44　　實訓考核方法

序號	實訓內容	權重	要求及標準
1	建設投資估算	4 分	建設投資構成完成，各項目估算依據合理，結果計算準確，4 分
2	銷售收入估算	2 分	估算方法合理，結果計算準確，2 分
3	增值稅稅金及附加估算	2 分	稅率取值正確，結果計算準確，2 分
4	土地增值稅估算	2 分	計算增值額時所取扣除項目符合法規規定，增值稅率取值正確，結果計算準確，2 分
5	編制投資計劃與資金籌措表	10 分	表格完整表達項目投資去向及籌資管道，4 分； 各期投資額根據項目的經濟技術指標確定，4 分； 各期籌集資金滿足各期投資所需，2 分
6	編制借款還本付息表	15 分	表格完整表達各期借款額、各期借款累計、各期應計利息及各期還本付息額及資金來源，5 分； 表格各期數據填列正確，5 分； 利息備付率及償債備付率計算正確，5 分
7	編制損益表及指標計算	10 分	損益表編制正確，數據填列正確，5 分； 總投資收益率、資本金淨利潤率計算正確，5 分

表4-44(續)

序號	實訓內容	權重	要求及標準
8	編制現金流量表及指標計算	20 分	全部投資（資本金）現金流量表編制正確且各項目填列正確，10 分；投資回收期、*NPV*、*IRR* 計算正確，10 分
9	編制資金來源與運用表，並分析項目資金平衡能力	15 分	表格完整表達項目的資金來源與運用，表明各期盈餘及累計盈餘資金，5 分；各期、各項目數據填列正確，5 分；資金平衡能力分析正確，5 分
10	風險分析	15 分	確定影響項目的風險因素，選擇合適的方法對項目進行風險分析並得出結論，15 分
11	綜合評價項目可行性	5 分	綜合分析有理有據，並給出項目是否可行的結論，5 分

問題與思考

1. 評價兩個互斥的方案時，若用 *NPV* 評價的結果與用 *IRR* 評價的結果剛好相反，該如何取舍？

2. 開發銷售模式的房地產開發項目與開發經營或出租模式的房地產開發項目在進行投資分析時，建設投資的處理上有沒有不同的地方？若有，請舉例。

3. 進行開發經營或出租模式的房地產開發項目投資分析時，什麼時候成本費用中應包含折舊、攤銷等費用，什麼時候成本費用中不應包含折舊、攤銷等費用？

拓展訓練

設計一個開發經營模式的房地產開發項目，並對其進行投資分析。注意以下問題：

（1）合理估計項目經營期。

（2）建設投資的處理與開發銷售模式有何不同。

（3）合理估算經營收入及經營成本，並考慮通貨膨脹的影響。

參考文獻

[1] 王勇，陳延輝. 項目可行性研究與評估——典型案列精解［M］. 北京：中國建築工業出版社，2008.

[2] 王勇，白思俊. 投資項目可行性分析——理論精要與案列分析［M］. 北京：中國建築工業出版社，2012.

[3] 劉曉君. 工程經濟學［M］. 北京：中國建築工業出版社，2015.

[4] 陳琳，譚建輝. 房地產項目投資分析［M］. 北京：清華大學出版社，2012.

[5] 余源鵬. 房地產項目可行性研究實操一本通［M］. 北京：機械工業出版社，2015.

[6] 林文俏，姚燕. 建設項目投資財務分析評價［M］. 廣州：中山大學出版社，2014.

[7] 徐霞. 建設項目可行性研究與申請報告案列與分析［M］. 北京：化學工業出版社，2008.

[8] 蘇益. 投資項目評估［M］. 北京：清華大學出版社，2011.

[9] 張青. 項目投資與融資分析［M］. 北京：清華大學出版社，2012.

5 房地產項目管理

📖本章導讀

- 掌握招標文件的主要內容和特點，能運用相關知識編制招標文件。
- 掌握招標的方式，熟悉招標流程。
- 熟悉《中華人民共和國合同法》和房地產項目合同管理工作的專業知識。
- 掌握合同的簽訂、分類登記、檢查、歸檔整理的規範、要求等。
- 熟悉房地產項目竣工驗收的內容、程序、提交文件等相關知識。
- 掌握房地產項目竣工驗收的實際操作能力。

案例導入

廣州富力地產的項目管理

2002年2月28日，廣州富力地產以32億元投得北京市東三環內，緊鄰CBD南的廣渠門東五廠地塊，這是當時全國有史以來最大的公開招標地塊項目。此地塊距離北京最高檔的CBD很近，地段位置優越，被業內人士稱為北京住宅用地的「地王」。但當時在這個區域內的住宅項目林立，有已經銷售的「后現代城」和「金港國際」，以及正在準備上市的「蘋果社區」和「富頓中心」等，眾多項目短兵相接，商戰已是箭在弦上。廣州富力地產憑藉豐富的項目管理經驗，以驚人的項目運作速度，創造了當年簽合同、蓋樓、賣樓、收款的地產開發「奇跡」，在瞬息萬變的市場中以快制快取得成功。

那麼，廣州富力地產的工程項目管理經驗從何而來？房地產項目管理又有哪些具體內容？

（案例來源：根據相關公開資料整理。）

5.1 房地產項目的招標管理

5.1.1 房地產項目的招標管理實訓的目的及任務

(1) 實訓的目的

①掌握招標文件的主要內容和特點。

②掌握招標方式，熟悉招標流程。

（2）實訓的任務

運用相關知識規劃方案設計招標文件，編制設計單位招標文件。

5.1.2 房地產項目的招標管理實訓的知識準備

5.1.2.1 房地產項目涉及的招標種類

5.1.2.1.1 工程勘察、設計招標

（1）勘察、設計招標的範圍

一般情況下，招標人依法可以將某一階段的設計任務或幾個階段的設計任務通過招標方式發包，委託選定的企業實施。

招標人應根據工程項目的具體特點決定發包的範圍，實行勘察、設計招標的工程項目，可以採取設計全過程總發包的一次性招標，也可以採取分單項、分專業的分包招標。中標單位承擔的初步設計和施工圖設計，經發包方書面同意，也可以將非建設工程主體部分設計工作分包給具有相應資質條件的其他設計單位，且這些設計單位就其完成的工作成果與總承包方一起向發包方承擔連帶責任。

勘察任務可以單獨發包給具有相應資質條件的勘察單位實施，也可以將其工作內容包括在設計招標任務中。由於通過勘察工作取得的工程項目建設所需的技術基礎資料是設計的依據，直接為設計服務，同時必須滿足設計的需要，因此，將勘察任務包括在設計招標的範圍內，由具有相應能力的設計單位來完成或由該設計單位再去選擇承擔勘察任務的分包單位，對招標人較為有利。

（2）勘察、設計招標的特點

勘察、設計招標的特點表現為承包任務是投標人通過自己的智力勞動，將招標人對建設項目的設想變為可實施的藍圖。因此，設計招標文件只能簡單介紹工程項目的實施條件、預期達到的技術經濟指標、投資限額、進度要求等。投標人按規定分別報出工程項目的構思方案、實施計劃和報價，招標人通過開標、評標程序對各方案進行比較后確定中標人。

設計招標的主要特點表現為：

①招標文件內容上：設計招標文件中僅提出設計依據、工程項目應達到的技術指標、項目限定的工作範圍、項目所在地的基本資料、要求完成的時間等內容。

②對投標書的編制要求上：投標人首先提出設計構思和初步方案，並論述該方案的優點和實施計劃，在此基礎上提出報價。投標人應當按照招標文件、建築方案設計文件編制投標文件。

③開標形式上：由各投標人自己說明投標方案的基本構思和意圖以及其他實質性內容，或開標即對投標的設計文件做保密處理，即先進行編號，然后交評委評審。

④評標原則上：評標時不過分追求投標價的高低，評標委員應更多關注所提供方案的合理性、科學性、先進性、造型的美觀性以及設計方案對建設目標的影響。

勘察招標的主要特點表現為：

①合同選用上：由於勘察是為設計提供地質技術資料的，勘察深度要與設計相適

應，且補勘、增孔的可能性很大，所以用固定總價合同不適合。

②評標重點不是報價：勘察報告的質量影響建設項目質量，項目勘察費與項目基礎的造價或項目成本相比是很小的。低勘察費可能影響到工作質量、工程總造價、工程質量，是得不償失的，因此，勘察評標的重點不是報價。

③勘察人員、設備及作業制度很關鍵：勘察人員主要是採樣人員和分析人員，他們的工作經驗、工作態度、敬業精神直接影響勘察質量；設備包括勘察設備和內業的分析儀器，這是勘察的前提條件；作業制度是勘察質量的有效保證，這應是評標的重點。

（3）勘察、設計招標的方式

招標文件對投標人所提出的要求只是簡單介紹工程項目的實施條件、應達到的技術經濟指標、總投資限額、進度要求等，投標人根據相應的規定和要求分別報出工程項目的設計構思方案實施計劃和工程概算，招標人通過開標、評標等程序對所有方案進行比較選擇后確定中標人，然后由中標人根據預定方案去實現。鑒於設計任務本身的特點，設計招標應採用設計方案競選的方式招標，在招標方式上可分為公開招標和邀請招標。

勘察招標是對建設工程的工程測量、水文地質的勘察招標，在招標方式上也可分為公開招標和邀請招標。

（4）設計招標文件的主要內容

①投標須知。其包括工程名稱、地址、競選項目、占地範圍、建築面積、競選方式等。

②設計依據文件。其包括經過批准的設計任務書、項目建議書或者可行性研究報告及有關審批文件的複印件。

③項目說明書。其包括工程內容，設計範圍或深度，設計圖內容、張數和圖幅，建設週期和設計進度等方面的要求，並告知工程項目的總投資限額。

④擬簽訂合同的主要條款和要求。

⑤設計基礎資料。其包括可供參考的工程地質、水文地質、工程測量等建設場地勘察成果報告；供水、供電、供氣、供熱、環保、市政道路等方面的基礎資料以及城市規劃管理部門確定的規劃控製條件和用地紅線圖；設計文件的審查方式。

⑥招標文件答疑、組織現場踏勘和召開標前會議的時間和地點。

⑦投標文件送達的截止時間。

⑧投標文件編制要求及評標原則。

⑨未中標方案的補償辦法。

⑩招標可能涉及的其他有關內容。

（5）勘察招標文件的主要內容

勘察招標文件的主要內容包括投標須知、項目說明書、勘察任務書、合同主要條件、基礎資料和技術標準、投標文件格式等。其中，勘察任務書是最主要的文件，其對項目勘察的範圍、進度要求、勘察內容及成果要求等具體工作進行描述。

5.1.2.1.2 工程監理招標

(1) 監理招標的特點

①招標宗旨是對監理單位能力的選擇

監理服務是監理單位的高智能投入，服務工作完成的好壞不僅依賴於執行監理業務是否遵循了規範化的管理程序和方法，更多地取決於參與監理工作人員的業務專長、經驗、判斷能力、創新能力以及風險意識。因此，選擇監理單位時，關注的是能力競爭，而不是價格競爭。

②報價在選擇中居於次要地位

工程項目的施工、物資供應招標選擇中標人的原則是：在技術上達到標準要求的前提下，主要考慮價格的競爭性。而監理招標對能力的選擇放在第一位，因為當價格過低時監理單位很難把招標人的利益放在第一位，為了維護自己的經濟利益採取減少監理人員數量或多派業務水平低、工資低的人員，其后果必然導致對工程項目的損害。另外，監理單位提供高質量的服務，往往能使招標人獲得節約工程投資和提前投產的實際效益。因此，在選擇原則上以技術方面的評審為主，選擇最佳的監理公司，而不應以價格最低為主要標準。

③邀請投標人較少

選擇監理單位時，一般邀請投標人的數量以3~5家為宜。

(2) 監理招標的方式

在建設工程監理招標中，由於招標人主要看中的是監理單位的技術水平而非監理報價，因此經常採用邀請招標的方式，一般不發招標公告，發包人開列短名單，只向短名單內的監理公司發出邀請函。

(3) 監理招標文件的主要內容

①投標邀請信。投標邀請信是招標人發給短名單內監理單位的信函，應在招標準備階段完成。

②投標須知。投標須知是供投標人參加投標競爭和編制投標書的主要依據。一般包括的內容有：工程綜合說明、委託監理的任務大綱、合格條件與資格要求、招標投標程序、評標考慮的要素和評標原則，等等。

③合同草案。通常招標人與中標人簽訂的監理委託合同應採用建設部和國家工商行政管理總局聯合頒布的《建設工程委託監理合同》標準化文本，合同的標準條件部分不得改動，結合委託監理任務的工程特點和項目地域特點，雙方可針對標準條件中的要求予以補充、細化和修改，視為專用條款。在編制招標文件時，為了能使投標人明確義務和責任，合同中專用條款的內容均應寫明。招標文件中的專用條款內容只是編寫投標書的依據，如果通過投標、評標和合同談判，發包人同意接受投標書中的某些建議，雙方協商達成一致修改專用條款的約定后再簽訂合同。

④工程技術文件。工程技術文件是投標人完成委託監理任務的依據，一般包括的內容有：工程項目建議書，工程項目批覆文件，可行性研究報告及審批文件，應遵守的有關技術規定，必要的設計文件、設計施工圖和有關資料。

⑤投標文件的格式。招標文件中給出的標準化法律文書通常包括的內容有：投標

書格式、監理大綱的主要內容要求、投標單位對投標負責人的授權書格式、履約保函格式。

5.1.2.1.3 工程施工招標

（1）建設工程施工招標的形式及特點

工程施工招標是指工程施工階段的招標活動全過程，它是目前國內一些工程項目建設經常採用的一種招標形式。其特點是招標範圍靈活化、多樣化，有利於施工的專業化。工程項目招標可以是全部工作一次性發包，也可以把工作分解成幾個獨立的內容分別發包。如果招標人不擅管理，則招標人可將項目的全部施工任務發包給一個中標人，僅與一個中標人簽訂合同，這樣施工過程中管理工作比較簡單，但有能力參與競爭的投標人較少。如果招標人有足夠的管理能力，也可以將全部施工內容分解成若干個單位工程和特殊專業工程分別發包，一是可以發揮不同投標人的專業特長，增強投標的競爭性；二是每個獨立合同比總承包合同更容易落實，即使出現問題也易於糾正或補救。但招標發包的數量要適當，標段太多會給招標工作和施工階段的管理協調帶來困難。因此，分標段招標的原則是有利於吸引更多的投標者來參加投標，以發揮各個承包商的特長，降低工程造價，保證工程質量，加快工程進度，同時又要考慮到便於工程管理，減少施工干擾，使工程能有條不紊地進行。

（2）影響施工招標範圍的主要因素

①工程特點。準備招標的工程如果場地比較集中，工程量不大，技術上不是特別複雜，一般不用分標。而當工作場面分散、工程量較大，或有特殊的工程技術要求時，則可以考慮分標。

②對工程造價的影響。一般來說，一個工程由一家承包商施工，不但干擾少、便於管理，而且由於臨時設施少，人力、機械設備可以統一調配使用，從而獲得比較低的工程報價。但是，如果是一個大型的、複雜的工程項目，則對承包商的施工經驗、能力、設備等方面都要求很高，在這種情況下，如果不分標就可能使有能力參加此項目投標的承包商數大大減少，投標競爭對手的減少，很容易導致報價上漲，從而不能獲得合理的報價。

③專業化問題。盡可能按專業劃分標段，有利於發揮承包商的特長，增加對承包商的吸引力。

④施工現場的施工管理問題。在確定招標範圍時要考慮施工現場管理中的兩個問題：一是工程進度的銜接；二是施工現場的布置。

工程進度的銜接很重要，特別是關鍵線路上的項目一定要選擇施工水平高、能力強、信譽好的承包商，以保證能按期或提前完成任務，防止影響其他承包商的工程進度，以避免引起不必要的索賠。

從現場布置角度看，則承包商越少越好。確定招標範圍時一定要考慮施工現場的布置，不能有過大的干擾。對各個承包商的料場分配、附屬企業、生活區安排、交通運輸、棄渣場地等都應在事先有所考慮。

⑤其他因素。影響工程招標範圍的因素還有很多，如資金問題，當資金籌措不足時，只有實行分標招標，先進行部分工程的招標。

(3) 建設工程施工招標的方式

目前國內、外市場上使用的建設工程招標方式主要有以下兩種：

①公開招標。公開招標是指招標人通過報刊、廣播、電視、網路或其他媒介，公開發布招標公告，招攬不特定的法人或其他組織參加投標的招標方式。公開招標一般對投標人的數量不予限制，故也稱為「無限競爭性招標」。

公開招標的優勢：由於公開招標是無限競爭性招標，競爭相當激烈，使招標人能切實做到「貨比多家」，有充分的選擇餘地，有利於招標人獲得最合理的投標報價，取得最佳投資效益。公開招標競爭範圍廣，往往打破國界，有利於學習國外先進的工程技術及管理經驗；有利於提高各家工程承包企業的工程建造質量、勞動生產率及投標競爭能力。採用公開招標能夠保證所有合格的投標人都有機會參加投標，都以統一的客觀衡量標準衡量自身的生產條件，促使各家施工企業在競爭中按照國際先進水平來展示自己。公開招標是根據預先制定並眾所周知的程序和標準公開而客觀地進行的，因此一般能防止招標投標過程中作弊情況的發生。

公開招標的弊端：公開招標所需費用較大，時間較長。同時，公開招標需準備的文件較多、工作量較大且各項工作的具體實施難度較大。

公開招標主要適用於：政府投資或融資的建設工程項目；使用世界銀行、國際性金融機構資金的建設工程項目；國際上的大型建設工程項目；關係社會公共利益、公共安全的基礎設施建設工程項目及公共事業項目等。

②邀請招標。邀請招標是指招標人以投標邀請書的方式直接邀請若干家特定的法人或其他組織參加投標的招標形式。邀請招標對投標人的數量是有限制的，故也稱為「有限競爭性招標」。招標人採用邀請招標方式時，特邀的投標人一般不應少於 3 家。被邀請的投標人必須是資信良好、能勝任招標工程項目實施任務的單位。

邀請招標的優勢：招標所需的時間較短，且招標費用較少。一般而言，由於邀請招標時，被邀請的投標人都是經招標人事先選定具備招標工程投標資格的承包企業，故無須再進行投資人資格預審；又由於被邀請的投標人數量有限，可相應減少評標階段的工作量及費用開支，因此，邀請招標能以比公開招標更短的時間、更少的費用結束招標投標過程。另外，投標人不易串通抬價。因為邀請招標不公開進行，參與投標的承包企業不清楚其他被邀請人，所以，在一定程度上能避免投標人之間進行接觸，使其無法串通抬價。

邀請招標的弊端：不利於招標人獲得最優報價，取得最佳投資效益。這是由於邀請招標時，由招標人選擇投標人，招標人的選擇相對於廣闊、發達的市場不可避免地存在一定局限性，加上邀請招標的投標人數量既定、競爭有限，可供招標人比較、選擇的範圍相對狹小，也就不易使招標人獲得最合理的報價。

邀請招標主要適用於：私人投資建設的項目，中、小型建設工程項目。

(4) 建設工程施工招標文件的主要內容

①投標須知。投標須知中主要包括：總則、招標文件、投標報價說明、投標文件的編制、投標文件的遞交、開標、評標、授予合同。

②合同條件。其包括合同通用條件和專用條件。其中合同通用條件可以採用國家

工商行政管理總局和建設部最新頒發的《建設工程施工合同（示範文本）》中的「通用條款」。

③合同協議條款。其內容包括：合同文件、雙方一般責任、施工組織設計和工期、質量與驗收、合同價款與支付、材料和設備供應、設計變更、竣工與結算、爭議、違約和索賠。

④合同格式。其內容包括：合同協議書格式、銀行履約保函格式、履約擔保書格式、預付款銀行保函格式。

⑤技術規範。其內容包括：工程建設地點的現場自然條件、現場施工條件、本工程採用的技術規範。

⑥投標書及投標書附錄。

⑦工程量清單與報價表、輔助資料表。

⑧設計施工圖及勘察資料。

5.1.2.1.4　材料及設備招標

材料及設備招標是指採購主體對所需要的工程設備、材料向供貨商進行詢價或通過招標的方式設定包括商品質量、期限、價格為主的標的，邀請若干供貨商通過投標報價進行競爭，採購主體從中選擇優勝者並與其達成交易協議。

（1）建設工程材料及設備採購的範圍

材料及設備採購的範圍主要包括建設工程中所需要的大量建材、工具、用具、機械設備、電氣設備等，大致分為工程用料、暫設工程用料、施工用料、正式工程的機電設備、其他輔助辦公和實驗設備等。

（2）材料及設備採購的方式

材料及設備採購方式可分為公開招標、邀請招標、詢價和直接訂購。採用公開招標或邀請招標的方式一般適用於購買大宗建築材料或訂購大型設備，且標的金額較大、市場競爭激烈的情況。

①公開招標。國務院發展改革部門確定的國家重點建設項目和各省、自治區、直轄市人民政府確定的地方重點建設項目，其貨物採購應當公開招標。

②邀請招標。邀請招標適用於：貨物技術複雜或有特殊要求，只有少量幾家潛在投標人可供選擇的；涉及國家安全、國家機密或者搶險救災，適宜招標但不宜公開招標的；擬公開招標的費用與擬公開招標的節資相比，得不償失的；法律、行政法規規定不宜公開招標的其他情形。

③詢價。詢價是指對 3 家以上供貨商就標的物進行價格比較以獲得最合理價格，選擇其中一家簽訂供貨合同。一般適用於材料設備價值較小的標準規格產品。

④直接訂購。這是一種非競爭性的採購方式。在某些特殊情況下，由於需要某些特定機械設備早日交貨，可採用此法，以避免由於時間延誤而增加開支。

（3）材料及設備招標的程序

一般程序包括：

①辦理委託招標。

②確定招標方式。

③編制實施計劃籌建項目評標委員會。

④編制招標文件。

⑤刊登招標公告或發投標邀請函。

⑥資格預審。

⑦發售招標文件。

⑧投標。

⑨開標。

⑩閱標、詢標。

⑪評標、定標。

⑫發中標和落標通知書。

⑬簽訂合同。

(4) 材料及設備招標文件的內容組成

①投標邀請書。其包括招標項目名稱，建設工程名稱及簡介，招標材料，設備簡要內容（設備主要參數、數量、要求交貨期、交貨地點等），投標截止時間和地點，開標時間和地點的說明及提交投標保證金和聯絡方式等其他有關內容。

②投標資料表。

③投標人須知。其包括對招標文件的說明及對投標者投標文件的基本要求，評標、定標的基本原則等內容。

④合同條款。合同主要條款包括：合同標的、合同價格、付款、檢查驗收、索賠、合同爭議的解決、違約責任、合同生效及其他等內容。

⑤附件。

⑥招標項目技術要求。其包括招標項目一覽表、招標項目技術參數及質量要求、圖樣及包裝要求等。

5.1.2.1.5　營銷代理機構招標

(1) 營銷代理機構招標的意義

房地產開發企業開發建設房屋，目的是為了獲取利潤，而實現目的的重要方式之一就是通過適當的渠道將房屋銷售出去，開發商往往精力有限，需要把項目的營銷任務委託專業的房地產營銷代理機構進行策劃和銷售。房地產營銷代理機構就是專業為房地產公司（開發商）提供房地產專業的樓盤策劃、推廣、銷售代理的服務機構，業務集中在產品定位、地塊研究、廣告推廣、營銷策劃等。房地產營銷代理機構為房地產公司（開發商）提供的主要是智力型的服務。

(2) 營銷代理機構招標的程序

①招標單位編制招標書。

②招標單位發布招標信息。招標分為公開招標和邀請招標兩種方式，公開招標一般用公告發布招標信息，邀請招標一般用邀請函發布招標信息。

③招標單位確認投標單位。招標單位對意向投標單位進行資格審查，包括企業業績等情況，確認的投標單位要保證有三家以上。

④投標單位領取招標書。

⑤踏勘樓盤現場、解答招標書問題。

⑥投標單位按規定時間密封報送投標書。

⑦開標、評標。

⑧招標單位與中標單位簽訂合同。

⑨結尾工作。招標單位向未中標單位返回保證金和支付補償金。

(3) 營銷代理機構招標文件的主要內容

①招標公告或招標邀請。

②投標須知。其包括招標單位（業主）簡介、地塊和項目詳介、投資規模和項目進度介紹、日程安排等。

③招標內容及要求。招標內容大致可分為：前期策劃、市場調研、營銷策劃、廣告策劃、銷售代理。

④合同主要條款。

⑤開標事項。

5.1.2.2 房地產項目招標管理的常見流程

房地產項目招標管理流程見圖 5-1。

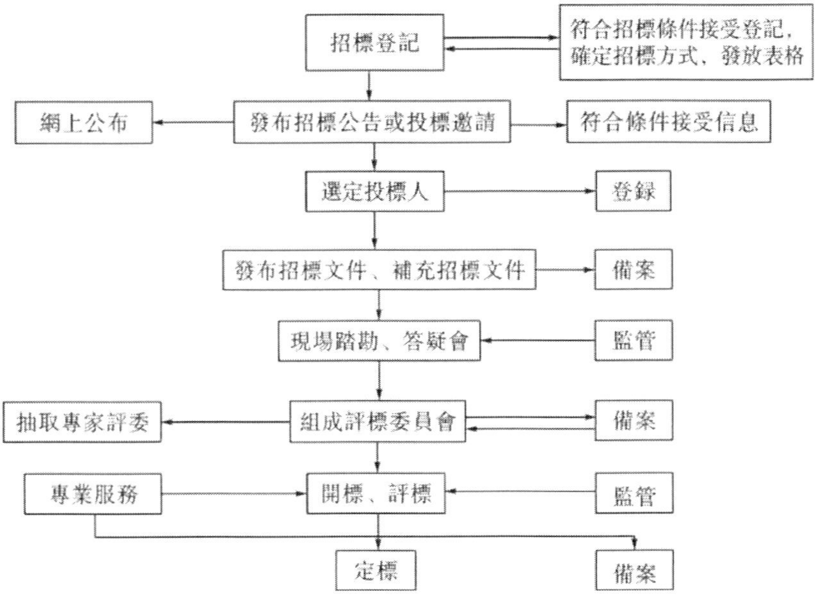

圖 5-1 房地產項目標管理流程圖

5.1.3 房地產項目的招標管理實訓的組織

(1) 指導者工作

①向受訓者講授房地產項目涉及的招標種類和特點。

②介紹房地產項目招標的常見方式，並舉案例。

③明確規劃方案設計招標作為實訓工作。

④要求受訓者結合項目實際情況，確定招標方式，規劃方案設計招標文件。

(2) 受訓者工作

①熟悉規劃方案設計招標所涉及的工作。

②對前期實訓的項目報建、前期定位、項目投資分析進行整理。

③確定招標方式。

④結合設計方案招標的主要內容，編寫招標文件。

5.1.4 房地產項目的招標管理實訓的步驟

房地產項目的招標管理實訓的步驟見圖 5-2。

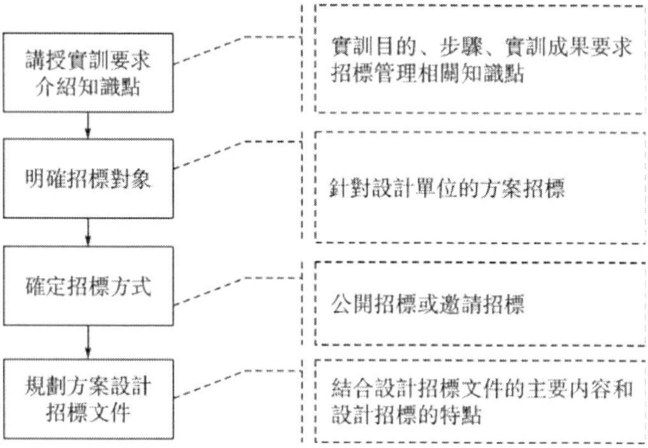

圖 5-2 房地產項目招標管理實訓步驟

示例：房地產項目的招標管理的參考模版

某項目的設計招標文件

一、投標須知

1. 項目概況（略）

2. 投標人資質（略）

二、設計依據文件（略）

三、項目說明書

1. 設計任務和深度要求

(1) 設計任務

本次方案規劃設計工作由總體規劃和建築設計兩部分組成，要求這兩方面有良好的創意。

①總體規劃設計。根據項目的佈局要求，結合項目現狀，提出項目新的總體規劃

設計和改建、擴建方案。

②建築設計。其包括主體建築和其他新的建築群體的建築設計方案。

(2) 設計成果深度要求

①設計成果規劃圖，比例1：1,000。

②平、立、剖面圖，比例1：200。

③主體建築立面透視圖。

④總體規劃模型，比例1：500。

⑤分析圖若干。

⑥設計說明（含造價估算及主要技術經濟指標）。

四、擬簽訂合同的主要條款和要求

第一條，本合同依據下列文件簽訂（略）。

第二條，本合同設計項目的內容（略）。

第三條，雙方責任（略）。

第四條，違約責任（略）。

第五條，其他（略）。

五、設計基礎資料

1. 地質條件（略）

2. 設施配套設計（略）

六、招標文件答疑、組織現場踏勘和召開標前會議的時間和地點

1. 召開標前會議

時間：××××年××月××日

地點：略

2. 組織現場踏勘

時間：××××年××月××日

地點：略

3. 招標文件答疑

時間：××××年××月××日

地點：略

七、投標文件送達的截止時間

自領取項目設計任務書之日起××天內完成全部設計。即××××年××月××日。

八、投標文件編制要求及評標原則

1. 編制要求（略）

2. 評標原則（略）

九、未中標方案的補償辦法（略）

十、招標可能涉及的其他有關內容（略）

5.2 房地產項目的合同管理

5.2.1 房地產項目的合同管理實訓的目的及任務

(1) 實訓的目的

①熟悉《中華人民共和國合同法》和房地產項目合同管理工作的專業知識。

②掌握合同的簽訂、分類登記、檢查、歸檔整理的規範、要求等。

(2) 實訓的任務

擬寫土建施工合同書。

5.2.2 房地產項目的合同管理實訓的知識準備

5.2.2.1 房地產項目管理合同的分類

5.2.2.1.1 建設工程勘察、設計合同

建設工程勘察合同是指根據建設工程的要求，查明、分析、評價建設場地的地質地理環境特徵和岩土條件，編制建設工程勘察文件的協議。

建設工程設計合同是指根據建設工程的要求，對建設工程所需的技術、經濟、資源、環境等條件進行綜合分析、論證，編制建設工程設計文件的協議。

(1) 勘察合同的主要內容

①委託任務的工作範圍。

②發包人應提供的勘察依據文件和資料、現場的工作條件。

③發包人和勘察人的責任。

④勘察費用的支付。

⑤勘察合同的工期。

⑥勘察成果資料的檢查驗收。

⑦違約責任。

⑧合同爭議解決方式。

(2) 設計合同的主要內容

①委託任務的工作範圍。

②發包人應提供的文件和資料。

③發包人和設計人的責任。

④設計費用的支付管理。

⑤設計合同生效、終止與期限。

⑥違約責任。

⑦合同爭議解決方式。

5.2.2.1.2 建設工程委託監理合同

建設工程委託監理合同屬於委託合同的範疇，是工程發包人將項目建設過程中與

第三方所簽訂的合同履行管理任務，以合同方式委託監理人負責監督、協調和管理而訂立的合同。

《建設工程委託監理合同（示範文本）》由建設工程委託監理合同、建設工程委託監理合同標準條件和建設工程委託監理合同專用條件三部分組成。

（1）建設工程委託監理合同。這是一個總的協議，是綱領性的法律文件。

（2）建設工程委託監理合同標準條件。其內容具有較強的通用性，適用於各類建設項目工程監理，主要內容有：監理人的工作，合同雙方的權利、義務與責任，監理酬金，監理合同的變更、終止與解除，爭議的解決。

（3）建設工程委託監理合同專用條件。這是對具體工程而言，結合地域特點、專業特點和委託監理項目的工程特點，對標準條件中的某些條款的補充和修正。

5.2.2.1.3　建設工程施工合同

建設工程施工合同是建設單位和施工單位為完成商定的土木工程、設備安裝、管道線路鋪設、裝飾裝修和房屋修繕等建設工程項目，明確雙方的權利和義務關係的協定。

《建設工程施工合同（示範文本）》包括協議書、通用條款、專用條款三個部分，以及承包人承攬工程項目一覽表、發包人供應材料設備一覽表、工程質量保修書三個附件。

（1）協議書。協議書是施工合同的綱領性文件。

（2）通用條款。通用條款是根據法律、行政法規規定及建設工程施工的需要訂立，通用於建設工程施工的條款。其主要內容有：合同雙方的義務，合同價款與支付條款，合同進度條款，合同的質量條款，不可抗力、保險與擔保，變更、索賠與合同爭議的解決，合同的解除與終止，違約責任，材料採購等。

（3）專用條款。專用條款是發包人與承包人根據法律、行政法規規定，結合具體工程實際，經協商達成一致意見的條款，是對通用條款的具體化、補充或修改。

5.2.2.1.4　建設工程材料設備合同

建設工程材料設備合同是指具有平等主體的自然人、法人、其他組織之間為實現建設工程材料設備買賣，設立、變更、終止相互權利和義務關係的協議。

建築工程材料設備合同的主要內容分為約首、合同條款和約尾三部分。

（1）約首。寫明採購方和供貨方的單位名稱、合同編號和簽訂地點。

（2）合同條款。主要內容包括：

①合同標的，包括產品的名稱、品種、商標、型號、規格、等級、花色、生產廠家、訂購數量、合同金額、供貨時間及每次供應數量等。

②質量要求的技術標準、供貨方對質量負責的條件和期限。

③交（提）貨地點和方式。

④運輸方式及到站、港和費用的負擔責任。

⑤合理損耗及計算方法。

⑥包裝標準、包裝物的供應與回收。

⑦驗收標準、方法及提出異議的期限。

⑧隨機備品、配件工具數量及供應辦法。

⑨結算方式及期限。

⑩如需提供擔保，另立合同擔保書作為合同附件。

⑪違約責任。

⑫解決合同爭議的方法。

⑬其他約定事項。

（3）約尾。最終簽字蓋章使合同生效的有關內容，包括簽字的法定代表人或委託代理人姓名、開戶銀行和帳號、合同的有效起止日期等。

5.2.2.1.5　營銷代理機構合同

營銷代理機構合同是指房地產企業（開發商）與營銷代理機構簽訂的管理任務，營銷代理機構為房地產企業（開發商）提供房地產營銷服務及相關事宜的合同（協議）。

營銷代理機構合同的內容主要包括：

①代理範圍、期限和方式。

②甲、乙雙方的權利和義務。

③違約責任。

④代理的收費標準及支付方式。

⑤合同爭議的解決。

⑥合同的終止與解除。

5.2.2.2　合同管理流程

合同管理流程見圖 5-3。

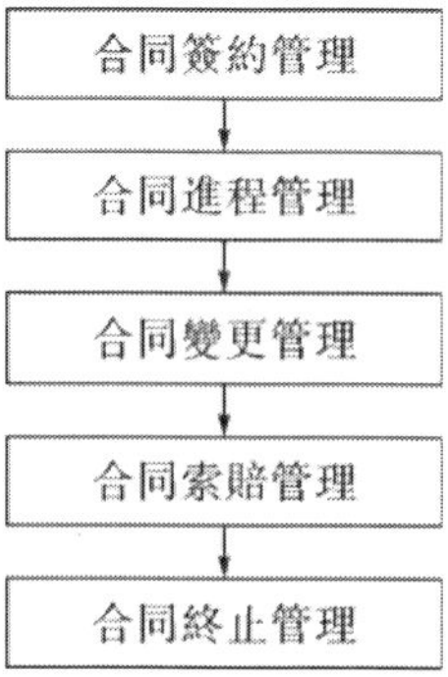

圖 5-3　合同管理流程圖

5.2.3　房地產項目的合同管理實訓的組織

（1）指導者工作

①向受訓者講授房地產項目涉及的合同種類和主要內容。

②介紹合同管理流程，並舉案例。

③加強受訓者對合同施工文本的理解，擬寫土建施工合同書。

(2) 受訓者工作

①收集整理合同書的相關依據資料。

②確定合同簽訂對象：總承包單位、專業分包單位、勞務分包單位。

③熟悉《建設工程施工合同（示範文本）》組成內容。

④根據項目實際，擬寫土建施工合同書。

5.2.4 房地產項目的合同管理實訓的步驟

房地產項目合同管理實訓步驟見圖 5-4。

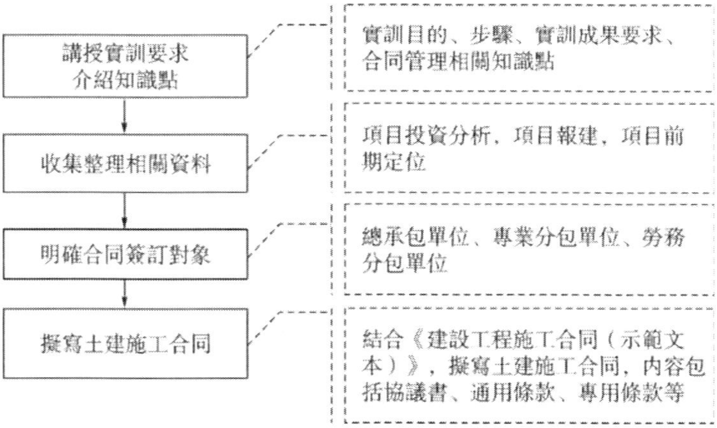

圖 5-4 房地產項目合同管理實訓步驟

示例：房地產項目的合同管理的參考模版

某項目的土建施工合同書

合同協議書

發包人（全稱）：<u>××房地產開發有限公司</u>

承包人（全稱）：<u>××建設有限公司</u>

根據《中華人民共和國合同法》《中華人民共和國建築法》及有關法律規定，遵循平等、自願、公平和誠實信用的原則，雙方就工程施工及有關事項協商一致，共同達成如下協議：

一、工程概況

1. 工程名稱：<u>天驕名城二期總承包施工工程（Ⅰ標段）</u>。

2. 工程地點：<u>××區××路</u>。

3. 工程立項批准文號：<u>×××××</u>。

4. 資金來源：<u>自籌</u>。

5. 工程內容：<u>所提供施工圖範圍內的建築安裝工程（發包人另行單獨發包工程除外）</u>。

群體工程應附《承包人承攬工程項目一覽表》(附件1)。

6. 工程承包範圍：所提供施工圖範圍內的建築安裝工程（發包人另行單獨發包工程除外）。

二、合同工期

計劃開工日期：××××年××月××日。

計劃竣工日期：××××年××月××日。

工期總日曆天數：×××天。工期總日曆天數與前述計劃開竣工日期計算的工期天數不一致的，以工期總日曆天數為準。

三、質量標準

工程質量符合「巴渝杯」「三峽杯」標準。

四、簽約合同價與合同價格形式

1. 簽約合同價為：________億元。

人民幣（大寫）________（¥________元）。

其中：

(1) 安全文明施工費：

人民幣（大寫）________（¥________元）

(2) 材料和工程設備暫估價金額：

人民幣（大寫）________（¥________元）

(3) 專業工程暫估價金額：

人民幣（大寫）________（¥________元）

(4) 暫列金額：

人民幣（大寫）________（¥________元）

2. 合同價格形式：固定總價合同。

五、項目經理

承包人項目經理：梁某。

六、合同文件構成

本協議書與下列文件一起構成合同文件：

(1) 中標通知書（如果有）；

(2) 投標函及其附錄（如果有）；

(3) 專用合同條款及其附件；

(4) 通用合同條款；

(5) 技術標準和要求；

(6) 圖紙；

(7) 已標價工程量清單或預算書；

(8) 其他合同文件。

在合同訂立及履行過程中形成的與合同有關的文件均構成合同文件組成部分。

上述各項合同文件包括合同當事人就該項合同文件所做出的補充和修改，屬於同一類內容的文件，應以最新簽署的為準。專用合同條款及其附件須經合同當事人簽字或蓋章。

七、承諾

1. 發包人承諾按照法律規定履行項目審批手續、籌集工程建設資金並按照合同約定的期限和方式支付合同價款。

2. 承包人承諾按照法律規定及合同約定組織完成工程施工，確保工程質量和安全，不進行轉包及違法分包，並在缺陷責任期及保修期內承擔相應的工程維修責任。

3. 發包人和承包人通過招投標形式簽訂合同的，雙方理解並承諾不再就同一工程另行簽訂與合同實質性內容相背離的協議。

八、詞語含義

本協議書中詞語含義與第二部分通用合同條款中賦予的含義相同。

九、簽訂時間

本合同於××××年××月××日簽訂。

十、簽訂地點

本合同在 重慶市渝中區新華路4號附1號時代天驕二樓 簽訂。

十一、補充協議

合同未盡事宜，合同當事人另行簽訂補充協議，補充協議是合同的組成部分。

十二、合同生效

本合同自 訂立之日起 生效。

十三、合同份數

本合同一式×份，均具有同等法律效力，發包人執________份，承包人執________份。

發包人：（公章）	承包人：（公章）
法定代表人或其委託代理人：	法定代表人或其委託代理人：
（簽字）	（簽字）
組織機構代碼：	組織機構代碼：
地址：	地址：
郵政編碼：	郵政編碼：
法定代表人：	法定代表人：
委託代理人：	委託代理人：
電話：	電話：
傳真：	傳真：
電子信箱：	電子信箱：
開戶銀行：	開戶銀行：
帳號：	帳號：

通用合同條款

通用合同條款是根據法律、行政法規規定及建設工程施工的需要訂立，通用於建設工程施工的條款，屬國家標準條款。故在此略。

專用合同條款

由於具體實施過程項目的工作內容各不相同，施工現場和外部環境條件各異，故專用條款是反映工程具體特點和要求的約定，是對通用條款的具體化、補充和修改。合同示範文本中的專用條款僅僅提供了一個編制具體合同時的指南，具體內容應由當事人根據工程的實際要求，針對通用條款的內容進行補充或修改。故在此略。

附件

協議書附件：

附件 1：承包人承攬工程項目一覽表（表 5-1）

專用合同條款附件：

附件 2：發包人供應材料設備一覽表（表 5-2）

附件 3：工程質量保修書

表 5-1　承包人承攬工程項目一覽表

單位工程名稱	建設規模	建築面積（平方米）	結構形式	層數	生產能力	設備安裝內容	合同價格（元）	開工日期	竣工日期

表 5-2 發包人供應材料設備一覽表

序號	材料、設備品種	規格型號	單位	數量	單價（元）	質量等級	供應時間	送達地點	備註

工程質量保修書

發包人（全稱）：

承包人（全稱）：

發包人和承包人根據《中華人民共和國建築法》和《建設工程質量管理條例》，經協商一致就__________（工程全稱）簽訂工程質量保修書。

一、工程質量保修範圍和內容

承包人在質量保修期內，按照有關法律規定和合同約定，承擔工程質量保修責任。

質量保修範圍包括地基基礎工程，主體結構工程，屋面防水工程，有防水要求的衛生間、房間和外牆面的防滲漏，供熱與供冷系統，電氣管線、給排水管道、設備安裝和裝修工程，以及雙方約定的其他項目。

二、免費保修期限

根據《建設工程質量管理條例》及有關規定，工程的質量保修期如下：

1. 地基基礎工程和主體結構工程在設計文件規定的工程合理使用年限內保修結構安全。

2. 屋面防水工程，有防水要求的衛生間、房間和外牆面，門窗框以及其他有防水要求的地方防滲漏保修5年。

3. 空調及制冷系統保修2年。

4. 電氣管線、給排水管道、設備安裝和裝修工程工程保修2年。

5. 室外管網及小區道路等市政公用工程保修2年。

6. 其他工程按照國家《建設工程質量管理條例》執行，但不得少於2年。

質量保修期自工程竣工驗收合格之日起計算。

三、缺陷責任期

工程缺陷責任期為××個月，缺陷責任期自工程竣工驗收合格之日起計算。單位工程先於全部工程進行驗收，單位工程缺陷責任期自單位工程驗收合格之日起計算。

缺陷責任期終止后，發包人應退還剩餘的質量保證金。

四、質量保修責任

1. 屬於保修範圍、內容的項目，承包人應當在接到保修通知之日起7天內派人保修。承包人不在約定期限內派人保修的，發包人可以委託他人修理。

2. 發生緊急事故需搶修的，承包人在接到事故通知后，應當立即到達事故現場搶修。

3. 對於涉及結構安全的質量問題，應當按照《建設工程質量管理條例》的規定，立即向當地建設行政主管部門和有關部門報告，採取安全防範措施，並由原設計人或者具有相應資質等級的設計人提出保修方案，承包人實施保修。

4. 質量保修完成后，由發包人組織驗收。

五、保修費用

保修費用由造成質量缺陷的責任方承擔。

六、雙方約定的其他工程質量保修事項

1. 乙方同意在免費保修期滿后至工程有效壽命年限內，繼續提供適當維修服務，並按最優惠價收取費用。

2. 本保修書作為施工合同附件，由施工合同雙方共同簽署，在工程使用年限內一直生效。

發包人（公章）：__________	承包人（公章）：__________
地址：__________	地址：__________
法定代表人（簽字）：__________	法定代表人（簽字）：__________
委託代理人（簽字）：__________	委託代理人（簽字）：__________
電話：__________	電話：__________
傳真：__________	傳真：__________
開戶銀行：__________	開戶銀行：__________
帳號：__________	帳號：__________
郵政編碼：__________	郵政編碼：__________

5.3 房地產項目的竣工驗收

5.3.1 房地產項目的竣工驗收實訓的目的及任務

(1) 實訓的目的

①熟悉房地產項目竣工驗收的內容、程序、提交文件等相關知識。

②掌握房地產項目竣工驗收的實際操作能力。

(2) 實訓的任務

制定某房地產項目綜合竣工驗收的計劃。

5.3.2 房地產項目的竣工驗收實訓的知識準備

(1) 竣工驗收的概念

建築工程竣工驗收，是全面考核建設工作，檢查工程是否符合設計和工程質量要求的重要環節，對促進建設項目（工程）及時投產，發揮投資效果，總結建設經驗有重要作用。建築工程依照國家有關法律、法規及工程建設規範、標準的規定完成工程設計文件要求和合同約定的各項內容，建設單位已取得政府有關主管部門（或其委託機構）出具的工程施工質量、消防、規劃、環保、城建等驗收文件或准許使用文件后，組織工程竣工驗收並編制完成建設工程竣工驗收報告。參與的主體單位有建設單位、勘察單位、設計單位、監理單位、施工單位等。

(2) 竣工驗收工作的分類

①單項工程竣工驗收

單項工程竣工驗收是指在一個整體項目中，某一獨立的建築物、構築物已完成設計圖紙及合同約定完成全部的工程內容，具備正常使用條件，根據甲方與承包商合同約定的要求進行的質量驗收。

②綜合竣工驗收

綜合竣工驗收是指在收到承包商提交的工程竣工驗收報告后，經過城建檔案管理部門預驗收合格后，由甲方組織，政府質監部門（一般為質檢站）參與，工程的勘察、設計、監理、總承包商參加的驗收。它是工程竣工驗收備案和辦理房屋產權的必備條件。

(3) 房地產項目綜合竣工驗收的流程

房地產項目綜合竣工驗收流程見圖 5-5。

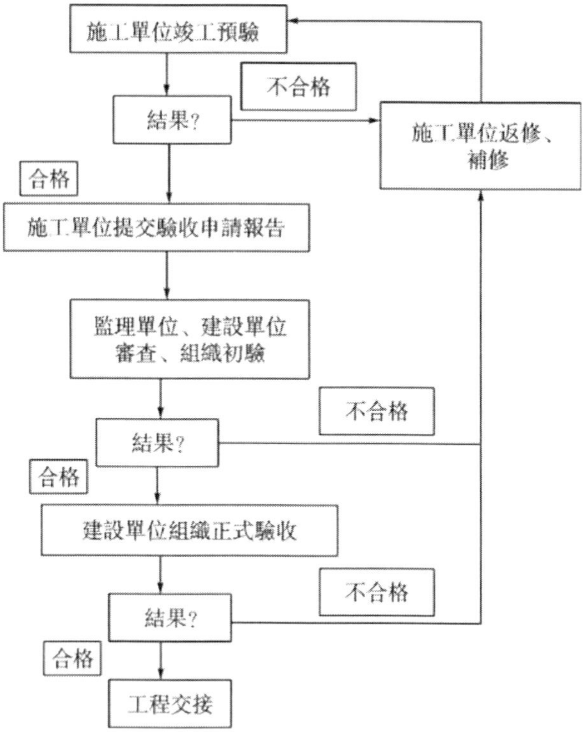

圖 5-5　房地產項目綜合竣工驗收流程

(4) 房地產項目竣工驗收備案提交的文件（以重慶市為例）

- 建設工程備案申請書、登記表。
- 建築工程施工許可證。
- 施工圖設計文件審查報告、備案書。
- 勘察報告審查意見書。
- 施工單位提供的工程竣工報告。
- 施工單位提供的工程質量檢查報告。
- 監理單位提供的工程質量評估報告。
- 勘察單位提供的工程質量評估報告。
- 設計單位提供的設計質量檢查報告。
- 重慶市建設工程竣工驗收意見書及通知書。
- 市政基礎設施的有關質量檢測和功能性試驗資料。
- 建設工程檔案驗收意見書及檔案移交書。
- 規劃部門出具的認可文件和准許使用文件。
- 公安消防部門出具的認可文件和准許使用文件。
- 環保部門出具的認可文件和准許使用文件。
- 氣象部門出具的防雷工程竣工驗收合格證。

·工程質量監督部門出具的建設工程質量監督報告。

·施工單位提供的建設單位已按合同支付工程款的有關證明。

·重慶市建設工程質量保修書。

·商品住宅質量保修書和商品住宅使用說明書。

·房地產開發行政主管部門核定的《重慶市房地產開發建設項目手冊》。

·《重慶市民用建築節能工程竣工驗收備案表》。

·發改委的立項批覆文件。

·規劃局的建設工程選址意見書。

·規劃局的建設工程現場放線通知單。

·規劃局的建設工程規劃許可證及附頁。

·規劃局的用地紅線圖。

·規劃局的建設紅線圖。

·建設單位項目負責人及現場代表責任書。

·監理單位項目總監、監理工程師責任書。

·施工單位有關責任人員名單。

·施工單位項目經理、施工管理負責人、項目技術負責人、項目施工員、項目質檢員、項目安全員、項目材料員責任書。

·所屬區、縣人民政府的農民（居民）建設用地批准書。

5.3.3 房地產項目的竣工驗收實訓的組織

（1）指導者工作

①向受訓者講授房地產項目竣工驗收的概念和主要涉及的單位部門。

②介紹竣工驗收流程，並舉案例。

③向受訓者介紹竣工驗收備案應提交的文件，制訂某房地產項目綜合竣工驗收計劃。

（2）受訓者工作

①明確竣工驗收的意義和所涉及的部門。

②瞭解房地產項目竣工驗收備案應提交的文件。

③掌握房地產項目竣工驗收基本流程。

④根據項目實際，制訂綜合竣工驗收計劃。

5.3.4 房地產項目的竣工驗收實訓的步驟

房地產項目竣工驗收實訓步驟見圖 5-6。

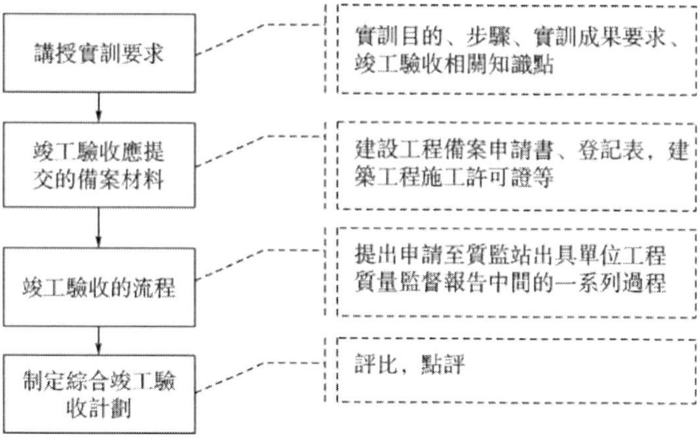

圖 5-6　房地產項目竣工驗收實訓步驟

示例：房地產項目的竣工驗收的參考模版

某項目的綜合竣工驗收計劃

一、竣工驗收時間

計劃××××年××月××日前進行×××工程竣工驗收。

二、參與工程驗收的有關單位和專家

1. 建設單位

上級主管部門領導、××科學館相關領導及相關專業管理人員。

2. 相關專家

裝修專家、空調專家、智能專家、電梯專家、音響專家等。

3. 設計單位

項目負責、土建、裝修、水電、消防、空調、智能、燈光音響、電梯單位等。

4. 監理單位

監理公司領導、總監、土建裝修、水電空調、智能燈光等監理工程師。

5. 施工單位

(1) ××省建築裝飾工程有限公司項目經理、專業技術人員。

(2) ××省第四建築公司項目經理、專業技術人員。

(3) 杰賽科技股份有限公司項目經理、專業技術人員。

(4) 華茂聲學工程有限公司項目經理、專業技術人員。

(5) 安順電梯工程有限公司項目經理、專業技術人員。

6. 質量監督部門

邀請主管該工程的質量監督部門領導進行監督。

三、工程竣工總結和資料

1. 建設單位、監理單位、各專業施工單位都要寫工程竣工總結，竣工驗收會議結束時，將工程竣工總結交給建設單位。

2. 建設單位在驗收前要準備好前期工程檔案資料。

3. 各專業施工單位在驗收前要準備好工程檔案資料和竣工圖。

4. 監理單位在驗收前要準備好監理檔案資料。

四、工程驗收實施計劃

（一）驗收組織

建設單位組織設計、施工、監理等單位和其他相關專家組成驗收組，根據工程特點，下設若干個專業組。

1. 驗收組（表 5-3）

表 5-3

組長	××省科協領導
副組長	總監、總包、廣東科學館領導
組員	相關專家、科學館、設計院、監理、施工等

2. 專業組（表 5-4）

表 5-4

專業組	組長	組員
土建、裝修	監理	相關專家、科學館、設計院、監理、施工等
水電、空調、消防、電梯	監理	相關專家、科學館、設計院、監理、施工等
弱電、燈光音響	監理	相關專家、科學館、設計院、監理、施工等
工程品質控製資料及安全和功能檢驗資料	監理	相關專家、科學館、設計院、監理、施工等

（二）驗收程序

1. 建設單位主持驗收會議。

2. 建設、設計、施工、監理單位介紹工程合同履約情況和在工程建設各個環節執行法律、法規及工程建設強制性標準情況。

3. 審閱建設、施工、監理單位的工程檔案資料和竣工圖。

4. 驗收組實地查驗工程質量。

5. 專業組發表意見，驗收組形成工程質量驗收意見並簽名。

（三）質量整改

確定未達到使用功能的部位和存在的主要問題及整改時間。

(四) 實地檢查質量大體路線

首層大廳→科學會堂→階梯教室→東附樓首層→室外裝飾→202 室→204 室→302 室→304 室→南四樓→屋面→北四樓→317 室→315 室→其他課室等。

5.4 房地產項目管理的實驗成果

根據受訓者業務水平，實訓的實驗成果產出分為高級階段、中級階段、初級階段、入門級成果。以下成果為入門級成果示例（說明：示例為某應用型高校學生實訓成果，部分內容尚待推敲、修改和完善）。

某高校學生實訓階段成果

實驗題目

實驗（訓）項目名稱	規劃方案設計招標文件	指導教師	
實驗（訓）日期		所在分組	

實驗概述

【實驗（訓）目的及要求】

1. 熟悉設計招標文件的內容組成及意義，規劃方案設計招標文件。

2. 實驗分組，每組 4~5 名同學，針對各組的項目情況完成編制。

【實驗（訓）原理】

1. 設計招標文件的特點：簡單介紹工程項目的實施條件、預期達到的技術經濟指標、投資限額、進度要求等。

2. 設計招標文件中僅提出設計依據、工程項目應達到的技術指標、項目限定的工作範圍、項目所在地的基本資料、要求完成的時間等內容，而無具體的工作量。

實驗內容

【實驗（訓）方案設計】

一、實驗任務目標

1. 熟悉設計招標文件的內容組成及意義。

2. 掌握設計招標文件的特點，針對各組項目實際情況，規劃方案設計招標文件。

二、實驗要點及流程

1. 要點：重點掌握設計招標文件的主要內容及特點。

2. 流程：針對項目實際情況→按照設計招標文件要求→規劃方案設計招標文件。

三、儀器設備

投影儀、電腦。

【實驗（訓）過程】（實驗（訓）步驟、記錄、數據、分析）

一、投標須知

該項目位於重慶市沙坪壩區井口鎮先鋒街 67 號重慶工商大學融智學院，根據該市政府宏觀規劃，經批准，對該項目整體建設重新規劃，並改造成中、高檔住宅，其項目名稱為「仙山流雲」。為徵集到優秀的規劃設計方案，決定面向全市舉辦該項目方案設計招標活動。

該項目占地總面積約17萬平方米，分商業區和住宅區兩部分。項目建設規模要求高層共計8棟，建築面積為88,000平方米，容積率達3.8；洋房共計6棟，建築面積為14,400平方米，容積率達0.9；約30,000平方米的商業區，其中配有大型超市、百貨、電影院等休閒娛樂設施；綠化率達45%；並且有診所、幼兒園等基本配套。整體佈局合理，內部管理智能化。

投標人資質為：甲級工程設計單位。

二、設計依據文件

經過重慶市政府批准的設計任務書、項目建議書或者可行性研究報告及有關審批文件的複印件。

三、項目說明書

1. 設計任務和深度要求

(1) 設計任務

本次方案規劃設計工作，由總體規劃和建築設計兩部分組成，要求這兩方面有良好的創意。

①總體規劃設計：根據現代中、高檔住宅的佈局要求，結合該項目現狀，提出改建本項目的總體規劃設計和改建方案。

②建築設計：包括住宅主體建築和商業建築群體的建築設計方案。

(2) 設計成果深度要求

①設計成果規劃圖，比例1：1,000。

②平、立、剖面圖，比例1：200。

③主體建築立面透視圖。

④總體規劃模型，比例1：500。

⑤分析圖若干。

⑥設計說明（含造價估算及主要技術經濟指標）如表5-5所示。

表5-5 **投資與總成本費用估算匯總表** 單位：萬元

序號	項目	投資
1	土地費用	33,350
2	前期工程費用	1,234.64
3	建築安裝工程費用	16,260
4	公共配套設施費	752
5	不可預見費	2,542.23
6	開發期間稅費	63.92
7	管理費	2,542.23

表5-5(續)

序號	項目	投資
8	銷售費用	7,395
9	財務費用	7,183.68
	總計	71,323.7

2. 主要技術經濟指標

(1) 建築用地面積

容積率：高層為3.8，洋房為0.9，綠化率為45%。

建築物總占地面積：4,100平方米。

(2) 計入容積率的建築面積

住宅面積：64,000平方米。

銷售中心：3,000平方米。

(3) 不計入容積率的建築面積

陽臺面積：5,088平方米。

3. 住宅總套數

90平方米以下的套數：520套。

90~120平方米的套數：360套。

4. 停車位

地上停車位：800個。

地下停車位：700個。

四、擬簽訂合同的主要條款和要求

第一條　本合同依據下列文件簽訂

1.1　《中華人民共和國合同法》《中華人民共和國建築法》《建設工程勘察設計市場管理規定》。

1.2　國家及重慶市有關建設工程設計規範和技術規定。

第二條　本合同設計項目的內容

2.1　項目建設為中、高檔住宅，戶型以70平方米至120平方米的3室1廳為主，配有集百貨、休閒娛樂、大型超市等為一體的商業區的規劃概念方案，包括本項目地塊用地範圍內豎向及市政管網規劃總平面設計，地塊住宅、公共建設及地下車庫設計(包括方案設計和初步設計)。

2.2　具體設計項目、規模、階段、投資及設計費。

2.3　發包人應向設計人提交的有關資料及文件。

2.4　設計人應向發包人交付的設計資料及文件。

第三條　雙方責任

3.1　甲方有權要求乙方在設計過程中提供作業圖，並有權要求乙方提供結構、給排水、電氣、採暖、通風等專業設計說明及計算書。

3.2 發包人按本合同第三條規定的內容，在規定的時間內向設計人提交資料及文件，並對其完整性、正確性及時限負責，發包人不得要求設計人違反國家有關標準進行設計。發包人提交上述資料及文件超過規定期限15天以內，設計人按合同第四條規定交付設計文件時間順延；超過規定期限15天以上時，設計人員有權重新確定提交設計文件的時間。

3.3 發包人變更委託設計項目、規模、條件或因提交的資料錯誤，或所提交資料做較大修改，以致造成設計人設計需返工時，雙方除需另行協商簽訂補充協議（或另訂合同）、重新明確有關條款外，發包人應按設計人所耗工作量向設計人增付設計費。在未簽合同前發包人已同意設計人為發包人所做的各項設計工作，應按收費標準支付相應設計費。

3.4 發包人要求設計人比合同規定時間提前交付設計資料及文件時，如果設計人能夠做到，發包人應根據設計人提前投入的工作量，向設計人支付趕工費。

3.5 發包人應為派赴現場處理有關設計問題的工作人員，提供必要的工作、生活及交通等便利條件。

3.6 發包人應保護設計人的投標書、設計方案、文件、資料圖紙、數據、計算軟件和專利技術。未經設計人同意，發包人對設計人交付的設計資料及文件不得擅自修改、複製或向第三人轉讓或用於本合同外的項目，如發生以上情況，發包人應負法律責任，設計人有權向發包人提出索賠。

3.7 本項目的后續設計工作（包括但不限於A地塊的施工圖、B地塊的方案深化、初步設計、施工圖設計），甲方將優先考慮乙方，並另行簽訂設計合同。

3.8 發包人指定肖犁女士作為項目聯絡人，參加協調會議，並及時解答乙方疑問，若甲方需要更改聯繫人，書面形式通知設計人。

3.9 設計人應按國家技術規範、標準、規程及發包人提出的設計要求，進行工程設計，按合同規定的進度要求提交質量合格的設計資料，並對其負責。

3.10 設計人採用的主要技術標準是：國家及當地技術規範、標準、規程。

3.11 設計合理使用年限為70年。

3.12 設計人按本合同第二條和第四條規定的內容、進度及份數向發包人交付資料及文件。

3.13 設計人交付設計資料及文件后，按規定參加有關的設計審查，並根據審查結論負責對不超出原定範圍的內容做必要調整和補充。

3.14 設計人應保護發包人的知識產權，不得向第三人洩露、轉讓發包人提交的產品圖紙等技術經濟資料。如發生以上情況並給發包人造成經濟損失，發包人有權向設計人索賠。

3.15 設計方指定設計主要負責人作為本項目的總負責人，負責本合同項目各階段設計工作，並提供乙方設計人員名單和簡介。本工程建築材料、設備的加工訂貨如需設計人員配合時，設計人應當積極予以協助。設計期間設計方不得隨意變更項目總負責人，如需變更，設計方應書面通知甲方，並徵得甲方的同意。

3.16 設計方提交的設計成果文件編制深度應滿足建設部現行《建設工程設計文

件編制深度規定》的規定，並同時滿足政府規劃報批所要求的設計文件編制深度。

第四條　違約責任

4.1　在合同履行期間，發包人要求終止或解除合同，設計人未開始設計工作的，不退還發包人已付的訂金；已開始設計工作的，發包人應根據設計人已進行的實際工作量，不足一半時，按該階段設計費的一半支付；超過一半時，按該階段設計費的全部支付。

4.2　發包人應按本合同第五條規定的金額和時間向設計人支付設計費，每逾期支付一天，應承擔支付金額千分之二的逾期違約金。逾期超過30天以上時，設計人有權暫停履行下階段工作，並書面通知發包人。發包人的上級或設計審批部門對設計文件不審批或本合同項目停緩建，發包人均按4.1條規定支付設計費。

4.3　設計人對設計資料及文件出現的遺漏或錯誤負責修改或補充。由於設計人員錯誤造成工程質量事故損失，設計人除負責採取補救措施外，應免收直接受損失部分的設計費。

4.4　由於設計人自身原因，延誤了按本合同第四條規定的設計資料及設計文件的交付時間，每延誤一天，應減收該項目應收設計費的千分之二。

4.5　合同生效后，設計人要求終止或解除合同，設計人應雙倍返還訂金。

第五條　其他

5.1　發包人要求設計人派專人留駐施工現場進行配合與解決有關問題時，雙方應另行簽訂補充協議或技術諮詢服務合同。

5.2　設計人為本合同項目所採用的國家或地方標準圖，由發包人自費向有關出版部門購買。本合同第四條規定設計人交付的設計資料及文件份數超過《工程設計收費標準》規定的份數，設計人另收工本費。

5.3　本工程設計資料及文件中，建築材料、配件和設備應當註明其規格、型號、性能等技術指標，設計人不得指定生產廠、供應商。發包人需要設計方的設計人員配合加工訂貨時，所需費用由發包人承擔。

5.4　發包人委託設計配合引進項目的設計任務，從詢價、對外談判、國內外技術考察直至建成投產的各個階段，應吸收承擔有關設計任務的設計人參加。出國費用，除制裝費外，其他費用由發包人支付。

5.5　發包人委託設計人承擔本合同內容之外的工作服務，另行支付費用。

5.6　由於不可抗力因素致使合同無法履行時，雙方應及時協商解決。

5.7　本合同發生爭議，雙方當事人應及時協商解決。也可由當地建設行政主管部門調解，調解不成時，雙方當事人同意由仲裁委員會仲裁。雙方當事人未在合同中約定仲裁機構，事后又未達成仲裁書面協議的，可向人民法院起訴。

5.8　本合同一式6份，發包人4份，設計人2份。

5.9　本合同經雙方簽字蓋章並在發包人向設計人支付訂金后生效。

五、設計基礎資料

1. 地質條件

該項目位於沙坪壩區，本區地貌歸屬於川東平行嶺谷低山丘陵區的一部分，全區呈丘陵、臺地和低山組合的地貌結構。中部歌樂山海拔高度在550~650米，最高峰歌樂山雲頂寺海拔680.25米。嘉陵江由北往東南流經沙坪壩區達19.3千米。氣候屬於中亞熱帶季風性濕潤氣候區，熱量和水分資源豐富，最冷月平均氣溫7.8℃，最熱月平均氣溫28.5℃，年平均氣溫18.3℃，無霜期341.6天，具有冬暖夏熱和春秋多變的特點。全年降水充沛，降水量為1,082.9毫米。中部歌樂山森林區年平均氣溫比山下低2℃左右。全區水體除嘉陵江外，梁灘河、虎溪河、清水溪、鳳凰溪、詹家溪、南溪口溪是區內較大的溪河。

2. 設施配套設計

(1) 生活配套系統：圖書館、診所、活動中心等。

(2) 安保系統：採用了智能化管理系統，主要有樓宇可視對講與防盜門控製系統、出入口管理及周界防範報警系統、閉路電視監控系統、保安巡更管理系統、住戶報警系統。

(3) 智能化設施：防盜單元門。每個單元住宅樓底設對講機，每戶內設對講分機。

(4) 電梯品牌：品牌電梯。

(5) 供氣系統：燃氣，小區設燃氣管網到戶。

(6) 供水系統：單元樓每戶電表設在一樓或地下室，統一抄表。

(7) 車庫配置：車輛出入及停車場管理系統。

六、招標文件答疑、組織現場踏勘和召開標前會議的時間和地點

1. 召開標前會議

時間：2014年10月11日

地點：我方招標會議室

2. 組織現場踏勘

時間：2014年10月12日

地點：項目現場

3. 招標文件答疑

時間：2014年10月13日

地點：我方招標會議室

七、投標文件送達的截止時間

1. 自領取項目設計任務書之日起60天內完成全部設計，即2014年12月13日。

2. 為確保本次競賽活動的順利開展，參賽機構須向我方承諾按時提交設計方案。

八、投標文件編制要求及評標原則

1. 編制要求

在投標文件編制前，應進行必要的調查研究，弄清與工程設計有關的基本條件，收集必要的設計基本資料，進行認真分析。投標設計文件應根據招標書進行編制，由設計說明書、設計圖紙、投資估算、透視圖四部分組成，除透視圖單列外，其他文件的編排順序如下：

(1) 封面，要求寫明項目名稱、編製單位、編制時間。

(2) 扉頁，設計文件編製單位行政及技術負責人、具體編制總負責人和相應註冊

建築師及註冊結構工程師簽字蓋章。

(3) 設計文件目錄。

(4) 設計說明書。

(5) 設計圖紙。

(6) 投資估算。

上述規定適用投標文件正本。投標文件副本不得顯示或隱示投標人名稱，不需任何人簽字蓋章。如無特殊約定，投標文件一般為A3縮印本，效果圖一般為1號彩圖。一些大型或重要的城市建築根據工程需要加做建築模型（費用另收）。

2. 評標原則

(1) 遵循公平、公正、科學、擇優的原則。

(2) 聘請國內知名專家組成評審委員會，評出3個入圍優秀方案。

(3) 在評標活動過程中，可要求投標人對其投標文件中含義不明的內容，通過評標委員會集體詢標澄清。

九、未中標方案的補償辦法

經預選審核后，凡屬正式邀請參賽並符合方案設計深度要求而未獲獎者，給於一次性成本補貼費用4萬元人民幣。

十、招標可能涉及的其他有關內容

1. 投標文件的補充、修改與撤回

(1) 投標人在提交投標文件以后，在規定的投標截止時間之前，可以書面形式補充修改或撤回已提交的投標文件，並以書面形式通知招標人。補充、修改的內容為投標文件的組成部份。

(2) 投標人對投標文件的補充、修改，應按有關投標文件規定密封、標記和提交，並在投標文件密封袋上清楚標明「補充、修改」或「撤回」字樣。

(3) 在投標截止時間之后，投標人不得補充、修改投標文件。

(4) 在投標截止時間至投標有效期滿之前，投標人不得撤回投標文件；否則，其投標擔保將被沒收。

2. 無效標書的界定

有下列情形之一者，投標書無效：

(1) 投標書未密封的。

(2) 未按招標文件要求編制或字跡模糊，辨認不清的。

(3) 未蓋單位公章或法定代表人（或其委託代理人）印章的。

(4) 逾期送達的。

(5) 投標單位遞交內容不同的兩份或兩份以上投標書或報價，未聲明哪一份有效的。

(6) 投標人在投標函中規定的投標有效期內撤回其投標文件的。

(7) 法律、法規規定的其他廢標情況。

5.5　房地產項目管理的考核方法

在實訓過程中，正確有效的考核方式是促進、鞏固教學效果的重要內容，是提高實訓質量的重要方法。本實驗過程的考核方式如下：

5.5.1　考核內容

（1）受訓者對項目管理實施環節的基本知識、操作技能、技巧運用的理解掌握程度。
（2）受訓者對運用所學知識解決房地產項目管理實際問題的綜合能力。
（3）受訓者遵守實訓紀律要求、實訓態度等職業道德的情況。
（4）受訓者團隊意識、團隊合作等職業配合技能。

5.5.2　考核原則

（1）考核標準是客觀的、統一的，須防止主觀的、隨意的判定。
（2）成績的評定能夠真實反映受訓者的知識、技能、技巧的實際水平。
（3）成績的評定要體現受訓者的工作態度。
（4）成績的評定須加入對團隊合作的考核。
（5）考核評分標準做到公開透明，使學生明白考核重點和要點。

5.5.3　考核方式

（1）課程考核

課程考核是對實訓課程的過程考核，主要從受訓者的出勤率、實訓參與情況、課堂表現三個方面評定受訓者的實訓成績。

（2）階段考核

階段考核是根據項目管理的三個實訓內容，在每個實訓版塊結束后，對受訓者階段實訓成績進行評定。由於三個版塊在實際操作過程中的重要程度不同，建議實訓指導者可參照以下比例進行評分：

①項目招標管理：占比 40%。

②項目合同管理：占比 30%。

③項目竣工驗收：占比 30%。

（3）實訓報告成果考核

項目管理實訓環節完成后，需要由受訓者提交本實訓過程的實訓報告，實訓指導者根據其實訓報告體現的學習態度、規範性、創新性、邏輯性等進行綜合評分。參考評分標準如下：

①優秀（90 分以上）

√敘述詳細，概念正確，文理通順，結構嚴謹，條理清楚，邏輯性強。

√對實訓問題的分析詳細、透徹、規範、全面。

√對所開發項目的針對性強。

√獨立完成，無抄襲。
√對實訓的心得體會深刻、有創意，有理有據，能提出並解決問題。
√學習態度認真，規定時間內圓滿完成報告。
②良好（80~90分）
√敘述詳細，概念正確，文理通順，結構嚴謹，條理清楚，邏輯性強。
√對實訓問題的分析詳細、透澈、規範、全面。
√對所開發項目有針對性。
√獨立完成，無抄襲。
√對實訓的心得體會深刻、有創意，有理有據，能提出並解決問題。
√學習態度認真，規定時間內圓滿完成報告。
③中等（70~80分）
√敘述詳細，概念正確，文理通順。
√對實訓問題的分析詳細、規範。
√對所開發項目有針對性。
√獨立完成，無抄襲。
√對實訓的心得體會深刻，有理有據，能提出並解決問題。
√學習態度認真，規定時間內圓滿完成報告。
④及格（60~70分）
√敘述簡單，沒有抄襲。
√對實訓問題的有簡單分析和描述。
√對所開發項目有針對性。
√對實訓的心得體會不深刻，論述不充分。
√學習態度比較認真，規定時間內完成報告。
⑤不及格（60分以下，或具備下面一項者）
√不提交報告。
√內容太簡單、太空泛。
√基本上是抄襲。

5.5.4 考核成績的計算

實訓指導者對受訓者的成績評定可以參考表5-6。

表5-6　房地產項目管理的考核成績計算方式

考核點名稱	課程考核	階段考核	實訓報告考核
考核點占比	30%	40%	30%
考核內容	出勤、實訓參與情況、課堂表現	技能操作水平	見實訓報告評分標準
備註：各考核內容需加入團隊核分，即由受訓小組組長根據小組成員的貢獻情況對各成員進行梯度評分，該評分將作為實訓指導者對個人成績評分的一個參考標準。			

問題與思考

1. 勘察、設計招標，監理招標與施工招標有哪些異同?
2. 勘察、設計招標文件，監理招標文件與施工招標文件主要內容分別有哪些?
3. 監理合同當事人雙方都有哪些權利?
4. 設計合同履行過程中哪些情況屬於違約行為? 當事人雙方各應如何承擔違約責任?
5. 施工階段合同管理的主要工作有哪些?
6. 房地產項目綜合竣工驗收備案應提交的資料清單有哪些?

拓展訓練

1. 房地產監理招標

任務：能根據監理招標的特點和方式編寫監理招標文件。

步驟：理解監理招標的特點→明確監理招標與施工招標、設計招標的區別→選擇招標方式→確定監理服務的工作範圍→結合監理招標文件的主要內容編寫監理招標文件。

成果：《監理招標文件》。

2. 房地產監理招標文件的常見內容結構

①投標邀請函。

②投標須知。

③合同草案。

④工程技術文件。

⑤投標文件的格式。

參考文獻

[1] 劉黎虹. 工程招投標與合同管理 [M]. 北京：機械工業出版社，2011.

[2] 郝永池. 建設工程招投標與合同管理 [M]. 北京：北京理工大學出版社，2011.

[3] 全國一級建造師執業資格考試用書編寫委員會. 建設工程項目管理 [M]. 北京：中國建築工業出版社，2010.

[4] 全國一級建造師執業資格考試用書編寫委員會. 建設工程法規及相關知識 [M]. 北京：中國建築工業出版社，2010.

[5] 全國建設工程招標投標從業人員培訓教材編寫委員會. 建設工程招標實務 [M]. 北京：中國計劃出版社，2002.

[6] 建設工程項目管理規範 (GB/T50326-2006).

[7] 全國造價工程師執業資格考試用書編寫委員會. 建設工程造價管理 [M]. 北京：中國計劃出版社，2015.

[8] 伍川生. 工程竣工驗收及交付 [M]. 天津：天津大學出版社，2015.

[9] 劉伊生. 建設工程招投標與合同管理 [M]. 北京：北京交通大學出版社，2014.

[10] 築龍專題. 建築工程竣工驗收程序及內容 [EB/OL]. http://sg.zhulong.com/topic_jungongyanshou.html. 2014-12-18.

6 房地產項目營銷策劃

本章導讀

・掌握房地產營銷推廣的銷售分期、入市時機選擇、銷售階段劃分、項目定價策略、營銷推廣策略以及工作內容等，對房地產營銷推廣有個總體認識。

・瞭解房地產營銷各階段的推廣手法運用、入市推廣策略制定、房地產項目定價策略選擇、營銷推廣方案內容等，能夠將房地產營銷推廣知識進行實際應用。

・瞭解房地產項目營銷推廣方案的技巧，對在方案中如何綜合運用前述相關章節實訓內容成果有所把握。

案例導入

廣州碧桂園的營銷推廣

廣州碧桂園某項目占地近667,000平方米，為低密度花園洋房和別墅樓盤，位於廣州市番禺區大石鎮南浦島，當時的地理位置較為偏僻，1993年銷售情況極不樂觀。開發商曾多次邀請一些專家、學者實地考察，希望為銷售出謀劃策，但一時並無高招。

20世紀90年代各地紛紛開辦「貴族學校」，碧桂園集團董事局主席楊國強在一次偶然的機會發現某些「貴族學校」雖然地理位置偏僻、所收取的教育儲備金高昂，但是很多有錢人還是爭先恐后地把自己的孩子送去讀書。因此，他受到啓發，決定打破先建房再辦學的慣例，採取先辦學再建房的模式。經朋友建議，他決定請新聞界的著名策劃大師王志綱為碧桂園寫一篇文章。

王志綱受邀走訪碧桂園后，認為「這個事業不是一篇文章就能做好的。辦學，不是權宜之計，而是圍棋上的『生死之劫』，要把它當作一個系統工程的部分，一種全新的生活方式，用全新的策劃思路去做。如同《孫子兵法》中的『圍魏救趙』一樣，也許反過來救了大勢。如果僅僅把它當做一種住宅配套，那就註定要失敗」。基於這個思路，楊國強請王志綱擔任碧桂園的總策劃。王志綱對碧桂園的策劃分為兩個部分進行：針對碧桂園學校的營銷推廣和針對碧桂園樓盤的營銷推廣。

那麼，王志綱在對碧桂園的營銷推廣策劃中，如何將學校的營銷推廣與樓盤的營銷推廣進行有效地結合呢？

（案例來源：根據相關公開資料整理）

6.1 房地產項目銷售實施階段計劃

6.1.1 房地產項目銷售實施階段計劃實訓的目的與任務

(1) 實訓的目的

①使受訓者瞭解如何將企業銷售回款目標與工程進度、市場銷售規律相結合，進行項目銷售分階段計劃的時間安排。

②使受訓者在制定計劃過程中能夠對營銷宏觀政策環境因素、經濟環境因素、競爭對手因素、客戶因素等有一定的回顧。

③使受訓者掌握房地產銷售四個階段的相互銜接。

④使受訓者瞭解房地產預售的相關政策規定及房地產銷售的外部環境因素。

(2) 實訓的任務

①結合企業銷售回款目標、工程進度、市場銷售規律，進行模擬實訓項目分期銷售。

②在項目分期確定后，確定各期的銷售階段時間安排。

6.1.2 房地產項目銷售實施階段計劃實訓的知識準備

6.1.2.1 商品房預售

(1) 商品房預售的概念

商品房預售是指房地產開發企業與購房者約定，由購房者交付訂金或預付款，而在未來一定日期擁有現房的房產交易行為。其實質是房屋期貨買賣，買賣的只是房屋的一張期貨合約。它與成品房的買賣已成為中國商品房市場中的兩種主要的房屋銷售形式。

(2) 商品房預售的特徵

①商品房預售是一種附加期限的交易行為。買賣雙方在合同中約定了一個期限，並把這個期限的到來作為房屋買賣權利和義務發生法律效力或失去效力的依據。

②商品房預售具有較強的國家干預性。由於商品房的預售不同於房屋的實質性買賣，真正的房屋交接尚未形成，因此，國家加強了對商品房預售市場的規範。中國對商品房預售的條件及程序作了規定，而且還要求在預售合同簽訂后須向當地房地產管理部門辦理登記備案手續。

(3) 商品房預售的條件

2004年建設部修改后發布的《城市商品房預售管理辦法》中指出，商品房預售應當符合下列條件：①已交付全部土地使用權出讓金，取得土地使用權證書；②持有建設工程規劃許可證和施工許可證；③按提供預售的商品房計算，投入開發建設的資金達到工程建設總投資的25%以上，並已經確定施工進度和竣工交付日期。未取得《商品房預售許可證》的，不得進行商品房預售。

(4) 商品房預售申請提交的資料

開發企業申請預售許可證，應當提交下列證件（複印件）及資料：①商品房預售許可申請表；②開發企業的《營業執照》和資質證書；③土地使用權證、建設工程規劃許可證、施工許可證；④投入開發建設的資金占工程建設總投資的比例符合規定條件的證明；⑤工程施工合同及關於施工進度的說明；⑥商品房預售方案。預售方案應當說明預售商品房的位置、面積、竣工交付日期等內容，並應當附預售商品房分層平面圖。

(5) 商品房預售現場公示的內容

商品房預售現場公示的內容包括：①商品房預售許可證；②商品房預售面積測繪技術報告書和分攤情況；③房地產開發企業資質證書；④代理銷售的房地產經紀機構備案情況；⑤已備案的《商品房買賣合同》示範文本；⑥每套商品房的銷售價格；⑦每套商品房的銷售情況；⑧其他。

(6) 預售合同的備案

商品房預售，開發企業應當與承購人簽訂商品房預售合同。開發企業應當自簽約之日起30日內，向房地產管理部門和市、縣人民政府土地管理部門辦理商品房預售合同登記備案手續。

(7) 商品房預售資金的監管

商品房預售資金監管是指由房地產行政主管部門會同銀行對商品房預售資金實施第三方監管，房地產開發企業須將預售資金存入銀行專用監管帳戶，只能用作本項目建設，不得隨意支取、使用。具體監管政策由各地出抬。如重慶市規定：房地產開發企業應在與購房人簽訂購房合同、收取購房款的當日，將按揭購房首付款或一次性付款等購房人已支付的購房款全額存入預售資金監管帳戶，並向預售資金監管銀行提供對應的子帳號信息和購房人明細，預售資金監管銀行應及時將該筆款項調整到對應子帳號中。在辦理商品房買賣合同登記備案時，開發企業和預售資金監管銀行應按棟、按套提供已銷售房屋的《商品房預售資金入帳證明》。同一項目（以建設工程規劃許可證批准項目名稱為準）建設總規模在10萬平方米以下的，只能設立一個監管帳戶；項目建設總規模在10萬平方米（含）以上的，可以設立不超過三個監管帳戶。項目建設總規模以土地出讓合同約定的總建設規模為準，同時規定一個預售許可證，只能設立一個預售資金監管帳戶。

(8) 商品房交付后的權屬登記

預售的商品房交付使用之日起90日內，承購人應當依法到房地產管理部門和市、縣人民政府土地管理部門辦理權屬登記手續。開發企業應當予以協助，並提供必要的證明文件。

由於開發企業的原因，承購人未能在房屋交付使用之日起90日內取得房屋權屬證書的，除開發企業和承購人有特殊約定外，開發企業應當承擔違約責任。

6.1.2.2 商品房銷售的分期

商品房銷售的分期劃分應依據工程進度、市場競爭、產品類別、銷售價格提升、銷售導向等因素來進行綜合考慮。

首先，開發規模大、開發產品線不同、規劃佈局自然劃分、資金滾動利用等因素使得開發商對開發項目進行分期開發。商品房預售許可證辦理的前提條件之一就是施工進度和項目進度達到一定的規模，因此，商品房銷售的分期與工程進度的關聯極為緊密。

其次，由於同類產品容易造成競爭，因此對於產品線不同的小項目，如果將不同的產品搭配銷售，以達到互補而不競爭的目的，這將有利於銷售；若項目規模大、產品線眾多、不同產品規模很大，則不可放在一期進行同步銷售，否則會造成銷售時主題不明確，不利於對某類產品的客戶群體進行針對性銷售，對於不同的客戶認知渠道的把控也不好掌握。為使得銷售的主體明確、銷售力量集中，往往將不同產品進行分期銷售；若項目規模適中，則往往將公寓、普通住宅歸為一期，別墅歸為一期，辦公、商業、酒店歸為一期。

再次，開發項目銷售既要實現銷售數量又要達到較好的利潤，價格逐步上漲是普遍操作手法。例如，對於配套不成熟的遠郊大盤，初期開盤基本是很低的，價格往往是保本價，這是為了聚集項目的人氣、打造項目的關注度。隨著人氣的聚集，價格也開始通過一次次開盤上漲。這種逐步上漲的價格會帶來兩個好處：一是已購房者資產增值，能夠對后續購房者帶來投資該項目的信心；二是該項目通過一次次價格上漲，實現利潤最大化。因此，為了更好地提價，分期銷售是一個較為實用的手法。每次開盤價格上漲的幅度需要根據開盤的頻率和市場供需狀況進行綜合考慮，開盤頻率高、時間間隔近、市場成交量小，則漲幅小；反之，則漲幅大。

最后，銷售分期要實現銷售導向的目的，即分期、分批有節奏地向市場推出產品，避免一擁而上，出現好房迅速被搶盡、劣房積壓的局面。

6.1.2.3 入市時機的選擇

在確定入市時機前，應對入市前的市場信息進行進一步瞭解，主要包括：①競爭對手的項目概況、市場定位、銷售價格、銷售政策措施、廣告推廣手法、媒體策略、公關促銷活動、銷售手段、銷售情況、特殊賣點等。②目標客戶群。對目標客戶進一步細化，瞭解其需求情況。

（1）影響入市時機選擇的因素

①政策形勢。政策是入市時機選擇考慮的重點之一，包括政府頒布的房地產法律法規、財政政策、貨幣政策、中央和主管部門政策動向等，特別是宏觀政策頒布初期對房地產市場有較大的影響。入市時機選擇應利用有利政策頒布時期、規避不利政策頒布時期。

②經濟形勢。經濟形勢好，能為樓盤銷售帶來利好的結果；經濟形勢不好，會對樓盤銷售產生衝擊。選擇入市時機需要根據經濟形勢做出相應的考慮。

③工程進度。工程進度決定了項目是否能順利取得商品房預售許可證、項目能否開盤銷售。選擇入市時機要根據項目的工程進度是否達到預售規定的條件來確定。

④市場競爭。首先，要分析項目所面對的市場大環境；其次，要分析競爭對手的情況。選擇入市時機要綜合考慮市場大環境和競爭對手的情況，從而決定項目是採取

正面競爭還是規避策略。

⑤蓄客情況。項目前期蓄客的多少，決定了項目入市的可能。蓄客量不足、計劃開盤量大，則不適宜立即入市，需要繼續拓展客戶增加蓄客量。

⑥準備充分。營銷推廣組織已建立、物料準備就緒，等等。

（2）入市時機可供選擇的時間

周末或重要節假日（清明節、中元節、春節等特殊節日除外）、特殊日子（如六月六日）、天氣較好的月份、歷史銷售旺季、當地重要文化活動時期，等等。

6.1.2.4 商品房銷售實施階段的劃分

商品房銷售實施階段的劃分根據為工程進度、市場銷售規律、市場競爭情況等因素。銷售實施階段劃分后，可以根據實際銷售情況、工程進度和同期市場競爭狀況進行相應的調整。房地產銷售按照銷售時間和進度可以分為四個階段——入市導入期（認籌期和解籌期兩個階段）、開盤強銷期、持續銷售期、尾盤期。

（1）入市導入期

入市導入期是指項目未取得預售許可證前對外宣傳階段，主要是對項目的賣點進行宣傳，以提升樓盤形象，集聚客戶，預熱市場。該階段是試探市場反應、檢驗產品定位等營銷策略的對外銷售階段，主要通過認籌期客戶資料的收集來論證項目的定位。

（2）開盤強銷期

開盤強銷期是指項目熱銷階段，主要利用公開發盤，營造旺銷氣氛，同時加強宣傳力度，開發潛在客戶。

（3）持續銷售期

持續銷售期要總結前期銷售狀況，針對競爭對手制定有效的推廣策略，吸引更多的客戶，同時重塑宣傳主題，重新刺激市場。

（4）尾盤期

尾盤期是指銷售達到85%～95%的銷售階段，主要針對困難產品有重點地進行推廣，實現重點突破，最終達到整體銷售的目的。

示例

若項目按一個銷售期為12個月來劃分，可以參照表6-1來劃分，也可以根據實際情況進行相應的調整。

表6-1　　銷售週期為12個月的某樓盤銷售實施階段劃分（參考）

銷售階段	入導入市期	開盤強銷期	持續銷售期	尾盤期
時間	開盤前 1～2個月	開盤後 1～2個月	開盤後 3～6個月	開盤後 6～10個月
累積銷售量	5%～10%	40%～50%	60%～80%	85%～95%

6.1.3 房地產項目銷售實施階段計劃實訓的組織

(1) 指導者工作

①向受訓者講授房地產項目開發分期和商品房銷售分期的區別和聯繫。

②介紹商品房銷售分期的常見方式，並舉案例。

③要求受訓者在確定入市時機時結合施工進度、競爭對手情況、目標客戶群需求態勢進行考慮。

④在銷售分期、入市時機確定的基礎上，要求受訓者進行各期銷售實施階段劃分。

(2) 受訓者工作

①對前期實訓的開發分期、施工進度安排、項目產品線類別及數量進行整理。

②對競爭對手產品線和入市數量進行整理。

③結合小區規劃設計、產品位置整理資料，考慮項目的銷售分為幾期。

④根據所整理的進度、競爭對手產品線入市情況，考慮不同分期的入市時機。

⑤根據銷售分期和不同分期的入市時機，劃分銷售實施階段，並設計出表格。

6.1.4 房地產項目銷售實施階段計劃實訓的步驟

房地產項目銷售實施階段計劃實訓步驟見圖 6-1。

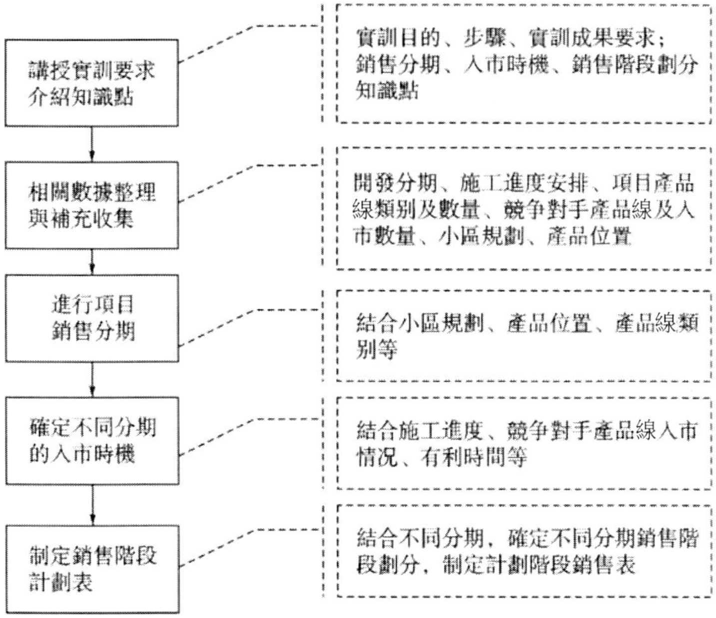
講授實訓要求
介紹知識點
實訓目的、步驟、實訓成果要求；
銷售分期、入市時機、銷售階段劃分
知識點
相關數據整理
與補充收集
開發分期、施工進度安排、項目產品
線類別及數量、競爭對手產品線及入
市數量、小區規劃、產品位置
進行項目
銷售分期
結合小區規劃、產品位置、產品線類
別等
確定不同分期
的入市時機
結合施工進度、競爭對手產品線入市
情況、有利時間等
制定銷售階段
計劃表
結合不同分期，確定不同分期銷售階
段劃分，制定計劃階段銷售表

圖 6-1 房地產項目銷售實施階段計劃實訓步驟

示例：房地產項目銷售階段計劃的參考模版

某項目的銷售階段計劃

一、宏觀環境情況（略）

二、區域市場及競爭對手情況（略）

三、某項目 2015 年計劃整體銷售目標

1. 截止 2015 年 8 月 31 日，銷售×××××套，整盤銷售率達到 90%以上。

2. 截止 2015 年 10 月 31 日，銷售×××××套，整盤銷售率達 100%。

四、工程現狀及問題點

由於項目的規劃多次調整，影響了施工進度，故工程進度與原銷售進度有所脫節。1~6 號樓原計劃 2014 年 11 月中旬封頂，但實際滯后，延遲到 12 月初封頂，預計取得預售許可證時間為 2015 年 1 月下旬。8~11 號樓原計劃 2014 年 12 月開工，延遲到 2015 年 3 月開工，預計 2015 年 5 月初封頂，延遲到 9 月初封頂，預售許可證預計取得時間為 2015 年 9 月下旬。見表 6-2。

表 6-2　工程現狀及預計取得預售許可證時間

項目	1~6 棟		8~11 棟	
	預計時間	實際時間	預計時間	實際時間
開工時間	2014 年 6 月	2014 年 6 月	2014 年 12 月	2015 年 3 月
封頂時間	2014 年 11 月	2014 年 12 月	2015 年 5 月	2015 年 9 月
預售許可證預計取得時間	2015 年 1 月		2015 年 9 月	

五、入市時機選擇

1. 銷售目標調整

由於施工進度延后，故本年計劃整體銷售目標時間也將延后為：截至 2016 年 3 月 31 日，銷售××××套，整盤銷售率達到 90%以上；截至 2016 年 6 月 31 日，銷售××××套，整盤銷售率達 100%。

2. 入市時機

本項目分為兩期進行施工建設，預售許可證也將分為兩次取得，因此，本項目將開盤兩次，即 1~6 棟開盤一次、8~11 棟開盤一次。

(1) 第一次開盤

按照工程進度，2015 年 1 月上旬即可取得預售許可證。考慮到 2015 年 2 月 20 日是春節，目標客戶大多會回鄉或外出旅遊，春節開盤可能會造成人氣不足，影響銷售。另外，春節前存在支付工程款的壓力，各項目都會在春節前推出特價房，屆時競爭激烈，不利於本項目形成旺銷局面。因此，2 月春節前后均不適合開盤。

同時，本公司春節前也存在快速回籠資金支付建設投入的壓力，若開盤放在 3 月

份，不利於提前回收一部分資金。因此，本項目首期開盤應定在 1 月中下旬，針對春節期間其他開發商推出特價房的時間來打時間差。

綜上，本項目第一次開盤共推樓盤為 1~6 棟，由於房源較多，故第一次開盤又分為兩次推盤，第一次推盤 1~4 棟，第二次推盤 5~6 棟。第一次推盤入市導入期為開盤前的 2 個月，即 2014 年 11 月至 2014 年 12 月，進行內部蓄客，內部認籌在開盤前 2~4 周；第二次推盤入市導入期為開盤前的 2 個月，即 2015 年 1 月至 2015 年 2 月，進行內部蓄客，內部認籌在開盤前 2 周。

(2) 第二次開盤

按照工程進度 8~11 號樓在 2015 年 9 月 10 日前封頂，9 月下旬即可取得預售許可證。因此，第二次開盤時間選定在國慶節期間，可利用國慶長假形成旺銷局面。第二期推盤 8~11 棟，入市導入期為開盤前的 2 個月，即 2015 年 8 月至 2015 年 9 月，此階段進行蓄客，內部認籌在開盤前 2 周。

六、項目銷售分期

由於工程進度滯后，該項目原銷售目標的達成時間無法滿足，需要根據工期和取得預售許可證的時間進行調整，調整后關鍵節點見圖 6-2，本項目採取開盤即解籌。項目分期計劃表見表 6-3。

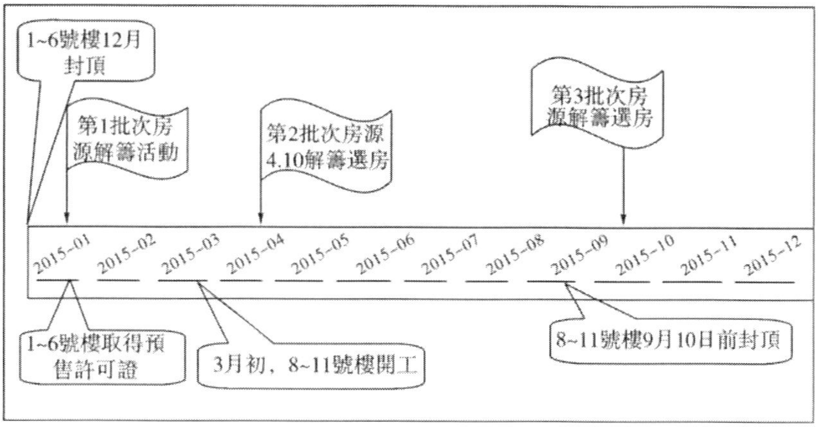

圖 6-2　項目銷售分期安排

表 6-3　項目分期計劃表

推盤分期	樓棟號	解籌時間	推盤時間	產品配比（物業類型及戶型）
第一次推盤	1~4 棟	2015 年 1 月	2014 年 11 月	××××××××
第二次推盤	5~6 棟	2015 年 3 月	2015 年 1 月	×××××××××
第三次推盤	8~11 棟	2015 年 10 月	2015 年 8 月	×××××××××××

七、項目銷售實施階段劃分（表 6-4）

表 6-4　　銷售實施階段計劃表

分期		入市導入期	開盤強銷期	持續熱銷期	尾盤期
一期	1~4 棟	2014 年 11 月至 2014 年 12 月	2015 年 1 月至 2015 年 4 月	2015 年 5 月至 2015 年 8 月	2015 年 9 月至 2015 年 12 月
	5~6 棟	2015 年 1 月至 2015 年 2 月			
二期	8~11 棟	2015 年 8 月至 2015 年 9	2015 年 10 月至 2015 年 11 月	2015 年 12 月至 2016 年 3 月	2016 年 4 月至 2016 年 6 月

6.2　房地產項目銷售價格策略

6.2.1　房地產項目銷售價格策略實訓的目的與任務

（1）實訓的目的

①使受訓者在項目銷售前對競爭對手價格策略進行瞭解和匯總，並能針對競爭對手價格策略情況提前思索項目的定價。

②使受訓者掌握成本導向定價法、購買者導向定價法、競爭導向定價法的相關知識，並能利用不同的方法對產品進行預定價；能夠結合競爭對手價格策略確定項目的合理均價。

③使受訓者掌握房地產產品定價的不同策略，並能結合項目均價加以運用。

（2）實訓的任務

①針對主要競爭樓盤進行均價及價格策略分析。

②利用成本導向定價法、購買者導向定價法、競爭導向定價法，針對不同類型的產品確定項目的不同銷售均價。

③制定具體定價策略及不同類型產品的銷售均價、開盤價格策略。

④確定項目樓棟及垂直價差。

6.2.2　房地產項目銷售價格策略實訓的知識準備

6.2.2.1　房地產價格

房地產價格是一個複雜的經濟範疇，既包括土地的價格，又包括房屋建築物的價格，房與地是不可分割的統一物，房地產價格是這個統一物的價格。因此，房地產價格是指建築物連同其占用土地的價格，即房地產價格＝土地價格+建築物價格。其是房地產經濟運行和資源配置最重要的調節機制。

影響房地產價格的主要因素有經濟因素、社會因素、政治因素、房地產的內在因素和環境因素等。

6.2.2.2 房地產的定價方法

房地產企業的定價方法通常有成本導向定價法、購買者導向定價法、競爭導向定價法三類。

(1) 成本導向定價法

成本導向定價是以成本為中心，是一種按賣方意圖定價的方法。其基本思路是：在定價時，首先考慮收回企業在生產經營中投入的全部成本，然后加上一定的利潤。成本導向定價法主要由成本加成定價法、目標利率定價法和銷售加成定價法三種方法構成。這裡簡單介紹前兩種方法。

①成本加成定價法。這是最基本的定價方法，指開發商按照所開發物業的成本加上一定百分比的加成來制定房地產的銷售價格。加成的含義就是加上一定比例的利潤，它的計算公式為：

單位產品價格 = 單位產品成本 × (1 + 目標利潤率) ÷ (1 - 稅率)

一般而言，依據成本加成定價法來定價是不合理的，因為成本加成定價法忽視了當前的需求、購買者預期以及競爭者狀況。但是，目前成本加成定價法在房地產界制定產品價格時還是有一定的參考價值，因為確定成本要比確定需求容易得多，定價時著眼於成本，企業可以簡化定價工作，也不必經常依據需求情況而作調整。在市場環境諸因素基本穩定的情況下，採用這種方法可保證房地產企業獲得正常的利潤。

②目標利率定價法。其是指根據估計的總銷售收入和銷售量來制定價格的一種方法。該方法要使用損益平衡圖概念（見圖 6-3）。

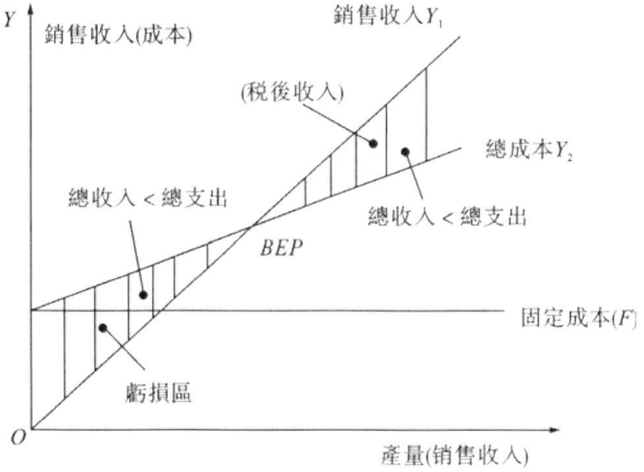

圖 6-3 決定目標價格的收支平衡圖

它的計算公式為：

單位產品的價格 = 單位成本 + 資本投資額 × 目標收益率 ÷ 銷售量

盈虧平衡點的銷售量即保本量：保本量 = 固定成本 ÷ (價格 - 可變成本)

目標利率定價法的缺陷：房地產開發商忽略了需求函數，即不同價格下可售出的數量。也就是說，房地產開發商以估計的銷售量求出應制定的價格，但卻忽略了價格卻又恰恰是影響銷售量的重要因素。

（2）購買者導向定價法

購買者導向定價法包括認知價值定價法和價值定價法。

①認知價值定價法。其是指房地產開發商根據購買者對產品的認知價值來制定價格的一種方法。這種定價方法的關鍵是顧客對物業價值的認知，而不是生產者或銷售者的成本。

認知價值定價法與產品市場定位的思想非常符合，關鍵在於準確地評價顧客對產品價值的認識，為了有效地定價，開發商需要進行市場調查，測定市場的需求。在用認知價值定價法時，公司更重要的是通過廣告或其他輿論工具做好產品的市場推廣工作，或通過公司形象的宣傳，提高產品在消費者心中的地位，從而獲得更高的利潤。

②價值定價法。其是指盡量讓產品的價格反映產品的實際價值，以合理的定價提供合適的質量和良好的服務組合。

價值定價法與認知價值定價法是有區別的，消費者對企業產品的認知價值是主觀的感知，並不等於企業產品的客觀的真實價值，有時兩者之間甚至會有較大的偏離，它代表著「高價格、高價值」的定價哲學。價值定價的目標就是盡量縮小這一差距，而不是通過營銷手段使這一差距向有利於企業的方向擴大，它代表著「較低（相同）的價格、相同（更高）的質量」，即物美價廉。企業要讓顧客在物有所值的感覺中購買商品，以長期保持顧客對企業產品的忠誠。

（3）競爭導向定價法

競爭導向定價法是指企業為了應付市場競爭的需要而採取的特殊定價方法。它是以競爭者的價格為基礎，根據競爭雙方的實力等情況，制定較競爭者價格為低、高或相同的價格，以達到增加利潤、擴大銷售量或提高市場佔有率等目標的定價方法。對於房地產企業而言，當本企業所開發的項目在市場上有較多的競爭者時，適宜採用競爭導向定價法確定樓盤售價，以促進銷售。競爭導向定價法包括領導定價法、挑戰定價法和隨行就市定價法。

①領導定價法。這是適合處於市場領導者地位的開發商採取的定價方法，可對其物業產品制定較高的價位，以賺取較高的利潤。

②挑戰定價法。該方法適合具有向市場領導者挑戰的實力或者成本較低或者資金實力雄厚的開發商。挑戰定價法的定價比市場領導者的定價稍低或低較多，但其開發的產品在質量上與市場領導者相近。這種方法雖然利潤較低，但可以擴大市場份額，提高聲望，以爭取成為市場領導者。

③隨行就市定價法。該方法是指開發商使自己的產品價格跟上同行的平均水平。一般來說，在基於產品成本預測比較困難，競爭對手不確定，以及企業希望得到一種公平的報酬和不願打亂市場現有正常次序的情況下，這種定價方法較為行之有效。在競爭激烈而產品彈性較小或供需基本平衡的市場上，這是一種比較穩妥的定價方法，在房地產業應用比較普遍。因此，這種定價方法在很大程度上是以競爭對手的價格為定價基礎，而不太注重自己產品的成本或需求。

（4）制定具體定價策略及最終確定銷售均價

制定定價策略要根據項目的實際情況，選擇適合項目的定價策略。如對三種定價方法進行結合來選擇，同時兼顧競爭者導向和購買者導向。

銷售均價要根據不同產品線進行分類定價，比如洋房均價、公寓樓均價、獨立商鋪均價、商場商鋪均價，等等。

6.2.2.3 房地產的定價策略

（1）價格折扣與折讓策略

①現金折扣。這是指對迅速付款的購買者提供的減價優惠。開發商一般對一次性付款的購房者提供優惠折扣。開發商為了盡早回收資金，同時減少購房者分期付款的違約風險等，對一次性付款的購房者進行讓利。

②數量折扣。這是指向大量購買的顧客提供一種減價優惠。雖然數量折扣使開發商降低價格，但並不一定會減少收益，因為大量銷售可以減少公司銷售成本和費用，縮短銷售週期，降低投資利息和經營成本，及早收回投資，同時還能形成旺銷局面，帶動剩餘樓盤熱銷和升值。

③折讓。這是另一類型的促銷減價形式。例如，新產品試銷折讓，如商品標價115元，去掉零頭，減價5元，顧客只付110元。又如，開發商宣布認籌第一周提供95折優惠，或者前十名購房者獲得家裝基金5,000元等。

（2）心理定價策略

①聲望定價。聲望定價是指為了提高潛在消費者的認知價值，開發商利用消費者仰慕名牌物業或名牌開發企業的聲望，故意把價格定成整數或高價，創造一種高品質的印象。因為消費者有崇尚名牌的心理，往往以價格判斷質量和檔次，認為高價格代表高質量、高檔次。有雄厚實力和聲望的公司可以採取聲望定價，開發商應在營銷推廣中強調公司或物業品牌的形象：質量上乘、裝修豪華、配套齊全、設計先進與超前、地段繁華便利、環境優雅、給消費者高度滿足等，該定價策略主要定位於高收入階層。

②尾數定價。尾數定價又稱奇數定價或者零頭定價，是利用消費者在數字認識上的某種心理制定尾數價格，使消費者產生商品價格較廉、商家定價認真以及售價接近成本等信任感。例如定價4,998元，雖然比5,000元僅僅少了2元，但顧客的心理感受比5,000元便宜了一個臺階。在使用尾數定價法時，價格尾數應當使用吉利數字（如6、8、9），而不應當採用不好聽不好看的尾數。但是，如果開發商想樹立樓盤高價格的形象，則應避免採取尾數定價策略。

③吉祥數字定價。吉祥數字定價是指開發商利用消費者對某些數字的發音聯想和偏好制定價格，滿足消費者心理需要並在無形中提升消費者的滿意度。中國較多地區對數字6、8、9比較喜愛，開發商在定價時往往利用這些數字來組成定價，如4,668元、2,999元、2,986元、16,800元等。但是，也有的地方對於8字不喜歡。因此，開發商在定價時要充分尊重當地消費者的喜好。

④招徠定價。招徠定價又稱特價商品定價，是一種有意將少數商品降價以吸引顧客的定價方式。開發商利用消費者「求廉」心理，將某些產品的價格定得低於市場價，

往往能引起消費者的注意。如房地產廣告中常用的「××××元/平方米起價」「十萬元購房」等，都屬於招徠定價。

(3) 差別定價策略

差別定價策略是指根據銷售的對象、時間、地點的不同而產生的需求差異，對相同的產品採用不同價格的定價方法。它通常有以下五種方式：

①顧客形式差別定價。這是指開發商把同一種物業按照不同的價格賣給不同的顧客。在房地產銷售中，雖然某套物業在價格表上制定了明確的價格，但實際上成交價格並不一定是該價格，不同購買者的地位及與開發商討價還價的技巧會使得成交價格產生差別。

②產品形式差別定價。這是指開發商按不同形式或單元的物業制定不同的價格，但不同形式或單元的物業價格之間的差額和成本之間的差額是不成比例的。例如復式單元的價格比普通平層單元的價格高出較多，但成本並無多少差別。這種差別要根據購買者對不同形式產品的認知價值而定，或者市場需求狀況而定。

③形象差別定價。這是指開發商根據產品形象差別對產品制定不同的價格。開發商可以對同一產品使用不同的外觀、顏色等，塑造不同的形象，即使成本或質量上並沒有區別，但在消費者心中卻有較大的不同。

④地點差別定價。這是指開發商對處於不同位置或不同地點的物業或單元制定不同的價格，即使每個地點的物業成本是相同的。這種方法在房地產定價中最為常用，開發商對不同樓棟、不同樓層、不同朝向的產品採取差別定價，即使這些產品的成本並無差別。

⑤時間差別定價。這是指價格隨著年份、季節、月份、日期的變化而變化。房地產價格不會長期不變，開發商往往根據產品施工進度、市場供需狀況等因素採取不同的價格。

(4) 產品組合定價策略

①產品線定價。房地產產品形式眾多，如普通多層住宅、普通高層住宅、洋房、聯排別墅、疊加別墅、獨棟別墅、公寓、寫字樓、商場等，一個房地產項目往往是由數種產品組成，開發商要根據不同類別的產品制定不同的價差，價差的制定是否合理值得開發商認真研究，不能因價差制定不合理造成客戶放棄項目內部某類產品而選擇另一類產品。

②任選品定價。即在提供主要產品的同時，還附帶提供任選品或附件與之搭配。如開發商提供給消費者可供選擇的兩種形式產品——毛坯房或精裝修房，或者提供不同裝修檔次、不同價位的精裝修房供客戶選擇。

③附屬品定價。它又稱補充品定價，是指以較低價格銷售主產品來吸引顧客，以較高價銷售備選和附屬產品來增加利潤。如銷售的房屋價格便宜，而物業管理費較貴。

④捆綁定價。它又稱產品束定價，是指將數種產品組合在一起以低於分別銷售時的總額價格銷售。顧客可能並不打算購買所有的產品，但組合后的價格比分別銷售的總價要優惠得多，通過這種優惠來吸引顧客購買。如高爾夫別墅項目，開發商設計了「物業價格+高爾夫球會會員資格+康樂中心會員資格」的產品束，這種產品束捆綁后

的定價低於這三項分開銷售的價格，這樣就吸引了客戶來購買，開發商同時也達到了提高高爾夫球場、康樂中心的利用率。

6.2.2.4 樓棟水平價差和垂直價差

（1）水平價差

影響水平價差的因素主要有朝向、採光、私密性、景觀、格局、噪音、戶型、面積、通風等因素。

（2）垂直價差

多層住房定價時一般將 2 層作為定價基數，底層由於採光條件差，售價應下浮 10%（花園可利用的除外）；3~5 層由於採光好、通行方便，售價可上浮 5%~10%；6 層採光雖好，但通行不便，售價可下浮 3%~5%；頂層由於熱輻射、通行不便、屋面雨水侵蝕等原因，售價可下浮 5%~10%（帶閣樓和空中花園的除外）。

高層、小高層由於帶電梯，一般樓層越高，售價越高；底層若帶花園，則售價可上浮 5%~10%；頂層若不帶閣樓和露臺，則售價在下一層定價的基礎上下浮。

6.2.2.5 開盤價格策略

（1）低開高走

①適應情況：項目一般，無特別賣點；郊區大盤或超大盤，低開可以先聚集人氣，人氣聚集后再逐步提價；同類產品供應量大，競爭激烈。

②優點：產品有升值空間，易吸引購買者，易聚集人氣快速成交；低價開盤價格的主動權在開發商手裡，可根據市場反應靈活操控調價和漲幅；有利於資金快速回籠和其他營銷措施的執行；先低后高能實現對前期購買者的升值承諾，開發商易形成口碑。

③缺點：低開產品利潤較低；低價易造成便宜無好貨的感覺，損害項目形象。

（2）高開低走

①適應情況：項目具有創造性和獨特賣點；產品綜合性能好。

②優點：便於獲取最大利潤；形成先聲奪人的氣勢，給人以房地產項目品質高的感覺；價格先高后低或者定價高折扣大，會使消費者感到實惠。

③缺點：開盤價格高難以聚集人氣，對項目營銷造成一定的風險；對前期購買者不公平；后期可能陷入降價漩渦，不降價就不易促成當期銷售；易給人以產品不保值和不增值的感覺，對開發商品牌有影響。

（3）高開高走

①適應情況：市場狀況好，競爭不激烈，項目規模不大。

②優點：易突出產品檔次和產品高端形象，易樹立開發商開發高品質樓盤的品牌形象。

③缺點：價格高難以聚集人氣，對項目營銷造成一定的風險。

（4）波浪漩渦

①適應情況：項目規模較大、產品線素質差距較大；開發週期長，市場起伏較大，市場狀況難以判斷。

②優點：結合房地產市場週期波動、項目銷售速度和最終利潤同步，週期性調整價格波動。

③缺點：對於價格調整幅度較為講究，價格調整速度要求緊密結合市場情況；每期銷售產品線要求合理搭配。

（5）開盤價格策略的制定

開盤價格制定除銷售均價外，要確定開盤價格的走向（高開、低開等，起價是多少等）、折扣的具體策略（一次性付款折扣、團購折扣、職能折扣、折讓等），另外還需確定產品組合定價策略。

6.2.3 房地產項目銷售價格策略實訓的組織

（1）指導者工作

①瞭解受訓者對主要競爭樓盤如何鎖定，指導受訓者收集競爭樓盤均價以及如何瞭解競爭樓盤的價格策略。

②向受訓者講授房地產產品定價方法，並對成本加成定價法和購買者導向定價法進行舉例。

③指導受訓者對競爭樓盤相關指標進行分析並確定權重，完成《競爭對手權重分析表》。

④指導受訓者利用競爭對手權重分析表數據加權計算擬銷售項目的銷售均價。

⑤向受訓者介紹房地產項目定價策略的常見方式，重點介紹差別定價策略關於如何確定樓棟水平價差和垂直價差的技巧。

（2）受訓者工作

①收集整理競爭樓盤價格、價格策略，完成《主要競爭樓盤及價格分析表》。

②根據不同產品線的樓面成本，用成本加成法確定項目不同產品線的銷售均價。

③根據公司品牌狀況、項目狀況，針對擬銷售項目若採用購買者導向定價法，將採取其中具體的哪一種方法，並確定不同產品線的銷售均價。

④完成《競爭對手權重分析表》，根據競爭導向定價法的相關知識，利用競爭對手權重分析表數據加權計算擬銷售項目不同產品線的銷售均價。

⑤根據前面三種定價方式，結合實際情況，確定擬銷售項目不同產品線的銷售均價，並提出具體的定價策略。

⑥制定樓棟水平價差和垂直價差的策略。

⑦制定開盤擬推產品的價格策略（包括折扣策略）。

6.2.4 房地產項目銷售價格策略實訓的步驟

房地產項目銷售價格策略實訓的步驟見圖 6-4。

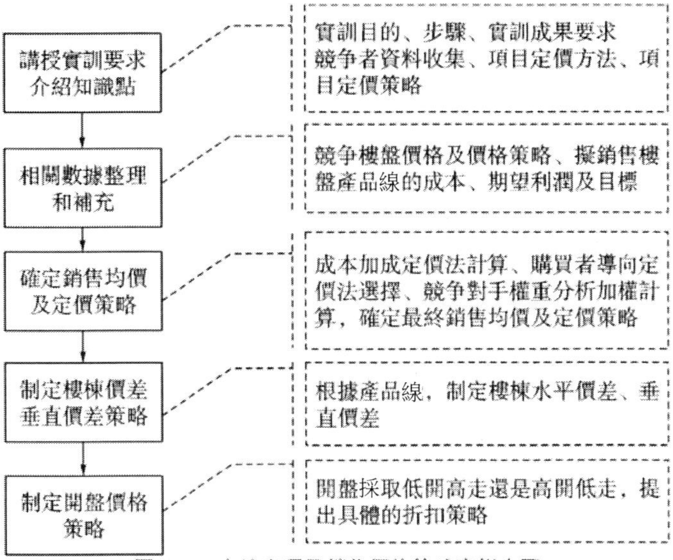
講授實訓要求
介紹知識點
實訓目的、步驟、實訓成果要求
競爭者資料收集、項目定價方法、項目定價策略
相關數據整理和補充
競爭樓盤價格及價格策略、擬銷售樓盤產品線的成本、期望利潤及目標
確定銷售均價及定價策略
成本加成定價法計算、購買者導向定價法選擇、競爭對手權重分析加權計算，確定最終銷售均價及定價策略
制定樓棟價差垂直價差策略
根據產品線，制定樓棟水平價差、垂直價差
制定開盤價格策略
開盤採取低開高走還是高開低走，提出具體的折扣策略

圖 6-4　房地產項目銷售價格策略實訓步驟

示例：房地產項目銷售價格策略的參考模版

某項目的定價報告

一、市場分析

1. 區域市場

(1) 宏觀環境（略）。

(2) 區域環境（略）。

(3) 本地供求情況（略）。

(4) 同類競爭產品樓盤（略）。

2. 競爭版塊

本項目競爭樓盤主要分成 3 個板塊，分別是老城板塊、經濟開發區板塊、行政區板塊，見表 6-5。

表 6-5　競爭樓盤情況表

板塊	樓盤	開盤時間	檔次	建築類型	建築規模	價格	面積區間	銷售率	后續推貨
經濟開發區	A	××××	中	高層、多層	25 萬平方米	特價 3,800 元 均價 4,000 元	94~160 平方米	82%	二期約建築面積 25 萬平方米
	B	××××	中低	高層、多層	9 萬平方米	均價 3,600 元 起價 3,280 元	60~130 平方米	61%	約 3 萬平方米后期尾盤
	C	××××	中低	高層、多層、洋房	30 萬平方米	無差價銷售 3,380 元	32~126 平方米	62%	高層約 11 萬平方米
	D	××××	中高	多層、小高層高層	50 萬平方米	起價 3,580 元 均價 4,100 元	40~165 平方米	14%	首推 15 棟約 2,500 套
老城	E	××××	中	高層、小高層	100 萬平方米	起價 3,460 元 均價 4,100 元	50~160 平方米	39%	兩個組團約 35 萬平方米
行政區	F	××××	中高	多層	90 萬平方米	起價 4,013 元 均價 4,440 元	35~140 平方米	50%	三期約 18 萬平方米

本項目位於經濟開發區板塊，目前板塊整體銷售不佳，多個項目都處於滯銷狀態，各開發商促銷力度越來越大，但大幅降價仍然無法撬動市場。因此本項目銷售形勢嚴峻。

3. 直接競爭對手分析

A 項目（略）

B 項目（略）

C 項目（略）

D 項目（略）

E 項目（略）

F 項目（略）

二、項目分析

1. 產品類型（表 6-6）

表 6-6　項目產品建築面積類別及數量

樓棟	建築類型	60 平方米以下	60~69 平方米	80~89 平方米	90~99 平方米	100~120 平方米	120 平方米以上	總計
1 棟	多層		1	6		6	42	56
2 棟	多層		1	6		6	42	56
3 棟	多層			1			39	40
4 棟	多層			1			39	40
5 棟	多層	1	1			5	46	53
6 棟	多層	1	1			5	46	53
6 棟	多層		1	6		5	43	56
8 棟	多層		2	6		5	43	56
10 棟	高層	28	30	12		1	4	65
11 棟	高層	28	30	12		2	3	65
總計		58	67	50		35	347	540
比例		10.4%	12.0%	9.1%	0	6.6%	62.0%	100.0%

2. 項目優勢與劣勢（略）

三、項目定價

1. 定價原則

原則一：多層、高層分別定價，形成兩個獨立的價格體系。

原則二：拉大價差，更好地分流客戶。

原則三：綜合考慮多因素。

項目多層產品和高層產品面積存在明顯差異，故不存在項目內的競爭。市場上多層產品和高層產品存在明顯的價差，所以定價時多層與高層需分開考慮，拉開價差。

2. 定價步驟

房地產項目定價步驟見圖 6-5。

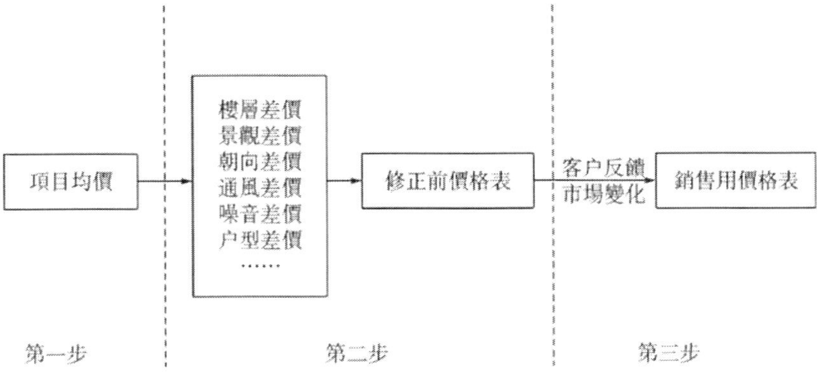

圖 6-5 定價步驟示意圖

3. 定價方法

採用市場定價法，首先選取相似樓盤進行價格比較加權后來確定項目開盤均價。其次，通過與客戶預期進行比較以及具體戶型與各競爭項目的橫向比較，來確定各戶型的實際均價。最后，通過細節的微調最終完成項目的定價。

(1) 市場考慮因素

地理位置、交通配套、居住環境、生活配套、樓盤規模、戶型設計、教育配套、園林設計、發展商知名度、建築密度。

(2) 選擇比較對象

原則：選擇的對象應該地理位置接近、戶型面積相當、檔次接近。

經過分析對比發現，A、B、C、D 四個樓盤為主要競爭對手，故選擇它們作為項目價格參照的對象。

(3) 均價確定

第一步：綜合測評。見表 6-7。

表 6-7 本項目及競爭項目評估得分表

綜合因素 \ 項目名稱	評分基數	本項目	A	B	C	D
地理位置	15	11	14	14	12	15
環境與景觀	10	10	9	8	9	9
交通狀況	10	6	9	9	9	10
配套設施	10	10	10	10	9	10
樓盤規模	5	5	3	3	5	5
戶型設計	15	15	15	13	14	12
園林設計	10	10	9	8	9	10

表6-7(續)

綜合因素 \ 項目名稱	評分基數	本項目	A	B	C	D
發展商品牌	15	15	12	10	13	12
建築密度	10	9	9	8	9	9
綜合得分	100	92	90	83	89	92

第二步：價格測定。見表 6-8。

表 6-8　　按市場價格測算本項目擬確定的均價計算表

項目名稱	本項目	A	B	C	D
綜合因素					
均價（元/平方米）		4,000	3,600	3,380	4,100
評估得分	92	90	83	89	92
比較系數		1.022,222,222	1.108,433,635	1.033,606,865	1
可調均價		4,088.888,889	4,101.204,819	3,493.932,584	4,100
比較權重		40%	15%	15%	30%
評估得分	4,004.826,166	1,635.555,556	615.180,622.9	524.089,886.6	1,230

註：①比較系數=本項目評估得分／比較項目評估得分。

②可調均價=比較系數×各項目回收均價。

③比較權重為各樓盤與本項目相比，對本項目影響程度的比例。

④評估得分=∑各比較項目可調均價×比較權重。

綜上所述，本項目最終市場測算價格為4,004 元/平方米。

四、本次開盤推售範圍及戶型分佈（略）

五、確定樓棟水平價差及垂直價差的系數選擇

本項目水平價差主要考慮景觀、噪音、戶型及面積、朝向、通風、層差等系數，價格幅度如下：

景觀：-100~100 元

戶型：0~50 元

朝向：0~250 元

噪聲：0~100 元

通風：0~50 元

調整系數：-50~50 元

1. 層差系數

(1) 多層層差 (表 6-9)

表 6-9　多層樓層價差　單位: 元/平方米

多層	一樓	二樓	三樓	四樓	五樓	六樓	七樓
層差	400	0	100	250	250	200	450
備註	帶花園	基準價					大露臺、短進深

客戶對 4、5 層需求較多，因此將 4、5 層層差相同（均為 250 元）且高於 2、6 層；而 2 層與 6 層比較，6 層採光略好，並且多層帶電梯，避免了 6 層上樓困難的情況，因此 6 層較 2 層稍高。

1 層贈送花園與 6 層贈送露臺相比較，1 層光線較差，因此 1 層較 6 層略低。

(2) 高層層差

①臨街高層 10 棟

整體趨勢——中間樓層最高，根據樓層不同遞增與遞減。

具體細節——臨街樓棟南向無景觀，且矮樓層受噪音影響，空氣質量差，因此層差加大，隨樓層每層遞增 30 元/平方米。

6 層以上至 12 層需求大，且樓層差別相對較小，因此每層遞增 20 元/平方米。

13 樓需求比中間層少，為有效分流中間層客戶，因此從 13 層起，逐層遞減 10 元/平方米。

16 躍 17 層的樓層差 150 元/平方米，主要考慮此套房源最后價格應該與 4 樓相近，因此 150 元/平方米為實際調整系數。見表 6-10。

表 6-10　臨街 10 棟高層整體層差　單位: 元/平方米

樓層	1	2	3	4	5	6	6	8	9	10	11	12	13	14	15	16 躍 17
層差系數	—	0	30	60	90	110	130	150	160	190	210	230	210	190	160	150

10 棟東北向: 逐層遞增 10 元，以縮小層差；至 13 層起逐層遞減 10 元。見表6-11。

表 6-11　臨街 10 棟高層東北朝向房屋層差　單位: 元/平方米

樓層	1	2	3	4	5	6	6	8	9	10	11	12	13	14	15
層差系數	—	0	10	20	30	40	50	60	60	80	90	100	90	80	60

10 棟西北向層差: 整體無層差，為本次開盤的特價房源，共 16 套。

②高層 11 棟

整體趨勢——中間樓層最高，根據樓層不同遞增與遞減。

具體細節——以 1 層為基準價 0 元，2 層與 1 層差別不大，但 2 層有電梯，居住成本較 1 層稍高，因此層差上調至 10 元；2~5 層受規劃路噪音影響，且略有擋光，因此層差加大，隨樓層每層遞增30元/平方米。

6層以上至12層需求大，且樓層差別相對較小，因此每層遞增20元/平方米。

13層需求比中間層少，為有效分流中間層客戶，因此從13層起，逐層遞減10元/平方米。

16躍18層的樓層差60元，主要考慮此套房源最后價格應該與4樓相近，因此60元/平方米為實際調整系數。見表6-12。

表6-12　　11棟高層整體層差　　單位：元/平方米

樓層	1	2	3	4	5	6	6	8	9	10	11	12	13	14	15	16	16躍18
層差系數	0	10	40	60	100	120	140	160	180	200	220	240	220	200	180	160	60

11棟東北及西北向層差：逐層遞增10元，以縮小層差；至13層起逐層遞減10元。見表6-13。

表6-13　　11棟高層東北朝向及西北朝向層差　　單位：元/平方米

樓層	1	2	3	4	5	6	6	8	9	10	11	12	13	14	15
層差系數	—	0	10	20	30	40	50	60	60	80	90	100	90	80	60

2. 景觀系數

樓王景觀特指多層5棟1單元及6棟4單元，因前無遮擋，且正面臨小區主景觀，因此景觀系數為200元/平方米。見表6-14。

表6-14　　房屋坐落景觀價差　　單位：元/平方米

景觀	樓王景觀	南北雙向景觀	南景北無	南無北景	南北均無景觀
系數	200	50	0	-60	-100

3. 朝向系數（表6-15）

表6-15　　房屋朝向價差　　單位：元/平方米

朝向	南北通透	東南	西南	東北	西北
系數	50	30	-30	-100	-200

4. 通風系數（表6-16）

表6-16　　戶型通風價差　　單位：元/平方米

通風	雙陽	標準戶型（南北、東南、西南、東北、西北）
系數	-50	0

5. 噪音系數

本項目噪音影響主要來自於項目西側市政快速路，因此根據道路南北走向以平行線形式，將一期各樓棟按照每兩個單元為單位劃分成若干帶狀區域，同區域範圍內噪音系數一致，每兩個相鄰帶狀區域價差為10元/平方米，以多層8棟和高層6棟為基準價。高層11棟噪音系數與多層1棟系數相同，均為-100元/平方米，而10棟因更加臨近道路，因此噪音系數拉大為-150元/平方米。

6. 戶型系數

多層1棟1單元2號房及2棟4單元1號房因向北退讓近4米，會出現擋光情況，因此這兩個位置的全部戶型均總體下調50元/平方米。

7. 調整系數

調整系數主要針對戶型相似的樓棟，根據其所在園區的位置不同，通過調整系數進而拉大樓棟之間的價差。具體如表6-17所示。

表6-17 樓棟差價 單位：元/平方米

樓號	1	2	3	4	5	6	6	8	10	11
調整系數	0	0	50	50	50	100	0	0	50	50

多層各樓棟之間，1棟、2棟、6棟、8棟屬多層外圍，系數均為0；3棟、4棟在項目內，系數相同為50元/平方米；6棟位置更佳，系數為100元/平方米；5棟因考慮本次開盤促進銷售，因此系數設定為50元/平方米。10棟、11棟位置相近，但因有東北向和西北向特價房源影響，樓棟回收均價較低，因此調整系數整體上浮50元/平方米。

六、價格明細

1. 樓棟均價（略）

2. 價格明細表

按照每棟樓的均價，結合定價系數，計算水平價差和垂直價差，確定每套房屋的價格並列表（略）。

七、開盤價格策略

1. 前期低價入市，引爆市場。採用低開高走的價格策略，以略低於客戶預期和市場競爭對手的價格開盤。

2. 以快速銷售、最大化成交為目的，最大化地分流客戶，保證成交率。

3. 為了避免出現以往內部認購時因為價格過高、蓄客少的原因導致開盤冷清的局面，本次開盤價格需留有餘地，保證開盤熱銷的同時，以便下一階段銷售推廣的開展。

4. 對外統一折扣為：團購享受5,000元優惠，一次性付款95折，商業貸款98折，公積金貸款99折。實際操作中，根據蓄客情況分析商業貸款客戶占比例最多，因此定價中總體按照95折。

5. 后期價格根據銷售態勢穩步拉升，以保證利潤。

6.3 房地產項目入市推廣計劃

6.3.1 房地產項目入市推廣計劃實訓的目的與任務

(1) 實訓的目的

①使受訓者瞭解項目銷售實施各階段的營銷推廣重點。

②使受訓者瞭解房地產促銷方式，能夠根據不同銷售實施階段進行促銷組合。

③使受訓者能夠制定項目入市的推廣策略。

(2) 實訓的任務

①根據不同銷售實施階段的特點選擇促銷方式進行組合。

②制定項目入市的推廣計劃。

6.3.2 房地產項目入市推廣計劃實訓的知識準備

6.3.2.1 房地產項目銷售各階段的推廣策略

(1) 入市導入期

入市導入期是項目正式進入市場的預熱和提前預售階段，該階段特點為：項目不具備銷售條件，但需要提前發布將要銷售的項目信息來吸引客戶等待；提前預售可分流競爭對手的部分客戶；先行在市場上建立一定知名度和客戶基礎，以保障開盤成功；對目標客戶進行測試，為正式開盤時的銷售策略提供準確依據。

入市導入期大多採取認籌方式，即內部認購。內部認購可以檢驗市場對項目的接受情況，除了在開盤前提前蓄客並保有忠誠度高的客戶，最主要的目的是營造氛圍。只要在入市導入期有足夠的客戶認購項目，就會在開盤時造成銷售數量可觀、銷售形勢大好的局面，以增加后續購買者的信心、吸引更多的客戶關注。在入市導入期的推廣中要推出物業形象，刺激引發關注，營造熱賣氣氛，達到市場預熱，引發市場良性啓動。在入市導入期要完成現場工地圍牆包裝、售樓處形象包裝、售樓書、戶型平面圖、價格表、認購合同、宣傳單張、模型、展板等銷售配套工作。在前期可以在報紙、網路投放軟性文章，以新聞形式炒作項目的知名度和品質；臨近認籌或開盤時投放硬性廣告，為認籌或開盤造勢。同時在網路平臺上推介項目，在戶外投放廣告牌、道旗，還可利用節日進行活動造勢。

(2) 開盤強銷期

開盤強銷期是項目可正式進入市場銷售，該階段特點為：項目的最關鍵階段，成功操作能為持續銷售期和尾盤期奠定良好的基礎，應高度重視；該階段銷售數量和銷售能力要求較高；要根據前期蓄客情況來保證房源的充足供給，不能造成客源的浪費；該階段應加強促銷，保證現場熱銷氣氛，可採取不同的方式保持熱銷場面。

開盤強銷期應進一步提升項目鮮明的個性形象，激發消費者的購買欲望，從銷售上完成良好的市場預期到銷售實效的轉化，實現預定銷售目標，常見策略是投入大量的廣告、推廣費用，開盤儀式和其他各種促銷活動緊密配合，如大量銷售性廣告，有償新聞在報紙、電視、網路、微信、短信上集中投放，銷售人員派單，公關活動等。

（3）持續銷售期

持續銷售期的特點為：該階段是開盤項目銷售已過半，進入到平穩的銷售期；此期間客戶量逐漸趨於平穩，廣告量也不如前期那麼大。

該階段的銷售策略主要是針對所剩房源和產品特點，挖掘個性、修正營銷主張來進行銷售。要注意針對前期在推廣過程中出現的銷售矛盾，結合產品特點進行修正調整。如給老帶新的老客戶以獎勵（免一定年份的物業費等），並滿足不同客戶需求，如價格打折、門窗改造和不涉及承重牆的戶型改造等。該階段應減少廣告投入。

（4）尾盤期

尾盤期的特點為：銷售目標基本完成，市場反應趨於疲軟，各項工作進入平臺調整期；遺留的產品大都是一些銷售較為困難的單元，且營銷費用有限。該階段的任務是消化存量。

該階段可根據客戶情況、產品情況、工程完成進度情況（如準現樓、現樓等因素）進行促銷。例如，老客戶資源是尾盤銷售的最有效資源，可以採取跟蹤、佣金刺激等方式；對於部分存在問題的產品，基於老客戶和市場研究提出有效修改意見，找到、創造產品的亮點，可以採取產品改造、體驗式營銷、新的主導客戶群文化營銷、精裝修等方式；進行點對點的營銷，精確客戶群細分並各個擊破，採取直郵、營銷人員一對一推廣等方式；根據產品剩餘數量等因素輔之以相匹配的價格策略，一種是直接降價，另一種是隱形降價（如送花園、免物業費、送裝修等），如降價不奏效或是不願採納降價策略，則可採用降低首付款、送裝修、試住等方式吸引客戶。該階段廣告投入最小。

6.3.2.2 房地產促銷方式

（1）廣告促銷

廣告促銷是房地產企業向消費者傳遞信息的最主要促銷方式之一。它是指企業利用各種傳播媒介進行信息傳遞，刺激消費者產生需求，擴大房地產租售量的促銷活動。

廣告促銷常見方式：報紙廣告、雜誌廣告、電視廣告、廣播廣告、網路廣告、戶外廣告、傳單廣告、郵寄廣告、標語廣告、廣告牌、招貼廣告等。

（2）人員推銷

人員推銷是指房地產企業的推銷人員通過與消費者進行接觸和洽談，向消費者宣傳介紹房地產商品，達到促進房地產銷售的活動。對於某些處於一定銷售階段的產品，人員推銷是一種最有效的促銷方式，在爭取顧客偏好，建立顧客對產品的信任和促成交易等方面效果顯著。

人員推銷常見方式：現場推銷、上門推銷、電話推銷、銷售展示、銷售會議等。

（3）營業推廣

營業推廣是指房地產企業通過各種營業（銷售）方式來刺激消費者購買房地產的促銷活動。其能迅速刺激需求、鼓勵購買。

營業推廣常見方式：價格折扣、變相折扣、中間商交易折扣、抽獎促銷、以租代售、先租后售、贈品、樣板房展示、展銷會、交易會、不滿意退款、附送花園、附送櫥櫃等。

（4）公共關係

公共關係是指房地產企業為了獲得人們的信賴、樹立企業或項目的形象，不對房地產產品進行直接的宣傳，而是通過開展各種公開活動，借助公共傳播媒介，由新聞單位或社會團體以新聞或特寫形式進行宣傳的活動。因而，可以引起公眾的高度信賴和關注，有利於培養長期客戶和潛在客戶。

公共關係常見方式：新聞報導、慶典方式、商業演出活動、節日活動、事件活動、捐贈、公益活動、研討會、新聞發布會、年度報告、贊助、公司期刊等。

6.3.2.3　*房地產促銷組合*

房地產促銷組合是指為實現房地產企業促銷目標而將不同的促銷方式進行組合所形成的有機整體。

影響房地產促銷組合的因素有：促銷目標、市場狀況、購買者心理接受階段、促銷預算、營銷環境。

①促銷目標。房地產企業應根據所處營銷階段和營銷環境來制定相應的促銷目標，進而依據促銷目標和促銷方式來達到銷售活動的目的。

②市場狀況。其主要是指產品所在區域的市場狀況，如消費者的分佈、競爭樓盤的促銷情況等。在房地產銷售中，目標市場的範圍決定了廣告和公共關係的促銷範圍，人員推銷始終是有效的房地產促銷策略之一。房地產企業還應根據競爭樓盤的情況來調整自己的促銷組合及其策略。

③購買者心理接受階段。在消費者不同的購買階段，促銷策略所起的作用不同，如在消費者的知曉階段，廣告和公共關係的促銷作用最大；在瞭解階段，除廣告和公共關係外，人員推銷的作用開始顯現；在信任階段，各種方式的作用大小次序則是人員推銷>廣告>公共關係>銷售促進；在購買階段，人員推銷的作用最大，銷售促進次之。

④促銷預算。促銷預算對促銷方式的選擇有很大的制約作用，應根據促銷預算合理選擇促銷方式，使促銷費用發揮最好效果。

⑤營銷環境。營銷環境在一定程度上影響企業促銷手段的選擇。如：一些社會活動（廟會、旅遊節等）可能為營業推廣和公共關係創造良好機會；年輕人喜歡上網，以年輕人為目標客戶群的樓盤可以利用網路作為廣告宣傳的媒介。

6.3.3　房地產項目入市推廣計劃實訓的組織

（1）指導者工作

①向受訓者介紹實訓達成的目標和成果。

②向受訓者介紹房地產銷售各階段的特點及各階段常見的推廣策略、房地產促銷的方式和促銷組合。

③選擇一個銷售分期，要求受訓者根據不同的銷售階段制定促銷組合。

（2）受訓者工作

①回顧整理前期確定的銷售費用和銷售目標、項目銷售分期、銷售階段劃分等內容。

②合理分配銷售費用分期支出。

③根據不同銷售階段選擇促銷方式並進行組合。

④根據銷售分期，制定項目入市推廣計劃。

6.3.4 房地產項目入市推廣計劃實訓的步驟

房地產項目入市推廣計劃實訓步驟見圖 6-5。

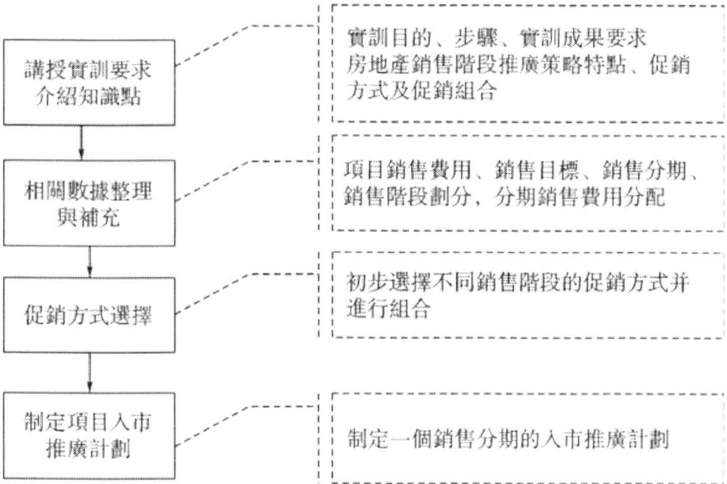
講授實訓要求
介紹知識點
實訓目的、步驟、實訓成果要求
房地產銷售階段推廣策略特點、促銷方式及促銷組合
相關數據整理與補充
項目銷售費用、銷售目標、銷售分期、銷售階段劃分，分期銷售費用分配
促銷方式選擇
初步選擇不同銷售階段的促銷方式并進行組合
制定項目入市推廣計劃
制定一個銷售分期的入市推廣計劃

圖 6-5 房地產項目入市推廣計劃實訓步驟

示例：房地產項目入市推廣計劃的參考模版

某項目入市推廣計劃

一、總體推盤思路

本項目總體推廣思路：小批量多頻次快速加推。

（1）先住宅后公共設施建設：住宅帶動人氣，爭取實現公共設施建設的價值最大化。

（2）一次推盤以完整的產品線入市，爭取盡量多的客戶，保證開盤順暢，同時實現現金流。

（3）二次推盤用市場主流產品來占領市場。

（4）三次推盤主力產品，實現盡快出清。

（5）四次推盤消化最后的有難度的產品，同時為價格提升做鋪墊。

（6）五次推盤保留的優質產品，實現價格的提升。

項目推盤計劃見表 6-18。

表 6-18　　項目推盤計劃

推盤次數	推盤樓號	推盤時間	推盤套數	推盤戶型
一次推盤	1~3	××××年 3 月	260 套	1 室 1 廳、2 室 2 廳、3 室 2 廳
二次推盤	4~5	××××年 5 月	190 套	1 室 1 廳、2 室 2 廳、3 室 2 廳
三次推盤	6、9	××××年 6 月	120 套	1 室 1 廳、2 室 2 廳、3 室 2 廳
四次推盤	6、8	××××年 6 月	100 套	1 室 1 廳、2 室 2 廳、3 室 2 廳
五次推盤	10、11	××××年 9 月	102 套	1 室 1 廳、2 室 2 廳、3 室 2 廳

二、營銷推廣計劃

項目分期及推廣計劃見圖 6-6。

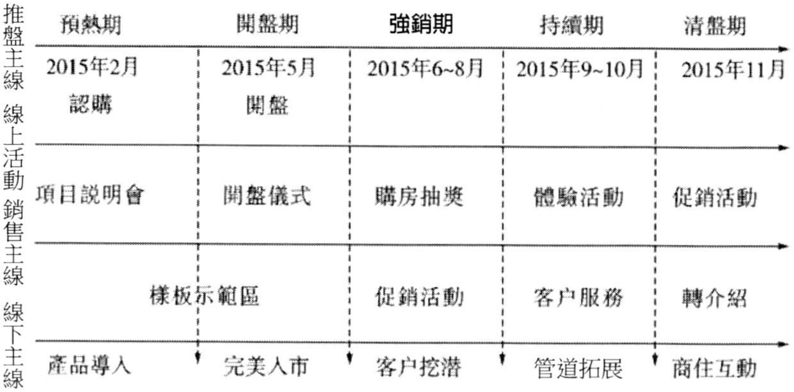

推盤主線
預熱期
開盤期
強銷期
持續期
清盤期
2015年2月
認購
2015年5月
開盤
2015年6~8月
2015年9~10月
2015年11月
線上活動
項目説明會
開盤儀式
購房抽獎
體驗活動
促銷活動
銷售主線
樣板示範區
促銷活動
客户服務
轉介紹
線下主線
產品導入
完美入市
客户挖潛
管道拓展
商住互動

圖 6-6　項目分期及推廣計劃

1. 第一階段：預熱期

(1) 階段目標：①進行項目入市前的形象展示及概念宣傳，強化市場認知度、提升知名度。②整體形象出抬，搶先占領市場，率先打出引領旗幟。

(2) 廣告重點：

①售樓處外部包裝和指示系統。

②工地圍擋。

③樓座包裝——在臨近道路的×××棟樓房上懸掛大型噴繪布，介紹相關銷售信息。

④戶外廣告、單立柱廣告——在×××位置投放單立柱廣告 2 塊、在×××道路沿線投放站臺廣告、在×××商業中心投放 LED 電子屏廣告。

⑤項目網站——建立項目網站，進行項目動畫展示。

⑥網站媒體——在本地房地產網、×××等平臺上建立專欄，顯示項目形象以及銷售信息，在百度本地貼吧建立項目專欄，對項目品質及熱銷信息進行操作，擴大知名度。

⑦報紙軟文炒作——在×××報紙軟文炒作，主要炒作項目的配置和生活方式。

⑧售樓處廣告牌。

⑨建立短信平臺——選擇×××短信公司，對電話號碼進行投放。

(3) 營銷任務：試探市場，檢驗市場反映，確認產品賣點及目標客戶群體。

(4) 工作重點：產品導入，吸引客戶。

(5) 主題活動：

①「×××會」入會活動——認籌客戶辦理首付款時發放入會卡，並登記，同時發放業主權益卡。可參加「×××會」舉辦的活動，節日可領取會員禮物、生日當天可領取生日蛋糕、享有置業管家一名。

②「×××會」家電大抽獎活動——設一、二、三等獎，獎品為微波爐、電磁爐、電飯煲、臺燈等。

③產品說明會——以產品說明會形式，告訴目標客戶項目正式啓動。

④售樓處開放。

⑤團購活動——借助網路團購平臺促進銷售。

2. 第二階段：開盤期

(1) 階段目標：迅速在市場建立知名度和美譽度，做好開盤銷售，追蹤預定客戶簽約。

(2) 廣告重點：

①報紙廣告——在×××日報、×××商報每周投放廣告一次，時間為×××。

②雜誌廣告——在×××雜誌上刊登廣告，針對商旅人群。

③戶外廣告——在靠近項目的×××路口設置交通指示牌廣告。

④道旗廣告——製作售樓部門前道旗廣告。

⑤電視廣告——在×××電視臺進行電視劇廣告插播。

(3) 營銷任務：運用廣告媒體宣傳，聚攏前期目標客戶群，消化累積意向客戶，轉為訂金客戶。

(4) 工作重點：蓄積客戶，全力開盤，營造熱賣氣氛，延長營業時間。

(5) 主題活動：

①開盤儀式——開盤當日舉行，營造現場氣氛，增加開盤熱度。

②明星效應——與×××明星面對面。

③×××字畫展覽——體現項目獨有文化氣息。

④尋寶活動。

⑤夏季卡拉OK大獎賽。

3. 第三階段：強銷期

(1) 階段目標：強勢開盤后，通過系列營銷活動，延續熱銷勢頭。

(2) 廣告重點：立體廣告攻勢，塑造整體形象氣勢，將概念宣傳轉化為實際賣點推廣。

(3) 營銷任務：全面挖掘潛在客戶，動員客戶回到現場參加公關活動和銷售活動。

(4) 工作重點：強調銷售佳績；擬定公關及促銷計劃。

(5) 主題活動：

①活動贊助——採取冠名形式贊助×××足球隊比賽。

②高爾夫一日遊——帶領業主參觀×××國際高爾夫場地，進行講座和訓練。

③外地購房團。

④客戶活動季：電玩體驗、「×××會」陶藝製作活動、「×××會」冷飲節。

4. 第四階段：持續期

(1) 階段目標：熱銷期后，維持銷售熱度，讓客戶持續購買。

(2) 廣告重點：針對銷售難點策劃具體銷售策略。

(3) 營銷任務：深度挖掘客戶。

(4) 工作重點：體驗式營銷，增加客戶認可度，做好客戶服務。

(5) 主題活動：

①輕鬆首付計劃。

②團購挖掘——針對目標企業，如醫院、供電局等，在這些企業設立外展點，進行產品推介，組織企業內部員工進行團購。

③網站團購——繼續利用房地產網站組織網路團購，給予團購優惠、刺激購買。

④七夕相親派對——通過男女相親派對、歌舞表演暖場。

⑤「×××會」中秋送月餅——對「×××會」會員贈送月餅 1 盒。

5. 第五階段：尾盤期

(1) 階段目標：迅速消化滯銷戶型。

(2) 廣告重點：針對前期各媒體效果，有側重的取舍與選擇。

(3) 營銷任務：加強老客戶介紹新客戶；利用前期銷售的良好口碑帶動剩餘房源的銷售和公共設施建設的推出。

(4) 工作重點：組織客戶答謝活動。

(5) 主題活動：

①客戶轉介紹——開展「我是好鄰居」客戶轉介紹活動，本地人介紹，親自帶來並成交的，每次獎勵 3,000 元；若累計 3 次推薦成功可再額外獲得 2,000 元的獎勵。

②愛心 DIY——利用「光棍節」針對年輕客戶，舉行 DIY 巧克力派對，親手製作巧克力送給心愛的「他」或「她」。配合促銷活動，購房送家電活動。

③非誠勿擾——針對剛性需求的年輕客戶，舉辦「牽手非誠勿擾」交友聯誼會活動。活動方式：遊戲+抽獎+互動+交友+美食。

三、營銷推廣費用（略）

6.4 房地產項目營銷推廣方案的 PPT 製作

6.4.1 房地產項目營銷推廣方案 PPT 製作實訓的目的與任務

(1) 實訓的目的

①使受訓者瞭解房地產項目營銷推廣方案 PPT 所需的常見內容結構，並能對前面的實訓模塊相關實訓成果進行提煉、綜合。

②使受訓者掌握項目營銷推廣方案 PPT 的表現技巧，並能夠進行 PPT 編寫和

製作。

（2）實訓的任務

①回顧、綜合、提煉前期實訓模塊內容。

②構架項目營銷推廣PPT方案的結構，進行PPT製作。

6.4.2 房地產項目營銷推廣方案PPT製作實訓的知識準備

6.4.2.1 營銷推廣方案的概念

營銷推廣方案是指策劃、諮詢公司向客戶做有關營銷推廣活動企劃、創意構想等的報告，通過準確生動地向客戶說明，以求贏得客戶的贊賞與支持。即向客戶提供可供參考、選擇的營銷推廣方案。

6.4.2.2 方案PPT的製作技巧

（1）使用PPT進行方案的作用

房地產項目提案常常運用PPT投影演示與人員介紹相結合的形式，以圖文並茂、動感豐富的形式運用在中小型會議中，便於演講與討論交流。PPT演示稿的特點：提綱挈領、簡潔清晰，圖文並茂、層次分明，動態效果、視覺美化。

（2）優秀PPT提案的標準

標準一：主題清晰，有精確的論點、結論、思路和清晰的主張。

標準二：內容及材料詳實，含文字、圖片、數據。

標準三：邏輯主線貫穿始終，確保表達內容圍繞中心。

標準四：重點突出，重點結論、判斷突出表現，吸引眼球。

標準五：圖文並茂，多用圖形、圖片，避免觀眾視覺疲勞。

（3）PPT提案的製作要點

第一，要明確製作的目標。要針對提案對象製作相應層次的內容，在設計的時候要以聽者為中心進行考慮，不要以自我為中心。

第二，要注重邏輯性。要有清晰簡明的邏輯及不同層次的標題分層，但注意不要超過3層縱深。

第三，風格要認真推敲。商業應用中，PPT風格一般趨於保守，不要太花哨；注意版面的簡明，盡量少用文字，多用圖表與簡潔的數字；盡量少用動畫、少用聲音。

第四，佈局要美觀。單個幻燈片佈局要有空餘空間；標題頁、正文頁、結束頁盡量結構化，以體現邏輯性；整個PPT最好不超過30頁。

第五，顏色要協調。整個PPT的顏色最好不超過4種，顏色一定要協調，盡量用同一個色調。

（4）版式設計技巧

根據母版風格設計版面、注意保留邊距1厘米左右；提煉主題，縮短主題文字長度；總結要點，精煉內容文字；每行控製文字量，不超過20字；字體、字號及文字顏色確保清晰易讀；收集並使用知名的PPT資源。

6.4.2.3 房地產項目營銷推廣提案的結構

房地產項目營銷推廣提案的結構見圖 6-7。

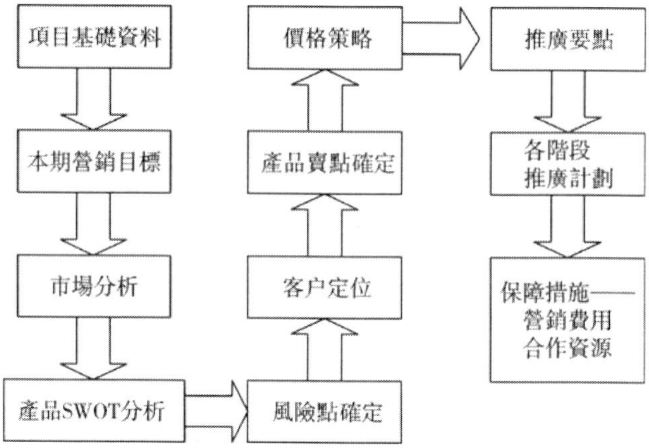

圖 6-7 房地產項目營銷推廣提案的結構

（1）項目基礎資料：項目總平面圖、項目經濟技術指標、項目分期情況；本期平面圖、本期經濟技術指標；分期營銷情況、經營計劃要求。

（2）本期營銷目標：不同產品類別、數量、價格、銷售額、銷售率等。

（3）市場分析：當前形勢、政策因素、市場及周邊競爭項目因素。

（4）產品 SWOT 分析：項目及產品的優勢、劣勢、機會、威脅。

（5）風險點確定。

（6）客戶定位：目標客戶消費特徵、確定購買原因、主要考慮因素。

（6）產品賣點確定：產品賣點、銷售策略整體思路。

（8）價格策略：開盤價格策略。

（9）推廣要點：推廣目標、重點、推廣分期計劃。

（10）各階段推廣計劃：分期及銷售各階段計劃表、各階段推廣主題及具體策略。

（11）保障措施：推廣費用表、合作資源情況。

6.4.3 房地產項目營銷推廣提案 PPT 製作實訓的組織

（1）指導者工作

①向受訓者介紹實訓達成的目標和成果。

②知識講授，介紹房地產項目營銷推廣提案的用處、要解決的問題、常見內容及結構。

③提出提案 PPT 製作的要求。

（2）受訓者工作

①整理與提案 PPT 製作相關的項目基本資料、營銷目標、市場情況、產品情況等。

②進一步鎖定目標客戶群，提煉項目的風險點和賣點。

③確定推廣要點及各階段推廣主題及策略；進行推廣費用測算。
④製作項目推廣提案 PPT。

6.4.4 房地產項目營銷推廣提案 PPT 製作實訓的步驟

房地產項目營銷推廣提案 PPT 製作實訓步驟見圖 6-8。

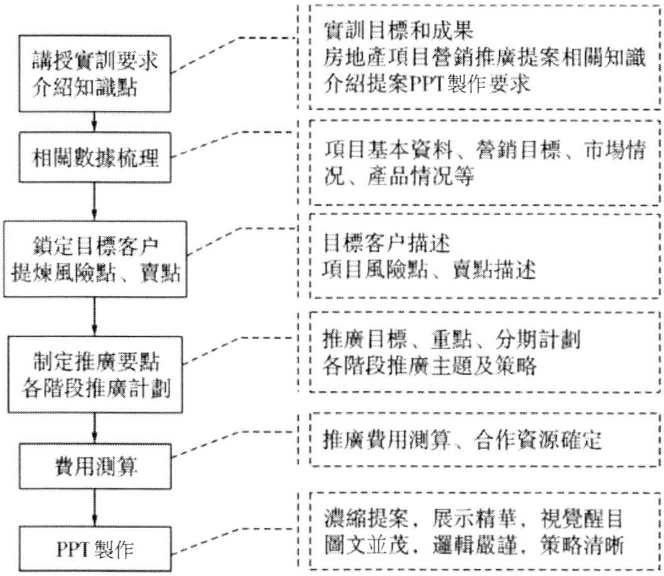

圖 6-8 房地產項目營銷推廣提案 PPT 製作實訓步驟

6.5 房地產項目營銷推廣的提案

6.5.1 房地產項目營銷推廣提案實訓的目的

（1）實訓的目的
①使受訓者瞭解房地產項目營銷推廣現場提案的技巧。
②使受訓者模擬開發商和策劃公司，進行提案質詢和答疑。
③使受訓者練習臨場表達的技巧。
（2）實訓的任務
①進行營銷推廣提案 PPT 演示，介紹項目營銷推廣策略。
②現場模擬開發商和策劃公司雙方進行提案的質詢和答疑。
③模擬開發商進行提案選擇。

6.5.2 房地產項目營銷推廣提案實訓的知識準備

6.5.2.1 成功提案的步驟

(1) 觀眾分析

弄清楚提案的對象，即要瞭解甲方是一個什麼樣的公司，企業文化和風格是什麼，關鍵人物是誰，內部組織結構和決策機制，提案需要解決的核心問題是什麼，會有什麼疑問，等等。

(2) 設定提案目標

對本次提案的目標要了然於胸，若存在疑惑，需要與甲方相關人員進行交流，要充分理解甲方對提案效果的要求。

(3) 收集整理資料

收集品牌信息、消費調研信息、市場狀況、競爭者狀態等資料，注意資料的適用性、時效性和真實性，並對所收集的資料進行整理，考慮如何應用。

(4) 選擇提案構架

首先，在提案結構上要選擇恰當，要注意引入、分析、建議；其次，要確定提案的形式是個人提案還是團隊提案。若是團隊提案，要做好相應的人員組織和分工。

(5) 創造視覺輔助工具

根據提案內容需要，選擇應用視覺輔助工具，如投影儀、海報、圖片、音響、模型、大型圖表、企劃書等。

(6) 熟讀內容

對提案內容要充分熟悉，做到講解順暢。

(7) 演練、彩排

首先，要總結歸納提案前的準備事項，防止提案時的遺漏。若團隊提案還需對角色進行分配。提案人要完全熟悉其內容，不要死背，能熟練運用所選擇的視覺輔助工具。另外，要進行多次預演，注意控製時間與節奏，反覆檢查存在的問題並進行修正。

其次，可以在內部進行模擬提報。邀請相關人員參加，以從不同視角提出觀點；猜測客戶可能提出的疑問，並想出應對辦法；通過模擬提報練習、不同分工人員的配合銜接，增強團隊提案效果。

(8) 提案演出

在提案前要提前到場，熟悉甲方座位及人員的安排，特別要注意甲方人員的職務稱呼，為提案時的交流做好準備。開場白要簡練，團隊提案要介紹團隊成員。提案過程中要注意團隊成員的分工合作和互相支持，主述者與補述者的交接要自然合理，記錄者要抓住重點做好記錄。演示重點內容要著重強調與重複提示，要注意演出的流暢性以及設法隱藏錯誤。對於甲方人員的疑問要反應快，解答要有說服力，切記不要讓提案成為一場辯論賽。整個過程要注意掌控現場氣氛。

在提案過程中提案者的態度要自信，要使別人信任。角色扮演要以專家角色出現，以樹立權威感，增強客戶認可度。

(9) 回顧分析

①現場回顧。根據記錄者做的記錄，在主述者演示完畢前整理好甲方成員在提案中提出的問題。團隊答疑者對主述者演示過程中未完整答覆的問題進行回應。

②場外回顧。向甲方追蹤提案的效果，總結分析前期提案的問題並進行改善，對后續工作進行分工，以準備下一次的提案。

6.5.2.2 提案演示技巧

(1) 取得信任

進行必要的自我介紹，介紹公司、團隊、個人的專業能力和成功案例，採取執行的態度和表達並樹立權威感。通過著裝、表情、預期、態度來增加客戶的好感度，著職業裝、化妝要清爽，表情要自信，態度要誠懇，同時要注意會議禮儀。

(2) 調動現場氣氛

設計好的開場白、引人入神的說服方式；設置的問題要逐步深入演繹；根據現場穿插與客戶的參與互動等，讓客戶的注意力跟著演示者的思路走；對於熟悉的客戶可以先提示結論讓其期待。

(3) 重點突出

演示內容時，對重點和關鍵處要適當強調，通過適當停頓、提示重點引起注意，同時也讓聽眾有時間消化。通過主動發問來引起聽眾的注意，引導聽眾思考。特別注意不要照本宣科，也不要一直盯著投影儀。

(4) 關注客戶反應

要隨時關注客戶的反應，演示者眼神要盡量照顧到每一個人，特別是不能忽視坐在角落的人；對於主要決定者要加大關注度，要坦然與現場聽眾眼神交流，避免視而不見、迴避閃爍；語氣要自然誠懇，避免過於嚴肅、高調和強勢；要懂得見好就收，不要無視客戶的反應對某些問題反覆講解。

(5) 虎頭豹尾

開場、過程、結尾都要讓客戶始終跟隨演示者的思路。開場白和引入問題要吸引客戶注意；結尾也要讓客戶印象深刻，結尾可運用總結結論、重點提示、回答問題等方式。

6.5.3 房地產項目營銷推廣提案實訓的組織

(1) 指導者工作

①提案現場座位布置、物料準備。

②抽選人員作為開發商參與者，並抽簽決定參與者不同的崗位及職務。

③維持提案現場秩序，作為主持人主持項目推廣提案。

④組織開發商參與者對提案進行評比。

(2) 受訓者工作

①提案團隊分工與協作安排。

②提案前課下預演。

③團隊現場提案與答疑。

6.5.4 房地產項目營銷推廣提案實訓的步驟

房地產項目營銷推廣提案實訓步驟見圖 6-9。

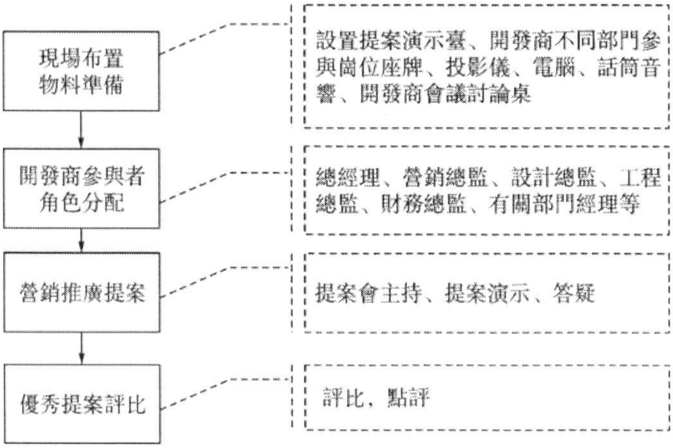

圖 6-9 房地產項目營銷推廣提案實訓步驟

6.6 房地產項目營銷推廣的實驗成果

根據受訓者業務水平，實訓的實驗成果產出又分為高級階段、中級階段、初級階段、入門級成果。以下成果為入門級成果示例（說明：示例為某應用型高校學生實訓成果，部分內容尚待推敲、修改和完善）。

示例

某高校學生實訓階段成果一

實驗（訓）項目名稱	銷售階段劃分及入市推廣策略	指導教師	
實訓日期		所在分組	

實驗概述

【實驗（訓）目的及要求】

1. 熟悉預售各階段的細分，知曉各階段的推廣策略。

2. 實驗分組，每組 4~5 名同學，確定項目的入市時機，並進一步對各銷售階段進行時間安排、確定各階段的銷售策略。

【實驗（訓）原理】

1. 麥克爾·波特競爭理論。一個企業要在市場競爭中取得優勝，有三種戰略可供選擇：最低成本、差異化營銷、市場集中。

2. 4P 理論：產品（Product）、價格（Price）通路（Place）、促銷（Promotion）。

3. 魏斯曼營銷戰略學說：領導者戰略、挑戰者戰略、市場追隨者戰略、利基者戰略。

實驗內容

【實驗（訓）方案設計】

1. 實驗任務

每組同學確定入市時機，並排出銷售的各個階段時間段，同時提出各階段的推廣策略。

2. 實驗要點及流程

（1）要點：確定入市時機，填寫銷售階段時間表，擬定各階段推廣策略。

（2）流程：宏觀經濟狀況及與業界各種推廣活動的分析→入市時機的確定安排→確定銷售階段→制定各銷售階段的策略。

3. 儀器設備

投影儀、電腦。

【實驗（訓）過程】（實驗（訓）步驟、記錄、數據、分析）

1. 制定銷售時間表（表 6-19）

表 6-19　**銷售時間表**

階段		預熱期	強銷期	持銷期	清盤期
時間段	第一期				
	第二期				
	第三期				

2. 預熱期推廣策略及實施細則

在預熱期主要是對整個項目的形象進行推廣，在一段時間內通過多種有效可行的推廣辦法提高知名度，吸引意向客戶，為樓盤造勢，以建立品牌知名度和促進銷售為目標，從而盡快奠定樓盤在人們心目中的品味、檔次和形象。所以在預熱推廣階段採用戶外廣告和電視廣告作為主導推廣策略，配以互聯網媒體為輔助推廣並對以下現場進行包裝：

售樓部：體現溫馨、親切、舒適、時尚感覺。

樣板房：巴渝傳統建築元素的加入，與現代設計理念結合。

現場路段：加強指引性，用大橫幅展示廣告，分散消費者對周邊環境的注意力。

工地現場：利用毗鄰市政主幹道的優勢，用彩色空飄氣球、彩旗、橫幅進行有效宣傳，打破工地單調的色彩。

（1）開始摸底

以「霧都水岸」項目開工為契機，全面傳遞項目正式啓動的信息。在「霧都水岸」項目開工的同時，針對市區內政府機關、企事業單位及商戶進行宣傳，對有意向的客戶進行預約登記。另外，在市中心長期設置大型戶外廣告。

傳播形式：×××電視臺新聞報導，重慶晚報、重慶日報新聞報導。

開始時間：依照項目建築工程啓動時間，開工后兩周之內完成。

(2) 海報投放

利用海報傳單具有內容調整靈活性和使用方式多樣性的特點，進行有針對的傳播和發放。

發放頻次：每周6次的頻次進行發放。

發放地點：沙坪壩三峽廣場各大商場附近、紅岩廣場、大學城以及沙坪壩區輻射範圍的各大輕軌站等人群聚集地。

發放時間：每周二、三、四發放日，時間為14：00-20：00，每日發放不少於800份；每周五、六、日發放日，時間為10：00-20：30，每日發放不少於1,500份。

發放對象：商業區購物的消費者（而非商家業主）、輕軌站過往乘客，以保證最大的傳播覆蓋率。

傳單內容：本項目面江靠山得天獨厚的地理位置所帶來的宜居環境，真正的養身居所。

開始時間：項目推盤前兩個月。

(3) 公交廣告

①車身廣告。利用公交車區域跨度範圍廣、版幅較大、班次多的特點，提高本項目的辨識度。在沙坪壩到雙碑、北碚方向的公交車線路發布車廂廣告，如248路、210路、501路、503路。

②公共交通移動電視廣告。公交交通移動電視廣告對人們具有潛移默化的影響力，根據車身廣告相應的線路投放電視廣告。

(4) 微信微博公眾號

申請微博微信公眾號，在發放海報宣傳的同時，可以支持掃微信、微博關注送禮品的活動，並通過該渠道實時更新本項目的情況和優惠活動，旨在提高本項目的網路人氣，提高項目認知度，打造高端、時尚的項目形象。

3. 制定強銷期推廣策略及實施細則

推廣策略及實施細則：本階段將是營銷推廣的高峰期，結合促銷對樓盤進行強勢推廣。報紙廣告、電視廣告、活動、售樓現場、輔助宣傳品等活動全面進行。

(1) 報紙廣告：每周安排1頁面版通欄廣告，主題為「霧都水岸」概念推廣、「國際水岸住宅」「建築美學名宅」「城市精英」等進行客戶包裝。

(2) 軟新聞：每周安排一期整版圖文，形象訴求。

(3) 電視廣告：電視劇插播廣告，採用主題訴求的方式。

(4) 活動：

①到訪有禮。從開盤前一個月開始，凡是到訪的意向客戶可以領取時尚保溫杯一個。

②VIP會員砸金蛋抽獎。凡是到訪並辦理VIP貴賓卡（認籌）的客戶，就可以砸金蛋一次，獲得相應禮品。

③相聚「禮」拜天。周末是人流量的高峰期，通過辦促銷活動可以刺激人們的消

費欲望。

地點：銷售中心。

活動規則：開盤期間購房的前 20 名客戶，可參加幸運抽大獎活動（中獎率 100%）。

獎品設置：

特等獎一名，總價享受九五折；

一等獎兩名，贈送三萬元裝修基金；

二等獎四名名，贈送兩萬元家具基金；

三等獎六名，贈送一萬元家電基金；

四等獎七名，免繳物業管理費兩年。

④愛心美食節。通過活動聯絡感情，加強開發商與客戶之間的交流，同時可在客戶群體中形成口碑效應，促進項目的促銷。

地點：嘉陵江畔。

邀請對象：業主、有購買意向的個人和企業團體（可帶家人）。

活動形式：通過發函，邀請每一位業主和準業主一家齊聚活動所在地，為失學兒童捐一元錢就可以獲得一張美食券（全場通用）。旨在聚集人氣，吸引媒體關注，提高本項目的公眾形象、博得大眾好感。

(5) 售樓現場

視聽資料：用於售樓現場，應涵蓋開發理念、樓盤概況、物業管理、銷售業績等方面。

4. 制定持銷期推廣策略及實施細則

通過強銷期的銷售，完成強銷期的目標銷售量，剩下的將通過持銷期的優惠活動來完成。通過強銷期的銷售，會累積一定的客戶，然后通過這些老客戶的宣傳帶動新客戶的銷售。

(1) 價格策略

①推出特價房。根據前面銷售信息的反饋，從房源中挑出 3 套小戶型，前一個星期辦理 VIP 卡，選定周末人氣高的時候採用抽簽的辦法選出三套特價房得主。

②公開競價。通過現場銷售控製，拿出部分房源採用統一底價競拍，吸引更多意向客戶，形成熱銷甚至哄搶局面。

③以「老帶新」活動。

活動時間：進入持銷期開始。

地點：銷售現場。

活動形式：凡由老客戶介紹來的新客戶在 15 日內成交，老客戶就可獲得現金大禮。以老客戶介紹新客戶選房落定后，新客戶直接享受免一年物業管理費的超值優惠。

(2) 圈層營銷建議

①「老帶新」營銷活動建議

針對開盤期間成交的老客戶資源，鼓勵其帶領其他意向客戶購買產品，並給予新老客戶雙方一定的獎勵政策。

實施過程：由老客戶帶來的新客戶成交，獎勵老客戶現金5,000元，新客戶購買時在所有優惠的基礎上再贈送一年物業費的優惠政策。

②「公務員」營銷活動

針對公務員此類具有較強購買實力的消費階層，通過舉辦私人聚會等方式將此部分消費者聚集起來，進行集中營銷宣講，以達成成交目的。

(3) 渠道營銷建議

社區、公園廣場日常巡展：利用夏日傍晚居民戶外活動頻繁的特點，獲得相關管理部門備案支持后，在老式小區或休閒廣場內舉辦「踢毽球」「跑得快」等互動活動方式，吸引居民現場諮詢。

5. 制定清盤期推廣策略及實施細則

(1) 五一特惠

活動時間：5月1日。

活動地點：銷售中心。

活動形式：「幸運轉盤」活動，簽訂購買合同的客戶轉動幸運轉盤，9.9折占二分之一、9.6折占四分之一、9.5折占四分之一，轉盤轉到的就是總價折扣。

(2) 一口價

根據前期到訪的意向客戶，發放活動邀請函，邀請20位客戶到場。拿出剩餘的10套房戶型，低於總價一口價成交；當場成交還送車位（限量5組）。

6. 入市時間

入市時間選擇為：2015年××月××日。

解籌時間為：2016年××月××日。

開盤時機選擇為：2016年××月××日。

【結論】

通過四個階段的相繼展開，本項目的銷售計劃順利完成，每個階段都嚴格地按照制定的要求進行。在預熱期，主要宣傳本項目，提高認知度，讓大部分需要購房的客戶都知道項目的存在。抓住項目濱江、宜居、生態、養生等特點來做宣傳，讓本項目的特點深入人心，達到在客戶心中留下深刻印象的效果，從而發掘更多的潛在客戶，為后期的正式銷售做下完美的鋪墊。在強銷期，根據前期積攢的客戶，再通過宣傳以及各種優惠活動，製造高人氣、高熱度。利用人們「湊熱鬧」的心態來提高關注度，打造成一個炙手可熱的項目。在持銷期，靠之前聚集起的人氣和開發的老客戶，加以各種優惠促銷活動使熱度不減，再創銷售小高峰。在清盤期，剩餘的房源並不多，加大優惠力度和採用「饑餓營銷」手段來實現完美收官。

某高校學生實訓階段成果二

實驗（訓）項目名稱	銷售價格策劃	指導教師	
實訓日期		所在分組	

實驗概述

【實驗（訓）目的及要求】

1. 掌握房地產產品定價技能，能夠制定定價策略，確定開盤均價。

2. 實驗分組，每組4~5名同學，確定競爭樓盤並收集其樓盤相關資料，按權重分析競爭對手，按競爭對手權重暫定本樓盤均價，確定樓盤定價策略、樓盤均價，落實水平價差和垂直價差策略。

【實驗（訓）原理】

1. 4P理論：產品（Product）、價格（Price）、通路（Place）、促銷（Promotion）。

2. 4C理論：首先強調企業應該把追求顧客滿意放在第一位，其次是努力降低顧客的購買成本，再次要充分注意到顧客購買過程中的便利性，而不是從企業的角度來決定銷售渠道策略，最后應以消費者為中心實施有效的營銷溝通。

實驗內容

【實驗（訓）方案設計】

1. 實驗任務

每組制定定價策略和開盤均價。

2. 實驗要點及流程

（1）要點：進行定價基本策略、定價方法、水平價差和垂直價差的制定。

（2）流程：收集整理市場信息及定價標的的樓盤資料→估計成本和需求→分析競爭對手→選擇定價目標。

3. 儀器設備

投影儀、電腦。

【實驗（訓）過程】（實驗（訓）步驟、記錄、數據、分析）

1. 主要競爭樓盤及價格分析（表6-20）

表6-20 主要競爭樓盤及價格分析表

編號	競爭樓盤名稱	建築類型	產品類型	均價	價格策略
1	龍湖睿城	普通住宅	高層	6,300元/平方米	低開高走
2	富力城	普通住宅	高層	6,000元/平方米	低開高走
3	國盛三千城	普通住宅	高層	8,100元/平方米	低開高走
4	財信沙濱城市	普通住宅	高層	8,600元/平方米	低開高走
5	同景優活城	普通住宅	高層	8,800元/平方米	低開高走

2. 成本導向定價法

根據項目投資分析，項目樓面成本為：高層樓面成本4,653元/平方米，多層樓面成本4,356元/平方米，假設公司投資額為樓面成本，公司期望目標利潤為50%。若採用目標定價法，本項目銷售均價為：

多層單位價格=4,356×（1+50%）=6,533.6元/平方米

高層單位價格=4,653×（1+50%）= 6,128.9元/平方米

3. 購買者導向定價法

採取購買者導向定價法，本項目樓面銷售均價為：高層銷售均價為 6,500 元/平方米；多層銷售均價為 6,000 元/平方米；洋房銷售均價為 6,500 元/平方米。

4. 競爭導向定價法

①請完成競爭對手權重分析表（略）見表 6-21。

表 6-21　　　　競爭對手權重分析表

比較項目		權重	(項目名稱)		(項目名稱)		(項目名稱)		(項目名稱)		(項目名稱)	
			擬合程度	比較系數	擬合程度	比較系數	擬合程度	比較系數	擬合程度	比較系數	擬合程度	比較系數
區域位置	市區距離	4										
	交通系統	6										
區域環境	板塊屬性	4										
	自然環境	6										
	社會環境	4										
	發展潛力	3										
生活配套		10										
產品	規模	3										
	容積率	6										
	綠化	6										
	內部景觀	6										
	產品風格及核心概念	10										
	面積設置	6										
	產品附加值	6										
其他	物業服務	4										
	會所	4										
	是否現房	4										
	開發商品牌	3										
		100										

②根據競爭對手權重分析表的分析，採用競爭導向定價法，制定本案銷售均價。

計算公式：Σ（各樓盤銷售均價×比較系數）/（樓盤數量×100）

代入數 =（6,300 ×101.6+6,000×95.35+8,100×96.95+8,600×100.8+8,800×99.2）÷（5×100）

本案暫定銷售均價 = 6,685.5 元

5. 制定具體定價策略及最終確定銷售均價（銷售均價要根據不同類型的物業進行分類定價）

本項目採用低開高走的價格策略，結合前面成本導向定價法、購買者導向定價法、競爭導向定價法的相關測算，最后確定本項目高層的銷售均價定為 6,300 元/平方米，多層定為 6,800 元/平方米，整數的價格可以給人品質感，這也是考慮到本項目的成本以及投資者利益最大化而且有利於適應市場上揚的趨勢；並且對於一次性付款的可打 9.5 折，一次性交完首付的打 9.8 折。

6. 制定項目樓棟及垂直價差策略

沿著嘉陵江的洋房順時針依次編號 6、7、8、13 號樓，這 4 棟是濱江洋房，可以直接眺望到江景，並且採光、通風均十分良好，售價定為 8,300~8,900 元/平方米。1~5

號樓為多層，第一層可作為門面使用，頂樓可以贈送天臺，售價定為 8,200 元/平方米；2~5層可以觀賞小區內園林景觀，且出行方便，售價定為 6,800~8,100 元/平方米。9、10、11、12、14、15、16 號樓為高層，1~5 層採光較差，視野不夠開闊，售價定為6,900元/平方米，6~11 層採光、通風較優，售價定為 6,600 元/平方米，12~20 層可以眺望江景，售價定為 6,900 元/平方米。

7. 制定開盤價格策略（價格走向、起價、折扣折讓策略、產品組合定價策略）

本項目的價格走向是低開高走，隨行就市的定價基礎；多層的起價是 6,100 元/平方米、均價是 6,800 元/平方米，高層的起價是 6,600 元/平方米、均價是 6,300 元/平方米；開盤前辦理 VIP 卡交兩萬元抵四萬元；接受公積金貸款。全額付款可享受 9.8 折優惠，按揭或交訂金可獲抽取超值好禮；團購十人及以上最高可享受 9.7 折優惠。開盤享受交5,000元抵20,000元優惠，全款購房享受 9.8 折優惠，按揭購房享受 9.9 折優惠；電梯房1~5樓客戶，享受 10 年免電梯費優惠。

【結論】

銷售價格決定后期的銷售成績，這是資金回籠最關鍵的一步，所以制定價格必須細化。多層、高層根據具體樓層不同、使用功能不同和景觀不同，以及對主要競爭樓盤及價格分析，進行成本導向定價法的計算、購買者導向定價法的計算、制定具體定價策略及最終確定銷售均價、制定項目樓棟及垂直價差策略、制定開盤價格策略的分析，確定本項目的檔次為中檔臨江住宅。通過這一系列模擬，我們掌握了房地產項目常見的定價模式和方法，能夠完成一個項目的開盤價格定制。

某高校學生實訓階段成果三

實驗（訓）項目名稱	營銷推廣提案制定及現場提案模擬	指導教師	
實訓日期		所在分組	

實驗概述

【實驗（訓）目的及要求】

1. 掌握營銷推廣如何進行現場提案，能夠綜合前述內容進行 PPT 的編寫，能夠模擬進行現場提案演示和說明。

2. 實驗分組，每組 4~5 名同學，撰寫並設計 PPT 提案，按模擬場景進行現場銷售模擬。

【實驗（訓）原理】

1. SWOT 分析法：優勢（Strength）、劣勢（Weakness）、機會（Opportunity）、威脅（Threat）。

2. USP 理論：要求向消費者說一個獨特的銷售主張。

3. 5W2H 法：了品牌從戰略（Who、Why）到策略（What、When、Wher）直至戰術（How）的完整運作系統，加上品牌預算（How much），就構成一個完整的品牌運作方案。

實驗內容

【實驗（訓）方案設計】

1. 實驗任務

每組同學制定廣告策略和廣告計劃。

2. 實驗要點及流程

(1) 要點：房地產廣告策略、廣告媒體的特點、廣告媒體的選擇、投放時機策略、媒體組合策略。

(2) 流程：調查分析→擬定計劃並完成提案 PPT 製作（確定整體廣告戰略、確立廣告目標、確定廣告具體策略）→現場提案→提案評選。

3. 儀器設備

投影儀、電腦。

【實驗（訓）過程】（實驗（訓）步驟、記錄、數據、分析）

1. 實訓按以下步驟實施

第一步，前期可利用數據匯總，缺漏數據收集補充（調查分析）。

第二步，製作營銷推廣提案 PPT。

第三步，人員分工及提案預演。

第四步，現場提案。

第五步，提案評選。

2. 實訓記錄及數據分析

提交 PPT 的打印文檔（略）。

【結論】

營銷推廣提案制定及現場提案模擬 PPT 主要是對前期可利用數據的匯總，補充收集缺漏數據，製作營銷推廣提案 PPT 和一些數據的基本分析和風險分析。所以經過這次的提案，為我們瞭解房地產營銷推廣做了一個好的鋪墊，讓我們都感悟領會頗多。

6.7 房地產項目營銷推廣的考核方法

在實訓過程中，正確有效的考核方式是促進、鞏固教學效果的重要內容，是提高實訓質量的重要方法。本實驗過程的考核方式如下：

6.7.1 考核內容

(1) 受訓者對營銷推廣實施環節的基本知識、操作技能、技巧運用的理解和掌握程度。

(2) 受訓者對運用所學知識解決房地產營銷推廣實際問題的綜合能力。

(3) 受訓者遵守實訓紀律要求、實訓態度等職業道德的情況。

(4) 受訓者團隊意識、團隊合作等職業配合技能。

6.7.2 考核原則

（1）考核標準是客觀的、統一的，須防止主觀的、隨意的判定。
（2）成績的評定能夠真實地反映受訓者的知識、技能、技巧的實際水平。
（3）成績的評定要體現受訓者的工作態度。
（4）成績的評定須加入對團隊合作的考核。
（5）考核評分標準做到公開透明，使學生明白考核重點和要點。

6.7.3 考核方式

（1）課程考核

課程考核是對實訓課程的過程考核，主要從受訓者的出勤率、實訓參與情況、課堂表現三個方面評定受訓者的實訓成績。

（2）階段考核

階段考核是根據營銷推廣的四個實訓內容，在每個實訓版塊結束后，對受訓者階段實訓成績進行評定。由於四個版塊在實際銷售過程中的重要程度不相同，建議實訓指導者可參照以下比例進行評分：

①項目銷售階段計劃：占比 10%。
②項目銷售價格策略：占比 30%。
③項目入市推廣計劃：占比 30%。
④現場提案：占比 30%。

（3）實訓報告及提案 PPT 製作成果考核

營銷推廣實訓環節完成后，需要由受訓者提交本實訓過程的實訓報告和提案 PPT，實訓指導者根據其實訓報告體現的學習態度、規範性、創新性、邏輯性等進行綜合評分。參考評分標準如下：

①優秀（90 分以上）

√敘述詳細，概念正確，文理通順，結構嚴謹，條理清楚，邏輯性強。
√對實訓問題的分析詳細、透徹、規範、全面。
√對所開發項目的針對性強。
√獨立完成，無抄襲。
√對實訓的心得體會深刻、有創意，有理有據，能提出並解決問題。
√學習態度認真，規定時間內完成報告。

②良好（80~90 分）

√敘述詳細，概念正確，文理通順，結構嚴謹，條理清楚，邏輯性強。
√對實訓問題的分析詳細、透徹、規範、全面。
√對所開發項目有針對性。
√獨立完成，無抄襲。
√對實訓的心得體會深刻、有創意，有理有據，能提出並解決問題。
√學習態度認真，規定時間內完成報告。

③中等（70~80分）
√敘述詳細，概念正確，文理通順。
√對實訓問題的分析詳細、規範。
√對所開發項目有針對性。
√獨立完成，無抄襲。
√對實訓的心得體會深刻，有理有據，能提出並解決問題。
√學習態度認真，規定時間內圓滿完成報告。
④及格（60~70分）
√敘述簡單，沒有抄襲。
√對實訓問題有簡單分析和描述。
√對所開發項目有針對性。
√對實訓的心得體會不深刻，論述不充分。
√學習態度比較認真，規定時間內完成報告。
⑤不及格（60分以下，或具備下面一項者）
√不提交報告。
√內容太簡單、太空泛。
√基本上是抄襲。

6.7.4 考核成績的計算

實訓指導者對受訓者的成績評定可以參考表6-22。

表6-22　房地產項目營銷推廣的考核成績計算方式

考核點名稱	課程考核	階段考核	實訓報告考核
考核點占比	30%	40%	30%
考核內容	出勤、實訓參與情況、課堂表現	技能操作水平	見實訓報告評分標準
備註：各考核內容需加入團隊核分，即由受訓小組組長根據小組成員的貢獻情況對各成員進行梯度評分，該評分將作為實訓指導者對個人成績評分的一個參考標準。			

問題與思考

1. 商品房銷售如何進行分期？如何根據開發分期、工程進度、報建進度、市場狀況、產品線組合、客户心理等具體情況進行銷售分期？
2. 各銷售階段的推廣策略如何進行合理的銜接，如何圍繞銷售產品設計推廣主題？
3. 在實際營銷推廣中，如何考慮促銷方式的合理組合？如何使得推廣產出更大？
4. 在目前營銷推廣策略同質化較大的趨向下，如何去另闢蹊徑？
5. 如何利用目前應用廣泛的媒介進行項目的推廣？如何建立客户的忠誠度？
6. 如何利用手機軟件去增加潛在客户的粘性，如微信、APP等？
7. 如何設計營銷推廣方案去吸引聽眾以及如何提煉出項目的真正賣點？

8. 在現場方案時，面對咄咄逼人的提問，如何去化解？

9. 在現場方案時，如何去「察言觀色」，即觀察聽眾對方案的理解、認同情況等，並如何應對？

拓展訓練

1. 房地產廣告策劃

任務：能根據營銷推廣活動主題制定廣告策略；根據廣告策略制定廣告計劃，進行媒體選擇和組合。

步驟：梳理各階段營銷推廣主題→ 調查分析 → 制定房地產廣告目標 → 選擇房地產廣告策略 → 媒體選擇與組合 → 制定廣告計劃 → 費用預算 →項目廣告策劃書 → 實施計劃。

成果：《項目廣告策劃書》。

2. 房地產項目廣告策劃書常見的內容結構

①項目分析：項目競爭情況、產品優勢和劣勢、項目風險點及賣點，等等。

②廣告目標：廣告必須闡述的賣點、目標消費群體，等等。

③媒體選擇：平面媒體、電視媒體、戶外媒體、廣播媒體、樓書、宣傳單、海報、樣板房、銷售中心等（要說明具體的投放對象、地點等。）

④銷售各階段媒體組合：要配合各階段營銷推廣主題。

⑤輔助公關活動：要配合各階段營銷推廣主題和媒體組合。

⑥廣告計劃表。

⑦費用預算。

參考文獻

[1] 陳倍麟. 商業地產項目定位與建築設計［M］. 大連：大連理工大學出版社，2013.

[2] 付光輝. 房地產市場營銷［M］. 南京：東南大學出版社，2014.

[3] 柳立生，劉紅霞. 房地產開發與經營［M］. 武漢：武漢理工大學出版社，2014.

[4] 中匯城控股（集團）房地產研究中心. 房地產精細操盤——營銷策劃［M］. 北京：化學工業出版社，2014.

[5] 章鴻雁. 房地產策劃與開發模擬實訓教程［M］. 北京：電子工業出版社，2010.

[6] 王涯茜，雷曉瑩. 房地產開發與經營［M］. 西安：西安交通大學出版社，2014.

[7] 劉亞臣. 房地產經營管理［M］. 大連：大連理工大學出版社，2014.

[8] 天火同人房地產研究中心. 房地產營銷策劃分步實解：營銷推廣［M］. 北京：化學工業出版社，2015.

[9] 李雪妍，張遠索. 房地產營銷策劃：案例分析與實踐［M］. 北京：學苑出版

社，2012.

[10] 企劃王. 企劃高手不告訴你的46個提案技巧 [M]. 北京：化學工業出版社，2012.

[11] 孫文哲. 房地產定價方法研究 [D]. 天津：天津大學，2006.

[12] 王瑞玲，宋春葉. 房地產項目營銷策略研究——以重慶某房地產項目為例 [J]. 重慶科技學院學報（社會科學版），2011（01）.

[13] 高武. 基於價值鏈的房地產文化營銷整合路向 [J]. 建築經濟，2012（01）.

7 房地產銷售實施

本章導讀

- 掌握營銷中心的選址、組織設計及管理方法。
- 掌握房地產銷售管理的內容和特點，熟悉各類管理表格的製作與使用方法。
- 掌握房地產銷售前期準備工作的內容、銷售實施的工作程序。
- 掌握房地產銷售現場的組織構成、管理內容。

案例導入

某項目的銷售管理

一、項目背景

（1）區位：項目位於新城區，緊靠開發區，緊鄰新城區主要道路，附近有行政單位集中的××道、以商業為主的××道，又處於城市發展主方向上，區位優越。

（2）交通：項目周邊的公共交通較發達，包括10路、12路、17路及562路公交總站，覆蓋了新城區內33處小區、12所學校、4座醫院、7處商場、郵局，並途經該區主要街道、商業和學校網點；臨近國道、高速公路。

（3）周邊配套：項目周邊商業包括國美、新世紀、萬達等，區域商業業態單一，以滿足周邊居民生活的超市、市場、沿街底商為主，檔次較低且規模均較小，娛樂商業非常缺乏。項目周邊的教育資源豐富，基本上每一個居住區都會擁有一所學校，包括中學、小學、幼兒園。項目周邊包括區政府、氣象局、交通局等行政機關及人民醫院、婦幼保健院等醫療衛生機構。

二、項目的銷售準備

（1）產品：占地面積20萬平方米，總體建築面積50萬餘平方米，物業形態分為高層、商業裙樓和會所，戶型為80~135平方米，平均面積90平方米，2012年10月上市。

（2）價格控製：均價7,400元/平方米

（3）銷售渠道：某銷售代理公司。

（4）銷售目標：2013年爭取實現7億元銷售，回款6億元以上，確保全盤操作3年完成銷售，力爭完成全盤銷售額42億~47億元。

（5）售樓處布置：打造會所式的全功能體驗現場，突出項目品質及未來生活體驗功能。在示範區的打造上，強調合理的看房動線，避免重複景觀及施工動線，注重項目未來生活情境的體現，以溫馨、奢侈、生活化為主題，打造高品質、高功能利用的

樣板間功能。同時，在先期導入物業服務體驗，使客戶感受到高端的物業服務品質。

(6) 銷售物料：統籌區域內營銷資源，使用 DM 單、夾報、短信等形式直接溝通客戶，建立客戶資源組，並同時準備好樓書等全套項目資料。

三、本項目的銷售實施

(1) 建立以項目銷售中心為核心賣場的多點銷售體系，包括建立固定銷售巡展中心，並聯合銀行、4S 店等形成聯動銷售。

(2) 項目展開組團交叉式推售，2012 年下半年推售 800 套，2013 年推售 2,300 套，2014 年推售 2,203 套，其中下半年實現 974 套銷售。項目對外報出銷售價格：2012 年 11 月為 6,700 元/平方米；2013 年 5 月為 5,385 元/平方米；2013 年 11 月為 5,885 元/平方米；2014 年 4 月為 6,800 元/平方米；2015 年 2 月為 6,800 元/平方米；2015 年 7 月為 5,800 元/平方米；2015 年 12 月為 6,900 元/平方米。

(3) 2012 年 4~8 月通過開辦巡展、舉辦沙龍、啓動公益基金的方式儲客，並接受客戶驗資排卡，於 10 月開盤，舉辦盛世中秋活動、聯誼活動、文化晚宴活動等先后推出 1~14 棟高層。

四、本項目的銷售策略

本項目在銷售上採取高價開盤策略，即高於同期市場基準價格 6,200 元/平方米。本項目產品質量佳，開發商信譽較好，並且具有明確的產品競爭優勢，通過高價開盤，豎立了高端的樓盤品牌形象，並能快速回籠資金，在后期的銷售過程中，可以給予客戶更多的實惠，便於尾盤清理。

在整體銷售過程中，本項目根據市場行情及自身銷售情況適時調整銷售價格，並根據時點採取不同的定價策略，如在 2012 年年底為加快資金回籠推出全款 9.5 折優惠活動，2015 年年底推出交 1 萬元享 8.5 折的優惠活動等。

在推盤的節奏控製上，強調推售與工程開發次序、開發進度緊密結合，保證多頻次加推以提升市場熱度。在每期推售產品上為分散風險提倡多樣化產品組合，並在每批次推售產品中選擇稀缺產品作為明星產品吸引客戶，點熱市場。

7.1 房地產營銷中心的選址與設計

7.1.1 房地產營銷中心的選址與設計實訓的目的與任務

(1) 實訓的目的

①掌握營銷中心選址因素及選址方法。

②掌握營銷中心功能分區。

③掌握營銷中心包裝的技巧。

(2) 實訓的任務

①根據項目特點選擇合適的營銷中心建設位置。

②根據整體銷售策略繪制營銷中心的平面圖，以切合銷售目標。

③根據項目定位編寫營銷中心包裝任務書。

7.1.2 房地產營銷中心的選址與設計實訓的知識準備

7.1.2.1 營銷中心的位置選擇

房地產營銷中心是樓盤形象的展示區，是與客戶直接接觸的場所，是銷售活動的中心，產品展示、銷售談判、成交簽約等一系列活動都集中在此處完成。隨著房地產市場的發展，越來越多的開發商已認識到營銷中心的重要性，營銷中心現場的設計包裝影響著消費者對開發商的信心以及促成銷售成交。一般營銷中心的選址遵循以下原則（見圖7-1）：

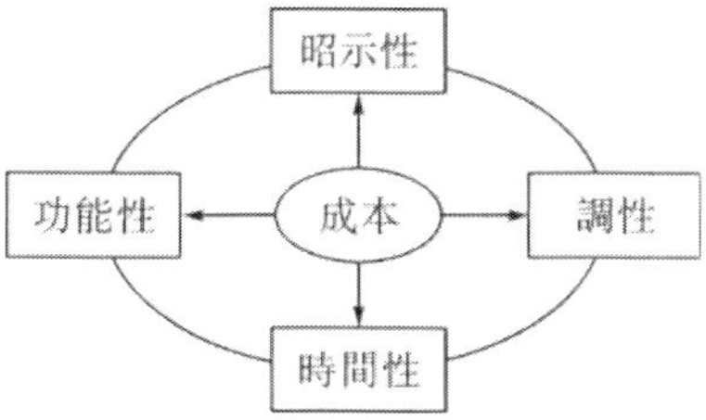

圖7-1 營銷中心選址因素圖

（1）成本性

營銷中心選址、建設、包裝等成本屬於項目營銷費用，項目營銷費用預算有限，因此成本是營銷中心選址的最重要的考慮因素之一。但是，營銷中心成本考量是在實現效果的基礎上的費用考慮，是營銷中心選址最后的考慮因素。

（2）時間性

房地產行業是資本密集性行業，項目對資金週轉要求高，而營銷中心是一系列銷售活動發生的地點，營銷中心的投入使用是銷售活動開展的標誌，只有銷售的開展才能保證資金的回籠，才能保證項目有序地進行，企業才能生存發展。因此，營銷中心的選址要選擇方便建設並能減少建設工期的地點，而且其週期要與推售節奏相適應。

示例

某項目為了盡快累積客戶資源並開展銷售活動，將其營銷中心設立在商業街區，以便接觸大量客戶，發展潛在客戶，同時縮短了營銷中心建設時間，以便盡快開展銷售，實現項目回款。圖7-2為某項目營銷中心選址示意圖。

（3）調性

房地產項目已從過去的產品導向發展到現在的客戶導向，房地產項目在設計上遵循客戶需求原則，這必然要求房地產項目要傳遞產品與品牌的核心內涵，這個核心內涵即房地產項目的主題概念，它明確了項目要展示的和能識別的內容和預期形象。調性即是指要滿足項目定位與項目內涵的傳遞。營銷中心選址要充分考慮周邊環境是否符合項目的核心內涵。

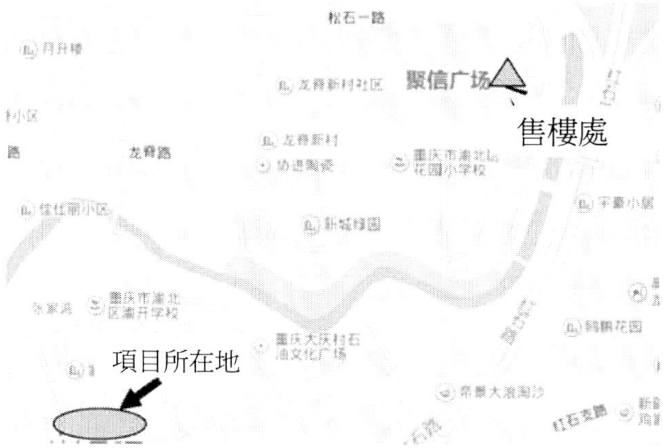

圖 7-2　某項目營銷中心選址示意圖

（4）昭示性

城市地標彰顯一座城市的內涵，是一座城市的符號，而營銷中心是一個類似於城市地標的存在。營銷中心被賦予了城市地標的顯示與傳播功能。營銷中心是顯眼的、獨特的，顯示了項目質素、開發商水平；同時，它是項目的傳播符號，通過其新穎別致的獨特設計與客戶建立感性溝通，實現價值共鳴。因此，營銷中心選址的時候要充分考慮到營銷中心的易達性和傳播性，使客戶能容易看到營銷中心，並能方便快捷地到達營銷中心。如採用借勢啟示的方式，即通過展示項目強勢自然資源，促進項目內涵的傳播。

示例

某項目沿照母山森林公園打造營銷中心展示區，灌輸客戶對項目的景觀價值認知，並且建立在交通干道沿線，方便客戶到達，同時實現過往客戶的傳播作用。圖 7-3 為某項目的營銷中心選址示意圖。

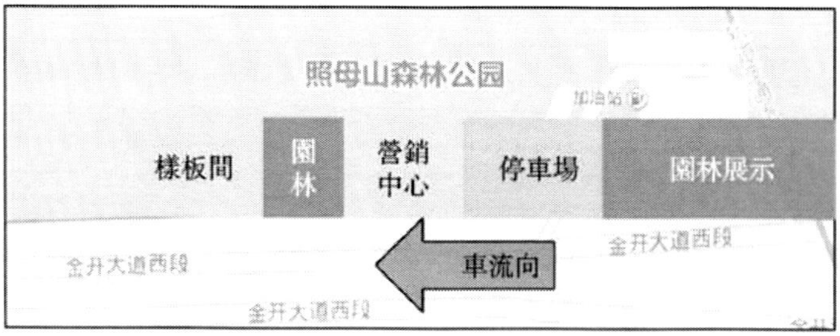

圖 7-3　某項目的營銷中心選址示意圖

（5）功能性

營銷中心是銷售活動的發生場地。銷售活動包括接待、商品展示、洽談、簽約等過程，營銷中心選址會決定營銷中心建設面積，從而影響營銷中心的功能實現能力。

示例

某項目將營銷中心設立在某商業廣場，由於商業廣場周邊條件限制，最大只能提供100平方米場地，該項目僅能在有限區域內設立商品展示區及休息區，實現未來產品展示的功能，卻無法滿足銷售活動整體需求。因此，必須在項目所在地建立營銷中心，以使實現項目銷售。

營銷中心選址的五個考量因素是一個系統構成。在選址的過程中，不能單從某一方面進行考慮，而應該從全局出發，著眼於營銷中心建設的根本目的，選擇合適的地理位置。一般營銷中心的位置選擇可以參考以下方案：一是選擇在項目場地內戶外建設營銷中心，目的是可以更好地吸引客戶，但增加了營銷成本。在戶外場地的選擇上可以靠近主幹道以便於客戶到達及有效傳播，也可以與樓盤廳堂相連接，以提供更大的空間，使營銷中心更顯大氣上檔次。二是選擇在樓盤頂層廳堂內建設營銷中心，其優勢在於可以節約營銷成本，但增加了客戶的到達障礙，降低了客戶的滿意度，並且不能滿足項目宣傳的需求。三是選擇在商業街區建立營銷中心，其地理優勢可以吸引大量潛在客戶，建設週期縮短有利於資金回籠，但由於其空間限制，較難實現銷售活動開展所需的功能要求。

7.1.2.2 營銷中心的功能分區

營銷中心的設計是承載著項目形象、產品展示、客戶體驗和銷售完成的功能性建築的綜合設計。營銷中心要外形醒目、內在功能高度集中，因此，營銷中心不僅要滿足各種功能需求，還要注意功能版塊的協調統一，並設計符合客戶習性的服務動線。

（1）營銷中心的外部景觀區

①綠化景觀

美好的景觀給予客戶美好的感受，好的景觀設計可以放鬆客戶的心情，讓客戶以輕鬆的心態進入售樓處。同時，好的綠化景觀設計可以有效地牽引客戶視線，刺激客戶的好奇心與觀賞欲，達到吸引客戶進入售樓處的目的。綠化景觀的設計要注意與道路走向相一致，並且不能遮擋營銷中心的視覺展現。

②停車區

路通則人達，客戶到訪需要借助交通工具，停車區的設置是為客戶服務的基礎。一般情況，停車區停靠的車輛主要是客戶來車、接客看樓巴士和看樓客戶的電瓶車。各種交通工具的大小、停靠方式存在差異，停車區在功能設計上應該根據各自特點區別設定。為了避免人車混雜造成安全隱患，停車區還應在設計上注意人車分流，保證出入的暢通。另外，停車區的大小需要兼顧到聚集人群較多情況下的停車問題以及人群較少情況下的資源浪費問題。

③形象展示區

項目的形象展示從進入項目的主交通入口或者看到標誌性建築物開始，一般在該區域建設代表項目形象的藝術裝置更易達到項目的形象展示功能。

（2）營銷中心的客戶服務區

①接待區

接待區是客戶進入售樓處的第一印象、第一記憶，是項目形象展示的重要組成部分。接待區包括接待臺、背景牆等，在使用上要滿足接待人員接待、登記、派發項目資料等功能。接待中心大小合適，除滿足基本功能外，還應根據客戶階層及客戶量來決定。

②模型展示區

模型展示區用以展現項目產品，包括項目所在地域模型、項目整體規劃模型、戶型模型等沙盤道具，此外，還應陳列透視圖、展板等輔助銷售物料。通常情況，項目模型是展示區的焦點，也是客戶關心的重點，要預留足夠的空間供人群圍觀模型，並沿線參觀展板、戶型模型等銷售物料。

③洽談區

洽談區是客戶參觀項目模型后，與置業顧問深入瞭解項目情況並溝通相關事宜的區域。為了能與意向客戶愉快的溝通，洽談區在設計上要寬敞舒適、氛圍輕鬆，並在旁邊設置吧臺以便為客戶提供茶點。對於一些重要客戶或者成交意願強烈的客戶，部分售樓部會在洽談區開闢出一片相對封閉的區域作為 VIP 客戶接待區。

④音像區（休閒區）

信息技術的發展給予了售樓處展示項目形象、未來產品的更多可能，包括現在常用的電腦或投影展示項目 3D 模型圖、影視廣告片、現場全景等。投影技術通過虛擬展示，使客戶真實性地感受項目產品，這種技術也在逐步運用於房地產銷售過程中。除此之外，音像區還可以通過播放愉悅的音樂、製造柔和的燈光讓客戶體驗到輕鬆閒適的氣氛，同時，設置顯示屏供客戶快捷查詢區域發展、開發商、合作商等相關資料，加深客戶對項目的認識。

⑤簽約區

簽約區是與客戶簽訂購房合同的區域，簽約是正式的行為，為了保持安靜並保障客戶隱私，簽約區一般設置成獨立的小房間，同時擺放正式的桌椅以顯示規範。

⑥財務區

財務區是客戶簽訂購房合同后付款的地方，一般緊鄰簽約區，設置相對封閉，以便在保障客戶隱私的同時也保證財務安全。

⑦衛生區

洗手間是客戶非常重視的客戶體驗區，它同時具備整理妝容的功能。對洗手間設計的滿意度會直線提升客戶對項目的好感度。乾淨、整容、氣味宜人是衛生區域的基本要求，一些人性化的清潔及梳妝設置會為衛生區域服務加分。

（3）營銷中心的內部工作區

①員工服務區

營銷中心在服務客戶之外的同時，也是內部員工的工作區域。良好的員工面貌是實現銷售的基礎，因此，營銷中心的設計要針對內部員工的日常工作需求，包括供員工上下班更換衣物的更衣室、員工休息室，部分營銷中心還設置有員工食堂等。

②倉儲區

倉儲區是用於存放宣傳物料、宣傳道具和一些臨時性銷售物料的空間。

③經理室

經理室是為營銷中心管理領導設置的，既體現項目檔次，又能針對一些特殊訪客予以接待。

（4）樣板區

樣板房是對項目未來產品的直觀展示，它通過給予客戶強烈的感觀刺激最大限度地提升客戶的購買欲望。樣板區的目的就是吸引客戶，促進其產生購買。樣板區的設計包括景觀與樣品房展示。景觀的定位要與項目整體定位一致，部分樣板區景觀是項目景觀的縮小板。樣品房展示在選擇上一般為項目銷售的主力戶型。部分售樓處選擇在已建好的建築物開闢樣板間，以達到更真實的展示效果。

（5）其他輔助性區域

部分售樓處為了給客戶提供更優質的服務，在滿足售樓處的基本功能外，還設置有健身房、瑜伽會館，甚至某些別墅物業營銷中心還可以承接草坪婚禮。通過這些輔助性功能的提供，售樓處除了展示其高端大氣的形象外，還能吸引客戶前往體驗，提升成交機會。

售樓處的功能設計是一個系統工程，旨在為客戶提供更好的服務體驗，因此功能區的劃分應該根據客戶的特徵有針對性的設計，售樓處的功能設計也體現出項目的差異性，展示項目的獨特優勢。

示例

某項目售樓部功能分區見圖7-4，該項目售樓部在功能上除滿足售樓服務的常規功能外，還因其客戶圈層定位為熱愛運動、追尋健康的人群，故在二樓設置了室內健身館與體操房。

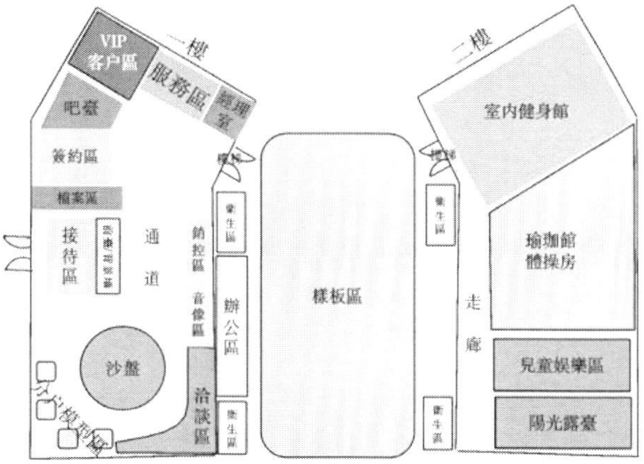

圖 7-4　某售樓部功能分區圖

7.1.2.3 營銷中心的動線設計

營銷中心的動線即將客戶在營銷中心的活動的點串聯起來所形成的流線。動線設計在尊重客戶行為習慣的基礎上，也是對客戶行為加以科學的組織與引導。順暢便捷的動線不僅能提高客戶的體驗和放鬆客戶的心情，還能影響營銷中心的美與協調。

（1）動線設計的人本原則

營銷中心是為客戶服務的，動線設計實際上是對客戶的服務流程設計，以客戶需求原則設計的動線才能為客戶提供優質服務，讓客戶滿意，提升客戶體驗。客戶前往營銷中心的目的是瞭解項目情況，並能避免時間浪費。動線規劃首先是全面展現項目信息，其次是要遵循時間最短、距離最短、行走最便捷的原則。

（2）動線設計的規劃內容

動線設計分為外部動線規劃與內部動線規劃。外部動線規劃包括車流動線和人流動線。車流動線始於交通干道，止於停車區域；人流動線始於停車區域或交通站點，止於售樓處大門。內部動線起止於售樓處大門，聯接售樓處的各功能板塊。

①車流動線

車流動線最主要考慮的是自駕車前往營銷中心的客戶，解決的最好方法是停車區域臨近主幹道或項目自建匝道連接主幹道，並在道路沿途設立引導牌，同時在動線設計上配合道路的車行方向，避免車道堵塞。

②人流動線

通過公共交通工具前往營銷中心的客戶的人流動線要盡量避免穿越交通量大的道路，在無法避免的情況下，立體交通能有效解決交通干擾和人行安全的問題，由於立體交通是城市規劃的問題，項目單位難以解決，因此在項目營銷中心選址的時候就應充分考慮。停車區域前往售樓處大門的人流動線要避免與車流動線重合，一是保障人行安全，二是避免交通堵塞。

③內部動線

內部動線是對售樓處客戶進行組織，盡可能最大化地展示項目。內部動線設計要避免客戶走重複道路，同時兼顧各功能板塊，一般採用環形設計。另外，由於大部分營銷中心是建設在項目所在地，項目施工區域具有一定的風險性，因此，內部動線的設計既要保障客戶的安全，也要便於客戶瞭解項目施工進展情況。

示例

某營銷中心動線圖見圖 7-5，該項目營銷中心在動線設計上最大可能做到人車分流，採用環線設計兼顧各功能板塊，並遵循最便捷動線設計原則，極大滿足了客戶觀房需求的同時降低客戶消耗精力。

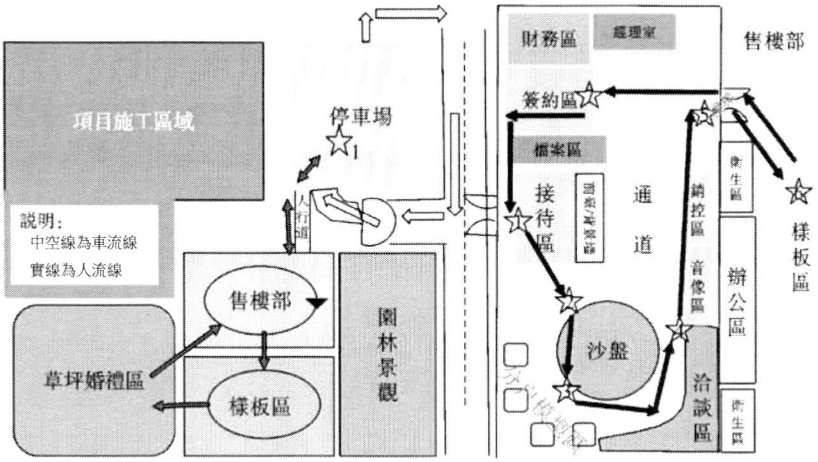

圖 7-5　某項目營銷中心動線圖

7.1.2.4　營銷中心的包裝

(1) 明確營銷中心包裝的目的

營銷中心包裝設計的目的包括：一是向客戶詮釋客戶未來的居住生活。比如開發商通過把書房、花鳥魚蟲等彰顯私人空間的物品搬到營銷中心，為客戶營造「家」的氛圍。二是向客戶傳達企業文化，展示企業形象。開發商通過引入眾多高科技產品，如觸摸屏查詢系統等來增加客戶查詢信息的來源，傳達企業緊跟時代潮流、關注消費需求的經營理念。三是與客戶溝通產品信息，強化客戶對產品的認同感。比如通過虛擬投影技術展示項目沙盤模型、戶型模型，使客戶身臨其境。四是促進與消費者的價值共鳴。比如通過營銷中心空間氛圍的營造來引起與客戶的精神共鳴，又比如通過燈光的設計、擺設造型設計實現與客戶對美感的一致認同，從而實現價值共鳴。五是促進交易的達成。比如通過營造既正式又放鬆的簽約氛圍，使客戶既放鬆戒心又體會到莊重規範性，從而促進交易的實現。

(2) 營銷中心包裝遵循的原則

①功能性原則

營銷中心的包裝必須滿足宣示性、標誌性、信息性、感應性和交換性的功能需求。

②人本原則

營銷中心的包裝要以客戶利益為導向、以精準客戶定位為基礎，挖掘客戶核心價值觀，以此進行精細化設計。

③調性協調原則

營銷中心的設計效果應與項目定位相適應，比如項目主打教育文化，則在風格設計上應體現教育的嚴肅莊重性、前瞻性。

④標誌性原則

營銷中心作為項目名片，要具有視覺衝擊力和可識別性，形成客戶過目不忘的獨特印象，成為項目的標誌。

（3）營銷中心的包裝效果

營銷中心的包裝包括外部包裝和內部包裝。外部包裝是建築及周邊景觀的外在表現形式，內部包裝為售樓處內部裝修效果。內、外部包裝的有機配合可以實現營銷中心的包裝目的。

首先，內、外部包裝通過空間設計的內、外結合，既強調外部建築的視覺效果，又注重內部包裝的空間佈局、氛圍營造，同時通過通透性設計使內、外部景觀相呼應，達到既具有衝擊力又具有融合性的內、外空間視覺效果，向客戶展示項目的品質與項目傳遞的核心價值。

其次，內、外部包裝還應在聽覺上營造氛圍。輕緩舒適的音樂可以使客戶放鬆心情，恰到好處的空間環境使溝通更為順暢，周邊水聲蟲鳴讓人心曠神怡，這種聽覺上氛圍的營造讓客戶在享受中聆聽置業顧問的銷售講解，容易建立買賣雙方的情感交流，並容易使客戶產生信任感，促進交易的達成。

再次，內、外部包裝通過嗅覺包裝，如室內外花香、香薰等，營造自然舒適的情調，並提供點心、飲品等讓客戶體驗到全方位的服務，也讓客戶對項目購進后的后續服務過程產生認同感。

最后，營銷中心通過內、外部包裝在五感（視覺、聽覺、嗅覺、觸覺和味覺）上的融合，給人以宜居環境的第一品質感受，並使客戶在進入營銷中心區域就感受到項目的品質與生活氣息。

（4）包裝的說明

包裝說明的目的是向設計施工單位傳達項目方的建設需求，是對整個售樓處的具體功能及細節的說明。包裝說明包括外部包裝說明和內部包裝說明。

①外部包裝說明是對營銷中心外部區域（包括園林景觀、停車區域、建築外立面）設計的一系列要求。

示例

某寫字樓項目為延續項目6A級生態寫字樓的推廣調性，建議建築外立面採用冷色調，但在項目主入口兩側種植樹池，並同時擺放大型噴繪畫架及2~3排小盆花，用以引導消費者進入銷售中心。

②內部包裝說明是對售樓處內部功能的具體說明。見表 7-1。

表 7-1　　　　某售樓處內部功能說明

功能區		主要物料	使用要求	設計建議
銷售區	接待	銷售前臺	能同時容納 5 人辦公的前臺	
	模型展示	沙盤及戶型模型	1 個 12 平方米以上沙盤，5 個戶型模型	考慮挑空
	銷售展示	賣點展示、五證合同公示	五證及合同公示上牆、項目賣點展板可上牆、可設計專用廣告位在模型區域展示	
	洽談	桌椅	3~4 組洽談桌椅	分區明確
	簽約	桌椅	2~3 組簽約桌椅	
	服務	吧臺	提供飲料茶水，配冰箱及操作臺面	靠近簽約談判區域
	兒童活動	滑板、玩具	可供 2~3 名兒童玩耍	
	財務收款	收款臺	能同時容納 2 人，滿足收款及客戶服務需要（權籍手續）	私密性高
	公共衛生間		男衛不少於 3 個便池與 2 個蹲便、女衛不少於 3 個蹲便，內設拖把池及清潔用具儲藏櫃	衛生間空間大、時尚整潔
辦公區	銷售經理室	辦公座椅、文件櫃	可供 2 人同時辦公，並內設沙發一組，接待用	簡裝處理
	更衣室及儲藏室	衣櫃、儲物箱	置業顧問更衣及銷售資料存放	
備註		售樓部總面積控製在 400 平方米以內		

（5）樣板間的設計

樣板間是營銷中心向消費者展示產品的重要途徑，是向客戶展示其購買產品的具體表現形式。通過樣板間的裝修打造，客戶直觀地感受產品，並被刺激產生強烈的購買欲望，促進交易產生。在樣板間的裝修上，一是要營造真實的家的環境，如高檔住宅要體現出家的品味格調，普通住宅要突出方便實用；二是要控製樣板間的數量，根據項目的主力戶型來包裝；三是要注重細節包裝，充分挖掘客戶對未來家的欲望；四是注重樣板房空間的運用，如通過使用較小較低的家具擴大室內空間，刺激購買行為；五是要模糊現房與樣板房的界限，降低客戶對因管道線路而影響室內裝修效果的顧慮。

樣板間的裝修趨勢：

①智能化

隨著高新技術的發展，智能家居被消費者越來越看重，是體現樓盤品質及未來生活質量的重要考慮標準。

②人性化

樣板間重在引導、刺激消費者的購買欲望，主要是向消費者展示房地產產品。因此，樣板間要在充分表現產品功能的基礎上追求美觀、大氣、上檔次，充分滿足不同消費者的差異性需求。

③環保性

環保性是人居文明的重要體現，消費者越來越注重居家的健康環境。樣板間在裝修中要採用環保的、新型的裝修裝飾材料，展現項目關注環境、關注消費者健康的開發建設理念，順應時代潮流。

④細緻性

細節決定命運，樣板間在裝修包裝中要注重房屋空間的每一個細節，面面俱到，顧此失彼會直接影響消費者的購買欲望，如在大門口設置鑰匙盤等可以極大增加消費者的友好印象。

示例

某項目在樣板房設計中加入了兒童房，以藍天白雲為屋頂，以綠樹為壁畫，以草地動物為地毯圖案，以木床為卧具，營造了一個自然森林之家，可玩可用，童趣盎然。

7.1.3 房地產營銷中心的選址與設計實訓的組織

(1) 指導者的工作

①向受訓者介紹營銷中心選址及設計的實訓內容。

②向受訓者介紹營銷中心選址及設計的實訓步驟。

③向受訓者介紹房地產營銷中心的相關知識。

④要求受訓者根據項目周邊地塊情況、項目定位、工程進度選擇合適的地理位置建造營銷中心，並製作營銷中心的包裝說明書。

(2) 受訓者的工作

①掌握營銷中心的基礎知識。

②整理研究項目定位、規劃設計資料，考慮項目營銷中心選址。

③根據項目產品定位、消費者定位、競爭對手分析、營銷費用預算，製作營銷中心的包裝說明書，並提供參考圖片。

7.1.4 房地產營銷中心的選址與設計實訓的步驟

房地產營銷中心的選址與設計實訓步驟見圖 7-6。

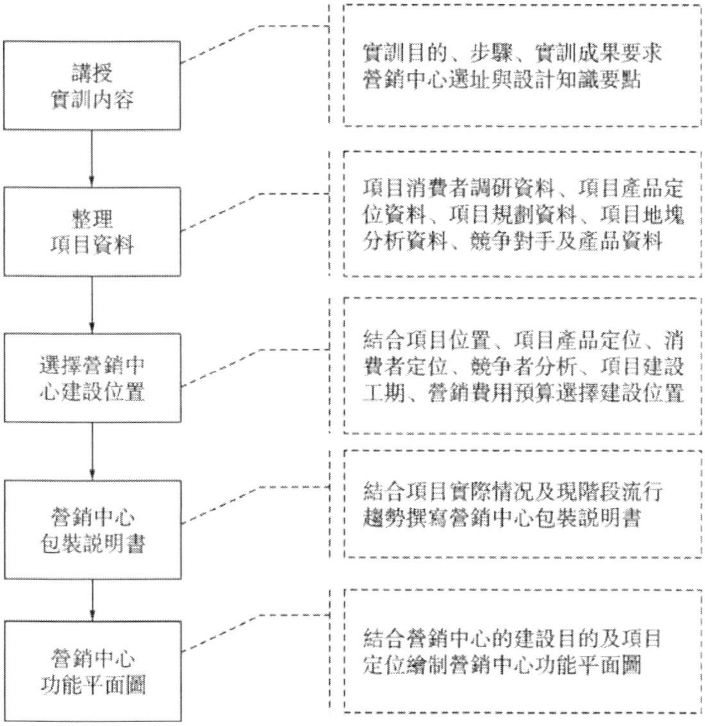
講授
實訓內容
實訓目的、步驟、實訓成果要求
營銷中心選址與設計知識要點
整理
項目資料
項目消費者調研資料、項目產品定位資料、項目規劃資料、項目地塊分析資料、競爭對手及產品資料
選擇營銷中心建設位置
結合項目位置、項目產品定位、消費者定位、競爭者分析、項目建設工期、營銷費用預算選擇建設位置
營銷中心
包裝說明書
結合項目實際情況及現階段流行趨勢撰寫營銷中心包裝說明書
營銷中心
功能平面圖
結合營銷中心的建設目的及項目定位繪制營銷中心功能平面圖

圖 7-6 營銷中心的選址與設計實訓步驟

示例：房地產營銷中心的選址與設計的參考模版

某項目營銷中心設計建議

一、營銷中心的必要性

1. 設置整體效果醒目，具有自身特色的營銷中心。

2. 項目旨在傳遞高品質、高規格的產品特性，建議採用體驗式營銷模式。

二、整體佈局及交通示意

1. 營銷中心沿街處建議採用草地及低矮綠色植物做園林規劃，既可使沿街處人流可見，又可提高項目品質印象。

2. 平整營銷中心入口道路，採用紅地毯、花卉等作客戶引導，並於左側設置大型展板宣傳項目優勢。

3. 營銷中心建築外立面採用穩重大方的色調。

4. 營銷中心草坪區域擺設遮陽傘、座椅等休閒設施。

5. 營銷中心草坪區域設置兒童遊玩區。

三、內部佈局與動線

1. 入口正面位置設立 LOGO 牆及接待臺，入口左右兩側設置展板（項目立面平面、典型戶型、區域分析）。

2. 中央區擺放沙盤、戶型模型，並設置水系布景輔以玻璃地板鋪滿，增加展示區的寬闊感。

3. 東側房間為銷售部辦公室。

4. 西側房間作為洽談區，並擺放沙發、茶幾及戶型單頁、海報等銷售資料。

5. 北側房間內做局部分割，擺放沙發、茶幾、綠色植物等物品做簽約室。

6. 規劃動線如圖 7-7 所示。

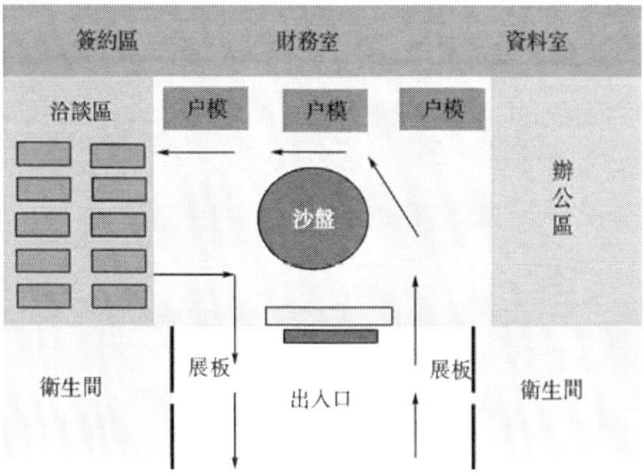

圖 7-7　規劃動線示意圖

四、售樓處外檐風格

售樓處建築立面採用現代風格，整體形狀簡潔，在宏觀尺度的呈現上為不規則幾何圖形，裝飾構件要少，裝飾手段採用牆面分區撞色，營造歐陸近代工業城鎮氣息。

五、售樓處停車場布置

停車區域要盡量增加停車位，並減少停車位至售樓處入口距離，如圖 7-8 所示。

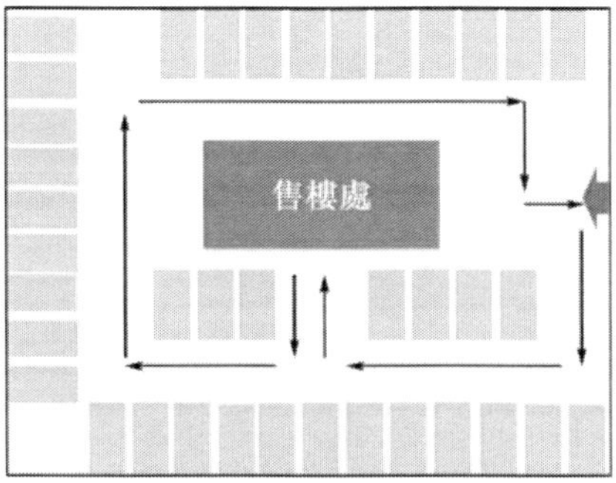

圖 7-8　停車規劃示意圖

六、售樓處內部裝修建議

項目客戶定位為新時代年輕一族，在售樓處內部裝修風格上建議採用后現代主義裝飾風格，整體上輕裝修重裝飾，注重各功能區塊的銜接，為客戶營造現代時尚的感觀體驗。

七、售樓處包裝計劃表（表 7-2）

表 7-2　　售樓處包裝計劃表

類別 項目		數量	顏色	材料	規格	內容	安裝位置	安裝時間
售樓部內部	展板							
	模型							
	座談區							
	……							
售樓部門前	彩旗							
	燈籠							
	拱門							
	氣球							
	……							
項目現場	彩旗							
	橫幅							
	效果圖							
	……							
項目周邊地區	指示版							
	橫幅							
	……							
其他								

7.2 房地產銷售前期準備

7.2.1 房地產銷售前期準備實訓的目的及任務

（1）實訓的目的

①掌握樓盤銷售的前期物料準備工作要求。

②掌握項目的介紹資料製作要點。

③熟悉項目銷售管理流程及要點。

④掌握房地產項目銷售技巧。

⑤熟悉房地產項目銷售過程中的常見問題及解決對策。

(2) 實訓的任務

①製作項目介紹文字資料。

②設計項目銷售管理計劃及表格。

③制定項目銷售策略。

④設計項目銷售話術。

7.2.2 房地產銷售前期準備實訓的知識準備

7.2.2.1 房地產銷售程序

7.2.2.1.1 房地產銷售準備工作

(1) 房地產項目合法的審批資料準備

合法的房地產項目應具備《國有土地使用權證》《建設用地規劃許可證》《建設工程規劃許可證》《建設工程施工許可證》《商品房預售許可證》或《商品房現售許可證》等資料。如果委託其他機構代為銷售，還應準備《代理銷售委託書》。

(2) 銷售資料準備

①宣傳資料

宣傳資料包括形象售樓書、功能售樓書、DM 單等，主要包括以下內容：

項目概況：占地面積、建築面積、公共建築面積、容積率、綠化率、物業形態、物業座數、層高、層數、車位數等。

品牌情況：開發商、投資商、承建商、物業公司等名稱、地址、聯繫方式。

協理單位：代理商、按揭銀行、律師事務所等。

規劃設計：項目規劃單位、規劃理念、規劃特點、建築特色、園林風格等。

戶型情況：房屋面積、戶型結構等突出戶型特色的介紹。

裝置配備：裝修標準、裝飾材料、主要設備（空調、電梯、電力、通信等）。

交通情況：項目位置圖、交通路線圖、交通情況文字說明。

周邊配套：學校、醫院、購物中心、郵遞中心、餐飲娛樂、政府機關等。

周邊環境：自然環境、人文環境、景觀等。

銷售價格：單價、總價、按揭比例、交款優惠等。

物業管理：物業單位介紹、物業服務內容、服務標準、物業服務收費等。

示例

某樓盤形象售樓書

品牌定位：生活在這裡

建築定位：北歐雅築

標示：畢加索的和平鴿——雅築

開發商：某集團

廣告商：某廣告公司

主題：品質、格調

配圖：以莊園為背景，一法國青年淺酌葡萄酒

內文：崇尚小資格調的人，喜歡在波爾多的時間裡逗留

雕塑群帶來的寧靜，印象派油畫累積下的震撼，哥特式建築細節的思考。於毗鄰繁華的綠蔭之中，喧囂慢慢沉澱，在悠閒與徜徉之間，感受思緒飄逸的靈動，靜享寧靜心靈的日出日落。

促銷隨文：某年某月某日前登記，最高可獲 9.5 折，均價 6,000 元/平方米，送價值 1,000 元/平方米格調裝修。

②購房須知

為了明晰購房者的購買程序，便於銷售，應在銷售前制定購房須知，包括物業對象、可購買對象、認購程序等。

示例

某樓盤現場搖號選房銷售流程

尊敬的客戶，為確保會員客戶優先選房的權益，針對樓盤會員客戶進行公開公正的搖號選房，具體流程如圖 7-9 所示。

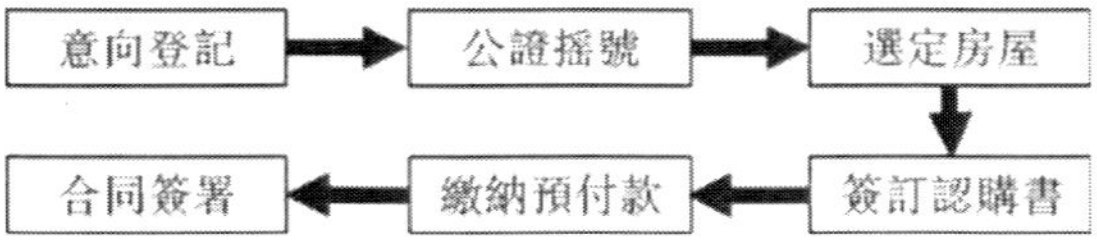

圖 7-9　搖號選房銷售流程

③客戶置業計劃

樓盤在推向市場時，不同的單元、樓層、面積、朝向、總價、單價均有不同，因此，在銷售前需要制定完善的客戶置業計劃，幫助購房者瞭解其可選擇的範圍。

示例

置業計劃書

房號：__________；套內建築面積：__________平方米；建築面積：__________平方米；建築面積單價：__________元/平方米；套內面積單價：__________元/平方米；成交總房款：__________元。

1. 付款方式

①一次性付款

優惠方式：____

折后建築面積單價：＿＿＿＿＿元/平方米；

折后套內面積單價：＿＿＿＿＿元/平方米；

優惠后總房款：＿＿＿＿＿元。

②分期付款

優惠方式：＿＿＿＿＿＿＿＿＿＿＿＿＿＿＿＿＿＿＿＿＿＿＿＿＿

折后建築面積單價：＿＿＿＿＿元/平方米；

折后套內面積單價：＿＿＿＿＿元/平方米；

優惠后總房款：＿＿＿＿＿元。

第一次付款比例：＿＿＿＿＿%；付款金額：＿＿＿＿＿元；付款時間：＿＿年＿＿月＿＿日。

第二次付款比例：＿＿＿＿＿%；付款金額：＿＿＿＿＿元；付款時間：＿＿年＿＿月＿＿日。

第三次付款比例：＿＿＿＿＿%；付款金額：＿＿＿＿＿元；付款時間：＿＿年＿＿月＿＿日。

第四次付款比例：＿＿＿＿＿%；付款金額：＿＿＿＿＿元；付款時間：＿＿年＿＿月＿＿日。

③按揭付款

優惠方式：＿＿＿＿＿＿＿＿＿＿＿＿＿＿＿＿＿＿＿＿＿＿＿＿＿

折后建築面積單價：＿＿＿＿＿元/平方米；

折后套內面積單價：＿＿＿＿＿元/平方米；

優惠后總房款：＿＿＿＿＿元。

首付比例：＿＿＿＿＿%；首付金額：＿＿＿＿＿元。

按揭比例：＿＿＿＿＿成＿＿＿＿＿年；貸款金額：＿＿＿＿＿元；月供：＿＿＿＿＿元/月。

2. 代收費：合計＿＿＿＿＿元

①契稅（總房款×＿＿＿＿＿%）：＿＿＿＿＿元（根據面積不同，比例可能為1%、1.5%、3%）。

②權證印花稅：5元。

③抵押登記費：80元（僅針對按揭客戶收取）。

④按揭印花稅：（貸款金額×0.005%）：＿＿＿＿＿元（僅針對按揭客戶收取）。

⑤合同印花稅（總房款×0.05%）：＿＿＿＿＿元。

⑥預告登記費：80元/戶（僅針對按揭客戶收取）。

（上述相關稅費最終以政府相關部門規定為準）

3. 其他費用

①公共維修基金：建築面積×＿＿＿＿＿元/平方米＝＿＿＿＿＿元（簽署合同時支付）（50元/平方米；80元/平方米）。

擔保費：貸款金額×0.45‰×貸款年限＝＿＿＿＿＿元（公積金貸款）。

②其他費用：＿＿＿＿＿（自定義添加）。

簽合同時付款總計：＿＿＿＿＿元。

以上數據僅供參考，最終解釋權歸××公司所有，如有不詳，歡迎親臨現場諮詢或撥打售樓熱線：＿＿＿＿＿。

置業顧問：＿＿＿＿＿聯繫電話：＿＿＿＿＿

④價目表

價格策略制定后要製作價目表（見表7-3），使每套房屋的單價、總價一目了然。

表7-3　某樓盤價目表

樓棟		1#				2#			
房型		戶型		戶型		戶型		戶型	
		2室2廳1衛		3室2廳2衛		2室2廳1衛		3室2廳2衛	
樓層		單價	總價	單價	總價	單價	總價	單價	總價
6F	房號	1-6-01		1-6-02		2-6-01		2-6-02	
	面積	60	平方米	90	平方米	70	平方米	100	平方米
	價格	6,000元	36萬元	5,600元	50.4萬元	6,200元	43.4萬元	5,800元	58萬元

⑤認購合同

購房者在正式購房前須繳納一定數目的預定款來確定該房型的認購權，因此在銷售前應先準備好認購合同。

示例

認購合同

甲方（銷售方）：＿＿＿＿＿；法定代表人：＿＿＿＿＿

地址：＿＿＿＿＿＿＿＿＿＿＿＿＿＿＿＿＿＿＿＿＿＿＿＿＿

乙方（認購方）：＿＿＿＿＿；身分證號：＿＿＿＿＿

地址：＿＿＿＿＿＿＿＿＿＿＿＿＿＿＿＿＿＿＿＿＿＿＿＿＿

電話：＿＿＿＿＿

為了保護商品房交易雙方的合法權益，經雙方協商，就乙方認購甲方的商品房一事達成如下協議：

一、認購房屋基本情況

1. 乙方預定甲方建設開發的位於＿＿＿＿＿區＿＿＿＿＿路＿＿＿＿＿號＿＿＿＿＿項目＿＿＿＿＿棟＿＿＿＿＿層＿＿＿＿＿號（戶）房屋，戶型為＿＿＿＿＿。該房屋暫測建築面積＿＿＿＿＿平方米（本認購協議書所簽建築面積最終以產權登記部門實測面積為準）。

2. 房屋建築面積單價為人民幣＿＿＿＿＿元（大寫）（￥＿＿＿＿＿元/平方米），總房款人民幣＿＿＿＿＿元（大寫）（￥＿＿＿＿＿元）。

3. 認購方共有人：

______身分證號碼：______電話：______

______身分證號碼：______電話：______

______身分證號碼：______電話：______

二、認購有效期

甲方承諾為乙方所預定房屋的保留期限自該認購書簽定日起30日止。

三、認購訂金

本協議簽訂時，乙方向甲方支付訂金人民幣______元（大寫）（￥______元）。乙方須在上述房屋保留期限內，攜本協議到甲方售樓處，與甲方協商簽定《商品房買賣合同》有關事宜。上述訂金______在甲、乙雙方簽定《商品房買賣合同》時，由甲方退還或抵作該房屋的購房價款。

四、付款方式

乙方同意選擇下列第______種付款方式，在與甲方簽定《商品房買賣合同》后向甲方支付購房價款。

1. 一次性付款 2. 分期付款 3. 按揭付款

五、證明文件

甲方應向乙方出示下列證件及其相關材料：

1. 企業法人營業執照 證號：______。

2. 房地產開發企業資質證書 證號：______。

3. 國有土地使用權證書 證號：______。

4. 建設工程規劃許可證（包括附圖）證號：______。

5. 房屋預（銷）售許可證 證號：______。

六、甲方承諾

1. 如果甲方提供虛假材料，此協議無效，甲方除退還訂金外還應承擔相應的法律責任。

2. 自本協議簽訂后，為乙方保留該房屋30日止，不得與第三方簽訂該房屋《商品房認購協議書》或《商品房買賣合同》；並承諾在乙方攜本協議與甲方簽訂《商品房買賣合同》時，甲方將完全履行本協議中約定的房屋位置、面積、價款、戶型等條款。如甲方違反上述約定，需向乙方雙倍返還訂金，同時本協議自動失效。

3. 乙方需要變更商品房認購協議內容的，經雙方協商一致后，甲方應予配合。

七、乙方承諾

本協議簽訂后，在上述約定的時間內到甲方指定的地點與甲方簽訂《商品房買賣合同》，並承諾在甲方簽訂《商品房買賣合同》時，乙方將完全遵循本協議中約定的買受人、房屋位置、面積、價款、戶型等條款。

(3) 銷售人員準備

銷售人員是與客戶溝通，實現銷售的保證。銷售人員的數量及素質對銷售的順利完成起著重要作用。在銷售開始前，需要確定合理的銷售人員數量以及明確銷售人員的素質要素。

①銷售人員數量確定

銷售人員數量的確定方法一般有銷售目標分解法、邊際銷售額貢獻法等。銷售目標分解法是通過預測每位銷售人員所能完成的年銷售額，並根據房地產開發企業的銷售目標，確定銷售人員數量。邊際銷售額貢獻法是根據每增加一名銷售人員所創造的邊際銷售額和企業所付出的成本的等量關係來確定銷售人員的數量，一般情況下是當邊際銷售額等於企業為該名員工所付出的成本時來確定的銷售人員數量。在銷售人員數量確定的時候還應考慮廣告投放量、市場行情等因素，根據銷售動態對人員數量進行動態調整。

②銷售人員素質要素

針對銷售人員的素質要求研究，頂尖的銷售人員有著許多相似的個性。成功的銷售人員渴望贏得他人喜愛，並且充滿活力、自信、工作勤勉、敢於面對挑戰，有獲得成功、贏得金錢的強烈需求。同時，成功的銷售人員具備說服力、人際交往能力、主觀能動性、責任心，能在高強度的壓力下保持穩定工作，處理事情靈活自由。

（4）銷售現場準備

房地產銷售現場是實現銷售的必不可少的場地需求，是直接影響消費者購買決策的場所，是銷售前準備工作的重要一環。在售樓處選址以及包裝完成后，還需要進行銷售前的最后規整，包括墨線圖（小區規劃墨線、樓層平面墨線、家具配置墨線等）、裱板（突出樓盤優勢的文字、圖表等）、燈箱片、綠色植物、戶外廣告牌、導示牌、彩旗等。

7.2.2.1.2 房地產項目銷售實施程序

房地產項目銷售實施程序見圖 7-10。

7.2.2.2 房地產銷售管理

7.2.2.2.1 房地產預售操作管理

預售是指房地產開發企業將正在建設中的房屋預先銷售給購房者，由購房者預付訂金或房款的交易行為。《城市房地產管理法》第四十四條規定了房地產開發企業預售的條件：

①已交付全部土地使用權出讓金，取得土地使用權證書。

②持有建設工程規劃許可證。

③按提供預售的商品房計算，投入開發建設的資金達到工程建設總投資的百分之二十五以上，並已經確定施工進度和竣工交付日期。

④向縣級以上人民政府房產管理部門辦理預售登記，取得商品房預售許可證明。並且商品房預售人應當按照國家有關規定將預售合同報縣級以上人民政府房產管理部門和土地管理部門登記備案。商品房預售所得款項，必須用於有關的工程建設。

預售許可證的辦理需提交以下材料：《工商營業執照》《房地產開發資質等級證書》《土地出讓合同》《建設工程施工許可證》《商品房預售方案》《商品房預售面積測繪報告書》《商品房預售資金監管協議書》《前期物業服務合同》、房地產行政主管部門出具的《前期物業服務合同》備案證明（物管用房面積和位置）、土地權屬證書、

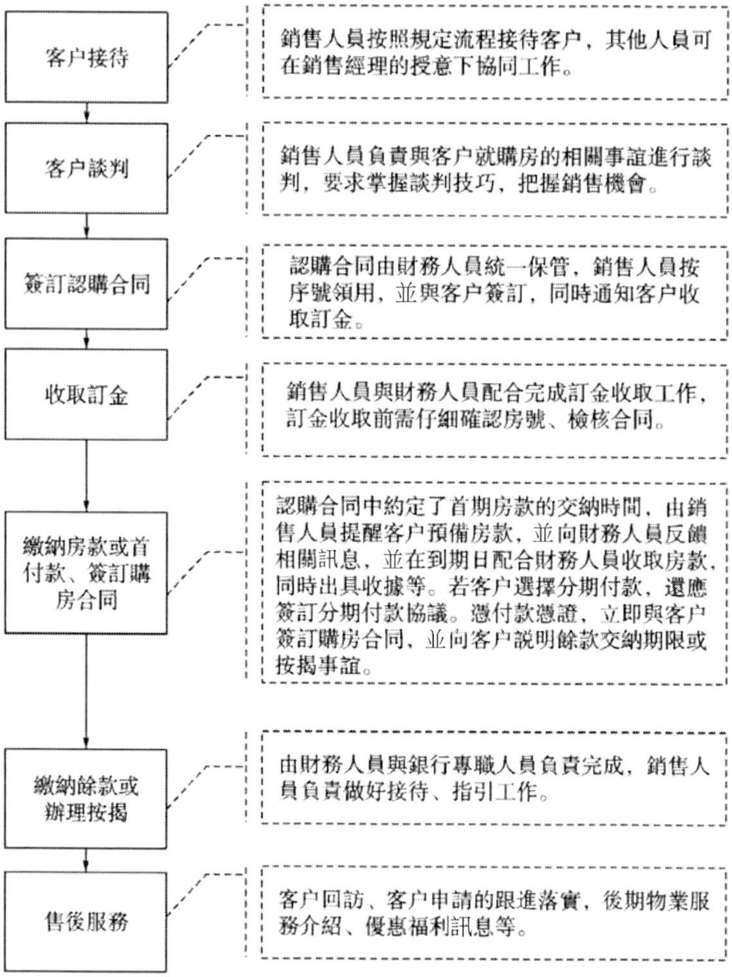

客户接待
銷售人員按照規定流程接待客户，其他人員可在銷售經理的授意下協同工作。
客户談判
銷售人員負責與客户就購房的相關事誼進行談判，要求掌握談判技巧，把握銷售機會。
簽訂認購合同
認購合同由財務人員統一保管，銷售人員按序號領用，並與客户簽訂，同時通知客户收取訂金。
收取訂金
銷售人員與財務人員配合完成訂金收取工作，訂金收取前需仔細確認房號、檢核合同。
繳納房款或首付款、簽訂購房合同
認購合同中約定了首期房款的交納時間，由銷售人員提醒客户預備房款，並向財務人員反饋相關訊息，並在到期日配合財務人員收取房款，同時出具收據等。若客户選擇分期付款，還應簽訂分期付款協議。憑付款憑證，立即與客户簽訂購房合同，並向客户說明餘款交納期限或按揭事誼。
繳納餘款或辦理按揭
由財務人員與銀行專職人員負責完成，銷售人員負責做好接待、指引工作。
售後服務
客户回訪、客户申請的跟進落實，後期物業服務介紹、優惠福利訊息等。

圖 7-10　房地產銷售實施程序圖

《建設工程規劃許可證》及附頁、在預售資金監管銀行開設的預售資金監管帳戶證明、規劃總平面圖，非住宅部分還應提交經規劃部門蓋章的分層平面圖，屬小區項目的，提交經測繪部門測繪的房地合一的宗地圖。如涉及房屋拆遷的，應提交《拆遷許可證》及拆遷行政管理部門出具的一次性安置完畢的證明和經拆遷行政管理部門認可的《拆遷還房預安置方案》。如涉及聯建開發的聯建雙方均應為土地使用權人，應提交聯建雙方簽訂的《聯建合同》《分房協議》。

預售許可證的辦理流程見圖 7-11。

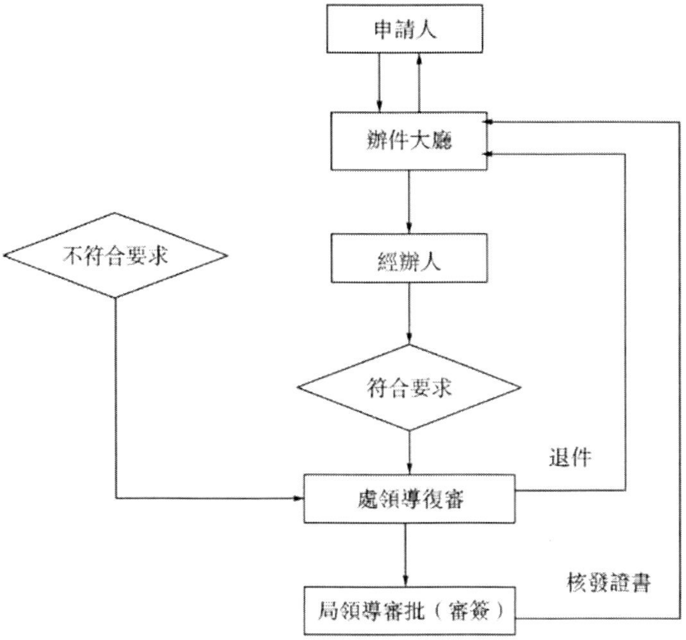

圖 7-11 預售許可證辦理流程圖

7.2.2.2.2 房地產現售操作管理

房地產現售是指房地產開發企業將竣工並驗收合格的商品房出售給購房者，並由購房者支付房款的行為。房地產現售必須符合以下條件：

①房地產開發企業應當具有營業執照和開發企業資質證書。

②房地產開發企業取得土地使用權證書或使用土地的批准文件。

③持有《建設工程規劃許可證》《建設工程施工許可證》。

④已通過竣工驗收。

⑤已經落實拆遷安置（如有拆遷情況的）。

⑥供電、水、氣等配套設施設備具備交付使用條件或已確定施工進度和交付日期。

⑦已經落實物業管理方案。

7.2.2.3 房地產銷售技巧

房地產銷售就是房屋交易實現的過程，促進交易的實現必須掌握房地產銷售的業務流程，把握各個環節的技巧是成功實現銷售的關鍵。房地產銷售業務流程見圖 7-12。

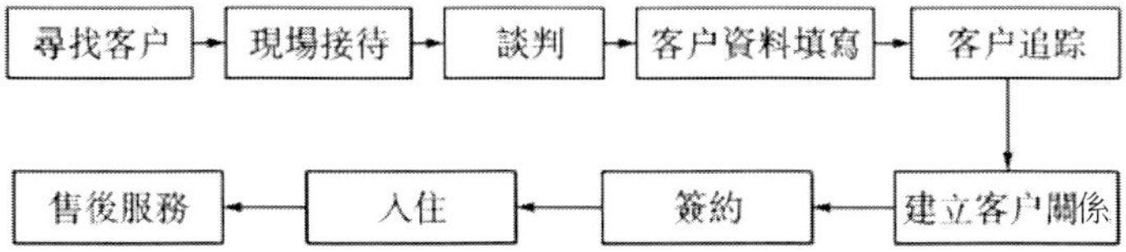

圖 7-12 房地產銷售業務流程圖

7.2.2.3.1　尋找客戶的技巧

(1) 客戶的來源

客戶的來源渠道是豐富多樣的，如電話諮詢、房交會、促銷活動、現場接待、口碑介紹、仲介客戶資料等。不同渠道的客戶對項目的瞭解程度是不一樣的，如電話諮詢的客戶只是想對項目做初步瞭解，是否現場參觀還不確定，而通過口碑介紹的則對項目已經有了較多的瞭解，並且符合其購房需求，這樣的客戶成交意願強。明確不同渠道來源的客戶特徵才能把握交流溝通的尺度，才能進一步提高銷售實現的可能。

一般常用的客戶尋找方法如下：

①顧客資料簿。通過企業的已成交客戶及往年項目的來訪客戶名冊發現準客戶，目的是實現老客戶的再次購買。

②圈層尋找。合理利用置業顧問圈層資源尋找準客戶，微信、微博等現代通信技術為圈層營銷提供了技術基礎。

③信息員收集。置業顧問可以通過雇傭各職業層次人員如醫生、技術人員、教師等作為信息員，協助尋找準客戶，實現客戶來源的拓展。

④利用聚集場所。置業顧問利用聯誼會、交流會等人口密集的場所來尋找準客戶，因為參加這些場所活動的人都有著共同的興趣偏好，其需求也具備極大的同質性。置業顧問如果能找到與項目產品價值合適的聚集場所，將是實現銷售的一大助力。

⑤訪問。置業顧問通過直接訪問某一特定領域的組織或個人尋找準客戶。特定領域的選擇要由項目的準客戶的特徵、範圍來確定，並且要在訪問前做充分的準備工作，比如對該組織機構的瞭解、對該組織機構人員的需求的預判、銷售說辭的設定等。

⑥口碑推薦。置業顧問通過與已成交客戶、未成交客戶建立親密友好、相互信任的關係，使這些客戶推薦其親戚朋友來諮詢購買。這種方法的工作要點是用真誠的服務來獲得客戶的信任。

⑦廣告。通過廣告媒體傳遞項目信息，通過客戶的反饋信息判斷客戶的需求強弱程度，從而尋找準客戶。這種方法的核心要點是通過巧妙的廣告設計讓客戶能主動反饋信息。

⑧仲介。通過向一些專門從事情報收集、整理、匯編工作的仲介諮詢公司購買客戶資料來尋找準客戶。

(2) 客戶的篩選

項目產品的特點決定了購房人群的特徵。置業顧問應當在充分掌握項目產品的特點的基礎上，明確能給顧客帶來的價值，通過價值的梳理確定準客戶的特徵、範圍。

在客戶的篩選上要重點明確尋找客戶的途徑。準客戶的範圍與項目產品特徵可以幫助置業顧問確定有限的渠道來源。比如適用範圍較窄的項目可以通過短信、郵件等針對性營銷方式來傳遞項目信息，又如通適性項目可以通過大眾媒體如報刊、廣播等實現項目信息的廣而告之。在尋找客戶的過程中，置業顧客一是要樹立尋找意識，不僅在通過市場調查、促銷活動、現場接待等工作時間尋找客戶，還應在生活中把握每一位潛在客戶；二是善用口碑，置業顧問通過與現有顧客建立友好關係，實現老顧客帶新顧客，通過圈層的不斷擴展實現客戶的拓展。

示例

某樓盤與某區域著名重點小學簽訂了合作協議，由該樓盤所在企業出資承建學校的基礎教學設施設備，該小學負責基礎教學工作。建成后的小學可以使用該重點小學名稱，並且為在該樓盤購房的客戶提供免費就讀名額。該樓盤的宣傳重點在教育，其客戶特徵必然是有適齡兒童的家庭或準備有小孩的家庭，因此該項目可以與項目所在區域的幼兒園合作來拓展客戶來源。

(3) 客戶的審定

銷售的實現是逐步縮小客戶範圍的過程，置業顧問通過一系列方法找到大批的準客戶后，還需要進一步縮小準客戶的範圍。研究認為，客戶的判斷標準是對銷售產品的需要程度、購買決策權和購買承受力三個要素來進行衡量的，對房地產項目的準客戶的判斷也可以從這三個維度來進行審定。

①客戶對項目的需要程度的審定

客戶需要程度的審定是指判定客戶是否真正需要該項目產品，以及什麼時候需要，需求特徵是什麼。客戶需要的產生是由滿足客戶生理或心理的欲望而觸發的，需要是產生銷售的必要條件，是銷售實現的關鍵。需求分為消費者導向需求和產品導向需求。消費者導向需求是消費者自發性感知，而產品導向需求是通過外在環境的刺激而誘發的。針對消費者導向需求，置業顧問需要充分掌握客戶的需求要素，從而有的放矢地介紹產品信息及其帶來的價值。針對產品導向需求，置業顧問需要通過介紹、引導等方式來激發客戶的需求。實際上，自發性的或觸法性的需求的根本在於客戶具備潛在需要，關鍵在於置業顧問在絕對熟悉其項目產品的基礎上，勤於思考、勇於創新、注重細節，積極發現顧客需要，並有針對性地提出有價值的建議。

②客戶對項目的購買決策權的審定

明確客戶是否具備購買決策權是提高銷售效率、提高銷售成功率的關鍵。客戶購買決策權的判斷需要通過對客戶語言行為的細緻觀察來判斷，如當客戶在向置業顧問諮詢產品信息的時候，這位客戶的眼神是否與同行人產生眼神交流來初步判斷購買決策權的屬向；也可以通過簡單的交流溝通來判定，如「你是與誰一塊兒居住嗎?」「你還要與誰商量下?」等問答來確定其購買決策力。一般而言，房地產產品的客戶大部分是針對家庭客源，家庭的購買決策權的界定就比較複雜，需要置業顧問通過經驗累積來判定家庭間的微妙關係。

③客戶對項目的購買承受力的審定

只有建立在購買力基礎上的需要才是真正的需要，對購買力的判斷是成功銷售的核心。由於個人或家庭的財務狀況一般是保密的，置業顧問在判斷客戶購買力的時候需要做大量的調查分析工作，通過瞭解客戶的年齡、職業、物業擁有情況等來判斷其支付能力。要注意的是，在判斷客戶支付能力的時候除了看客戶的現實支付能力即在不需要依靠外在融資即可支付房款，還應著重於客戶的潛在支付能力，如通過融資幫助即可實現房款的支付。

客戶的審定貫穿於整個銷售過程，在條件允許的情況下，置業顧問可以事先對某一客戶是否具備三項基本條件進行審定以提高銷售效率。但更多情況下，客戶的審定是在置業顧問與客戶的接觸溝通過程中逐步完成的，這就需要置業顧問隨機應變，避免資源的浪費。

(4) 客戶建檔

客戶建檔就是對項目銷售準客戶建立檔案資料，便於后續訪問。客戶檔案資料除了包含客戶的一些基本信息，置業顧問還應記錄與客戶的每一次溝通的重要內容及感想，同時，通過客戶檔案的建立為后續銷售業績的實現打好鋪墊。客戶檔案如表 7-4 所示。

表 7-4　　客戶檔案

檔案編號：023							
姓名	李某	性別	女	出生年月	1980 年 1 月 1 日	學歷	本科
家庭結構	三口之家，小孩上幼兒園				家庭月收入	高於 15,000 元	
職業	程序設計員		單位名稱		某某網路科技公司		
聯繫電話	186××××5590						
主要經歷	畢業後即在所在單位工作；現居住於×××小區，為自購 2 居室房屋						
性格愛好	性格沉穩，注重細節，喜歡讀書						
訪問記錄	××××年××月××日，現場諮詢，訪問要點為面積、戶型及其可變性，注重小孩娛樂空間與辦公區間的隔離，另重點關注本項目產品價格與周邊項目價格的差異。						

7.2.2.3.2　現場接待的技巧

現場接待是客戶與置業顧問面對面接觸的過程。置業顧問要把握與客戶第一次接觸的時機，爭取給客戶留下好的印象，如在客戶駐足觀望並希望得到幫助的時候，需要置業顧問主動靠近，並提供幫助。在接近客戶時，需要掌握一些技巧：

①站在客戶的立場去思考產品的利益點，避免過度吹噓產品，從而贏得信任，這就需要在首次接觸客戶的時候，以徵詢客戶的需求入手。

②給予適度的贊美來贏得客戶的好感，如通過誇獎小孩的可愛來贏得小孩媽媽的好感。

③用恰當的肢體語言來表達善意，如適度的微笑、恰當的距離、合適的語音語調。

④禮貌的寒暄中做簡單的項目介紹，如整體規劃、綠化率、戶型結構、朝向等。

7.2.2.3.3　談判的技巧

談判的過程就是「開場白→提問→傾聽→解決問題→達成共識→成交」。談判階段需要注意提問的技巧。置業顧問要通過有效的提問引導客戶，始終把握談判主題，而對於某些不明確的問題，需要委婉地提出延后處理；同時，也需要仔細聆聽客戶的提問，掌握問題的關鍵點，把握問題的潛在含義，並思考問題的解決對策，重複提問內容是引導客戶的有效方法。在與客戶的談判過程中，經常會遇到客戶談判無主題無內容的情況，這時需要置業顧問巧妙的將話題引導到主題上來；或者遇到客戶質疑產品的情況，這時需要把握矛盾點，提出有利的證據扭轉客戶的觀感。在談判過程中的一個焦點問題是價格問題，置業顧問需要向客戶證明價格的真實性以及代表的價值性，通過展示已成交客戶的價格可以降低客戶對價格的疑慮，同時提供優惠信息以滿足客戶逐利的特性，這些方法有助於達成價格的共識。在價格談判中還應不損害公司利益，實現互惠互利，把握價格談判時間等要點，一般通過「買方出價→吊價→讓價」的過程達成價格的一致。需要特別注意的是，讓價的環節是需要講究策略的，比如，讓出折扣的關鍵是「客戶感覺最低」，而不是置業顧問「讓得更低」，或者通過附加一些條件才能給出更多折扣等。

7.2.2.3.4　客戶追蹤的技巧

對於已簽訂意向合同的客戶以及未購房客戶均要做好客戶跟蹤。客戶跟蹤的首要條件是建立客戶檔案，根據客戶檔案，置業顧問需要確定客戶跟蹤名單、跟蹤次序、跟蹤目的、跟蹤方式以及洽談的重點內容。一般情況，可以將被跟蹤客戶分為有希望下訂單的潛在客戶和未成交的客戶。

（1）有希望下訂單的潛在客戶

有希望下單的客戶根據其潛在成交時間的長短可以分為短期內有希望成交的客戶和長期內有希望成交的客戶。針對短期內有希望成交的客戶的追蹤目的是爭取讓客戶下單。首先，置業顧問需要明確的是該類客戶未下單的原因及目前所處的購買決策階段，判斷這類客戶是處於分析調查階段、決策階段，或是在與其他同類項目的評估過程中，或是對該客戶的需求誤判。其次，針對客戶未下單的原因，提出解決性方案，或是幫助客戶對同類項目進行綜合性評估，或是提供一些有利條件促進購買決策，或是判斷其不存在需求，直接放棄。總之，對此類客戶的關鍵是分析未下單原因。針對長期內有希望成交的客戶在未來或其朋友圈層可能存在潛在的客戶群體，置業顧問可以通過微信、微博、郵件等方式與此類客戶保持溝通聯繫，並在適當的時候電話聯繫以加強溝通，強化在客戶心中的印象，建立客戶友好關係，為未來的銷售實現提供可能。

（2）未成交的客戶

置業顧問不能因為與這類客戶未達成銷售，就放棄與之聯繫，而是應當在銷售未達成后，主動與該類客戶聯繫，瞭解客戶背景，分析未成交原因，檢討在客戶接觸過程中的過失，一是提升自身銷售能力，二是可以與客戶發展長期合作關係，不以一次成敗論得失。

7.2.2.3.5　客戶關係建立的技巧

良好的客戶關係是提高銷售業績的有效方法。與客戶建立良好關係的關鍵是以客戶利益為第一位，並且貫穿於整個銷售過程的始終。在建立客戶關係的過程中，首先是要贏得客戶的好感。置業顧問可以通過自身的良好修養獲得客戶的認可，在銷售的過程中要坦率、真誠，敢於講真話、實話，不抵毀、攻擊競爭對手；通常附加的額外服務更容易獲得客戶的喜歡，不局限於自身的工作職責範圍內。其次，要增加與客戶的個人交往，比如為客戶提供幫助，與客戶保持日常聯繫，簡單的做法是通過社交軟件做一些互動有利於友好關係的建立。最后，發展共同興趣愛好是與客戶保持友好關係的要點，共同的興趣能使雙方的交流更加融洽。

7.2.2.3.6 簽約的技巧

置業顧問需要掌握簽約的流程及簽約的注意事項。簽約流程如下：

(1) 認購流程

確定房源信息→填寫購房個人信息→簽訂訂金合同→購房人支付訂金，保存收據。

(2) 簽約流程

在訂金合同期限內簽訂《商品房購房合同》→協商合同內容→雙方簽字確認→支付首付款以及相關稅費，保存發票。

(3) 貸款流程

選擇貸款銀行→確定貸款金額→確定還款方式→提供貸款材料（婚姻證明、資信證明、身分證明、收入證明等）→簽訂《貸款抵押合同》→房產交易完成后，交易中心開具他項權利證明→銀行劃款到借款帳戶，借款人按月償還貸款。

在簽約過程中，還應注意：

①簽約前，仔細分析可能發生的問題，並報告解決方案。

②注意將客戶疑義記錄在案，匯總后上交主管，並設法解決。

③解釋合同條款時，應站在客戶的立場，求得認同感。

④明確雙方的權利和義務、違約責任以及爭議解決方式。

⑤簽約后的合同應提交房地產交易機構備案，只有備案后的買賣才算成交。

⑥注意確認房源信息。

7.2.2.3.7 入住及售后服務階段的技巧

(1) 客戶入住流程

憑入住通知書、身分證明、合同副本、交款證明到物業公司辦理入住手續→開發商向客戶出具《房屋質量檢驗合格書》《房屋使用說明書》→物業公司與客戶簽署物業管理公約及提供收費標準→客戶繳納物業管理費、裝修質押金、公共維修基金→客戶領取房屋鑰匙。

(2) 售后服務

房屋交易的完成不是置業顧問工作的終結，后期的售后服務可以為置業顧問的業績增長提供幫助。在售后服務的內容上，置業顧問可以選擇在客戶生日、節假日等送上節日祝福；經常與客戶溝通樓盤信息，如樓盤的建設情況、交房情況；邀請客戶參加樓盤舉辦的趣味性活動等。

7.2.2.4 房地產銷售人員培訓

房地產銷售人員是推售樓盤，同時將生活理念傳播給購房者的使者。銷售人員不僅要將房地產產品推介給客戶，同時要將客戶的需求信息反饋給開發商。因此，針對不同的個體，銷售人員的定位是不同的，對於開發商來說，銷售人員是企業的推銷人員、企業的形象代言人、企業決策信息的提供者；對客戶而言，銷售人員是他們的置業顧問，是專業產品的解說者。不同的角色對銷售人員的素質需求是不一樣的，而銷售人員又是樓盤推售成功與否的關鍵。因此，從不同角色需求出發做好房地產銷售人員培訓就是給銷售打下良好基礎。

(1) 置業顧問角色的素質要求

對於消費者來說，購房是一個專業性很強的消費活動。購房涉及區域分析、建築結構識別、戶型格局的評價、面積的丈量、住宅品質的檢測、合同的審定、貸款的辦理等專業知識，置業顧問需要掌握這些專業知識以便為客戶提供專業的服務、參考性的建議，從而促成銷售的實現。因此，對置業顧問培訓的內容應包括以下幾方面：

①掌握房地產開發的基礎知識。

②掌握房地產企業的相關知識。

③掌握房地產的產業知識。

④掌握房地產銷售的相關法律知識。

⑤掌握房地產貸款的相關知識。

⑥熟悉房地產風水學。

(2) 企業的推銷人員的素質要求

作為企業的推銷人員，主要工作職責就是銷售產品——房屋，以及房屋所帶來的其他利益，包括生活方式、社會地位、保值增值、累積財富等。針對這個角色，培訓時要幫助銷售人員掌握以下內容：

①掌握消費者的心理與行為知識。

②掌握房地產諮詢與服務技巧。

③掌握房地產評估、經紀、市場業務操作流程。

④掌握房地產的仲介發展。

⑤掌握客戶檔案建設技巧。

⑥掌握房地產的銷售技巧。

(3) 企業的形象代言人的素質要求

銷售人員是站在企業的最前線，與客戶直接接觸的人，銷售人員所呈現的工作作風、專業技能和服務意識充分體現了所代表企業的發展願景、經營理念、管理文化。因此，作為企業的形象代言人，銷售人員要做到：

①熟悉企業的經營管理理念。

②掌握房地產仲介服務禮儀。

③掌握企業的形象策劃方法。

7.2.2.5 房地產銷售的常見問題與對策

(1) 銷售人員的常見問題與對策

①產品介紹不詳

銷售人員往往因為對銷售產品、競爭產品不熟悉，導致無法向客戶詳盡介紹產品，無法闡述清楚產品利益點以及與同類產品的異同。針對這種情況，銷售人員應當認真參與就職培訓，熟悉所售產品的特點，並針對周邊環境做詳細的調查，總結自身產品與競爭產品之間的差異以及優劣勢。銷售人員還可相互之間多講多練，主動向老員工請教銷售經驗，提升業務水平。

②隨意滿足客戶要求

銷售人員往往為了實現房屋的買賣，隨意滿足客戶提出的要求。針對這種情況，銷售人員應熟悉銷售手冊，確實瞭解公司相關的銷售規章制度，勤加練習與客戶的談判技巧，避免生硬回答客戶不明確的問題，警惕逾越個人的權責。

③不善用資源

銷售人員喜歡依靠個人的說服能力，忽略各種資源的輔助作用。針對這種情況，銷售人員應當善用現場的資源，如說明書、燈箱、模型等營造良好的現場銷售氛圍，並注重各部門之間的協調配合，如茶點的提供、看樣板房的服務等。

④所售房屋信息錯誤

銷售人員由於個人的操作失誤或是公司的政策調整有時會導致訂單信息填寫錯誤，甚至造成「一房二賣」等情況。針對這種問題，銷售人員應當接受嚴格的操作程序訓練，並明確權責，及時協調客戶，請求客戶配合更改，甚至可以給予適當的優惠。

⑤缺少客戶追蹤

銷售人員或是因為工作繁忙或是認為客戶追蹤無效或是避免重複追蹤同一客戶，往往未對客戶進行后續追蹤，失去成交機會。針對這種情況，銷售人員可以對其所接待的客戶根據銷售的可能性分別建檔，定期安排時間對客戶進行追蹤，並記錄追蹤情況，包括溝通的重點內容、分析客戶的需求等。

（2）客戶的常見問題與對策

①客戶猶豫

房地產產品是大宗產品，客戶即使看中了合意的房子，但是因為無法對房子做全面的瞭解，以及擔心是否有質量更好的、價格更合適的房子，遲遲不能做購買的決定。面對這種狀況，銷售人員一定要摸清消費者猶豫的原因，針對問題詳細解釋，並不斷縮小客戶的選擇範圍，同時，暗示其他客戶也看中了同一房源，促銷優惠活動即將結束等，幫助客戶盡快做購買決定。

②退訂或退房

客戶做出了退訂或退房的決定，可能是受到競爭樓盤銷售人員或親戚朋友的影響，也可能是因為回去細細思索后覺得真的不合適。銷售人員一定要瞭解客戶退訂或退房的原因，盡量挽回，設法幫助客戶解決難題，如果無法挽回，則要按照程序退房，雙方各自承擔權責。

③要求更多的優惠

客戶在談判的過程中，總是希望能夠獲得更多的優惠。銷售人員在這個時候一定要按銷售規定程序處理，堅持價格的合理性，不能急於求成，盲目或暗示客戶存在優惠。此外，銷售人員在銷售的過程中要把握銷售技巧，預留折讓空間，在艱難決定的時候給予適當的退讓，但一定要設置障礙防止客戶一再還價。

④折讓差異

由於在不同的銷售階段或是客戶來源的不同，客戶的折讓是有差異的。折讓的差異性一旦為客戶知道，會讓客戶對價格產生不確定性，認為還具有很大的議價空間。因此，公司在制定優惠制度的時候要明確相同條件折讓相統一，不同的條件可以享受不同的優惠，也便於銷售人員對客戶做出合理的解釋。

⑤貸款問題

有些客戶在簽訂購房協議后辦理貸款的過程中，發現或是資信問題不能貸款，或是貸款額度超過可承受範圍，這有可能導致后續違約的風險。銷售人員一定要在事前提醒客戶到相關銀行進行事前諮詢，或銷售人員提供幫助，確定可以貸款后再交付首付款。如果已經簽訂的情況，雙方只能按照程序辦事，雙方各自承擔權責。

⑥推遲簽約時間

有些客戶因為想要推遲付款時間或對所選房屋猶豫不決，遲遲不來簽訂購房協議。銷售人員在與客戶簽訂訂房協議的時候一定要明確購房協議簽訂的時間，明確違返約定后要承擔的責任，同時注意與客戶即時溝通，提醒客戶簽約時間。

7.2.3 房地產銷售前期準備實訓的組織

(1) 指導者的工作

①向受訓者介紹銷售前期準備的實訓內容。

②向受訓者介紹銷售前期準備的實訓步驟。

③向受訓者介紹銷售前期準備的相關知識。

④要求受訓者根據項目形象定位、產品定位、市場定位及產品實際情況制定項目銷售樓書。

⑤要求受訓者根據前期營銷策劃制定的銷售策略，結合市場定位情況，設計銷售話術（如客戶百問百答）。

⑥要求受訓者結合項目銷售實施程序，設計製作相關的管理表格（指導教師可以根據實際情況選擇恰當的幾項表格作為設計內容）。

(2) 受訓者的工作

①掌握銷售前期準備工作的基礎知識。

②整理研究項目的形象定位、產品定位、市場定位、規劃設計資料等，製作項目銷售樓書。

③根據項目的市場定位、產品情況，分析消費者心理與行為，設計本項目的銷售話術，並設計緊急情況的應急措施。

④掌握樓盤銷售實施程序，根據實施程序設計管理表格。

7.2.4 房地產銷售前期準備實訓的步驟

房地產銷售前期準備實訓步驟見圖 7-13。

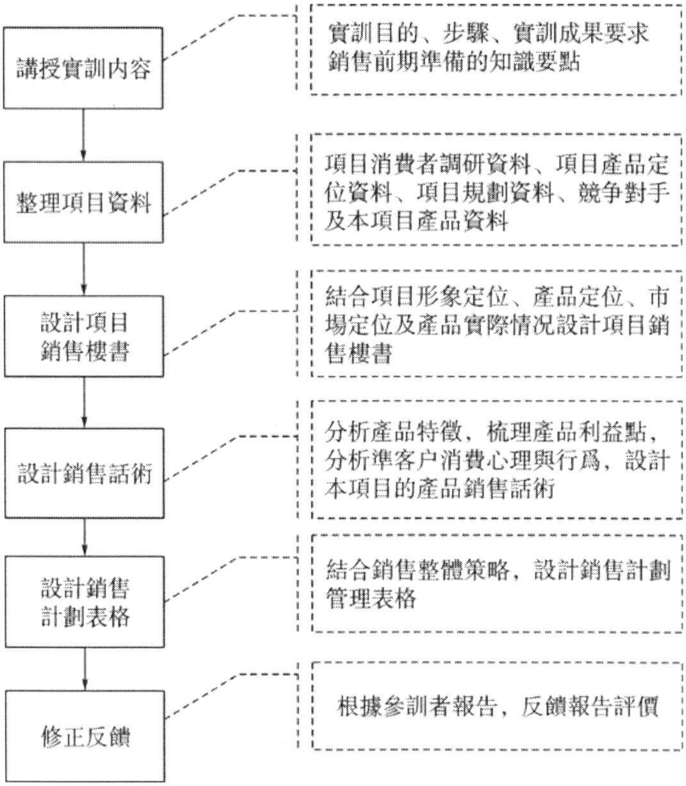

圖 7-13　房地產銷售前期準備實訓實施步驟

示例：房地產銷售前期準備的參考模版

某項目電話接線話術

置業顧問：您好，【項目名稱】。

客戶：你們項目在哪個位置？

置業顧問：老師您是不是【某區域的人】？是否瞭解【區域名稱】？

客戶答「不瞭解」接本段：

置業顧問：那我給您大致介紹一下，【該區域的地理位置】；【該區域的發展情況：產業結構、經濟發展情況、當地人收入情況、當地物價水平等】；【該區域的未來發展態勢】。

客戶答「瞭解或是本地人」時接本段：

我們項目位於【區域名稱】的新城區城市中心位置，項目的西側是城市主幹道西湖大道，【區域名稱】主要的政府行政機構位居於此，西北面的住宅區內居住有大量【區域名稱】主要的政府辦公人員；項目北側是【區域名稱】的迎賓大道、車城大道以及政府重點工程人民公園、市民文化中心；項目東側是包括【列舉地塊周邊知名樓盤】在內的新城中高端居住區；項目南面是連接才城的主要道路，以及目前本區域最高端的住宅小區和洪觀岳山。

客戶：你們項目現在是什麼情況？（你們什麼時候交房？）

置業顧問：我們項目分兩個板塊，一個是中高端居住小區××××，項目現在已經全部交房並大量入住，有不少當地企事業單位員工居住，消費實力較強。項目另一個板塊就是我們現在正在往外推出的商業部分，也是未來新城中心的中心商業【項目名稱】。【項目名稱】分為三期，全部都是現房，一期和三期在兩年前就招商完畢，是成熟的商業街區，我們目前正針對一期和三期商業進行帶租約銷售。

客戶：多少錢一個平方米？

置業顧問：我們銷售政策還沒有出來，大概還有兩三天時間就出來了，老師有興趣的話可以到項目現場來看看，我們都是已經經營成熟的現房。

附錄

房地產銷售計劃流程見圖 7-14。房地產銷售前期準備表格見表 7-5 至表 7-11。

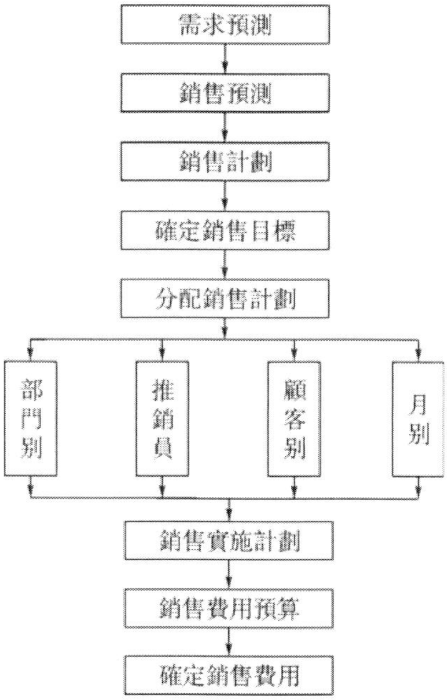

圖 7-14　房地產銷售計劃流程圖

表 7-5　　公開發售工作時間計劃表

內容	開始時間	8 天	9 天	10 天	11 天	12 天	13 天	14 天	……	25 天
	剩餘時間	18 天	17 天	16 天	15 天	14 天	13 天	12 天	……	1 天
1. 提供項目資料										
預售證、銀行按揭										
項目簡介、銷售價格										
平面圖、銷售面積										
效果圖										
物業管理收費標準										
工程環境施工進度數										
2. 銷售手冊										
甲方審閱										
3. 裝修標準										
提供裝修標準建議										
確定樣板並開始裝修										
4. 價目表和付款方式										
開始制定										
提交方案										
確定並開始印製										
5. 平面圖										
開始制定										
提交方案										
確定並開始印製										
移交到售樓部										
6. 廣告合同										
與發展代理商見面										
構思廣告版面										
預定廣告初稿										
提交廣告初稿										
確定廣告初稿										
7. 辦理代銷售證										
8. 現場包裝方案及費用預算										
提交方案										
製作資金到位										
開始製作										
完成並安裝										

表7-5(續)

內容	開始時間	8天	9天	10天	11天	12天	13天	14天	……	25天
	剩餘時間	18天	17天	16天	15天	14天	13天	12天	……	1天
9. 樓書、展板										
構思製作內容										
確定並印刷										
移交到售樓部										
10. 銷售資料費用預算										
提交並確定方案										
資金到位										
11. 廣告安排及費用預算										
提交並確定方案										
資金到位										
12. 銷售計劃										
提交並確定方案										
13. 銷售人員										
培訓後進場										
內部認購前培訓										
公開展銷會前再培訓										
14. 內部認購										
開始										
總結內部認購情況										
15. 公開發售										
審查公開發售前的所有內容										
首次公開發售										
公開發售的總結										

表 7-6　　銷售人員行動計劃表

姓名：　　日期：		
本月銷售目標及計劃		
重點銷售樓盤	重點拜訪客戶名單	新開拓客戶名單
1. 2.	1. 2.	1. 2.

表 7-7　周別行動計劃表

重點目標	
重點銷售商品	
重點拜訪客戶名單	
重點行動目標	
1. 2. 3.	
1. 2. 3.	
1. 2. 3.	
製表人：	填表日期：　年　月　日

表 7-8　預期銷售表

樓盤名	客戶名	月		月		月		月		月	
		去年銷量	今年預計	去年銷量	今年預計	去年銷量	今年預計	去年銷量	今年預計	去年銷量	預計
合計											

表 7-9　客戶問檢表

問題	回答
誰是或將會是你的顧客？	
你公司裡誰負責管理顧客？	
這些顧客的購買潛力有多大？ 過去他們從你這兒購買了多少產品？	
其購買頻率和購買時間如何？	
你的營銷或銷售活動是否已取得成功？	
誰從哪一個競爭對手處購買產品？ 他們是否可以被爭取過來？	
顧客為什麼和你或將會和你保持對話？ 保持這種對話的成本如何？	
怎樣保持顧客？	
如何使他們增加購買？	

表7-9(續)

問題	回答
哪兒可以找到與他們類似的其他顧客?	
什麼時候他們最有可能從你這兒購買?	
怎樣準確確定他們的通訊地址?	

表 7-10 **樓盤調查表**

樓盤名稱			位置			
發展商			代理商			
規模						
配套						
工程狀況		管理費	元/平方公尺	實用率		
推出日期				交樓日期		
裝修標準						
銷售範圍						
主要戶型						
戶型	面積(平方公尺)	數量(套)	占總量面積的比例	銷售數量	銷售數量占本戶型比例	銷售數量占總套數比例
1室1廳			%		%	%
2室2廳			%		%	%
3室2廳			%		%	%
4室2廳			%		%	%
復式			%		%	%
最高價	元/平方公尺	最低價	元/平方公尺	均價	元/平方公尺	
一次性均價	元/平方公尺		銷售率			%
賣點						
綜合點評						

表 7-11 **市場分析執行表**

項目名稱	要點指引	執行情況	執行時間	負責人
市場分析	周邊市場情況			
	樓盤分析			
	近期樓市動向			

表7-11(續)

項目名稱	要點指引	執行情況	執行時間	負責人
項目分析	地理位置分析			
	小區規劃			
	設計特色			
	價格策略			
	競爭對手分析			

7.3 房地產銷售現場管理

7.3.1 房地產銷售現場管理實訓的目的及任務

(1) 實訓的目的

①掌握樓盤銷售現場管理制度。

②掌握樓盤銷售現場組織管理架構及其崗位職責。

③掌握銷售現場服務接待要求。

④熟悉銷售現場的常見問題及其處理方法。

(2) 實訓的任務

①編制銷售現場管理制度。

②繪制銷售現場管理架構圖。

③明確各崗位工作職責。

④繪制銷售現場管理表格。

7.3.2 房地產銷售現場管理實訓的知識準備

7.3.2.1 銷售現場管理制度

從房地產的發展趨勢中可以看出，今后開發商將專門負責開發（建房），銷售商將專門負責銷售（賣房），物業管理公司將專門負責對成熟小區的管理（把小區內的各項管理事務再分包給專業公司來負責，如保安、綠化等）。銷售商一般分為四個部分：一是純企劃，即由開發商出廣告費，企劃公司根據項目特點，為其進行一系列的廣告策劃，不包括現場銷售；二是企劃銷售，即由開發商提供廣告費用，代理銷售公司根據項目的特點，將項目重新定位，從前期的案前準備、廣告策劃以及現場銷售進行一系列的整體運行；三是包櫃即代理銷售公司僅負責銷售，而企劃則由其他的廣告公司負責；四是包銷，即由代理銷售公司來承擔廣告費用，並負責銷售。無論哪種銷售模式，售樓處都是必須存在的。售樓處的主要職能就是開展銷售活動，其內部管理也是根據銷售需求組建的，但是由於其銷售模式的不同，根據不同的職能需求，銷售現場的管理架構也存在差異。

（1）銷售現場組織架構

①純銷售隊伍的管理架構

純銷售隊伍由於職能單一，現場管理結構相對簡單、人員構成較少。純銷售隊伍一般是作為一個職能部門半獨立工作，其組織架構往往是被動地對項目產品進行業務推廣。純銷售隊伍組織架構如圖 7-15 所示。

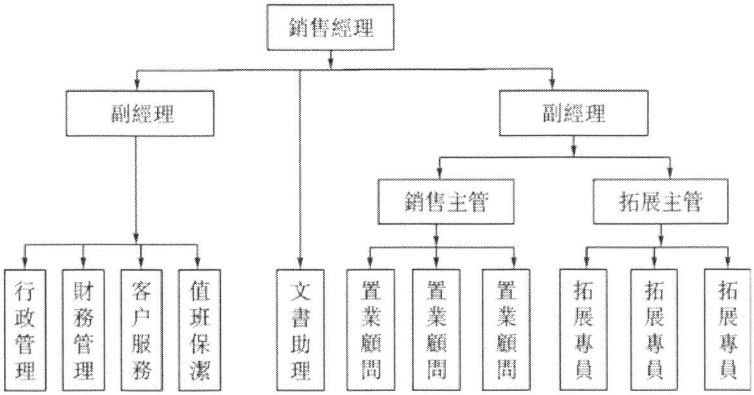

圖 7-15　純銷售隊伍組織架構圖

②功能配合的銷售隊伍

功能配合的銷售隊伍比較顯著的特徵是在純銷售隊伍的基礎上配備了策劃部門，策劃部門負責市場推廣和市場調研工作，從而有助於銷售業績的推動。其組織架構如圖 7-16 所示。

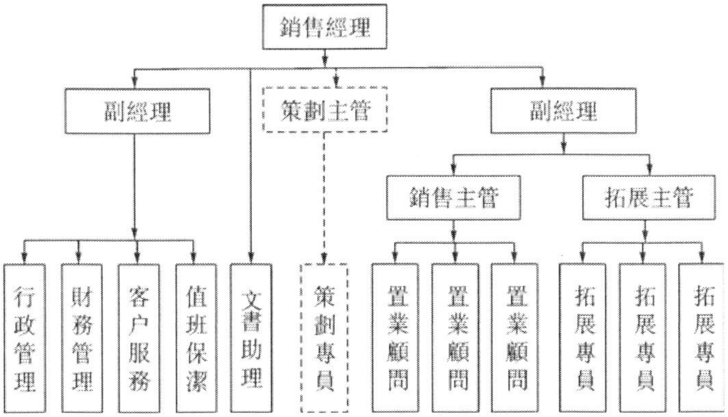

圖 7-16　功能配合的銷售隊伍組織架構

銷售組織模式的選擇不是隨意的，而是要根據企業狀況、市場情況等進行多方面的綜合考慮，以使銷售組織更靈活、更高效。從企業規模角度來看，一般來說，企業越大，管理層級越多，銷售組織模式也越複雜，但是其管理規範性越強；而小企業的銷售人員少，銷售組織相對簡單，但是其家族式管理也更為普遍，增加了管理上的隨意性。從銷售的項目產品上分析，如果銷售產品單一，則銷售人員相對較少，而營銷策劃部門的人則要求更多，這是因為單一產品需要更多的推廣活動促進銷售業績的提升；如果銷售產品多樣性強，則要設置各個職能的經理，銷售組織模式則會複雜得多。所售產品客源的區域性分佈也會影響銷售的組織建設，如旅遊地產的準客戶分佈區域較廣，需要在不同的區域配備區域經理，以拓展銷售渠道，增加銷售業績。

（2）銷售現場的管理制度

管理制度能使銷售現場的人員管理規範化，環境管理條理化，服務管理績優化，資料管理科學化，幫助提升銷售現場質素，提升客戶體驗，並避免糾紛的產生。售樓處的管理制度根據其功能定位，一般分為行政管理制度、工作規範制度、業務管理制度。

①行政管理制度

行政管理制度是為了規範公司行政事務管理行為，理順內部關係，提高辦事效率而做出的行為規範。售樓處的行政管理制度一般包括員工守則、考勤制度、值班制度、會議制度、衛生管理制度、安全管理制度、物料管理制度和考核制度（包括獎懲制度）等。

②工作規範制度

工作規範制度是為了保證售樓處的服務質量，對工作的內容做出的一系列行為規範。其包括案場工作紀律、銷售禮儀規範、服務用語規範、客戶接待行為規範等。

③業務管理制度

業務管理制度是為了理順業務內容，提升業務操作水平而制定的規範。其一般包括員工培訓制度、客戶接待制度、銷售控製管理制度、樣板房管理制度、成交簽約管理制度、業績分配制度等。

示例

某樓盤的業績分配制度

為了規範公司銷售提成管理，激勵員工，充分調動其在崗位上的積極性，促使其發揮最大能動性，秉持「多勞多得」原則，制定以下制度：

一、團隊佣金費用明細

團隊佣金費用包含整個營銷團隊的佣金收入，主要佣金分配細則如下：

銷售經理：銷售到帳總額的0.3%；

銷售主管：銷售到帳總額的0.2%；

銷售人員：銷售到帳總額的0.6%。

其中銷售人員的提成辦法為按照該銷售人員銷售業績的0.6%計算。

二、分銷渠道費用

分銷渠道包括人際關係分銷渠道及分銷公司兩塊，整體體現的提成原則是銷售到帳總額的0.2%。

分銷渠道客戶佣金原則:

(1) 渠道來源客戶與銷售人員對接, 由銷售人員完成跟單及簽約, 銷售人員從原來 0.5%中分出 0.2%給渠道介紹人。

(2) 銷售人員自願接受從該銷售人員佣金中分離 0.2%。

(3) 公司及管理層來源渠道客戶由分管領導根據團隊情況進行分配。

三、銷售支持提成費用

銷售支持指銷售后勤輔助工作人員的提成, 主要體現在肯定后勤輔助工作人員的支持報酬, 提成原則是銷售到帳總額的 0.2%。

四、佣金發放條件及標準

佣金按照實收現金計算, 以自然月為結算標準; 發放時間與工資結算發放時間相同。

五、特殊情況佣金管理辦法

人員編制發生變化的情況下, 離職銷售人員客戶由分管領導商議按比例分配給銷售人員接收。已經成交的部分佣金計入銷售獎金, 銷售獎金分配給當季度銷售冠軍。

某售樓處的儀容儀表規範

1. 衣著整齊乾淨, 無污跡和明顯皺紋; 扣好紐扣, 結好領帶, 領帶夾的高度要超過 1/2 領帶 (或由領扣算起第三與第四顆之間為宜); 衣袋中不要有過多物品, 不準穿皮鞋以外的鞋類。皮鞋要擦乾淨、光亮; 女職員不宜穿黑色或白色絲襪, 避免破洞。

2. 必須佩戴工作牌, 並應佩戴在左胸前的適當位置, 不得掛於腰間或以其他外衣遮蓋。

3. 男職員頭發要常修剪, 發腳長度以保持不蓋耳部和不觸衣領為度, 不得留胡須, 要每天修面; 男女職員頭發要常洗, 上班前要梳理整齊, 保證無頭屑。

4. 女職員切忌濃妝豔抹, 提倡淡妝, 使人感到自然美麗。忌用過多香水或使用刺激性氣味強的香水, 並注意彩妝是否脫落, 牙齒是否沾有口紅。

5. 職員上班前不得吃有異味食物, 要勤洗手, 勤剪指甲, 指甲邊縫不得藏有臟物, 指甲油避免太怪異。

6. 提倡每天洗澡、勤換衣物, 以免身上發出汗味或其他異味。

7. 對客服務時, 要友好、熱情、精神飽滿和風度優雅地為客人服務。

7.3.2.2 銷售現場的接待流程

銷售現場的接待是銷售環節最重要的一環, 是銷售成敗的關鍵。銷售現場的接待流程就是對客戶服務的過程。接待流程的規範化、標準化有利於塑造企業的好形象, 有助於提升銷售的成功率。銷售現場的接待流程設計不僅是接待程序的設計, 而且還包括接待節點的規範化。銷售現場的接待程序一般是與售樓處設計的動線相銜接的, 只是對每個環節的話術、行為、儀容儀表做了細緻的規範。現場接待流程見圖 7-17。

	地點	現場接待流程	接待要點	物料準備
進線		客户來電，標準用語	禮貌用語，咨詢客户需求，及時登記客户訊息	電話及來電客户登記表
來訪	大門	客户上門，保安敬禮接待		銷售人員輪班表、户型圖、樓書、客户來訪徵詢表、價格表、置業計劃書等
	停車場	保安禮貌引導客户停車場停車，並帶客户至售樓處		
	售樓處	客户進入售樓處，置業顧問熱情接待	明確交輪班置業顧問，以及明確來訪客户是否已有置業顧問接待	
	樣板房	置業顧問向客户解説項目情況，並引導客户至樣板間，由樣板間保潔人員遞鞋套，置業顧問負責解説	結合區位進行沙盤講解和户型講解	認購書
	售樓處	客户回售樓處，由置業顧問回顧項目情況、做好客户記録	指導客户填寫信息卡，爲客户再次上門做好鋪墊	
簽約	簽約處	簽訂認購協議	提醒客户簽訂購房協議	
	停車場	銷售人員送客户至停車場，保安人員引導客户行車，並敬禮	禮貌送客，目送客户	

圖 7-17　現場接待流程圖

7.3.4　房地產銷售現場管理實訓的組織

(1) 指導者的工作

①向受訓者介紹銷售現場管理的實訓內容。

②向受訓者介紹銷售現場管理的實訓步驟。

③向受訓者介紹銷售現場管理的相關知識。

④要求受訓者根據項目實際情況組建銷售團隊，確立組織架構。

⑤要求受訓者根據項目實際情況制定項目銷售管理制度。

⑥要求受訓者根據項目實際情況編制項目銷售現場接待流程及語言行為規範。

⑦要求受訓者結合項目銷售現場需要，設計製作現場管理表格（指導教師可以根據實際情況選擇恰當的幾項表格作為設計內容）。

（2）受訓者的工作

①掌握銷售現場管理工作的基礎知識。

②確定項目銷售組織架構及崗位職責。

③編制項目現場接待流程圖及工作規範。

④掌握樓盤現場管理要點，設計製作現場管理表格。

7.3.5 房地產銷售現場管理實訓的步驟

房地產銷售現場管理實訓步驟見圖 7-18。

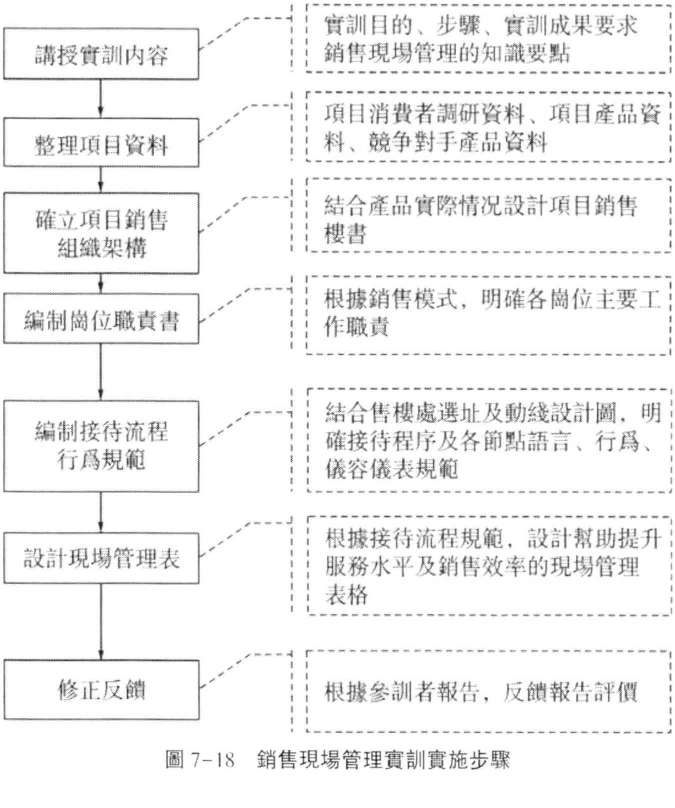

圖 7-18　銷售現場管理實訓實施步驟

示例：房地產銷售現場管理的參考模版

某項目的銷售管理表格

房地產銷售現場管理表格見表 7-12 至表 7-22。

表 7-12　　客戶問詢表

客戶問詢表		編號	
		日期	
填表人		簽字	
問詢人細節		問詢來源	
問詢性質			
所需行動			

表 7-13　　到訪徵詢單

日期：　年　月　日　　　　編號：

來訪者姓名			
性別	○男　○女	年齡	
聯繫地址		郵編	
工作單位及職務			
聯繫電話			

本次訪問是：□初次　□預約　□再訪問

訪問目的：□索取資料　□看樓盤及戶型　□進一步洽談　□簽約急交款　□售后事宜　□諮詢價格　□預訂

為您推薦最合適的物業

1. 您需要的房型：□1 室 1 廳　□2 室 1 廳　□2 室 2 廳　□3 室 2 廳　□4 室 2 廳

2. 您需要的面積：□40～60 平方米　□60～100 平方米　□100～130 平方米　□130～150 平方米

3. 您選擇的樓層：□1 層　□2～4 層　□5～6 層　□7～9 層　□10～12 層　□13 層以上

4. 您的家庭人數：□1 人　□2 人　□3 人　□4 人　□5 人以上

5. 您希望的付款方式：□一次性付款　□商業貸款　□公積金貸款　□公積金、按揭組合貸款

6. 您是通過何種途徑獲取本樓盤信息的：

□報紙　□路牌　□電視　□電臺廣告　□朋友介紹　□隨意經過　□其他

7. 希望得到您的意見：____

____

____

表 7-14　　客戶問詢總結

客戶問詢總結		編號		填表人	
		日期		簽字	
問詢者姓名	聯繫細節	問詢來源	問詢性質	所需行動	已採取的行動

表 7-15　　電話接聽記錄表

姓名	性別	需求面積	戶型					認知途徑			現居住(工作)區域	幾口之家	對價格反應	詢問內容	是否看過其他小區	電話	記錄人
			1室1廳	2室1廳	2室2廳	3室2廳	4室2廳	廣告	介紹	其他			高	低			

序號	姓名	性別	需求面積	需求戶型	詢問內容	記錄時間	電 話	記錄人

表 7-16　　本周來訪人數統計表

________年第________周________月________日至________月________日

星期	星期一	星期二	星期三	星期四	星期五	星期六	星期日	總計	累計
到訪人數									
查詢電話									
平均逗留時間									
銷售主管________									

表 7-17　　銷售日報統計表

日期：____年__月__日

銷售人員	銷售員 A	銷售員 B	銷售員 C	合計
共接待客戶組數				

表7-17(續)

銷售人員		銷售員 A	銷售員 B	銷售員 C	合計
其中	客戶 A				
	客戶 B				
	客戶 C				
	客戶 D				
接聽電話組數					
留有電話組數					
電話跟蹤組數					
回訪客戶組數					
銷售情況	單位				
	面積				
	合同金額				
	回款金額				
欠款金額					
銷售主管________					

表 7-18　　客戶情況周報表

項目名稱:　　銷售部主管:　　年　月　日至　年　月　日

星期		星期一	星期二	星期三	星期四	星期五	星期六	星期日	總計	累計
	報紙									
	友人介紹									
客戶區域	A 區									
	B 區									
	C 區									
	D 區									
	其他									

表7-18(續)

星期		星期一	星期二	星期三	星期四	星期五	星期六	星期日	總計	累計
客戶年齡	青年									
	中年									
	老年									
客戶關係	朋友									
	夫妻									
	家人									
	單獨									
將來置業區域	A區									
	B區									
	C區									
	D區									
	其他									

表 7-19 **價目表**

戶型編號		I單元						II單元					
戶型		01	02	03	04	05	06	01	02	03	04	05	06
銷售面積													
朝向 / 樓層													
2	單價												
	總價												
3	價												
	總價												
4	單價												
	總價												
5	單價												
	總價												
6	單價												
	總價												

表 7-20　　計價表

擬購買房號：______；面積：______平方米；朝向：______；原價：______				
付款方式 手續		一次性付款__折 ¥______元	分期付款__折 ¥______元	銀行按揭付款__折 ¥______元
簽署認購書時付訂金		¥______元		
簽署認購書後十天內____年__月__日前共同簽署《房地產預售合同》		繳付 30% ¥______元 稅費：	繳付 20% ¥______元 稅費：	繳付 20% ¥______元 稅費：
房款 70%	兩個月內	繳付 30%______元	繳付 15%______元	繳付 10%______元
	四個月內	繳付 30%______元	繳付 20%______元 繳付 40%元分四期 ____月____日前 ____月____日前 ____月____日前 ____月____日前 每期付出 10%____元	繳付 70%______元 辦理銀行按揭： 5 年月供______元 10 年月供______元 15 年月供______元 20 年月供______元 30 年月供______元
	五個月內	繳付 10%______元		
收到《收樓通知書》14 天內付清		付清 5%______元		
接待人：　　售樓電話：　　日期：				

表 7-21　　銷售控製表

單元	1	2	3	4	5
套內面積	134.62 平方米	134.62 平方米	89.6 平方米	89.5 平方米	72 平方米
景觀	正對中庭 正對公園	正對中庭 正對公園	側對馬路 側望公園	側對馬路 側望公園	正對馬路
戶型 樓層	4 室 2 廳	4 室 2 廳	3 室 2 廳	3 室 2 廳	2 室 2 廳
6 樓					
……					
20 樓					

表 7-22　　投訴單

客戶	編號：　　　　名稱：		
時間	日期：　年　月　日　　時間：　午　時　分		
抱怨問題	1. 抱怨事項： 2. 擬採取之行動：		
1. 有關部門意見：			
2. 處理結果：			
核示	主管	銷售部	填表人

7.4 房地產銷售實施的實驗成果

根據受訓者業務水平，實訓的實驗成果產出又分為高級階段、中級階段、初級階段、入門級成果。以下成果為入門級成果示例（說明：示例為某應用型高校學生實訓成果，部分內容尚待推敲、修改和完善）。

某高校學生實訓階段成果一

實驗（訓）項目名稱	營銷中心的選址與設計	指導教師	
實訓日期		所在分組	

實驗概述

【實驗（訓）目的及要求】

1. 瞭解營銷中心選址因素及選址方法，能夠提交選址綜合分析報告。

2. 瞭解營銷中心分區及布置規則，並能進行接待銷售區的布置設計。

3. 瞭解營銷中心包裝的技巧。

4. 實驗分組，每組 4~5 名同學，完成營銷中心的選址、功能劃分及包裝。

【實驗（訓）原理】

1. 營銷中心選址原則：「4+1」原則。

2. 營銷中心的功能劃分及包裝方法。

3. 消費者消費心理的感覺與知覺。

實驗內容

【實驗（訓）方案設計】

1. 實驗任務

確定營銷中心的地理位置，完成營銷中心的功能劃分，設計營銷中心的包裝主題及包裝方法。

2. 實驗要點及流程

（1）要點：營銷中心的地理位置及功能區隔。

（2）流程：營銷中心的選址→區域功能劃分→包裝設計。

3. 儀器設備

投影儀、電腦。

【實驗（訓）過程】（實驗（訓）步驟、記錄、數據、分析）

1. 營銷中心的選址原因及示意圖

（1）選址原因

本項目的售樓部地址選在項目內的婚禮會場區域內，面積為 395 平方米。

①婚禮會場區域離項目入口距離 100 米左右，十分顯眼且客戶容易看到。

②停車場在項目入口的左邊，便於客戶的車輛停泊，客戶停車之后步行至售樓部

的這段路程上設計不同的項目廣告，使客戶對項目有進一步的瞭解。

③售樓部與樓盤同在一個範圍之內便於客戶看房。

④會場的外形有藝術性的展示，有利於項目形象提升。

⑤在成本的考量上，會場作為售樓處使用完之后可以作為婚禮會場使用，減少不必要的資源浪費。

(2) 選址示意圖（略）。

2. 營銷中心的功能劃分

(1) 營銷中心功能區塊說明

接待區：用來接待來訪客戶的區域，接待臺不宜過高，體現親和力，便於使用；包括接待人員接待、登記、派發樓盤資料等。

展示區：包括地域模型、項目模型、戶型模型等銷售道具的展示空間，對客戶清楚地展示項目的所有情況。

洽談區：客戶看完模型，聽完介紹，有意向的客戶可以進入洽談區進行深度瞭解和溝度。

貴賓接待處（VIP 室）：對於一些重要客戶或者成交意向明顯的客戶，售樓部還會設 VIP 貴賓區進行接待和洽談。

簽約區：用來已經決定購買房屋的客戶與公司簽約的空間。

財務區：客戶簽約完之后的付款區域。

經理室：為現場辦公的公司領導人員設置，是體現項目檔次的重要部位。

水吧：為到訪客戶提供餐飲、水果等，提升項目服務形象。

更衣室：供員工上下班更換衣物使用，一般設置在隱蔽區域。

儲物間：用來儲存宣傳物料、宣傳道具、臨時性物資。

休息室：供員工平時休息使用。

衛生間：分為內部衛生間和對外衛生間。對外衛生間設計要求匹配售樓處整體風格，衛生間內保持乾淨、整潔、氣味宜人，細節處設置人性化的清潔及梳妝設施。

(2) 營銷中心示意圖

營銷中心設計圖見圖 7-19。

3. 營銷中心的包裝

(1) 包裝目的

通過包裝展示項目的優勢，給客戶留下良好的第一印象；項目的環境、檔次、整體業態等都使客戶的心理有強大的衝擊感，並使客戶對項目有進一步瞭解甚至購買的欲望。

(2) 包裝原則

簡潔、寬敞、明亮、典雅氣派、個性突出、內部空間豐富以延長客戶的停留時間；抓住主題，無限放大；展示形象吻合項目定位；突出展示中的細節品質。

(3) 包裝效果

有強烈的中式現代風格的營銷中心，環境和諧、溫馨、舒適、品質、典雅，處處體現項目樓盤的形象、風格、檔次。

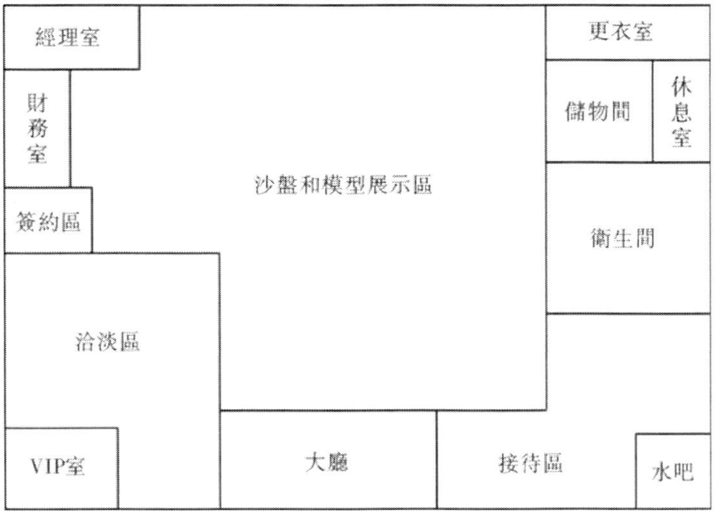

圖 7-19 營銷中心設計圖

(4) 包裝說明

大門口輻射區域設置有吊球、拱門、橫幅、廣告牌和導示牌等，在接待大廳設有接待臺、項目形象及樓盤展板、樓書、銷售控製表等，沙盤和模型區設有區域位置模型、樓盤模型、戶型設計模型，並在模型與洽談區放置3D動畫模型視屏；客戶休息區放置售樓書、說明書、沙發、椅子、飲水機等，且裝飾以暖色調為主；洽談區寬敞明亮、氛圍輕鬆、人性化且做成敞開式；樣板房要外形簡潔、功能強，強調室內空間形態，營造一個已經入住客戶的居家環境，各個房間的布置、擺設及局部的細節都體現出家的感覺，減少違和感。

4. 樣板間的設計（表 7-23）

表 7-23

面積	數量	戶型	風格
60~80 平方米	1	2室1廳	中式現代
80~100 平方米	2	3室1廳、2室1廳	中式現代

某高校學生實訓階段成果二

實驗（訓）項目名稱	銷售價格策劃	指導教師	
實訓日期		所在分組	

實驗概述

【實驗（訓）目的及要求】

1. 掌握樓盤銷售前的準備工作，能夠準備項目的介紹資料、製作項目銷售相關的管理表格等。

2. 瞭解銷售人員的崗位職責，熟悉房地產銷售技巧，能夠設計與客戶溝通的標準話術，能瞭解房地產銷售控製及銷售中常見的問題及對策。

3. 實驗分組，每組4~5名同學，準備齊項目介紹資料、銷售相關表格。

【實驗（訓）原理】

1. 房地產銷售基本知識。

2. 房地產項目介紹資料的基本內容。

3. 房地產銷售方法及技巧。

實驗內容

【實驗（訓）方案設計】

1. 實驗任務

每組製作項目介紹資料、顧客到訪問詢表及設計銷售話術。

2. 實驗要點

項目介紹資料的基本內容，調查表的設計要點及銷售技巧的把握。

3. 儀器設備

投影儀、電腦。

【實驗（訓）過程】（實驗（訓）步驟、記錄、數據、分析）

1. 項目介紹資料

（1）宣傳主題

快樂與我們同在。以生態環境為依託，以休閒為中心，以文化為靈魂，打造精致度假公園。

（2）核心價值

江景資源、沙坪壩與北倍的交通樞紐、園林綠化、得房率高。

（3）項目介紹

①整體規劃

「十個一」工程，一生之城的魅力示範。

一個大型的有機農場，享受閒時農家歡樂。

一個城市中心廣場，給生活更多的快樂空間。

一座城市活力商業中心，集結一個城市的潮流。

一條休閒風情商業街，吃喝玩樂精彩紛呈。

一個城市生態水上樂園，活水娛樂區裡的花樣生活。

一條城市濱江景觀大道，自然健康生活一生相伴。

一座城市精品酒店，為您配備尊崇的生活奢享。

一個歷史與文化結合的知識樂園，讓豐盛生活溢滿一生。

一座極限攀岩區，讓生活充滿挑戰。

一條直達沙坪壩區中心的公交專線，巴士直通家門口。

②建築特色

別墅——是生活的美術館，更是藝術的美墅館

以私享的精神，領馭一個階層的理想。西式的建築風格，讓你在家門口感受到西

方的建築風情，通過室內外建築和環境的鋪墊，給予客戶戶戶皆景，推窗入境的感受，青山環抱，蒼翠欲滴的森林別墅，給你極致的視覺體驗和生活享受。

花園洋房——品鑒生活真諦

通過「退臺」「露臺」「院落」等技術手段，營造出視覺享受和生活情趣的居住環境。觀景飄窗和休閒露臺，將生活主動向外延伸，拉近與自然的距離，感受迴歸自然的樂趣。

高層——給生活一個高度

高層採用鋼筋混凝土結構，具備電梯、通風采光好等優越性。戶型面積適中、設計合理緊湊，超大景觀陽臺，視野開闊，將社區景觀盡收眼底，給生活倍添情趣。提供適宜的居住環境，在提高生活品質的同時，也大大增添「家」的歸屬。

③其他特色

一站式購物環境，家門口的大型商業街集合特色餐飲、休閒娛樂、品牌購物、人氣超市、生活配套五大核心商業功能。

一座綜合大型娛樂區，集棋牌、垂釣、水上娛樂項目於一體，讓家與享受同在。

一個有機農場，在勞作中釋放你的壓力。

一座極限攀岩區，體驗站在人生頂峰的快感。

(4) 戶型介紹

項目的主推戶型為2室1廳和3室1廳，2室有緊湊和普通兩種；3室1廳有緊湊、普通、舒適三種。2室1廳得房率高、寬敞明亮、方正，便於沙發以及其他家具的擺放，陽臺的大小根據戶型的不同有差別，各個房間都有陽光照射，整體佈局動靜分區，功能合理，空間利用率高，豐富空間立體感。3室1廳景觀陽臺與主臥相連，特色入戶玄關，動靜分區，功能佈局合理，室內空間室外化，次臥外飄窗，拓展更大的利用空間。

2. 顧客到訪問詢表（表7-24）

表7-24 **來訪客戶問詢表**

職業顧問： 意向類型： 日期： 年 月 日

姓名		年齡		性別		居住地址	
聯繫方式		是□否□打過電話		工作區域			
看房工具		車牌/車號			置業次數		
購房目的	首次□ 換房□ 投資□ 為家人□	打算購房時間		同住幾人			
職業	從事行業		工作性質				
來訪渠道	《××報紙》	其他報紙	戶外廣告	網路	DM	路過	其他
	朋友介紹	介紹人姓名：			聯繫方式：		
需求戶型		意向面積		推薦房源	(1) 號樓 單元 層 戶 (2) 號樓 單元 層 戶 (3) 號樓 單元 層 戶		

表(續)

<table>
<tr><td rowspan="2">承受總價</td><td rowspan="2">一次性：</td><td>首付：</td><td></td><td rowspan="2">實際總價</td><td rowspan="2"></td></tr>
<tr><td>月供：</td><td></td></tr>
<tr><td>洽談時間</td><td colspan="2">(時間段)：　　共分鐘</td><td colspan="2">是否帶看現場</td><td>是□　否□</td></tr>
<tr><td colspan="6">客戶問詢重點：
抗性分析：
客戶對項目認可點：
備註：(客戶體貌、性格、家庭結構等)
項目經理簽字：　　　　　　　　　　日期：</td></tr>
</table>

3. 銷售話術設計

(1) 交房時間

①能不能按時交房？

說實話，我們比您更擔心，因為我們現在開發的是一期工程，下面還有二期、三期，土地都已經買好了，這是我們的第一個項目，就是創口碑的，如果不能按時交，再怎麼做二期工程，誰還敢買？我們又怎敢做，敢在××市發展？何況我們在全國各大城市又都有房地產開發項目，從還未出現過逾期交房現象，只有提前交房的。

②交房時間延誤怎麼辦？

交房期我們都是嚴格寫進合同的，交房時間延誤我們是要承擔合同規定的違約責任的，是要交違約金的，而且我們會嚴格控製建設期，不會讓這種情況發生，絕對不會有問題。

(2) 房屋質量

①房屋質量有保證嗎？

本公司一貫很重視質量，目前開發的是度假產業，是大規模推出，而且我們所有的材料採購都由工程部統一進行，只要工地施工，就有我們的技術專家現場監督，質量是絕對確保的。再說我們簽訂的合同，處處保護消費者的利益，工程完成后，要由××市質檢部門驗收合格才能交付。如果是因質量問題而不能交付或者返工，公司將蒙受巨大的損失，我們能不顧建設質量嗎？所以質量問題您是不用擔心的。

②入住后發現漏水現象怎麼辦？

關於漏水問題，我們是根據國家規定的保修期來嚴格執行的，所以在保修期內我們全程負責修復，在保修期外我們則承擔部分修復責任。

(3) 價格

①價格有點貴。

先生/女士，一分價錢一分貨，我們這個價格已經沒有什麼利潤了，這個地段環境好，清淨優雅，地價成本又比其他地段貴。我們這個房子的地段、質量、房型、環境都是一流的，好的東西一向是不二價的，買房子應該首選信用好、品質好、服務好的，買得放心住得也放心，您說對吧？

②以后有增值的空間嗎？

無論是居住還是投資，買房實際上都是一種投資行為，因為買房一次投入的資金較大，作為投資肯定是要有回報率的。您今天30萬元買一套房，肯定希望它明年變成40萬元甚至50萬元。那怎樣才能有更高的回報呢？就拿我們的房子為例，我們這裡並不是市中心，但交通方便，公交車都在門口上車，生活方便。政府在這交通要道建設了這麼多年，已完全成規模，可以說這裡是居住的最好地段，它跟老市區相比，地域比較開闊，還鬧中取靜，對身體大有好處。像這樣地段的房子想要的人是越來越多，需求量是越來越大，但地是越來越少，所以說它的升值潛力是非常大的，您說對嗎？從房地產本身來講，買房子是增值的。

某高校學生實訓階段成果三

實驗（訓）項目名稱	銷售現場管理	指導教師	
實訓日期		所在分組	

實驗概述

【實驗（訓）目的及要求】

1. 瞭解房地產現場銷售的組織架構及工作職責，能夠繪制現場組織架構圖。

2. 熟悉房地產銷售流程，能夠設計客戶接待流程示意圖。

3. 瞭解現場銷售人員禮儀規範、熟悉售樓部現場工作記錄內容及如何記錄。

4. 掌握樓盤銷售節奏的方法，能夠合理安排不同時期的供給比例。

5. 實驗分組，每組4~5名同學，繪制售樓部現場組織架構圖、製作客戶接待流程圖、製作銷售控製表格。

【實驗（訓）原理】

1. 銷售組織架構。

2. 銷售控製的原則及方法。

實驗內容

【實驗（訓）方案設計】

1. 實驗任務

每組制定銷售現場組織架構圖及設計銷售控製表格。

2. 實驗要點

各崗位工作職責，客戶接待流程的設計及銷售節奏控製的方法。

3. 儀器設備

投影儀、電腦。

【實驗（訓）過程】（實驗（訓）步驟、記錄、數據、分析）

1. 銷售現場組織架構

(1) 銷售現場組織架構圖（圖 7-20）

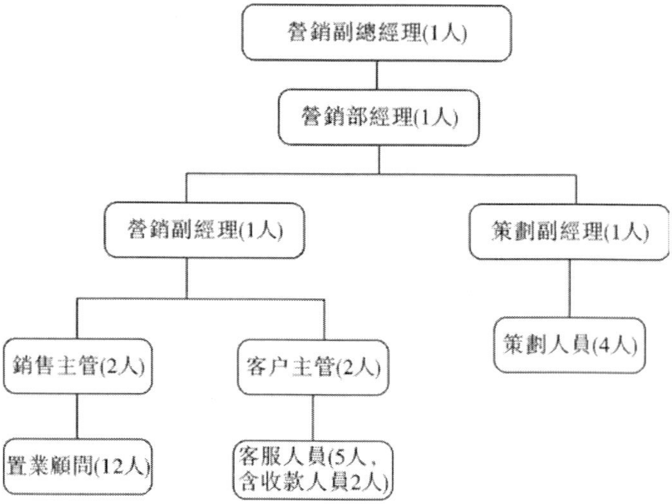

圖 7-20 銷售現場組織架構圖

(2) 崗位職責說明書

營銷副總經理主要職責：全面負責組織公司整體營銷計劃實施，全面負責營銷中心的日常管理工作，授權或者直接通知生產需求計劃，協助總經理管理公司。

營銷部經理的主要職責：協助總經理領導公司的全面銷售管理工作，完成公司下達的各項銷售目標。

策劃副經理的主要職責：協助經理做好各項策劃工作，做好公司項目的營銷推廣策劃方案，根據不同時段，制定公司的形象推廣宣傳，做好市場調查的收集工作。

策劃人員的主要職責：參與進行項目定位，推廣計劃制定及執行，負責項目推廣效果統計，負責周邊競爭市場的調研。

銷售副經理的主要職責：負責客戶服務工作，協助銷售經理履行銷售職責，嚴格執行銷售政策，保質、保量、按時完成的銷售任務，培養、管理銷售隊伍。

銷售主管的主要職責：有真實的反應市場數據的責任，有維護現場秩序、維護公司形象的責任，有督促完成公司任務的責任，有對銷售提出合理化建議的責任。

職業顧問的主要職責：遵守銷售管理制度，負責客戶購房的全部過程，完成銷售任務，負責及時向銷售主管或經理反饋銷售過程中存在的問題，負責成交客戶交房手續辦理工作。

客服主管的主要職責：協同銷售管理部經理及各售樓處及時處理客戶投訴、退房等事宜，負責組織辦理購房簽約、按揭貸款、退房等手續，對客戶服務專員進行業務指導，建立客戶投訴檔案，定期總結出現的問題，及時反饋領導並提出改進建議。

客服人員的主要職責：負責現場接待協調等前期工作，提供信息，做好顧客與公司溝通的橋樑，對信息的處理要及時；與其他相關部門協調、配合，盡快解決客戶提出的維修等問題。

2. 現場接待流程圖（圖 7-21）

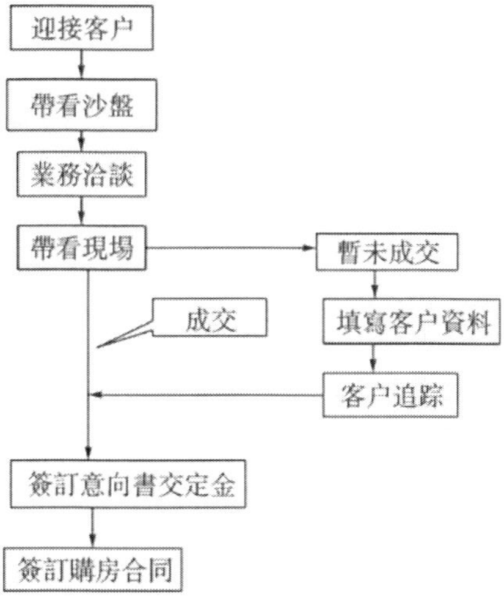

圖 7-21　現場接待流程圖

3. 銷售控製表

全盤推出，按順序號選房，既能消除消費者購買上的心理障礙，又能很快地回籠資金。銷售控製表見表 7-25。

表 7-25　　銷售控製表

洋房 1 棟：					
朝向	東面	西面	東北	東南	北面
景觀	中心廣場	中心廣場	農場	大門入口	山景
面積	80~90 平方米	80~90 平方米	60~70 平方米	90~110 平方米	60~70 平方米
房號					
1 層					
…					
6 層					

7.5　房地產銷售實施的考核方法

在實訓教學過程中，正確有效的考核方式是促進、鞏固教學效果的重要內容，是提高實訓質量的重要方法。本實驗過程的考核方式如下：

7.5.1 考核內容

(1) 受訓者對房地產銷售實施環節的基本知識、操作技能、技巧運用的理解和掌握程度。

(2) 受訓者對運用所學知識解決房地產銷售實際問題的綜合能力。

(3) 受訓者遵守實訓紀律要求、實訓態度等職業道德的情況。

(4) 受訓者團隊意識、團隊合作等職業配合技能。

7.5.2 考核原則

(1) 考核標準是客觀的、統一的，須防止主觀的、隨意的判定。

(2) 成績的評定能夠真實地反映受訓者的知識、技能、技巧的實際水平。

(3) 成績的評定要體現受訓者的工作態度。

(4) 成績的評定須加入對團隊合作的考核。

(5) 考核評分標準做到公開透明，使受訓者明白考核重點和要點。

7.5.3 考核方式

(1) 課程考核

課程考核是對實訓課程的過程考核，主要從受訓者的出勤率、實訓參與情況、課堂表現三個方面評定受訓者的實訓成績。

(2) 階段考核

階段考核是根據銷售實施的三個實訓內容，在每個實訓版塊結束后，對受訓者階段實訓成績進行評定，由於三個版塊在實際銷售過程中的重要程度不同，建議實訓指導教師可參照以下比例進行評分：

①營銷中心的選址：占比 20%。

②銷售前期準備：占比 45%。

③銷售現場管理：占比 35%。

(3) 實訓報告考核

銷售實施實訓環節完成后，需要由受訓者提交本實訓過程的實訓報告，實訓指導者根據其實訓報告體現的學習態度、規範性、創新性、邏輯性等進行綜合評分。參考評分標準如下：

①優秀（90 分以上）

√敘述詳細，概念正確，文理通順，結構嚴謹，條理清楚，邏輯性強。

√對實訓問題的分析詳細、透徹、規範、全面。

√對所開發項目的針對性強。

√獨立完成，無抄襲。

√對實訓的心得體會深刻、有創意，有理有據，能提出並解決問題。

√學習態度認真，規定時間內圓滿完成報告。

②良好（80~90分）
√敘述詳細，概念正確，文理通順，結構嚴謹，條理清楚，邏輯性強。
√對實訓問題的分析詳細、透澈、規範、全面。
√對所開發項目有針對性。
√獨立完成，無抄襲。
√對實訓的心得體會深刻、有創意，有理有據，能提出並解決問題。
√學習態度認真，規定時間內圓滿完成報告。
③中等（70~80分）
√敘述詳細，概念正確，文理通順。
√對實訓問題的分析詳細、規範。
√對所開發項目有針對性。
√獨立完成，無抄襲。
√對實訓的心得體會深刻，有理有據，能提出並解決問題。
√學習態度認真，規定時間內圓滿完成報告。
④及格（60~70分）
√敘述簡單，沒有抄襲。
√對實訓問題的有簡單分析和描述。
√對所開發項目有針對性。
√對實訓的心得體會不深刻，論述不充分。
√學習態度比較認真，規定時間內完成報告。
⑤不及格（60分以下，或具備下面一項者）
√不提交報告。
√內容太簡單、太空泛。
√基本上是抄襲。

7.5.4 考核成績的計算

指導者對受訓者的成績評定可以參考表7-26。

表7-26 房地產銷售實施的考核成績計算方式

考核點名稱	課程考核	階段考核	實訓報告考核
考核點占比	30%	30%	40%
考核內容	出勤、實訓參與情況、課堂表現	技能操作水平	見實訓報告評分標準
備註：各考核內容需加入團隊核分，即由參訓小組組長根據小組成員的貢獻情況對各成員進行梯度評分，該評分將作為指導者對個人成績評分的一個參考標準。			

問題與思考

1. 房地產營銷中心選址應遵循哪些原則？

2. 房地產營銷中心包裝的內容有哪些?
3. 怎樣設計房地產營銷中心的動線?
4. 房地產項目樓書設計的要點是什麼?
5. 房地產項目銷售人員應具備哪些能力?
6. 房地產項目銷售現場有哪些管理規範?
7. 房地產產品銷售成功的技巧有哪些?
8. 房地產銷售前期應該準備哪些管理表格? 現場管理需要哪些表格?
9. 房地產銷售現場接待流程怎樣合理設計?

拓展訓練

選擇某一參訓小組開發的項目作為銷售樓盤，開展銷售模擬遊戲。其中 2~3 個組為模擬銷售團隊，另幾組成員模仿看房客户，在模擬的營銷中心開展銷售活動（備註：小組成員的角色可以互換，以均衡鍛煉各受訓者的銷售管理及實施的能力）。

參考文獻

[1] 祖立廠，王召東. 房地產營銷策劃 [M]. 北京：機械工業出版社，2013.
[2] 欒淑梅，卓堅紅. 房地產銷售策劃 [M]. 北京：科學出版社，2011.
[3] 陳林杰. 房地產營銷與策劃實務 [M]. 北京：機械工業出版社，2012.
[4] 蘇萱. 房地產營銷 [M]. 北京：機械工業出版社，2011.
[5] 任鳳輝. 房地產市場營銷 [M]. 北京：機械工業出版社，2011.
[6] 余源鵬. 房地產項目銷售執行實操一本通 [M]. 北京：機械工業出版社，2011.
[7] 楊曉莊. 對售樓處的包裝設計的分析與研究 [J]. 低溫建築技術，2008 (3).
[8] 秦向東，劉偉. 現代企業銷售人員素質研究和探討 [J]. 安陽工學院學報，2007 (2).
[9] 唐盈. 售樓部設計及其研究 [D]. 成都：西南交通大學，2008.
[10] 宋洪峰. 基於交易實景的銷售人員素質模型研究 [J]. 經濟與管理研究，2007 (11).

8 房地產項目后評價

本章導讀

- 瞭解房地產項目后評價的含義及意義。
- 瞭解房地產項目后評價的相關知識，掌握房地產項目后評價的內容。
- 知曉房地產項目后評價的實施步驟。

案例導入

B 公司某項目開發營運的問題

B 公司為 A 集團投資的全資子公司，A 集團創立於 20 世紀 80 年代，主營業務為家電製造。隨著近年來房地產市場的飛速發展，集團從多元化戰略的角度思考后決定進入房地產行業，並成立了房地產開發公司——B 公司，在重慶市進行房地產項目開發。首個項目為 30 萬平方米的綜合小區，主打產品為商品住宅、寫字樓，另外還有少量的裙房商業。由於是首次涉足房地產開發，項目操作經驗不足，在項目開發及銷售過程中存在幾次較為嚴重的問題，主要表現在以下幾個方面：

1. 由於對產品定位爭論較多，造成方案設計多次變更。

2. 由於銀行信貸額度收緊，使得項目開發貸款一直無法取得，導致開發進度拖延。而項目開發分期的一、二期建設規模過大，資金問題一直困擾項目的開發營運。

3. 強電工程安裝費用超過預算，施工簽單量過多。

4. 項目入市時間按原計劃入市，但由於受工期拖延影響，預售許可證一直無法取得，使得前期蓄積的部分客戶流失到其他樓盤。

5. 部分產品銷售不如意。首先，寫字樓銷售慘淡；其次，已蓄客的客戶對大戶型如 4 室 1 廳關注度很低；最后，3 室 1 廳的某些戶型口碑不佳。

6. 項目銷售回款目標未按時、按量達到。

7. 項目實際成交客戶的構成與目標客戶群體存在偏頗。

8. 工期延誤使得交房期嚴重滯后，銷售合同違約賠款支出大，對於公司和項目品牌造成了不利的影響，也對公司后續開發的項目造成了不利影響。

根據集團未來五年發展戰略規劃，房地產是未來主要發展方向之一。為了順利實施戰略，集團認為應充分重視 B 公司在第一個項目上出現的問題。對該項目進行后評價，及時總結經驗教訓，將有助於后續項目的順利實施。

思考：如何對 B 公司開發的這個項目進行后評價呢？要從哪幾個方面進行？

8.1 房地產項目后評價的內容設計

8.1.1 房地產項目后評價的內容設計實訓的目的與任務

(1) 實訓的目的

①使受訓者瞭解房地產項目后評價的含義、作用和常用方法。

②使受訓者掌握房地產項目后評價的內容以及后評價報告的結構設計。

③瞭解房地產項目后評價的實施步驟。

(2) 實訓的任務

確定項目后評價的內容，進行后評價報告設計（內容及表格設計）。

8.1.2 房地產項目后評價的內容設計實訓的知識準備

8.1.2.1 項目后評價

項目后評價是指在項目已經完成並運行一段時間后，對項目的目的、執行過程、效益、作用和影響進行系統的、客觀的分析和總結的一種技術經濟活動。項目后評價於 19 世紀 30 年代產生於美國，直到 20 世紀 60 年代，才廣泛地被許多國家和世界銀行、亞洲銀行等雙邊或多邊援助組織用於世界範圍的資助活動結果評價中。

項目后評價的意義：①確定項目預期目標是否達到，主要效益指標是否實現；查找項目成敗的原因，總結經驗教訓，及時、有效地反饋信息，提高未來新項目的管理水平。②為項目投入營運中出現的問題提出改進意見和建議，達到提高投資效益的目的。③后評價具有透明性和公開性，能客觀、公正地評價項目活動成績和失誤的主客觀原因，比較公正、客觀地確定項目決策者、管理者和建設者的工作業績和存在的問題，從而進一步提高他們的責任心和工作水平。

8.1.2.2 房地產項目后評價

房地產項目后評價是指房地產開發項目建設和銷售基本完成后，對房地產開發項目的準備、投資決策、土地獲取、立項、規劃設計、施工、銷售等全過程進行回顧分析、綜合評價，從而判斷房地產項目預期的實現程度的一種評價方法。它是房地產項目評價中不可缺少的重要環節。

首先，房地產項目后評價是以實際情況為基礎，依據已發送的正式數據，對實際情況進行分析研究，具有客觀性。其次，房地產項目后評價是對項目全過程進行綜合評價，涉及項目投資和營運全過程的各個階段，具有全面性。再次，房地產項目后評價是對項目投資和營運全過程的檢查、分析和評價，要將結果及時地返回給決策部門和相關執行部門，從而達到持續改進的目的，具有反饋性。最后，房地產項目后評價涉及內容多、範圍廣，需要多個部門的有關人員參與合作，甚至企業內外的人員進行合作，具有廣泛性。

8.1.2.3 房地產項目后評價的作用

（1）對房地產項目執行情況進行總結

房地產項目后評價首先要對項目開發銷售全過程的相關資料進行全面收集整理，在充分分析資料的基礎上進行總結，有利於決策者和有關執行部門對工作進行掌握。

（2）有利於提高項目決策水平

由於存在不可預見的因素較多，房地產項目開發與營運全過程易受到諸多不確定或可變因素的綜合影響，會產生一些預料不到的變化。通過后評價可以瞭解變化因素，一定程度掌握變化趨勢，從而思考採取相應的措施。通過項目后評價瞭解項目實施的效果如何、是否達到預期目標、規劃設計是否合理、項目的主要效益指標是否得到實現等問題，可以為下一步決策提供依據。

（3）有利於提高項目管理水平

房地產項目開發與營運過程涉及各個部門的配合與協作，通過房地產后評價，可以加強部門間的溝通，減少不必要的工作程序，提高工作效率，完善項目管理水平。

（4）有利於提高項目經營水平

由於房地產項目后評價針對的是房地產開發與營運的全過程，不僅可以總結設計施工過程的經驗教訓，提高工程設計施工水平，有利於工程造價控製，還可以檢驗比較房地產前期和后期經營管理水平，對比投產初期和生產時期的實際情況，查看實際狀況與預測狀況的偏離程度，探索偏差原因，提高項目生產能力和經濟效益。

（5）有利於指導后續項目的進行

通過房地產項目后評價，可以使項目參與者及時總結經驗教訓，反思失誤，督促他們尋求更好的決策和實施策略，促進后續其他項目的順利進行。

8.1.2.4 房地產項目后評價的步驟

（1）確定項目后評價計劃

確定編寫項目后評價的對象、範圍、目標；確定評價領導小組和工作小組，配備有關人員；確定項目后評價編寫責任部門或責任人，安排時間進度；確定項目后評價的內容、採用的方法。

（2）收集與整理相關資料

相關資料包括項目建設的有關資料（項目建議書、可行性研究報告、設計資料、工程預算、各階段成本控製目標及成本明細表、實際成本明細、施工進度計劃及實際進度、決算報告、竣工驗收報告、合同等），項目運行的有關資料（市場定位報告、項目營銷策劃書、定價策略、營銷進度、營銷其他文件、銷售收入、生產經營成本、利潤、水晶、貸款及貸款償還情況等），國家及地方政策法規，其他有關資料等。

（3）分工評價分析

根據所採納的項目后評價方法進行全面定性、定量分析論證。

（4）編寫項目后評價報告初稿

工作小組按分工編寫報告，指定部門匯總整理並形成正式報告初稿。

(5) 交流與修改，形成正式報告

組織參與部門進行交流，繼續修正，最后由制定部門整理后形成正式報告。

(6) 反饋成果並改進

將定稿后的正式報告向相關部門反饋，並提出改進意見，指導其在后續工作中予以完善。

8.1.2.5 房地產項目后評價的方法

(1) 對比分析法

對比分析法是項目后評價的基本方法和常用方法，主要有前后對比法、有無對比法和橫向對比法。前后對比法是將項目預期情況與項目實際運行情況進行對比；有無對比法主要是針對項目的投入、產出進行對比；橫向對比法主要是與國內同類房地產開發企業的水平進行比較。

(2) 因素分析法

因素分析法是將綜合指標分解成多個因素的方法。首先確定某個指標是由哪些因素構成；其次確定各個因素與指標的關係，根據關係情況確定各個因素的權重；最后進行分析，分析各因素對主要指標的影響程度，找出主要影響因素。

(3) 邏輯框架法

邏輯框架法通過分析項目原定預期目標、各種目標層次、目標實現程度或項目成敗原因，來評價項目的效果。項目后評價邏輯框架表見表 8-1。

表 8-1　　項目后評價邏輯框架表

項目	可驗證的指標			原因分析		結論/建議
	原定指標	可實現指標	差別或變化	內部原因	外部原因	
開發進度						
成本支出						
銷售量						
銷售收入						

(4) 成功度評價法

成功度評價法是房地產項目后評價的一項重要工作，以用邏輯框架法進行項目后評價的結論為基礎，以項目的目標和效益為核心進行全面系統地評價，由專家或專家組進行綜合評價並打分，是評價專家組對項目后評價結論的集體定性。房地產項目成功度評價指標見表 8-2。

表 8-2　　房地產項目成功度評價指標

指標	相關重要性	成功度
進度管理		
預算內費用管理		

表8-2(續)

指標	相關重要性	成功度
成本管理		
合同內控管理		
財務內部收益率		
經濟內部收益率		
項目總持續能力		
……		
項目的總成功度		

8.1.2.6 房地產項目后評價的內容

(1) 項目基本情況

所涉及的主要內容有：項目概況、規劃指標（物業類型、占地面積、容積率、建築面積、公建面積、車位數量、綠化率、道路情況，等等）及變化情況。

(2) 項目后評價綜述

概括項目投資、定位、規劃設計、開發進度、施工管理、營銷、財務管理、成本管理等方面進行的后評價結論，提煉和總結項目的經驗，總結有待改進的問題，指出應改正的教訓，以便於后續開發項目借鑑。

(3) 項目投資管理評價

所涉及的內容主要有：宏觀經濟和房地產市場發展變化分析；土地協議執行情況分析、檢討執行情況和合作方式；項目經濟指標變化情況及對最終收益的影響、重點分析可售面積變化對收益的影響；對項目現金流、動態回收期、成本利潤率、稅后淨利潤、內部收益率等財務指標進行分析並對投資收益進行綜合評價。

(4) 報建管理評價

根據開發進度和報建節點計劃，與實際執行情況進行對比分析，總結報建過程中的矛盾和建議，針對本地區報建工作提出改進意見。

(5) 項目設計管理評價

所涉及的主要內容有：項目完成情況、項目實際採用的建築標準及技術指標、項目設計過程的管理與完成情況、項目實施過程及管理工作總結、項目設計管理的經驗與教訓、限額設計執行情況、售后使用情況。找出前期策劃確定的設計指導與實際完成的項目之間的差異、各子項設計成果質量控製的經驗教訓、各階段設計單位及相關單位的配合情況、設計變更情況的影響等。

(6) 項目工程管理評價

所涉及的主要內容有：項目開發計劃執行情況、工程施工進度計劃執行情況、工程管理工作總結。通過項目計劃與實際完成節點對比，檢討未按時完成原因，提出改進措施；對售樓部、會所、樣板房、示範區的計劃與實際執行情況對比，找出影響進度的原因並提出改進措施；總結項目開發管理模式的優缺點，對施工方、監理方的履約能力進行充分考核。

(7) 項目營銷管理評價

所涉及的主要內容有：各類產品線銷售情況、市場定位時房地產市場情況與銷售時房地產市場情況的對比分析、項目銷售時機選擇是否恰當的分析、原定位與實際設計建成成果對比分析、預期銷售價格與實際價格對比分析、預期銷售進度與實際銷售進度對比分析、預期銷售階段劃分與實際銷售階段劃分對比分析、實際成交客戶與原定位目標客戶的對比分析及原因挖掘、項目銷售策略總結、渠道選擇及案場管理的經驗和教訓分析、綜合評述項目營銷管理。

(8) 項目成本管理評價

所涉及的主要內容有：項目投資階段、設計階段、工程施工階段、營銷階段的成本控製及管理情況，項目成本管理經驗和教訓總結。重點分析成本超過規定比例的主要原因，以及在控製成本方面的不足之處，為后續項目提出建議。總結項目在合約變更審定、合約爭議及工程結算方面的經驗。

(9) 項目財務管理評價

所涉及的主要內容有：項目銷售收入指標完成情況、項目開發成本控製情況、項目經濟效益實現情況、項目現金流情況、項目資金使用效益情況、項目稅務籌劃情況。檢討項目收入指標完成、成本控製、資金的調度使用、合理避稅等方面的問題，並提出改進措施。

(10) 總結及建議

提煉本項目開發中的經驗和教訓，對應后續擬開發的項目，提出開發建議。

8.1.3 房地產項目后評價的內容設計實訓的組織

(1) 指導者工作

①向受訓者介紹房地產項目后評價的含義和重要性。

②講授房地產項目后評價的作用和實施步驟。

③重點介紹房地產項目后評價的內容和常見模板內容結構、人員的組織和分工。

④提出實訓的成果要求，即形成實訓項目后評價報告框架（由於實訓項目並未真正實施，故只設計后評價的內容和所需表格）。

(2) 受訓者工作

①回顧、整理前期相關資料。

②確定主要評價方法，設計實訓項目后評價報告的一級目錄。

③對小組成員進行分工，分別進行相應內容的撰寫。

④匯總並完成項目后評價報告框架（評價內容及表格設計）。

8.1.4 房地產項目后評價實訓的步驟

房地產項目后評價實訓步驟見圖 8-1。

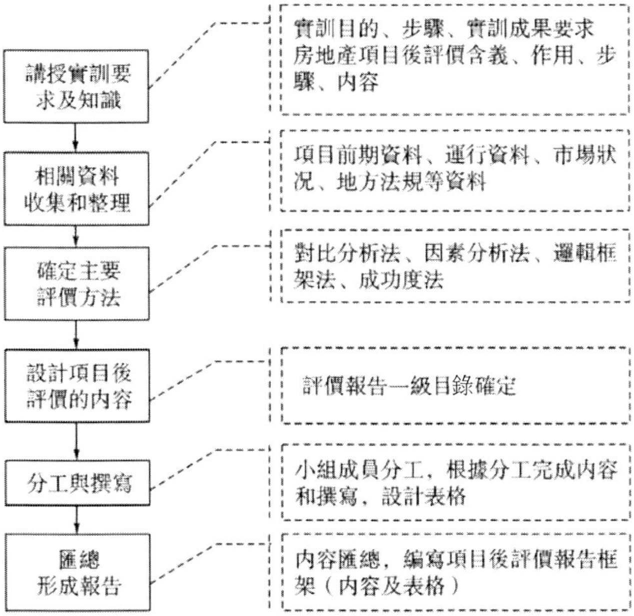

圖 8-1　房地產項目後評價實訓步驟

示例：房地產項目後評價的參考模版

某項目的後評價報告

一、項目後評價報告框架（表 8-3）

表 8-3　某項目後評價報告框架

級別	標題
	前言
	目錄
一	核心內容提要
二	項目概況及評價綜述
三	項目投資管理評價
四	項目規劃設計工作評價
五	項目營銷工作評價
六	項目進度、工程管理評價
七	項目成本管理評價

二、前言的撰寫

介紹評價對象、項目后評價的目的，以及項目后評價參與部門等。

三、目錄（略）

四、核心內容提要

對分塊進行項目后評價的工作內容進行總括介紹。

五、項目概況及評價綜述

1. 項目概況

介紹項目區位，周邊交通配套、商業金融配套以及辦公、文化設施等配套情況。

2. 項目經濟技術指標

介紹項目最終建成后的經濟技術指標。如建設用地、總建築面積、容積率、可售可租面積、建築風格、建築結構形式、建築高度、層數、車位配置等。

3. 項目開發週期

自完成土地簽約，項目的實際開發週期。

4. 項目綜合評估

綜合評估項目經濟指標變化情況、銷售推廣情況、銷售收益情況、銷售節奏把握情況、開發進度執行情況、施工優化情況、成本控製情況、稅后利潤情況、定位情況、營銷情況，總結前述情況的經驗和教訓。

六、項目投資管理評價

1. 項目開發期內房地產市場回顧

總體趨勢、利好因素推動情況、不利因素制約情況、項目所在地同類產品市場情況及發展趨勢，等等。

2. 投資管理評價方式

根據實際情形進行選擇，在可行性研究報告（或者投資概算）的基礎上，進行相應的比對評價。

3. 土地合同執行情況評價

土地取得時間、取得方式、開發公司情況、分期開發安排及產品情況。

4. 可行性研究階段規劃調整評價

調整的原因：原規劃條件對項目的制約、市場需求、市場競爭、同類產品情況，提出調整的可能性。

調整的實踐：對照原規劃調整進行相應指標的調整，調整后數值的變化情況及調整大概經過。

調整的結果：原審定方案和調整后方案對比，面積增減情況及結論。見表 8-4。

表 8-4　　項目原審定方案和調整后方案對比

<table>
<tr><td rowspan="2"></td><td colspan="3">原審定方案</td><td colspan="3">調整后方案</td></tr>
<tr><td>住宅</td><td>商業</td><td>寫字樓</td><td>住宅</td><td>商業</td><td>寫字樓</td></tr>
<tr><td rowspan="2">總建築面積（平方米）</td><td colspan="3"></td><td colspan="3"></td></tr>
<tr><td></td><td></td><td></td><td></td><td></td><td></td></tr>
<tr><td rowspan="2">建築面積（平方米）</td><td colspan="3">地上：　　地下：</td><td colspan="3">地上：　　地下：</td></tr>
<tr><td>地上：
地下：</td><td>地上：
地下：</td><td>地上：
地下：</td><td>地上：
地下：</td><td>地上：
地下：</td><td>地上：
地下：</td></tr>
<tr><td>高度（米）</td><td></td><td></td><td></td><td></td><td></td><td></td></tr>
<tr><td>層數</td><td></td><td></td><td></td><td></td><td></td><td></td></tr>
<tr><td>層高（米）</td><td></td><td></td><td></td><td></td><td></td><td></td></tr>
<tr><td>停車位（個）</td><td></td><td></td><td></td><td></td><td></td><td></td></tr>
</table>

5. 規劃指標變動評價

項目主要經濟指標變化是否超過原可行性研究階段要求，是否對成本產生不利影響；主要指標增加情況，帶來的效益估計。見表 8-5。

表 8-5　　各經濟技術指標變化表

指標項目	可研報告	實際	差異數	差異比例
建設用地面積（平方米）				
總建築面積（平方米）				
可售面積（平方米）				
可租面積（平方米）				

6. 土地成本變動評價

折算到樓面地價進行比較分析。

7. 經驗總結

對項目發展前景和未來市場的判斷是否準確、產品類型是否迎合市場需求、回報情況是否超出預期，等等。

七、項目規劃設計工作評價

1. 項目完成情況介紹

主要包括項目實景照片、項目時間節點情況及圖表。

2. 項目的建築標準

主要包括項目結構體系、外立面材料、材料造價、公共部分材料、車庫材料、其他區域材料、機電系統、給水系統、熱水系統、排水系統、雨水系統、制冷供暖、通風，等等，要求非常細化。

3. 項目設計過程的設計管理總結與實際完成情況

主要包括項目過程情況、障礙情況、設計論證情況，規劃設計、平面設計及功能、立面設計、裝修設計、景觀設計情況及關注點，達到的效果，存在的問題，等等。

4. 項目實施過程的設計管理總結

主要包括項目設計週期、設計各階段的時間段、設計調整實施情況、圖紙質量情況、設計變更造成的費用增減情況及存在的問題。

5. 各階段相關部門的協調配合

主要包括項目前期設計階段、方案報審階段、施工圖設計階段、施工階段、租售階段相關部門的配合情況。

6. 項目的突出經驗與教訓

根據前述相關問題進行總結，提出可供借鑑的經驗和教訓。

八、項目營銷工作評價

1. 各類物業租售情況

主要包括項目租賃情況、銷售率及銷售情況。

2. 與市場定位時房地產市場情況對比分析

主要包括項目銷售時市場需求情況、市場主流情況與定位時的比較。

3. 銷售時機

主要包括項目預計銷售時機與實際銷售時機的差異、實際銷售時機選擇的理由及成效，等等。

4. 原定位與實際設計建設成果對比分析

主要包括項目實際建設過程的定位、建築風格的調整理由及調整情況、環境及裝修情況、其他配置情況，等等。

5. 預期售價（租價）與實際售價（租價）的對比分析

主要包括項目定價的理由、預期與實際情況的不同情況及理由、調整后是否符合市場需求和市場價格。

6. 物業管理和收費

分析定價理由對於租售的影響。

7. 項目計劃銷售期、速度與實際情況對比分析

列表分析項目銷售期、速度和實際情況，總結是否掌握好節奏、是否如期完成銷售目標。

8. 實際成交客戶與原定目標客戶的區別

列表分析兩者的區別，並總結前期定位是否準確。

9. 項目的銷售策略

項目實際銷售策略介紹，總結亮點和存在的問題。

10. 提出可借鑑的經驗

根據前述相關問題進行總結，提出可供借鑑的經驗和教訓。

九、項目進度、工程管理評價

1. 項目開發進度情況

重點提出幾個節點：土地協議簽訂、拆遷、開工、封頂、竣工、結算、交房。

2. 項目開發進度執行情況

列表進行對比分析，對重要節點實施情況進行介紹。見表 8-6。

表 8-6 項目開發進度計劃與實際完成情況對比

項目	計劃完成時間	實際完成時間	評估
土地簽約			
拆遷			
規劃方案設計			
方案報批			
施工圖設計			
施工圖報審			
建設工程規劃許可證			
總包招標			
建設工程施工許可證			
開工			
封頂			
竣工備案			
入住			

3. 項目施工進度執行情況

對比分析，對影響施工進度的原因進行介紹，對進度提前的經驗和延誤工期的問題進行介紹。見表 8-7。

表 8-7 項目施工進度計劃與完成對比表

項目	計劃時間		實際時間		週期對比		評價
開工時間	開始	完成	開始	完成	計劃	實際	
土石方開挖及邊坡							
正負零以下結構施工							
正負零以上結構施工							
外牆							
電梯							
制冷							
……							
竣工備案							

4. 項目開發進度控製經驗總結

主要包括影響項目進度滯后的因素、各部門的溝通配合，等等。

5. 項目工程的特質及難點（略）。

6. 項目工程的經驗總結

根據前述相關問題進行總結，提出可供借鑑的經驗和教訓。

十、項目成本管理評價

1. 項目成本總量及構成分析

主要包括項目各種成本的實際構成以及增減情況。

2. 各項成本變更原因分析

對比可行性研究報告，分析各項成本的變更情況及原因。

3. 成本控製策劃和合同管理

主要包括項目成本控製的策劃情況、實際控製成效、合同管理及合約成本控製情況、過程成本的控製，等等。

4. 成本控製的經驗總結

根據前述相關問題進行總結，提出可供借鑑的經驗和教訓。

8.2 房地產項目後評價的實驗成果

根據受訓者業務水平，實訓的實驗成果產出又分為高級階段、中級階段、初級階段、入門級成果。以下成果為入門級成果示例（說明：示例為某應用型高校學生實訓成果，部分內容尚待推敲、修改和完善）。

實驗一：房地產項目後評價報告大綱

【實驗目的】

1. 知曉房地產項目后評價的相關內容。

2. 能夠進行大綱設計。

【儀器設備】

投影儀、電腦。

【實驗任務】

構思模擬項目后評價框架，設計項目后評價報告大綱。

【實驗要點及流程】

1. 要點：瞭解房地產項目后評價的含義和作用，以及房地產項目后評價的內容。

2. 流程：回顧整理前期實訓資料→構思項目后評價框架→填寫項目后評價報告大綱框架表。

【實驗記錄】

項目后評價報告大綱框架見表 8-8。

表 8-8　項目后評價報告大綱框架

級別	一級標題	二級標題
內容略	內容略	內容略

實驗二：房地產項目后評價的報告內容及表格設計

【實驗目的】

1. 根據房地產項目后評價的內容進行項目后評價報告所涉及的具體內容設計。

2. 結合房地產項目后評價的報告內容進行相關表格的設計。

【儀器設備】

投影儀、電腦。

【實驗任務】

設計房地產項目后評價報告所涉及的內容，並針對內容進行相應的表格設計。

【實驗要點及流程】

1. 要點：熟悉房地產項目后評價的內容，能根據模擬項目歸納項目后評價的內容，並進行相應表格設計。

2. 流程：回顧整理前期實訓資料、評價框架→歸納並撰寫項目后評價的內容→設計相應表格。

【實驗記錄】

1. 項目后評價內容細化（表 8-9）

表 8-9　項目后評價報告內容及輔助表格

一級標題	二級標題	具體評價內容	輔助表格名稱
略	略	略	

（可根據內容增加表格）

2. 設計各類表格（略）

將各類表格羅列在后面，作為附頁。

8.3 房地產項目后評價的考核方法

在實訓教學過程中，正確有效的考核方式是促進、鞏固教學效果的重要內容，是提高實訓質量的重要方法。本實驗過程的考核方式如下：

8.3.1 考核內容

(1) 受訓者對房地產項目后評價實施環節的基本知識、操作技能、技巧運用的理解掌握程度。

(2) 受訓者對運用所學知識解決房地產項目后評價實際問題的綜合能力。

(3) 受訓者遵守實訓紀律要求、實訓態度等職業道德的情況。

(4) 受訓者團隊意識、團隊合作等職業配合技能。

8.3.2 考核原則

(1) 考核標準是客觀的、統一的，須防止主觀的、隨意的判定。

(2) 成績的評定能夠真實地反映受訓者的知識、技能、技巧的實際水平。

(3) 成績的評定要體現受訓者的工作態度。

(4) 成績的評定須加入對團隊合作的考核。

(5) 考核評分標準做到公開透明，使學生明白考核重點和要點。

8.3.3 考核方式

(1) 課程考核

課程考核是對實訓課程的過程考核，主要從受訓者的出勤率、實訓參與情況、課堂表現三個方面評定受訓者的實訓成績。

(2) 階段考核

階段考核是根據項目后評價的三個實訓內容，在每個實訓版塊結束后，對受訓者階段實訓成績進行評定，由於三個版塊在項目后評價過程中的重要程度不同，建議實訓指導者可參照以下比例進行評分：

①項目后評價大綱設計：占比 30%。

②項目后評價內容設定：占比 30%。

③項目后評價表格設計：占比 40%。

(3) 實訓報告考核

房地產項目后評價實訓環節完成后，需要由受訓者提交本實訓過程的實訓報告，實訓指導者根據其實訓報告體現的學習態度、規範性、創新性、邏輯性等進行綜合評分。參考評分標準如下：

①優秀（90 分以上）

√敘述詳細，概念正確，文理通順，結構嚴謹，條理清楚，邏輯性強。

√對實訓問題的分析詳細、透徹、規範、全面。

√對所開發項目的針對性強。
√獨立完成，無抄襲。
√對實訓的心得體會深刻、有創意，有理有據，能提出並解決問題。
√學習態度認真，規定時間內圓滿完成報告。
②良好（80~90分）
√敘述詳細，概念正確，文理通順，結構嚴謹，條理清楚，邏輯性強。
√對實訓問題的分析詳細、透徹、規範、全面。
√對所開發項目有針對性。
√獨立完成，無抄襲。
√對實訓的心得體會深刻、有創意，有理有據，能提出並解決問題。
√學習態度認真，規定時間內圓滿完成報告。
③中等（70~80分）
√敘述詳細，概念正確，文理通順。
√對實訓問題的分析詳細、規範。
√對所開發項目有針對性。
√獨立完成，無抄襲。
√對實訓的心得體會深刻，有理有據，能提出並解決問題。
√學習態度認真，規定時間內圓滿完成報告。
④及格（60~70分）
√敘述簡單，沒有抄襲。
√對實訓問題的有簡單分析和描述。
√對所開發項目有針對性。
√對實訓的心得體會不深刻，論述不充分。
√學習態度比較認真，規定時間內完成報告。
⑤不及格（60分以下，或具備下面一項者）
√不提交報告。
√內容太簡單、太空泛。
√基本上是抄襲。

8.3.4 考核成績的計算

實訓指導者對受訓者的成績評定可以參考表8-10。

表8-10　房地產項目后評價的考核成績計算方式

考核點名稱	課程考核	階段考核	實訓報告考核
考核點占比	30%	40%	30%
考核內容	出勤、實訓參與情況、課堂表現	技能操作水平	見實訓報告評分標準
備註：各考核內容需加入團隊核分，即由受訓小組組長根據小組成員的貢獻情況對各成員進行梯度評分，該評分將作為實訓指導者對個人成績評分的一個參考標準。			

問題與思考

1. 為什麼要進行房地產項目的后評價?
2. 房地產項目后評價對於公司后續開發項目有什麼啟示?
3. 房地產項目后評價報告如何設計? 怎麼樣凸顯重點?
4. 在房地產項目后評價報告的撰寫時, 如何統籌兼顧, 防止撰寫部門本位化?

拓展訓練

房地產項目后評價小組人員組織

任務: 能熟悉房地產企業組織部門設置、崗位設置, 瞭解部門職責及崗位職責; 能夠充分瞭解各部門的主要業務工作內容; 根據房地產項目后評價內容篩選相關參與部門和人員, 組成項目后評價小組。

步驟: 房地產集團及企業組織結構設置、部門職責及崗位職責瞭解 → 各部門主要業務工作內容熟悉 → 項目后評價小組人員選擇 → 人員分工與工作協作設計 → 制定項目后評價工作計劃表。

成果: 完成房地產項目后評價工作計劃及分工協作安排。

參考文獻

[1] 何芳, 付旗康. 房地產項目后評價理論與實務 [M]. 北京: 清華大學出版社, 2014.

[2] 周鵬, 宋偉. 項目驗收與后評價 [M]. 北京: 機械工業出版社, 2007.

[3] 劉旭輝. 投資項目后評價在實踐中的應用 ——基於 X 公司 C 項目的分析 [D]. 廈門: 廈門大學, 2014.

[4] 楊婧. 住宅房地產項目后評價方法研究 [D]. 武漢: 武漢理工大學, 2012.

[5] 王雪青, 楊樹海. 房地產項目后評價體系研究 [D]. 天津: 天津大學, 2010.

[6] 高立軍, 張靜岩, 張記周. 項目后評價報告的編寫格式 [J]. 黑龍江水利科技, 2006 (05).

[7] 何芳, 沈佳音. 房地產項目后評價研究 [J]. 建築經濟, 2014 (01).

[8] 中海集團. 成都中海格林威治城項目后評估報告. http: //wenku. baidu. com/link? url=GV0wYr33U8tOx795oUa3hDeLnuR3CkJtjc9Oj4UYltnNbd2mBASXnhulJ3Vz5Bzfuv11CPFF_ urLhN0f4COhd1O_ 4nC_ bXdwC8itTLoGFWK. 2015-3-16.

[9] 北大房地產管理培訓中心. 跟隨萬科學習反思與經驗累積, 萬科項目后評估規範. http: //www. aiweibang. com/yuedu/76608315. html. 2015-12-25.

[10] 明源地產研究院. 學習萬科 3 步做好項目后評估. http: //www. haokoo. com/buyhome/1952967. html. 2015-03-01.

9 展望

📖本章導讀

· 發展的社會人才觀。
· 校企雙方參與合作的協同教學模式。
· 模塊化教育模式。
· 智慧教育重塑未來學習模式。

中國的房地產興起於20世紀80年代，近10年來，房地產發展迅速，開發投資逐年增長。房地產行業的快速發展，對專業技能型人才的需求也相應增加，作為人才培養基地的高等院校培養的房地產專業人才遠遠不能滿足行業發展的需要，這形成了高校人才供應與行業人才需求嚴重不匹配的現狀，房地產專業人才的培養已成為中國房地產業發展必須重視的重要問題。

中國目前正處在城鎮化高速發展的階段，「十一五」期間數據顯示，中國城鎮化水平已從新中國成立時的7.3%提高到45.68%。「十二五」期間，中國的城鎮化率實現了兩大重要突破：2010—2011年中國城鎮化率達到並開始超過50.0%，中國整體進入城市型社會階段；2012年中國城鎮化率達到52.6%，超過世界總體水平（52.5%），並以高於世界平均水平的速度（年均0.5個百分點）快速推進。城鎮化高速發展使得房地產有效需求增加，這成為房地產行業發展的重要契機。而政府目前對房地產市場的調控，也是為了規範房地產市場運作，為房地產行業可持續發展打下良好的基礎，以促進房地產行業的長遠健康發展。行業的發展將進一步增加對房地產專業經營管理人才的需求，特別是那些能夠系統地掌握房地產相關知識且在房地產某些專業領域應用能力較強的人才，這就要求高校在人才培養方面要順應房地產行業對人才的需求特點，加強理論教學與行業實際運作的結合，在對學生系統性地傳授房地產相關理論知識的前提下，同時側重培養專業應用型人才。

9.1 趨勢一：校企合作的教學協同運行機制

9.1.1 發展的社會人才觀對「加大教育與社會融合」的要求

人才觀是指關於人才的本質及其發展、成長規律的基本觀點。企業在進行人才培養、教育、使用、考核、引進等方面工作中，都受到一定的人才觀的影響。學校育人的人才觀和企業用人的人才觀在一定程度上有所不同。高校人才觀重構思想認為，高校教育質量觀是由高校人才觀決定的。高校是人才的生產基地，對人才質量的最終檢驗單位是用人企業，目前用人企業對高校畢業生質量總體評價不高，轉變並重構人才觀將深化高等教育改革、提高高校教育質量。《國家中長期教育改革和發展規劃綱要（2010—2020年）》指出「適應社會需要為衡量教育質量的根本標準」。從該意義講，只有適應社會需要的人才才是高質量的人才，只有融入社會的高等教育才是具有競爭性的高等教育。社會人才觀是發展的，如何協調學校與社會的人才觀、進一步發展教育融入社會的路徑，這是當前迫切需要解決的問題。據理論研究顯示，協同教育有利於加大教育與社會的融合度。因此，如何將協同教育與高校人才觀重構相結合、在教學領域發展教育融入社會的新路徑，是人才培養的關注點。

9.1.2 教學協同是協同教育理論應用於「教育教學融入社會」的新路徑

協同教育理論是協同學在教育學領域的應用，指聯合對學生有影響的各個社會機構的力量，對學生進行教育，以增強教育效果，提高效率和效益。教學協同為協同教育應用方式之一，是協同教育向校企合作、產學融合方向的探索，是協同教育在教學領域的應用，體現了教學方法、教學模式、教學策略等多維度協同。它是教育教學融入社會的新路徑。

協同教育起源於由哈肯（Hermann Haken）在20世紀70年代創立的協同學。協同學除應用於自然科學領域外，還廣泛地應用於心理學和教育學領域。協同教育理論研究始於國外，國外發達國家將其運用於教育的多項實驗。后續研究主要在兩方面：①網絡技術支持下的協同教育。國外20世紀90年代初開始致力於協同教育網路平臺的設計與開發。②協同教育資源研究。代表人物為愛普斯坦（Joyce L. Epstein），她將家校合作擴展為「家、校、社區」合作，創建了美國合作夥伴學校聯盟。國外協同教育在應用方面的成功代表為美國K12中小學在線教育和國際開放課件聯盟（OCWC）。

李仲漣（1987）首次將協同學引入中國教育研究領域后，國內研究主要體現在：①協同教育資源研究。劉純姣（1996）首次對協同教育定義，但該定義只關注了「家校」合作。孫慶曜（2002）、李運林（2007）等人將協同教育發展到「校、家、社會」的融合。南國農（2006）系統提出成功協同教育四大支柱——理念、平臺、方法、管理。②應用及模式創新。黃宜梁（2004）提出網路「導—學」的教學思路。李耀麟（2012）則構建了「三個協同中心」數字化校園結構框架模型。周先開等（2012）提出了「學科專業群與企業集群協同型產學研合作教育」。朱文夫等（2014）提出學校與外部系統的「協同—跟進」運行模式。③網路信息化技術在協同教育平臺建設的應用。此類研究較多，如林曼秀（2004）、劉繁華（2007）、黃立新（2009）等，在此研究基礎上，以MOOC為代表的協同教育的教育資源平臺發展迅速。

協同教育研究呈現出以下四種趨勢：①從理論研究發展到應用研究；②協同主體從家校合作發展到聚集多方力量協同創新；③協同方法從單一的家校互動發展到教學方法、教學模式、教學策略多維度協同；④協同方式從基本的溝通發展到多主體網路支持下的各類資源協同。然而，目前國內外研究多局限於基礎教育，高等教育的協同教育研究主要集中於思想政治和心理學領域研究，受教育者與其他力量和因素研究尚待深入，對於高等教育協同教育向校企合作方面的研究需要繼續發展。而著眼於適應社會需要的視角、探索協同教育在教學方面的校企合作的研究還未深入進行，還需要在表現形式上有更大膽的創新，還需要構架能夠激發校企協同教育參與熱情的教學運行機制。近年來，高等教育的協同教育已開始向校企合作、產學融合的協同創新方向探索和發展。學術界如高秀琴（2004）葉山嶺（2009）等人均指出轉變人才觀或人才觀重構有利於適應社會需要、提升高等教育質量，協同教育還面臨著與高校人才觀重構相結合進行創新的需要。

9.1.3 校企教學協同是高校提升實踐實訓教學質量的重要手段

通過構建協調校企人才觀的校企「教學協同」運行機制，引導人才使用者參與人才培養的全過程、使企業動態發展的人才觀能及時地滲透入教學的多維度協同中，可以達到實現適應社會需要、提升教育質量的效果。

目前應用型本科院校教學內容和方法有待豐富，教學在融入社會方面還需進一步發展。協調學校與社會企業的人才觀，構架協同教育在教學領域的校企合作新形式——「教學協同」，通過多維度協同達到產學融合的目的，將切實可行地增強教育教學的社會融入性。校企「教學協同」是協同教育在教學領域的校企合作形式。它需要實現「教學方法、教學模式、教學策略、教學團隊」的四維協同，還需要從「空間、平臺、輔助支持」三方面提供支撐。然而，企業參與教學協同存在著障礙，使得企業參與實訓教學的積極性有待提高。因此教學協同需要化解企業參與障礙，並尋求實現學校、企業、個人的「共贏點」，激發企業參與高校實訓教學的積極性。通過挖掘「人的價值」和「事的價值」體現經濟價值和社會責任的平衡，將有利於構建共贏的教學協同運行機制。

9.2 趨勢二：模塊化教學模式

9.2.1 國外模塊化教育模式流派

模塊化教育模式以「MES」和「CBE」兩種流派比較具有代表性。模塊式技能培訓（Modules of Employable Skills，MES）是 20 世紀 70 年代初由國際勞工組織研究開發出來的以現場教學為主，以技能培訓為核心的一種教學模式。它是以崗位任務為依據確定模塊，以從事某種職業的實際崗位工作的完成程序為主線，可稱之為「任務模塊」。能力本位教育（Competency Based Education，CBE）主要以加拿大、美國等為代表。它是以執行能力為依據確定模塊，以從事某種職業應當具備的認知能力和活動能力為主線，可稱之為「能力模塊」。這兩種流派的共性是都強調實用性和能力化。

9.2.2 國內模塊化教學研究成果

中國對模塊化教學的研究和實踐早於「項目化」教學，從 20 世紀 90 年代已經開始進行探索。目前，教育界對於課程模塊化教學研究成果頗為豐富，主要體現在以下幾個方面：

（1）模塊化教學與培養應用型人才研究

孫玉等（2010）指出學生判斷課程的作用和價值的關鍵標準是自身專業和未來職業的相關性，教師應在教學中反思課程設計和教學組織方面與職業能力培養相脫節的問題，而把握職業能力培養的目標導向是一個最佳選擇。模塊化教學是在有限的教學時間和教學資源下突出體現和重點培養職業能力的有效的教學組織形式。餘國江（2014）指出，學校轉型就是要引導地方本科高校克服盲目追求「高大上」的衝動，將自身定位於為地方經濟社會發展培養大量高素質應用型人才的目標上，現行課程體系已不適應應用型人才的培養，模塊化課程則基本滿足地方本科院校課程轉型需要。劉建中（2011）提出借助於模塊化這一手段圍繞學生的能力培養，將培養目標、教學環節、課程體系、教學內容、教學組織、教學評價等方面的教學內容貫穿於人才培養的始終，是本科應用型人才培養的必要途徑，能夠實現認知目標和操作目標的雙贏。

（2）模塊化教學體系建設研究

楊幽紅（2010）以能力培養為主線提出了課程體系的四大模塊構建，即通用課程模塊、專業課程模塊、綜合課程模塊和項目模塊。陳炳森等（2014）提出，構建「基於工作過程，多線並行化模塊」專業課程體系，採用連環載體的教學組織模式，將專業基礎與實踐課程一體化教學，用同一個載體一線貫穿。吉濤（2014）在《專業課程模塊化教學的探討》中指出授課模塊應由講授模塊、互動模塊、實踐模塊、準備模塊、考核模塊五個方面組成。各個模塊的運用在教學中不是固定僵化的選擇，而是形成理念在授課過程中需要精準地添加和取舍，所要培養的知識能力和素質滿足中觀和宏觀模塊需致力達到的總體綜合能力。李德才（2014）認為考量模塊化教學體系是否具有創新性的重要尺度是「教」和「學」的關係，強調學生在學習過程中的主體地位，將交互式教學、問題式教學、項目式教學、情景模擬教學以及案例教學等引入教學活動之中。

（3）模塊化教學考核研究

陳江華（2011）指出，模塊化教學改革是否成功關鍵在於實施，要注意模塊化教學過程考核。趙金祥（2006）指出模塊化教學考核的合理設計將提高學生學習效率和學習技能，培養學生綜合技能。劉建中（2011）提出模塊化課程體系分為宏觀、中觀、微觀三個層面。宏觀模塊描述一個完整專業學生須獲得的知識能力和素質；中觀模塊則為某一專業方向的學習重點及教學方案；微觀模塊是整個模塊的基石，描述的是每一個模塊的具體內容，以及其所要培養的知識能力。他還提出「N+2」的過程考試，變末端考試為過程監控，以培養學生的自主學習能力。

（4）模塊化教學關注的問題研究

孫玉（2010）指出模塊化教學實施過程中，應注意保持課程體系的完整性和系統性，教師在指導學生時應注意模塊實施時間選擇設定在上過幾次課，學生對於課程有初步瞭解之后，在實施中要及時對學習效果進行跟蹤與觀察，對不適應該模塊學習的學生進行及時指導或調整方向。駱靜（2009）認為應注意學生管理工作與推行模塊教學模式的配合。張亦梅（2015）指出在推行模塊化教學中，高校首先要提高必要的資金支持，排課形式要更加靈活，同時教師要轉變理念、學生要加強課下自主學習。

（5）模塊化教學的后續發展趨勢研究

吴懷寶（2007）在《課程模塊化探討》中指出，模塊化教學的發展趨勢是以能力培養為主線，結合生產、就業實際需要建立特色項目，實現個性化、多元化和開放化教學。

9.2.3 要解決的教學問題

首先，要解決教學過程中學生「感覺這門課學習不到什麼實質性的東西」「以后工作中根本用不上這一類的知識」等困惑。反思並努力解決現有的課程設計和教學組織方面與職業能力培養相脫節的問題，以提升課程在學生心目中的作用和價值。

其次，要解決授課方式多樣化的有機銜接問題。模塊化教學要在教學過程中精彩呈現，不能採取呆板僵化的教學方式，需要多種方式進行有機組合；模塊內部設計也不能單一，從構成上需要各個模塊之間有所不同。教學方式多樣化和模塊之間差異性，將會增加其對學生持續不斷的吸引力。

最后，要解決學生參與的趣味性和情境化。身分扮演、情境模擬將有助於學生參與的趣味性，同時考核過程的學生參與性有助於及時反饋模塊教學的實施效果。

9.3 趨勢三：智慧教育重塑未來學習模式

9.3.1 智慧教育的內涵

智慧教育是教育信息化發展的新境界，是應對新時代對創新型、綜合型人才需求的教育新形式，它通過物聯網、大數據、雲計算等信息技術提升現有教育系統的智慧化水平，實現信息技術與教育主流業務（智慧教學、智慧管理、智慧評價、智慧科研、智慧服務）的深度融合，為教育教學提供廣闊的想像空間和豐富的實現形式，充分滿足學習者的個性化需求，打破傳統教育個性化缺失、創造性不足和公平性欠缺的教育壁壘，在學習資源的開發、學習行為的分析預測、學生關係的管理、學習空間的設計等方面推動人才培養模式的變革。智慧教育是技術與教育深度融合的產物，它賦予了教育新的特徵：智能化、個性化、多元化和生態化。智能技術實現了學生複雜思維過程、學習過程的數據表現，使學習資源、學習方法、學習支持和學習服務更具個性、針對性，通過資源共享帶來了學習內容、學習群體和學習評價的多元，促進知識生產者與消費者的邊界模糊化，使學習變得更加高效。

9.3.2 智慧教育的模式探討

智慧教育可以促進教育公平、提高學習成效、培養學生職業素養，國內教育機構不斷嘗試創新教育教學模式以實現智慧教育。在促進教育公平方面，「遠程課堂」和

「網路空間教學」兩大教學模式通過教育資源的共享促進教育的公平發展。「遠程課堂」通過網上同步或異步上課的方式，實現異地教學，在未來虛擬投影技術的應用下，甚至可以實現「面對面」教學；「網路學習空間」將線上學習與課堂教學相結合，建立以用戶為中心的學校師生網路空間，促進優質資源的共享。在提高學習成效方面，雙主教學模式強調教師與學生共同主宰課堂，改變了以往以教師為中心的教學結構，通過構建多樣化的學習環境，如採用可調式的座位、搭建協作平臺等，激發學習興趣，提高學習效率；翻轉課堂模式將課內課外時間進行了重新安排，把學習的主動權從教師轉移到學生，從課堂外的基礎知識學習，到課堂內的知識應用的深入探討來實現感悟式學習，提升教學效果；慕課模式使學生可以在任何時間、任何地點學到知識，打破了學習的時間和空間限制，使學生根據其學習能力、學習興趣選擇合適的學習內容，強化學習效果。在培養學生職業素養方面，「創客教育」「移動學習」「協同知識構建學習」三大模式注重學生從業能力的培養，「創客教育」以項目學習的方式，培養團隊協作能力和創新能力；「移動學習」鼓勵學生通過移動設備在課堂上開展內容探究；「協同知識構建學習」以小組為學習單元，通過教師與學生的交流溝通形成知識架構，以培養學生的邏輯推理能力、創造性思維能力。在信息技術大時代下，要借助新型智能技術，不斷變革教育模式，使學生更好地體驗學習的樂趣，提升學生的社會生存競爭力。

9.3.3 智慧教育對師生的教與學的影響

教育的核心要素包括教師、學生、內容和方法。智慧教育對學生和教師都有著深遠的影響。從學生的角度來看，智能技術改變了人類的感性和理性認知模式，學生接受知識的方式更加多元化，如房地產專業學生可以通過建築信息管理（Building Information Management，BIM）技術建立三維建築模型，配合虛擬現實（Virtual Reality，VR）技術直觀體驗建築過程並感受建築魅力；學生接受知識的範圍也將更為廣闊，他們可以連接專家教育系統，可以與全世界同行進行探討，可以去相關企業調閱學習資料，使得知識變得更加寬，也更加深；學生接受知識的主觀能動性更強，他們的學習動機是為了解決現實問題或是深入瞭解感興趣的學習內容，在學習的過程中，主觀能動性使學生在該領域的學習更富有深度，也更富有創造力。從教師的角度來看，教的作用不斷弱化，教的本質從輸入逐步轉變為代入，教的結果不再是知識的單方向傳遞，而是教師與學生的互相探討、共同解決問題，這個過程可以培養學生團隊協作、分工合作的精神；教的範圍也在不斷擴大，如慕課（MOOC）能為更多學生提供幫助，一位老師對上萬名學生的教學已然成為現實；教的方法更加豐富，多媒體技術、網路資訊（百度文庫、百度知道、百度百科、百度學術、網易公開課等）、移動終端（APP、企校直播、微信公開課）、教育平臺（騰訊微講堂、傳課網、猿題庫、阿麥直播等）、虛擬投影技術等豐富了教學方式與教學內容，突破了時間與空間的限制，促進了個人定制式教學的發展。

房地產開發與管理實戰模擬課程的開設可以探索運用智能技術，豐富課程內容，增加課程趣味，提高課程教學效果。實戰模擬課程可以從軟硬件方面初步嘗試智能建設，一是從軟件方面，可以自主研發 APP 自學系統、製作視頻二維碼（微課、案例教學等），研發房地產項目開發軟件等，教學者可以由此收集學生學習數據，從數據中認識受訓者，制定個性化教案，挖掘受訓者的學習潛能。二是從硬件方面，教育機構可以著重實踐空間的建設，如建設智慧教室來實現無縫交互、智能分析、個性推送、豐富資源、協同合作以及遠程沉浸式學習協作的功能；還可以與互聯網企業合作，對接線上線下教育資源，提升實戰模擬課程的教學效果。

國家圖書館出版品預行編目(CIP)資料

中國房地產開發與管理實戰模擬/ 蘭靜、楊小梅 主編.-- 第一版.
-- 臺北市 : 崧博出版, 2018.09

面 ; 公分

ISBN 978-957-735-454-9(平裝)

1.不動產業 2.中國

554.89 107015120

書　名：中國房地產開發與管理實戰模擬

作　者：蘭靜、楊小梅 主編

發行人：黃振庭

出版者：崧博出版事業有限公司

發行者：崧燁文化事業有限公司

E-mail：sonbookservice@gmail.com

粉絲頁　　網　址：

地　址：台北市中正區重慶南路一段六十一號八樓 815 室

8F.-815, No.61, Sec. 1, Chongqing S. Rd., Zhongzheng

Dist., Taipei City 100, Taiwan (R.O.C.)

電　話：(02)2370-3310 傳　真：(02) 2370-3210

總經銷：紅螞蟻圖書有限公司

地　址：台北市內湖區舊宗路二段 121 巷 19 號

電　話：02-2795-3656　傳真：02-2795-4100　網址：

印　刷：京峯彩色印刷有限公司（京峰數位）

定價：550元

發行日期：2018 年 9 月第一版

◎ 本書以POD印製發行